U0590819

燃气行业生产安全
事故案例分析与预防

伍荣璋 金国平 等编著

中 国 建 筑 工 业 出 版 社

图书在版编目（CIP）数据

燃气行业生产安全事故案例分析与预防/伍荣璋，金
国平等编著．—北京：中国建筑工业出版社，2018.5（2023.7重印）
ISBN 978-7-112-21817-2

Ⅰ.①燃… Ⅱ.①伍… ②金… Ⅲ.①天然气工业-安
全生产-生产事故-事故分析-中国 Ⅳ.①F426.22

中国版本图书馆 CIP 数据核字（2018）第 025638 号

　　本书收集了 2000～2017 年的燃气事故案例，从安全、生命、稳定、发展的高度，剖析其中典型案例。本书包括 7 章，分别是：管网典型事故案例；场站典型事故案例；客户端典型事故案例；高危作业典型事故案例；其他典型事故案例；燃气事故报告、调查与分析；燃气应急救援预案的编制等内容。文后附录，介绍了相关法律、法规、规章、地方法规及标准、规范性文件等内容。
　　本书可供从事燃气工程专业设计人员、管理人员、施工人员使用，也可供能源专业人员和大专院校师生使用。

　　责任编辑：胡明安
　　责任设计：李志立
　　责任校对：姜小莲

燃气行业生产安全事故案例分析与预防

伍荣璋　金国平　等编著

*

中国建筑工业出版社出版、发行（北京海淀三里河路 9 号）
各地新华书店、建筑书店经销
北京红光制版公司制版
建工社（河北）印刷有限公司印刷

*

开本：850×1168 毫米　1/32　印张：16½　字数：457 千字
2018 年 5 月第一版　　2023 年 7 月第七次印刷
定价：**62.00** 元
ISBN 978-7-112-21817-2
（31655）

本 书 编 委 会

主　编：伍荣璋　长沙华润燃气有限公司

　　　　金国平　江苏科信燃气设备有限公司

副主编：邹笃国　深圳市燃气集团股份有限公司

　　　　彭知军　华润燃气控股有限公司

编　委：黄志丰　深圳市中瑞智管理策划有限公司

　　　　刘　宇　长沙华润燃气有限公司

　　　　陈新松　阳光时代律师事务所

　　　　金　玮　山东汉顿律师事务所

　　　　何　强　中国石油塔里木油田公司

　　　　佘庆军　扬州燎原电气工程有限公司

　　　　何洪亮　五矿营口中板有限责任公司

前　　言

当你面对各种各样的事故灾难时，你想到了什么？

没有恐惧，只觉得人类生命的脆弱；

没有退却，只有教训惊醒了人们；

除了悲切，还有痛惜。

每当阅读一起起事故灾难案例时，除了为死难者痛心，对玩忽职守者愤恨外，更多的是富于理性化的关于事故灾难的思考：

（1）工作中，人为什么要违章？为什么要冒险蛮干或盲目蛮干？为什么要违反各种规范规定？为什么会出现各种各样的疏忽大意？是天意？不！难道是人性使然？难道就没有办法、措施可以预防？富有智慧的人类是绝对不会向事故灾难屈服的。

（2）人们在生产实践中碰到的各种事故、灾害，这些事故、灾害对人生的规划、对企业的运营、对社会的影响等，都是至关重要的。

（3）严重的事故、灾难的发生，通常不仅仅是受害者本人遭受了不幸，而且，有关组织、社区等都会遭受极大冲击。此时，事故灾难的影响将会波及社会的稳定。

（4）没有人不热爱自己的生命，但事故、灾难在时刻威胁着人们的生命。如果在安全上玩忽职守，违章指挥，无异于草菅人命，剥夺人们的生存权利和劳动权利。

基于以上考虑，我们收集了 2000 年～2017 年燃气事故案例，从安全、生命、稳定、发展的高度，剖析其中典型案例，从众多具体的典型案例中，归纳出几条理性的认识，从血和泪汇成的呐喊中，总结出发人深省的教训，以期为避免类似事故提供钥匙，给人们改善安全生产及管理的努力以启迪，唤醒全员的安全意识，提高全员的安全素质，达到保证安全生产，促进发展的目的。

　　事故是令人痛惜、不堪回首的，但它毕竟是用前人的鲜血和生命财产换来的、留给后人的特殊财富。让我们共同携手，为认识事故、感悟人生、掌握规律、尊重生命、告别灾难多作努力，为保证安全生产、促进发展多作贡献！为燃气事业更加辉煌灿烂的明天而努力奋斗！

　　在编制过程中严铭卿教授给予了很大的支持，并提出了许多意见和建议，在此表示感谢。

　　由于编者水平有限，书中疏漏甚至错误之处难免，请广大读者指正。

目　　录

第1章 管网典型事故案例

1.1 概述

随着经济的高速发展，城镇燃气管网建设进入大发展时期，燃气管道运行安全问题十分重要，纵横交错的燃气管道运行过程中，管道的安全性往往受到工程质量、管道腐蚀、设备老化、焊缝开裂、人为破坏以及地质灾害等风险的影响，因此，天然气管道泄漏事故时有发生。天然气管道所输送的天然气具有易燃、易爆等危险性，一旦泄漏，天然气与空气混合形成天然气空气混合物，达到燃烧爆炸浓度极限，如遇火源，就有可能发生火灾或者爆炸，导致严重的事故后果及重大财产损失。

从燃气行业事故来看，燃气泄漏造成的火灾爆炸是主要的风险，特别是城市燃气。为此，燃气公司应加强燃气不明泄漏风险分析，笔者收集了最近10多年的事故案例，借鉴同行业经验，查找风险规律，发现造成管网事故的主要原因是：老化腐蚀、焊口开裂、砂眼、地基下沉拉裂、外力等几大因素。下面介绍近10年对燃气行业影响较大的几次严重的燃气管网事故。

1.2 典型案例分析

1.2.1 河南省濮阳市"2·19"废弃天然气管道爆炸事故

1. 事故简介

2000年2月19日零时06分，山东某工业集团有限公司濮阳分公司发生地下废弃天然气管线爆炸事故，造成 15 人死亡，56 人受伤，其中重伤 13 人，直接经济损失 342.6 万元。

2. 事故经过

2000 年 2 月 18 日晚 10 时 37 分，三车间电缆沟内可燃气体爆燃，将车间内电缆沟中间人孔和西侧人孔盖板冲开，车间主任张某发现后，一边派人通知领导，一边赶往配电室通知停电。电工申某与张某先后到三车间救火。公司领导接到通知后也相继赶到现场，组织人员继续扑救电缆沟内的火。由于火源在电缆沟内，难于扑救，公司打电话通知镇政府，请求支援。镇政府立即与消防队联系，晚 10 时 50 分，消防队赶到现场投入救火。控制住火势后，一名消防队员从中间人孔下到电缆沟内用水枪扑救电缆沟内的火，随着火势的减弱，看见电缆沟北墙缝隙处有火苗蹿出。晚 11 时 58 分，火被扑灭。由于车间停电，供风系统无法运转，炉窑燃烧系统不能正常工作。公司员工为防止炉窑内高温玻璃液降温过快引起生产事故，按操作规程利用供气备用系统加热护炉。2 月 19 日 0 时 06 分，三车间 5 号炉东侧发生爆炸，当场死亡 12 人，受伤 59 人，在送往医院途中又有一人死亡，抢救过程中，因伤势严重，经抢救无效死亡 2 人。

3. 事故原因

根据现场勘查及物证技术鉴定结果可以确定，直径为 529mm 管线在废弃时管道内存有残留天然气，在该公司三车间施工处理管线时又进入了部分空气。由于电缆沟着火，火焰烘烤横穿电缆沟内的废弃 529mm 管线外壁，使管线内温度达到了天然气和氧气的反应温度，管线内的天然气和氧气发生氧化反应，放出大量热量，致使管线内气体压力升高，超过了废弃 529mm 管线端口焊接盲板的承受压力，盲板炸飞，可燃气体冲出 529mm 管线。由于 5 号炉蓄热室墙体的阻挡，喷出的可燃气体向上和反向扩散。又因为管线内原来混入的氧气有限，从管道内喷出的气体中仍含有大量反应过剩的天然气体，遇炉窑明火再次发生爆炸，导致了这次恶性事故的发生。因此，事故发生的主要原因是：

（1）某公司在施工时对地下 529mm 废弃天然气管道处理不当，盲板封堵焊接质量差，随着蓄热室周围温度升高，管道内残余的天然气受热升温形成正压，穿过其端口盲板焊接气孔进入电缆沟。电缆沟内积聚达到爆燃浓度，并沿电缆沟穿孔进入 6 号炉常规电控柜，6 号炉常规电控柜内空气开关电热作用引燃天然气，是造成电缆沟着火的直接原因。

（2）由于电缆沟着火，火焰烘烤横穿电缆沟内的废弃的 529mm 管线外壁 1 小时 21 分钟，使管线内温度达到了天然气和氧气的反应温度，放出大量热量，致使管线内气体压力升高，超过了废弃的 529mm 管线端口焊接盲板承受压力，盲板炸飞，可燃气体冲出废弃的 529mm 管线，由于 5 号炉蓄热室墙体阻挡，喷出的可燃气体向上和反向扩散，遇炉窑明火再次发生爆燃，是造成这次特大伤亡事故的直接原因。

（3）由于现场人员误认为电缆沟着火是电缆短路起火，对废弃管道发生爆炸预料不到，在电缆沟发生火灾造成车间停电的情况下，当班职工加热护炉，未及时撤离现场，是造成这次事故伤亡人数较多的主要原因。

4. 事故经验教训

（1）废弃天然气管道处置不当，后果严重

在建设三车间过程，本应把中原油田废弃的 529mm 管线全部挖出撤掉，清除地下安全隐患。但某公司错误地决定把 529mm 废弃的天然气管线从 5 号窑炉 1.25m 处切割打盲板，留下了重大安全事故隐患。

（2）抢险救援，处置不当

三车间电缆沟发生爆燃并发生电缆沟火灾，抢救不力，处置不当，二、三层平台零点有数十名工人交接班，还有数十名工程技术人员现场抢险，应该停产撤离，保护现场。

1.2.2 四川省泸州市"5·29"燃气爆炸事故

1. 事故简介

2004 年 5 月 29 日 19：45 分，四川省泸州市纳溪区丙灵路 17 幢居民楼负一楼下发生剧烈的天然气爆炸。造成 5 人死亡，35 人不同程度受伤，直接经济损失 150 万元左右。

2. 事故经过

2004 年 5 月初，17 幢一楼门市上就有发现有天然气味，但未引起重视，到了 5 月 20 日，天然气气味较浓，承租一楼 099 号门市开茶馆的店主向管理所报告。管理所派人检查，但是由于无法确认落水井的气味是否是天然气的气味，管理所又派人来查，以为是污水味道，随即返回，未进一步用仪器检测，也未向负责人报告。5 月 29 日，气压较低，19 时 30 分，开始下雨，到 19 时 45 分左右突然发生爆炸，约 60m 长的夹墙与堡坎上边的混凝土盖板被炸烂，冲击波将负一楼的砖墙推毁，室内物品被掀到永宁河边，造成死亡 5 人，重伤 1 人，轻伤 34 人，直接经济损失 150 万元的重大伤亡事故。

3. 事故原因

（1）事故直接原因。

经检测，爆炸区内 139.3m 管线存在泄漏。经现场分析，泸天化永宁东村宿舍区的污水下水道横穿通过该区域，是天然气体窜进夹墙的可疑通道。随即组织对该下水道与 ϕ108mm 天然气管线交叉处进行开挖，后发现，ϕ108mm 管线与污水下水道交叉处（管线在上，污水沟在下）有一个三角形洞与污水沟相通，沿交叉处中心往管线两侧延伸查找，在距排污沟右侧 1.4m 处的管线上发现一椭圆形管孔（其长轴为 2cm，短轴为 1.2cm）。确认天然气由此泄漏，泄漏的天然气经街道混凝土下的片面和土壤缝隙扩散到排污沟上方，经三角形洞口窜进排污沟，经过排污沟通过公路，窜进 17 幢楼负一楼与街面堡坎构成的夹墙内淤积，并与夹缝中空气形成爆炸性混合性气体，经人行通道盖板缝隙扩散至人行道上，遇不明火种引起爆炸，酿成"5·29"事故。

（2）事故间接原因。

1）相邻 17 幢 099 号的另一幢楼的住户，违章建房，将 17 幢负一楼夹墙端头封闭，使夹墙体内气体不流通，形成死角，使天然气经排污道，从落水井泄出淤积于夹墙体内，积累到爆炸极限而酿成"5·29"事故，这是事故的间接原因。

2）泸州某公司擅自违章使用泄洪工程设施，于 1997 年在 17 幢楼负一楼砌墙建临时职工宿舍分给职工居住，形成负一楼与街道堡坎间的夹缝，为泄漏的天然气积聚创造了条件，同时造成职员聚积较多，加重了事故损失，这也是"5·29"事故发生的间接原因。

4. 事故防范措施建议

（1）开展燃气管道安全检查，对老旧管道进行清理和耐压试验，及时更新问题管道，消除隐患。

（2）对类似 17 幢一层楼违章建筑、违规使用情况进行清理，对建筑物占压管道进行排查，消除隐患。

（3）燃气企业应当加强对员工的压力管道安全知识、操作技能岗位培训、强化安全意识，配备有效的检漏仪器设备，建立健全安全规章制度、进一步明确责任，层层落实到基本一线岗位。

（4）进一步强化对城市燃气行业的监督管理，确保燃气压力管道安全法规得到贯彻落实。

（5）强化社区安全管理组织建设，增强公众使用安全燃气知识，建立燃气安全隐患举报、整治、监督、反馈制度，遇有隐患，及时报告，及时处置。

1.2.3 重庆市渝北区"3·14"燃气管网外力破坏事故

1. 事故简介

2008 年 3 月 14 日凌晨 3 点 30 分，重庆市渝北区回兴镇发生一起天然气泄漏引起爆炸造成伤亡事故。此次事故共造成 3 人死亡，5

人重伤，5 人轻伤，以及重大经济损失。现场平面如图 1.2.3-1。

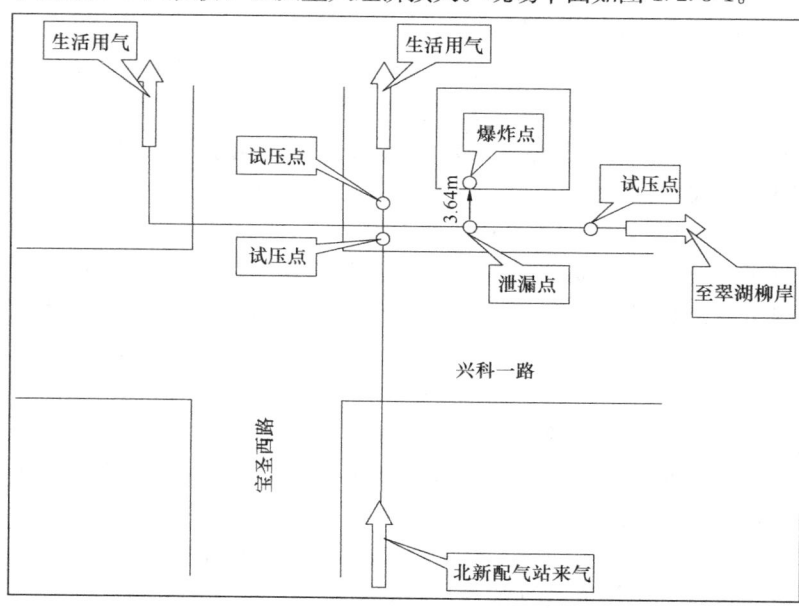

图 1.2.3-1

2. 事故经过

2008 年 3 月 14 日凌晨 3 时 30 分左右，4 名协勤人员在回兴镇兴科一路巡逻时，发现郑伟集资楼 17 号"小精点发廊"门市附近有较浓的天然气异味，在隔壁经营夜宵店的王某，就去敲门告知该户可能有天然气泄漏，当该门市人员开灯时随即发生爆炸。

3. 事故原因及性质

（1）直接原因

临街 PE（d110）燃气管线被拉裂，导致天然气泄漏，泄漏天然气通过地下疏松回填土层窜入室内，形成爆炸性混合气体，遇开关电器产生的火花引起爆炸。

（2）间接原因

1）管线回填未对地基进行处理或采取防沉降措施，回填土层在雨水的浸润作用下产生沉降。

2）管线在外部载荷应力叠加作用下，对管线热熔焊缝产生一定影响，导致管线拉裂。

3）对管线走向不明，巡管不到位。

4）管线焊接及回填等施工不规范。

5）发现不及时，延误了泄漏事故的处理时机。

6）用户缺乏燃气安全使用常识。

（3）事故性质

本次事故属管线埋地区域发生自然沉降，导致管线拉裂引发天然气泄漏造成的意外爆炸事故。

4. 事故防范措施建议

（1）要高度重视安全工作，牢固树立"安全为天"的意识，不能存在丝毫的麻痹大意。

（2）要大力开展隐患的排查整治工作，保证整治效果，把隐患消灭在萌芽状态。

（3）对民用气的加臭量符合国家规范要求，以利于及时发现天然气泄漏情况。

（4）要加强广大员工特别是一线员工的责任心教育，增强企业员工风险防范和识别能力，切实把管线巡查、设备维护等工作落到实处。

（5）要加强对用户安全知识宣传和入户安全检查，告知用户发现燃气泄漏的应急程序，提高用户的自我防范意识。

（6）管线回填时应对地基进行处理或采取防沉降措施，要严把工程建设项目各个环节的监控，确保工程质量。

1.2.4　江西省贵溪市"8·27"燃气管道泄漏爆炸事故

1. 事故简介

2010 年 8 月 27 日，江西省贵溪市发生一起燃气管道爆炸严重事故，造成 2 人死亡、2 人重伤、经济损失 512 万元。

2. 事故经过

2010 年 8 月 27 日凌晨 3：36，江西省贵溪市建设大道某餐馆和某热水器专卖店路段发生爆炸燃烧事故。事故造成1人当场死亡，3人受伤（其他一伤者于8月28日因抢救无效死亡）。事发时，燃气公司K2＋80m处天然气管道内的天然气泄漏扩散至该餐馆和该热水器专卖店形成爆炸性混合气体，达到爆炸极限后，遇餐馆内的明火引起爆炸和燃烧。事故现场的该餐馆和该热水器专卖店所属的4间店面烧黑，家具、灶具、待售产品等物品烧毁。

3. 事故原因

（1）直接原因

贵溪市"8·27"天然气管道泄漏事故的直接原因，是燃气公司选用的压力管道元件存在严重质量问题，导致K2＋80m处天然气埋地管道开裂，使天然气大量泄漏进入餐馆和热水器专卖店内引起天然气爆炸燃烧。

（2）间接原因

1）燃气公司当日凌晨1时指至4时，天然气流量运行数据出现明显异常时，没有及时分析判断，没有采用相应的安全应急措施。

2）使用于事故管道的压力管道元件由福建某公司生产，此批号产品存在严重质量问题，导致K2＋80m处天然气管道在低压状况下产生裂缝，并快速扩展至530mm，造成天然气大量泄漏，泄漏速率约高达1200m³/h，从而使附近空间天然气达到爆炸极限后，遇餐馆内的明火或火花，引起爆炸和燃烧。

3）事故现场天然气埋地管道与饭馆距离最小为0.83m，不符合此类管道不得小于1.5m的设计规定要求，又未采取相应的安全措施。

4. 事故防范措施建议

（1）管道使用单位应加强管道的监控与管理，应改进和加强天然气使用管理，健全和完善安全运行规程、安全管理规定（制度）、安全措施，提高运行管理水平，及时发现管道的异常情况，应采取必要措施，避免事故发生或减小事故。

（2）压力管道元件制造公司应确保制造质量，一方面企业自身加强质量管理，制造出符合法规标准安全性能要求的产品；其二按法规标准要求，严格进行产品质量监督检验，进一步确保产品质量。

（3）安装单位严格按照压力管道安装相关要求，认真履行安装职责，严把安装质量关，使用合格的压力管道元件。

（4）监理单位应严格按照工程监理相关要求，认真履行监理职责，严把监理质量关。

（5）检验单位要全面落实检验责任，严格按照压力管道安装监督检验相关要求，认真履行安装监督检验职责，严把安装监督检验质量关。

1.2.5　吉林省吉林市"1·17"燃气管道泄漏爆炸事故

1. 事故简介

2011 年 1 月 17 日 6 时 03 分，位于吉林省吉林市的某燃气分公司发生燃气泄漏，泄漏引发吉林石化矿区服务部食堂发生爆炸，造成 3 人死亡，28 人受伤。

2. 事故经过

2011 年 1 月 17 日 6 时 03 分，位于吉林市昌邑区"江畔明珠"小区的居民被一声巨大的爆炸声惊醒，紧邻小区的吉林石化矿区服务部食堂发生天然气泄漏爆炸。爆炸导致食堂下一楼车库中的十多辆轿车被炸得面目全非，停靠在楼下的三四十辆汽车基本报废，爆炸产生的巨大气流对周围的十几栋居民楼产生了巨大冲击，距离爆炸点 100 多米外的一栋 20 多层居民楼的顶楼窗户也被振碎，事故现场造成 2 人死亡，29 人受伤，伤者被迅速送往附近的医院，其中 1 人经抢救无效死亡。

3. 事故原因

（1）直接原因

中压燃气管道焊口开裂，引发燃气泄漏，遇明火发生爆炸，是造成此次事故的直接原因（图 1.2.5-1）。

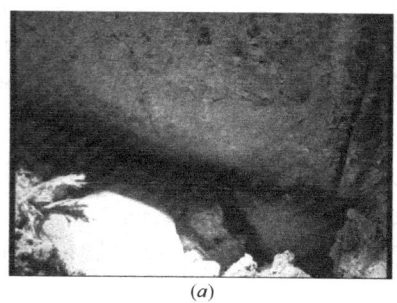

(a)   (b)

图 1.2.5-1　事故现场

（2）间接原因

1）极端寒冷天气下，燃气管道焊接施工措施未做到位，焊缝质量存在硬伤缺陷，导致管道运行过程中，发生燃气泄漏，引发爆炸事故。

2）应急处置不及时。事发前一天，即 16 日，白天就有爆炸楼房附近小区居民反映，在小区内闻到有燃气的味道，但没有得到燃气公司足够重视。

3）隐患排查不全面，判断不准确，措施不果断，整改不彻底。16 日晚间，收到居民集中反映后，天然气有限公司与当地公安部门来到现场进行排查工作。经排查，怀疑燃气泄漏发生在"江山帝景"小区内，并决定立即对该小区内两栋高层中的居民进行紧急转移疏散。同时，切断两栋高楼的天然气供应，并在随后公布排查结果，表示已经基本排除该区域天然气泄漏隐患。这个排查结果在一定程度上降低了人们的警惕性，而最终发生爆炸的是与"江山帝景"小区相隔一条马路的另一幢楼房，排查、疏散、切断燃气都搞错了大楼。

4. 事故防范措施建议

（1）加强工程施工焊接质量控制

焊接过程是钢制压力管道安装施工的关键环节，必须使焊接全过程处于严格的受控状态。而影响焊接质量的因素有很多，如焊接方法、焊接设备、原材料的质量、焊接材料的质量及其控制与选择、坡口的加工质量、管道组对质量、焊接环境（环境温度、相对湿度、风速等）、现场条件（如登高或地沟作业等）、焊工素质、焊接工艺的正确性及其具体实施情况等。在工程施工过程中，必须强化以上影响因素的管理，有针对性地采取严格措施，才能有效保证压力管道的焊接质量，进而确保优质工程的实现。

（2）完善应急预案，扎实做好演练

在场站施工管理过程中，要认真做好专项应急处置预案的编制和落实工作，完善应急预案体系，确保施工过程中各类突发事件均能得到有效预防和控制；同时，扎实做好预案演练工作，确保人人参与，临危不乱，尽量避免或减少事故发生时人员损失。

（3）加强施工现场隐患排查，确保问题整改到位

现场施工管理过程中，要严格按照项目管理的有关规定，定期对新改扩建工程项目进行安全、质量检查巡视活动；同时，积极配合公司主管部门及外聘机构对施工现场的检查审核，及时发现施工现场的不安全因素和不合格质量问题。对于检查出现的各项问题，及时组织进行整改，化解风险，确保问题整改彻底，不留隐患。

1.2.6　宁夏中卫市"9·27"水平定向钻钻破地下燃气管爆燃事故

1. 事故简介

2012 年 9 月 27 日下午 15 时 01 分左右，中卫市某电力公司在中卫市沙坡头区长城街与邵桥路交叉口东侧进行地下电缆水平定向钻施工过程中将宁夏某天然气公司城市地下燃气管道钻破，致燃气泄漏并引发爆燃，造成 3 人死亡、4 人受伤、周围部分建筑物和车辆不同程度受损，直接经济损失 500

多万元。

2. 事故发生经过

2012年9月18日，中卫市供电局办公室主任麦某接到市住房和城乡建设局发来的《关于电缆迁移的通知》，9月20日转到运维检修部张某，张某拿到函件，经请示运维检修部主任梁某后，电话通知运维检修部输电运检组副组长王某，说明政府因邵桥道路改造工程，需要进行穿渠、桥梁施工，原10kV高压电缆在工程施工开挖范围内，要求供电局于9月20日前将该电缆迁移。随后，王某两次分别与张某、宁夏某电力公司沙坡头项目部项目经理陈某到准备施工的现场查看，并在9月25日中卫市供电局生产例会上作了汇报。当时主持会的供电局副总工程师王某同意安排施工。9月26日下午，王某和陈某一起到邵桥桥头进行现场勘查，因渠中有水通过，不易开挖，经商量采取顶管方式通过。由陈某负责安排施工人员，并在29日完成工作。陈某随即给中卫市某电力公司经理王某电话联系了顶管事宜。2012年9月26日下午17时左右，中卫市某电力公司准备在中卫市沙坡头区长城街与邵桥路交叉口东侧进行水平定向钻施工，因宁夏某天然气公司巡线员张某未允许而没有进行施工（理由为地下有燃气管道）。2012年9月27日上午9时，中卫市某电力工程有限公司项目经理刘某领着施工人员何某（施工队长兼司钻工）、李某、张某、刘某、马某、胡某再次到中卫市文昌镇邵桥招待所施工地点，到达现场后，何某给各施工人员具体安排了工作，就开始挖入钻的坑道（这时项目经理刘某离开施工现场，11时40分左右又回到施工现场给施工人员送饭），中午13时，入钻的坑挖好了（发射坑位于邵桥招待所西侧），约为2m（长）×2m（宽）×1.5m（深）。随后，何某带领李某、张某、刘某、马某、胡某开始安装钻机，下午14时许将钻机安装好，（水平定向钻）开始由南向北钻进，当时何某负责开钻机，胡某负责使用导向仪器引导钻机的钻头方向，刘某负责安装钻杆，马某负责从车上给刘某取钻杆，李某负责给钻机供水，张某一个人负责在二干渠北侧挖出钻口的坑，项目经理刘某见施工正常后便离开施工现场。14 时 40 分左右，当钻头顶进约 6m 时将地下燃气管道钻破，天然气发生泄漏。电力工程公司施工人员李某、何某、马某、刘某发现天然气泄漏后，立即去寻找附近天然气阀井并试图关闭，但没有能将天然气阀门关闭，同时通知宁夏天然气公司巡检人员张某，并马上进行警戒、疏散人群。14 时 55 分宁夏某天然气公司张某到达现场，但仍然没能够将阀门关闭（必须用专用工具）。15 时 01 分 26 秒临近施工现场的邵桥招待所一楼发生天然气爆燃。15 时 05 分天然气阀门关闭，火势减弱。15 时 15 分中卫市消防支队赶到现场进行灭火，15 时 28 分火被扑灭。事故造成 3 人死亡、4 人受伤、周围部分建筑物和车辆不同程度受损。

3. 事故发生原因及性质

（1）直接原因

中卫市某电力公司在中卫市沙坡头区长城街与邵桥路交叉口东侧进行地下电缆水平定向钻施工作业时，未制定具体施工方案和应急措施，没有充分了解施工作业地点天然气管线具体位置，贸然施工，致使定向钻头将该处天然气管道（管径 DN250，运行压力 0.28MPa）钻破，施工单位试图自行寻找并关闭阀门未果后向某天然气公司报警，延误了抢险时机，导致天然气泄漏时间长达 20min（具体时间段：14 时 40 分～15 时 01 分，泄漏量达到 700m³）。泄漏的天然气通过地下排水井、通信及电缆套管并借风势进入邵桥招待所，与室内空气混合达到天然气爆炸极限（5%～15%VOL），遇火源发生爆炸燃烧。

（2）间接原因

1）中卫市某电力公司安全生产法制意识淡薄。作为建筑施工企业，该企业未依法设置安全生产管理机构或配备专（兼）职安全生产管理人员；主要负责人和相关项目经理未经有关主管部门安全培训、没有取得相关安全生产任职资格证；安全管理制度和应急预案不健全，安全生产责任不落实；企业未取得建设主管部门颁发的施工资质证书和《建筑施工企业安全生产许可证》,非法从事建筑施工活动。特别是在 9 月 26 日下午施工人员到达施工现场遭宁夏某天然气公司巡线员张某的劝阻后,也未能与某天然气公司进行有效沟通,明知作业面下有燃气管道存在,自恃熟悉线位,为赶工期而盲目施工,最终导致事故发生。

2) 中卫市供电局和宁夏某电力公司沙坡头项目部相关管理人员和工作人员未按工作程序办事。中卫市供电局办公室主任麦某接到市住房和城乡建设局发来的《关于电缆迁移的通知》后,没有将《通知》上传,直接交由班组承办;供电局运维检修部输电运检组副组长王某拿到《通知》后,越过宁夏某电力公司以及该公司沙坡头项目部,直接与沙坡头项目部项目经理陈某电话联系;陈某也未向沙坡头项目部主要负责人报告,就将施工任务发包给了不具备安全生产条件和没有施工资质的中卫市某电力公司。

3) 中卫市住房和城乡建设局作为邵桥路改建工程项目建设单位和中卫市城市燃气行业主管部门,对邵桥路整个建设工程特别是地下电缆施工作业没有进行统一协调、管理和监督;且没有按本部门的安全监管职责组织制定《中卫市城市燃气重大安全事故应急救援预案》,在组织中卫市建设领域安全生产"打非治违"专项行动中不够深入全面,致使没有取得建设主管部门颁发的施工资质证书和《建筑施工企业安全生产许可证》的中卫市某电力工程有限公司仍在非法从事建筑施工活动。

4) 中卫市工商行政管理局在中卫市某电力公司注册登记时,未按《国民经济行业分类》国家标准中"建筑业"类的相关要求进行企业经营范围的核定,增加了"地下穿越施工"这一经营项目,给当地一些建设单位选择非开挖工程施工单位带来了误导。

(3) 事故性质

经调查认定,此次事故是一起由于施工单位违法施工、违章指挥和作业人员违规操作导致的较大燃气泄漏爆燃责任事故。

4. 事故防范措施建议

（1）中卫市有关部门和单位要认真吸取事故教训，牢固树立科学发展和安全发展理念，认真履行安全生产主体责任，加强对在建工程项目的安全生产管理，确保各项安全管理制度和安全措施落实到位，预防和控制建筑施工伤亡事故的发生。

中卫市建设、城管和电力等负有安全生产监管职责的部门要加大对各类建筑市场违法违规行为的整治力度，严厉查处不履行建设工程法定程序，规避政府主管部门监管，违法分包、转包工程，任意压缩施工工期，安全生产投入严重不足，施工现场管理混乱、"三违"现象突出以及重大隐患隐瞒不报或不按规定予以整改等非法违法行为，一经发现和查实，要依法严厉打击，严肃追究有关单位和人员的责任，确保建设工程施工安全。

（2）各地、各有关部门和单位要切实加强城镇地下管网的安全监管，进一步明确城镇地面开挖施工作业的相关规定和安全管理职责，严格落实安全生产属地监管责任和安全生产行业主管责任。城市燃气、电力、热力、通信、给水排水等管网建设项目要严格按照国家、自治区有关建设程序要求，履行项目建设和施工审批程序。规划建设主管部门要切实做好设计审查、施工图审查、施工许可、工程竣工备案等工作。涉及地下管网的施工项目，建设单位在组织项目施工前，要认真查阅有关资料，全面摸清项目涉及区域地下管网的分布和走向，制定完善的施工方案；施工现场拟开挖基坑宽度、深度、周边管线类型、施工示意图、专项安全生产应急预案和现场处置方案等资料和防护措施要报当地建设主管部门审批备案；施工前，要召集管线权属、施工、监理等有关单位，召开安全施工协调会，对安全施工作业职责提出明确要求；严格履行项目建设招投标程序，严禁将施工项目发包给不具备安全生产条件及相应资质的单位和个人。管网业主单位要对地下管网情况进行现场交底，并作出明确的标识，必要时在作业现场安排专人监护。施工单位要严格按照安全施工要求进行作业，严禁在不明情况下进行地面开挖作业。监理单位要审查地下管线安全保护措施，对涉及地下管网的施工现场实行旁站式监理，监理过程中发现存在地下管网事故隐患时，要求施工单位立即整改。

（3）各级政府和有关部门要切实提高天然气或城镇燃气事故的应急处置能力，要针对本行政区域内燃气企业特点，制定有针对性的应急预案并定期组织开展应急演练，不断健全和完善应急预案。建立燃气应急专家队伍，加大应急投入，完善应急物资和应急装备储备，提高天然气或城镇燃气事故应急处置能力。各燃气企业要根据本单位重大危险源情况，建立健全重大危险源档案，加强对重大危险源的监控和管理，确保安全生产。

（4）加强安全教育培训，提高作业人员安全素质。从近年来发生的多起建筑施工事故来看，施工从业人员的整体素质不高、安全意识淡薄、自我防护意识差是导致事故发生的主要原因。为此，各地、各有关部门和施工单位务必要切实加强对企业"三类"人员、施工作业人员、特种作业人员的教育培训，特别要重点做好对上岗农民工的三级安全教育培训，提高其安全生产意识和操作技能，增强自我防护能力和应急处置能力。要充分利用各种渠道和形式，有针对性地开展施工安全专项宣传教育活动，普及安全常识，将宣传教育经常化、制度化，营造建设工程施工安全的良好社会氛围。

与此同时，各地、各有关部门要充分利用新闻媒体、电视、报纸等向市民宣传维护燃气设施的安全知识及燃气安全法规，通过宣传教育，使广大市民树立自觉维护管道燃气设施的安全意识，确保城市燃气管道安全运行。

1.2.7　山西省朔州市"6·19"天然气火灾爆炸事故

1. 事故简介

2013年6月19日，山西省朔州经济开发区小南国酒楼发生一起厨房蒸汽柜鼓风机电线起火引发天然气泄漏爆炸事故，造成

2 人死亡、6 人重伤。

2. 事故经过

2013 年 6 月 19 日晚 9 时许，餐厅试菜完毕，少量客人陆续离去，突然发现四跨蒸箱后面电线着火，员工急忙用泡沫及干粉灭火器灭火，但未能奏效，却引燃了油烟罩内的油垢。地下室在烟雾及灭火干粉的双重作用下，人们难以忍受，纷纷跑到楼外。

此时，关断了位于一跨天然气引入口的球阀及调压柜进口球阀，与此同时有人报了火警，消防车来到现场，于 21 点 30 分发生了第一次爆炸，威力很大，一、二楼门窗全部炸飞，在冲击波的作用下，周边楼房玻璃多有破坏、损毁。造成 3 人死亡（含一名消防战士），伤 154 人的较大安全事故。其后又发生了爆炸力不大的一次爆炸。燃气公司工作人员于 22 时零 5 分许关断了 F59 号球阀，22 时 40 分又发生了第三次爆炸。

3. 事故原因

（1）直接原因

1）小南国酒楼地下室北起第三开间东墙下燃气蒸柜的鼓风机的电源线故障，引燃其绝缘皮，引起蒸柜上部的排油烟风道口及其油垢着火。是造成本次事故起火的直接原因。

2）小南国酒楼业主及相关施工人员严重违反有关法律法规，未经朔州经济开发区相关部门批准，私自将地下室厨房的排油烟道（东西向）埋设于室外的人行道下，并与燃气有限公司埋设在人行道下的天然气 PE 材质的管道（南北向）交叉，且烟道的下底面低于天然气管道，造成天然气 PE 管裸露横穿于烟道内，直接受油烟气的热作用侵蚀，加之地下厨房起火，火焰沿烟道排出，导致 PE 管强度下降，产生一个朝向酒楼一侧的破口（上下 68mm，左右 59mm），使天然气泄漏并沿排油烟道直接扩散至酒楼内外，形成爆炸性混合气体，是造成本次事故爆炸的直接原因。

（2）间接原因

1）小南国酒楼及其业主未履行消防安全企业主体职责，未进行消防验收，对厨房电器、燃气设备没有进行全面细致检查，对存在的火险隐患不整改，现场人员发现火情后没有及时报警，延误了最佳灭火时机，是造成本次事故的一个主要成因。

2）燃气有限公司对本公司铺设的天然气管线隐患排查不细致、不到位，在长达两年时间里未发现"开发区小南国酒楼排油烟道与天然气管线交叉"的重大事故隐患。也是造成本次事故的一个主要成因。

3）现场抢险救援过程中，燃气有限公司关闭天然气供气阀门不及时、不彻底，是造成后续二次爆燃、爆炸的主要原因。

4）朔州经济开发区及其消防、住建等相关部门监管履职不够到位，对小南国酒楼烟道施工和存在的重大事故隐患没有及时发现和制止，也是造成本次事故的一个原因。

1.2.8 山东省青岛市"11·22"中石化东黄输油管道泄漏爆炸特别重大事故

1. 事故简介

2013 年 11 月 22 日 10 时 25 分，位于山东省青岛经济技术开发区的中国石油化工股份有限公司管道储运分公司东黄输油管道泄漏原油进入市政排水暗渠，在形成密闭空间的暗渠内油气积聚遇火花发生爆炸，造成 62 人死亡、136 人受伤，直接经济损失 75172 万元。

2. 事故发生经过及应急处置情况

（1）原油泄漏处置情况。

1）企业处置情况。

11 月 22 日 2 时 12 分，潍坊输油处调度中心通过数据采集与监视控制系统发现东黄输油管道黄岛油库出站压力从 4.56MPa 降至 4.52MPa，两次电话确认黄岛油库无操作因素后，判断管道泄漏；2 时 25 分，东黄输油管道紧急停泵停输。

2 时 35 分，潍坊输油处调度中心通知青岛站关闭洋河阀室截断阀（洋河阀室距黄岛油库 24.5km，为下游距泄漏点最近的阀室）；3 时 20 分左右，截断阀关闭。

2 时 50 分，潍坊输油处调度中心向处运销科报告东黄输油管道发生泄漏；2 时 57 分，通知处抢维修中心安排人员赴现场抢修。

3 时 40 分左右，青岛站人员到达泄漏事故现场，确认管道泄漏位置距黄岛油库出站口约 1.5km，位于秦皇岛路与斋堂岛街交叉口处。组织人员清理路面泄漏原油，并请求潍坊输油处调用抢险救灾物资。

4 时左右，青岛站组织开挖泄漏点、抢修管道，安排人员拉运物资清理海上溢油。

4 时 47 分，运销科向潍坊输油处处长报告泄漏事故现场情况。

5 时 07 分，运销科向中石化管道分公司调度中心报告原油泄漏事故总体情况。

5 时 30 分左右，潍坊输油处处长安排副处长赴现场指挥原油泄漏处置和入海原油围控。

6 时左右，潍坊输油处、黄岛油库等现场人员开展海上溢油清理。

7 时左右，潍坊输油处组织泄漏现场抢修，使用挖掘机实施开挖作业；7 时 40 分，在管道泄漏处路面挖出 2m×2m×1.5m 作业坑，管道露出；8 时 20 分左右，找到管道泄漏点，并向中石化管道分公司报告。

9 时 15 分，中石化管道分公司通知现场人员按照预案成立现场指挥部，做好抢修工作；9 时 30 分左右，潍坊输油处副处长报告中石化管道分公司，潍坊输油处无法独立完成管道抢修工作，请求中石化管道分公司抢维修中心支援。

10 时 25 分，现场作业时发生爆炸，排水暗渠和海上泄漏原油燃烧，现场人员向中石化管道分公司报告事故现场发生爆炸燃烧。

2）政府及相关部门处置情况。

11月22日2时31分，开发区公安分局110指挥中心接警，称青岛丽东化工有限公司南门附近有泄漏原油，黄岛派出所出警。

3时10分，110指挥中心向开发区总值班室报告现场情况。至4时17分，开发区应急办、市政局、安全监管局、环保分局、黄岛街道办事处等单位人员分别收到事故报告。4时51分、7时46分、7时48分，开发区管委会副主任、主任、党工委书记分别收到事故报告。

4时10分至5时左右，开发区应急办、安全监管局、环保分局、市政局及开发区安全监管局石化区分局、黄岛街道办事处有关人员先后到达原油泄漏事故现场，开展海上溢油清理。

7时49分，开发区应急办副主任将泄漏事故现场及处置情况报告青岛市政府总值班室。

8时18分至27分，青岛市政府总值班室电话调度青岛市环保局、青岛海事局、青岛市安全监管局，要求进一步核实信息。

8时34分至40分，青岛市政府总值班室将泄漏事故基本情况通过短信报告市政府秘书长、副秘书长、应急办副主任。

8时53分，青岛市政府副秘书长将泄漏事故基本情况短信转发市经济和信息化委员会副主任，并电话通知其立即赶赴事故现场。

9时01分至06分，青岛市政府副秘书长、市政府总值班室将泄漏事故基本情况分别通过短信报告市长及4位副市长。

9时55分，青岛市经济和信息化委员会副主任等到达泄漏事故现场；10时21分，向市政府副秘书长报告海面污染情况；10时27分，向市政府副秘书长报告事故现场发生爆炸燃烧。

（2）爆炸情况。

为处理泄漏的管道，现场决定打开暗渠盖板。现场动用挖掘机，采用液压破碎锤进行打孔破碎作业，作业期间发生爆炸。爆炸时间为2013年11月22日10时25分。

爆炸造成秦皇岛路桥涵以北至入海口、以南沿斋堂岛街至刘公岛路排水暗渠的预制混凝土盖板大部分被炸开,与刘公岛路排水暗渠西南端相连接的长兴岛街、唐岛路、舟山岛街排水暗渠的现浇混凝土盖板拱起、开裂和局部炸开,全长波及5000余米。爆炸产生的冲击波及飞溅物造成现场抢修人员、过往行人、周边单位和社区人员,以及青岛丽东化工有限公司厂区内排水暗渠上方临时工棚及附近作业人员,共62人死亡、136人受伤。爆炸还造成周边多处建筑物不同程度损坏,多台车辆及设备损毁,供水、供电、供暖、供气多条管线受损。泄漏原油通过排水暗渠进入附近海域,造成胶州湾局部污染。

(3)爆炸后应急处置及善后情况。

爆炸发生后,时任山东省委书记姜异康、省长郭树清迅速率领有关部门负责同志赶赴事故现场,指导事故现场处置工作。青岛市委、市政府主要领导同志立即赶赴现场,成立应急指挥部,组织抢险救援。中石化集团公司董事长傅成玉立即率工作组赶赴现场,中石化管道分公司调集专业力量、中石化集团公司调集山东省境内石化企业抢险救援力量赶赴现场。王勇国务委员在事故现场听取山东省、青岛市主要领导同志的工作汇报后,指示成立了以省政府主要领导同志为总指挥的现场指挥部,下设8个工作组,开展人员搜救、抢险救援、医疗救治及善后处理等工作。当地驻军也投入力量积极参与抢险救援。

现场指挥部组织2000余名武警及消防官兵、专业救援人员,调集100余台(套)大型设备和生命探测仪及搜救犬,紧急开展人员搜救等工作。截至12月2日,62名遇难人员身份全部确认并向社会公布。遇难者善后工作基本结束。136名受伤人员得到妥善救治。

青岛市对事故区域受灾居民进行妥善安置,调集有关力量,全力修复市政公共设施,恢复供水、供电、供暖、供气,清理陆上和海上油污。当地社会秩序稳定。

3. 事故原因和性质

（1）直接原因。

输油管道与排水暗渠交汇处管道腐蚀减薄、管道破裂、原油泄漏，流入排水暗渠及反冲到路面。原油泄漏后，现场处置人员采用液压破碎锤在暗渠盖板上打孔破碎，产生撞击火花，引发暗渠内油气爆炸。

原因分析：

通过现场勘验、物证检测、调查询问、查阅资料，并经综合分析认定：由于与排水暗渠交叉段的输油管道所处区域土壤盐碱和地下水氯化物含量高，同时排水暗渠内随着潮汐变化海水倒灌，输油管道长期处于干湿交替的海水及盐雾腐蚀环境，加之管道受到道路承重和振动等因素影响，导致管道加速腐蚀减薄、破裂，造成原油泄漏。泄漏点位于秦皇岛路桥涵东侧墙体外，处于管道正下部位置。经计算、认定，原油泄漏量约 2000t。

泄漏原油部分反冲出路面，大部分从穿越处直接进入排水暗渠。泄漏原油挥发的油气与排水暗渠空间内的空气形成易燃易爆的混合气体，并在相对密闭的排水暗渠内积聚。由于原油泄漏到发生爆炸达 8 个多小时，受海水倒灌影响，泄漏原油及其混合气体在排水暗渠内蔓延、扩散、积聚，最终造成大范围连续爆炸。

（2）间接原因。

1）中石化集团公司及下属企业安全生产主体责任不落实，隐患排查治理不彻底，现场应急处置措施不当。

① 中石化集团公司和中石化股份公司安全生产责任落实不到位。安全生产责任体系不健全，相关部门的管道保护和安全生产职责划分不清、责任不明；对下属企业隐患排查治理和应急预案执行工作督促指导不力，对管道安全运行跟踪分析不到位；安全生产大检查存在死角、盲区，特别是在全国集中开展的安全生产大检查中，隐患排查工作不深入、不细致，未发现事故段管道安全隐患，也未对事故段管道采取任何保护措施。

② 中石化管道分公司对潍坊输油处、青岛站安全生产工作

疏于管理。组织东黄输油管道隐患排查治理不到位，未对事故段管道防腐层大修等问题及时跟进，也未采取其他措施及时消除安全隐患；对一线员工安全和应急教育不够，培训针对性不强；对应急救援处置工作重视不够，未督促指导潍坊输油处、青岛站按照预案要求开展应急处置工作。

③ 潍坊输油处对管道隐患排查整治不彻底，未能及时消除重大安全隐患。2009 年、2011 年、2013 年先后 3 次对东黄输油管道外防腐层及局部管体进行检测，均未能发现事故段管道严重腐蚀等重大隐患，导致隐患得不到及时、彻底整改；从 2011 年起安排实施东黄输油管道外防腐层大修，截至 2013 年 10 月仍未对包括事故泄漏点所在的 15km 管道进行大修；对管道泄漏突发事件的应急预案缺乏演练，应急救援人员对自己的职责和应对措施不熟悉。

④ 青岛站对管道疏于管理，管道保护工作不力。制定的管道抢维修制度、安全操作规程针对性、操作性不强，部分员工缺乏安全操作技能培训；管道巡护制度不健全，巡线人员专业知识不够；没有对开发区在事故段管道先后进行排水明渠和桥涵、明渠加盖板、道路拓宽和翻修等建设工程提出管道保护的要求，没有根据管道所处环境变化提出保护措施。

⑤ 事故应急救援不力，现场处置措施不当。青岛站、潍坊输油处、中石化管道分公司对泄漏原油数量未按应急预案要求进行研判，对事故风险评估出现严重错误，没有及时下达启动应急预案的指令；未按要求及时全面报告泄漏量、泄漏油品等信息，存在漏报问题；现场处置人员没有对泄漏区域实施有效警戒和围挡；抢修现场未进行可燃气体检测，盲目动用非防爆设备进行作业，严重违规违章。

2）青岛市人民政府及开发区管委会贯彻落实国家安全生产法律法规不力。

① 督促指导青岛市、开发区两级管道保护工作主管部门和安全监管部门履行管道保护职责和安全生产监管职责不到位，对

长期存在的重大安全隐患排查整改不力。

②组织开展安全生产大检查不彻底，没有把输油管道作为监督检查的重点，没有按照"全覆盖、零容忍、严执法、重实效"的要求，对事故涉及企业深入检查。

③黄岛街道办事处对青岛丽东化工有限公司长期在厂区内排水暗渠上违章搭建临时工棚问题失察，导致事故伤亡扩大。

3）管道保护工作主管部门履行职责不力，安全隐患排查治理不深入。

①山东省油区工作办公室已经认识到东黄输油管道存在安全隐患，但督促企业治理不力，督促落实应急预案不到位；组织安全生产大检查不到位，督促青岛市油区工作办公室开展监督检查工作不力。

②青岛市经济和信息化委员会、油区工作办公室对管道保护的监督检查不彻底、有盲区，2013年开展了6次管道保护的专项整治检查，但都没有发现秦皇岛路道路施工对管道安全的影响；对管道改建计划跟踪督促不力，督促企业落实应急预案不到位。

③开发区安全监管局作为管道保护工作的牵头部门，组织有关部门开展管道保护工作不力，督促企业整治东黄输油管道安全隐患不力；安全生产大检查走过场，未发现秦皇岛路道路施工对管道安全的影响。

4）开发区规划、市政部门履行职责不到位，事故发生地段规划建设混乱。

①开发区控制性规划不合理，规划审批工作把关不严。开发区规划分局对青岛信泰物流有限公司项目规划方案审批把关不严，未对市政排水设施纳入该项目规划建设及明渠改为暗渠等问题进行认真核实，导致市政排水设施继续划入厂区规划，明渠改暗渠工程未能作为单独市政工程进行报批。事故发生区域危险化学品企业、油气管道与居民区、学校等近距离或交叉布置，造成严重安全隐患。

② 管道与排水暗渠交叉工程设计不合理。管道在排水暗渠内悬空架设，存在原油泄漏进入排水暗渠的风险，且不利于日常维护和抢维修；管道处于海水倒灌能够到达的区域，腐蚀加剧。

③ 开发区行政执法局（市政公用局）对青岛信泰物流有限公司厂区明渠改暗渠审批把关不严，以"绿化方案审批"形式违规同意设置盖板，将明渠改为暗渠；实施的秦皇岛路综合整治工程，未与管道企业沟通协商，未按要求计算对管道安全的影响，未对管道采取保护措施，加剧管体腐蚀、损坏；未发现青岛丽东化工有限公司长期在厂区内排水暗渠上违章搭建临时工棚的问题。

5）青岛市及开发区管委会相关部门对事故风险研判失误，导致应急响应不力。

① 青岛市经济和信息化委员会、油区工作办公室对原油泄漏事故发展趋势研判不足，指挥协调现场应急救援不力。

② 开发区管委会未能充分认识原油泄漏的严重程度，根据企业报告情况将事故级别定为一般突发事件，导致现场指挥协调和应急救援不力，对原油泄漏的发展趋势研判不足；未及时提升应急预案响应级别，未及时采取警戒和封路措施，未及时通知和疏散群众，也未能发现和制止企业现场应急处置人员违规违章操作等问题。

③ 开发区应急办未严格执行生产安全事故报告制度，压制、拖延事故信息报告，谎报开发区分管领导参与事故现场救援指挥等信息。

④ 开发区安全监管局未及时将青岛丽东化工有限公司报告的厂区内明渠发现原油等情况向政府和有关部门通报，也未采取有效措施。

（3）事故性质。

经调查认定，山东省青岛市"11·22"中石化东黄输油管道泄漏爆炸特别重大事故是一起生产安全责任事故。

4. 事故防范措施建议

（1）坚持科学发展安全发展，牢牢坚守安全生产红线。中石化集团公司和山东省、青岛市人民政府及其有关部门要深刻吸取山东省青岛市"11·22"中石化东黄输油管道泄漏爆炸特别重大事故的沉痛教训，牢固树立科学发展、安全发展理念，牢牢坚守"发展决不能以牺牲人的生命为代价"这条红线。要把安全生产纳入经济社会发展总体规划，建立健全"党政同责、一岗双责、齐抓共管"的安全生产责任体系，坚持管行业必须管安全、管业务必须管安全、管生产经营必须管安全的原则，把安全责任落实到领导、部门和岗位，谁踩红线谁就要承担后果和责任。在发展地方经济、加快城乡建设、推进企业改革发展的过程中，要始终坚持安全生产的高标准、严要求，各级各类开发区招商引资、上项目不能降低安全环保等标准，不能不按相关审批程序搞特事特办，不能违规"一路绿灯"。政府规划、企业生产与安全发生矛盾时，必须服从安全需要；所有工程设计必须满足安全规定和条件。要坚决纠正单纯以经济增长速度评定政绩的倾向，科学合理设定安全生产指标体系，加大安全生产指标考核权重，实行安全生产和重特大事故"一票否决"。中央企业不管在什么地方，必须接受地方的属地监管；地方政府要严格落实属地管理责任，依法依规，严管严抓。

（2）切实落实企业主体责任，深入开展隐患排查治理。中石化集团公司及各油气管道运营企业要认真履行安全生产主体责任，加大人力物力投入，加强油气管道日常巡护，保证设备设施完好，确保安全稳定运行。要建立健全隐患排查治理制度，落实企业主要负责人的隐患排查治理第一责任，实行谁检查、谁签字、谁负责，做到不打折扣、不留死角、不走过场。要按照《国务院安委会关于开展油气输送管线等安全专项排查整治的紧急通知》（安委〔2013〕9号）要求，认真开展在役油气管道，特别是老旧油气管道检测检验与隐患治理，对与居民区、工厂、学校等人员密集区和铁路、公路、隧道、市政地下管网及设施安全距离不足，或穿（跨）越安全防护措施不符合国家法律法规、标准规范要求的，要落实整改措施、责任、资金、时限和预案，限期更新、改造或者停止使用。国务院安委会将于 2014 年 3 月组织抽查，对不认真开展自查自纠，存在严重隐患的企业，要依法依规严肃查处问责。

（3）加大政府监督管理力度，保障油气管道安全运行。山东省、青岛市各级人民政府及相关部门要严格执行《石油天然气管道保护法》、《城镇燃气管理条例》（国务院令第 583 号）等法律法规，认真履行油气管道保护的相关职责。各级人民政府要加强本行政区域油气管道保护工作的领导，督促、检查有关部门依法履行油气管道保护职责，组织排查油气管道的重大外部安全隐患。市政管理部门在市政设施建设中，对可能影响油气管道保护的，要与油气管道企业沟通会商，制定并落实油气管道保护的具体措施。油气管道保护工作主管部门要加大监管力度，对打孔盗油、违章施工作业等危害油气管道安全的行为要依法严肃处理；要按照后建服从先建的原则，加大油气管道占压清理力度。安全监管部门要配备专业人员，加强监管力量；要充分发挥安委会办公室的组织协调作用，督促有关部门采取不发通知、不打招呼、不听汇报、不用陪同和接待，直奔基层、直插现场的方式，对油气管道、城市管网开展暗查暗访，深查隐蔽致灾隐患及其整改情况，对不符合安全环保要求的立即进行整治，对工作不到位的地区要进行通报，对自查自纠等不落实的企业要列入"黑名单"并向社会公开曝光。对瞒报、谎报、迟报生产安全事故的，要按有关规定从严从重查处。

（4）科学规划合理调整布局，提升城市安全保障能力。随着经济高速发展及城市快速扩张，开发区危险化学品企业与居民区毗邻、交错，功能布局不合理，对该区域的安全和环境造成一定影响，也不利于城市的长远发展。青岛市人民政府要对该区域的安全、环境状况进行整体评估、评价，通过科学论证，对产业结构和区域功能进行合理规划、调整，对不符合安全生产和环境保护要求的，要立即制定整治方案，尽快组织实施。各级人民政府要加强本行政区域油气管道规划建设工作的领导，油气管道规划建设必须符合油气管道保护要求，并与土地利用整体规划、城乡规划相协调，与城市地下管网、地下轨道交通等各类地下空间和设施相衔接，不符合相关要求的不得开工建设。

（5）完善油气管道应急管理，全面提高应急处置水平。中石化集团公司和山东省、青岛市各级人民政府及其有关部门要高度重视油气管道应急管理工作。各级领导干部要带头熟悉、掌握应急预案内容和现场救援指挥的必备知识，提高应急指挥能力；接到事故报告后，基层领导干部必须第一时间赶到事故现场，不得以短信形式代替电话报告事故信息。油气管道企业要根据输送介质的危险特性及管道状况，制定有针对性的专项应急预案和现场处置方案，并定期组织演练，检验预案的实用性、可操作性，不能"一定了之"、"一发了之"；要加强应急队伍建设，提高人员专业素质，配套完善安全检测及管道泄漏封堵、油品回收等应急装备；对于原油泄漏要提高应急响应级别，在事故处置中要对现场油气浓度进行检测，对危害和风险进行辨识和评估，做到准确研判，杜绝盲目处置，防止油气爆炸。地方各级人民政府要紧密结合实际，制定包括油气管道在内的各类生产安全事故专项应急预案，建立政府与企业沟通协调机制，开展应急预案联合演练，提高应急响应能力；要根据事故现场情况及救援需要及时划定警戒区域，疏散周边人员，维持现场秩序，确保救援工作安全有序。

（6）加快安全保障技术研究，健全完善安全标准规范。要组织力量加快开展油气管道普查工作，摸清底数，建立管道信息系统和事故数据库，深入研究油气管道可能发生事故的成因机理，尽快解决油气管道规划、设计、建设、运行面临的安全技术和管理难题。要吸取国外好的经验和做法，开展油气管道安全法规标准、监管体制机制对比研究，完善油气管道安全法规，制定油气管道穿跨越城区安全布局规划设计、检测频次、风险评价、环境应急等标准规范。要开展油气管道长周期运行、泄漏检测报警、泄漏处置和应急技术研究，提高油气管道安全保障能力。

1.2.9　青海省西宁市"12·18"钻破天然气管道爆燃事故

1. 事故简介

2013 年 12 月 18 日 11 时 46 分，青海省西宁市南川东路 77 号同心家园 3 号楼基坑支护施工现场发生天然气泄漏爆燃事故。此次事故造成 7 人受伤，直接经济损失 127 万元。

2. 事故经过

2013 年 12 月 18 日 10 时，宁夏某建工集团有限公司青海分公司基坑支护钻孔打桩作业人员李某、裴某、郭某和王某等人到达同心家园 3 号楼基坑支护施工现场。根据工程进度，准备在北侧基坑约－6m 的墙面上用 100 型金地钻机以向下 15°的倾斜角打一排水平钻孔，钻孔水平间距 1.5m，并埋设土钉。10 时 30 分，在未了解作业点周围地下管线分布的情况下，打桩作业人员按照施工图纸要求开始进行钻孔打桩作业。11 时 40 分，在完成前 2 个钻孔，并埋设土钉后，打桩作业人员开始打第 3 个钻孔。11 时 46 分，当钻杆打入墙面约 7m 深时，将埋设的天然气管道侧壁打穿，瞬间发生天然气泄漏，施工人员见状立即撤离现场，并拨打 119 和西宁某燃气有限公司电话报警，同时通知了建设方和施工方的相关负责人。11 时 51 分，泄漏的天然气扩散至距施工现场东侧约 26m 的简易棋牌室内遇明火发生爆燃，造成棋牌室内 7 人被烧伤。明火沿泄漏天然气回燃，将施工现场部分施工设备和西侧工棚烧毁。

3. 事故发生的原因和事故性质

（1）直接原因

基坑支护施工人员使用 100 型金地钻机进行打孔作业，当钻杆在北侧基坑－6m 的墙面上以向下 15°的倾斜角钻入墙体约 7m 深时，将埋于地下的天然气管道侧壁打穿，发生天然气泄漏继而引发爆燃，是导致事故发生的直接原因。

（2）间接原因

1）青海某房地产开发有限公司未办理同心家园3号楼建筑工程施工许可证；未与基坑支护施工单位签订建筑工程施工承包合同，违反基本建设程序，是导致事故发生的间接原因之一。

2）青海某房地产开发有限公司未依法查明3号楼毗邻区域内地下管线分布情况；未依法向基坑支护施工单位提供地下管线分布资料，是导致事故发生的间接原因之二。

3）宁夏某建工集团有限公司青海分公司编制的《基坑支护施工方案》未经专家论证和监理审查；在不明3号楼地下燃气管线分布资料的情况下盲目施工，是导致事故发生的间接原因之三。

4）宁夏某建工集团有限公司青海分公司在基坑支护施工作业前，未依法会同燃气经营者共同制定燃气设施保护方案及相应的安全保护措施，对施工作业人员安全教育不到位，是导致事故发生的间接原因之四。

4. 事故性质

西宁同心家园3号楼"12·18"天然气泄漏爆燃一般事故，经事故调查组现场勘查、调查取证、技术分析等程序，认定此起事故是一起责任事故。

5. 事故防范措施建议

为吸取西宁同心家园3号楼"12·18"天然气泄漏爆燃事故教训，举一反三，有效防止类似事故发生，确保人民群众生命财产安全，提出如下整改防范措施：

（1）各级地要认真分析研判建筑施工领域生产安全事故多发、高发的具体原因和客观规律，尤其要加强对油气输送管线安全专项排查整治活动的组织领导，坚持"党政同责，一岗双责，齐抓共管"，认真开展隐患排查治理专项行动，进一步摸清辖区建筑施工活动范围内可能涉及油气输送管线的安全管理现状，做到底数清、情况明。进一步强化教育宣传，提高安全意识，使所有参建单位了解和掌握安全作业知识和相关要求，坚决杜绝违规违章作业行为。

（2）市、县（区）两级建设行政主管部门要切实加强对建筑施工活动的监督管理工作，深入开展建筑施工领域安全大检查，务必做到不留死角，不走过场。特别要针对违反基本建设程序的违法违规等问题，坚持发现一起，查处一起，彻底消除事故隐患，严防类似事故再次发生。

（3）全市各建设、勘察、设计、施工、监理等单位要严格按照《建设工程安全生产管理条例》等法律法规的要求，认真落实企业安全生产主体责任，坚持安全施工、文明施工。在施工作业前，应当及时与相关部门核实施工现场及毗邻区域内给水、排水、供电、供气、供热、通信、广播电视等市政管线分布情况，制定专项安全保护措施。施工过程中要加强现场安全管理，杜绝盲目施工引发事故。

（4）燃气经营单位要切实加强对全市范围内燃气管线的安全巡察力度，巡察人员如发现埋设燃气管线安全范围内有施工作业现场，应当以书面形式对建设方和施工方的负责人进行地下燃气管位提示，并放置警示告知牌。对建设单位、施工单位提出的对地下燃气管线保护的相关要求，应当给予积极配合。

1.2.10　四川省泸州市"12·26"较大天然气爆燃事故

1. 事故简介

2013 年 12 月 26 日 22 时 50 分许，泸州市江阳区中城商厦（又称摩尔商场）发生一起天然气爆燃事故，导致 4 人死亡、38 人受伤（其中 33 人轻伤），过火面积约 20000m²，直接经济损失约 4743 万元。

2. 事故生经过

2013 年 12 月 23 日 13 时 52 分许，燃气公司呼叫中心接到群众关于江阳区摩尔商场大门外人行道有天然气泄漏的报告。当日，该公司安排运行管理部江阳区巡检站（以下简称巡检站）进行现场核查，确定了该处的确存在天然气泄漏现象。

23 日 22 时 30 分许，巡检站站长李某在征得运行管理部经理罗某同意后，与巡检站工作员童某关闭了位于童家路口 $DN100$ 中压供气阀门，停止了对摩尔商场区域的供气。

24 日 8 时 30 分许，为检测天然气泄漏点情况，李某和童某打开童家路口 $DN100$ 中压供气阀门，采用打孔方式，发现摩尔商场大门外人行道上存在多处燃气漏点。随即组织土建工人对其中一处漏点开挖查看，在开挖出约 1m 中压管道后发现管道锈蚀严重，漏点较多。在确认中压管道泄漏情况后，李某和童某再次关闭了童家路口 $DN100$ 中压供气阀门。

24 日上午，李某向罗某汇报了管道泄漏情况，并征得罗某同意全部更换摩尔商场大门外约 80m 的中压管道，且考虑到 24 日"平安夜"摩尔商场人员较多，施工安全不能保障，决定于 25 日组织进行抢维修作业。同日，运行管理部制定了《燃气设施改造工程施工方案》和《停气方案》，明确管道维修设计由运行管理部工程管理员艾某负责；管道更换由运行管理部大山坪中压维修站（以下简称维修站）实施；停、供气作业由巡检站负责；停气时间为 2013 年 12 月 23 日 22 时 30 分至 26 日 20 时 00 分，供气时间为 27 日 6 时 30 分。

25 日 8 时许，燃气公司委托的土建开挖单位泸州某建筑有限公司现场施工负责人刘某正按照艾某和李某的指示，组织工人对施工现场进行打围封闭和管沟开挖工作。

26 日 11 时许，管沟开挖结束后，刘某发现摩尔商场停车场出、入口端管道外径不一致，随即向李某汇报了该情况。李某在得知消息后，邀约维修站站长李某一起到现场确认了管道情况，并表示停车场入口处管道可能加有套管，若内管为 $DN50$，则就是须更换的中压管道。

26 日 14 时 30 分许，维修站站长李某组织了 4 名维修人员到现场对中压燃气管道进行更换、碰管施工。对李某确认的停车场入口处管道进行切割，发现 $DN80$ 管内确有 $DN50$ 管，施工人员误认为该管为中压管道，随即与新铺设的中压管道进行了碰接。

26 日 22 时许，维修站完成了中压管道更换和碰管，用 *DN*80 管更换原 *DN*50 中压管道 80 余米。童某电话请示已离开现场的李某是否可以恢复供气，并得到李某可以供气的答复。

26 日 22 时 18 分许，童某在民工赵某的协助下开启童家路口 *DN*100 中压供气阀门。

26 日 22 时 26 分许，摩尔商场负一层调整柜台和货物的员工发现熟食操作间有大量天然气泄漏，立即组织紧急撤离。

26 日 22 时 50 分许，扩散在商场负一楼顶部的天然气达到爆炸极限，遇电器设备用电火源发生爆炸。爆炸波冲击到商场外的人员和车辆。同时，爆炸引发摩尔商场负一层、一层、二层和市总工会文化宫负一层、负二层相继着火，引起燃烧。

3. 事故原因及性质

（1）直接原因

泸州某燃气有限公司工人在维修摩尔商场大门外中压管道时，错将中压管道与摩尔商场废弃天然气管道碰接。送气过程中，天然气从中压管道通过废弃天然气管道进入商场，在负一楼熟食操作间大量泄漏，并在商场内负一楼顶部扩散形成爆炸性混合气体，达到爆炸极限，遇电器设备用电火源引发爆燃，进而造成大面积燃烧。

（2）间接原因

1）泸州某燃气有限公司未认真吸取青岛"11·22"特别重大事故血的教训，安全意识淡薄，安全生产主体责任不落实，隐患排查治理不彻底，抢（维）修现场安全管理混乱，维修作业中存在严重的违法违规行为。

2）违规施工、违规送气。施工作业人员未按《城镇燃气设施运行、维护和抢修安全技术规程》CJJ 51 和施工方案要求，擅自减少管道沟槽开挖深度；在未核对管道路由和相关地下管道的情况下，对管道进行切割焊接，导致碰管错误；在碰管结束后，巡检站人员未对地下管线和建筑物进行全面检查、检漏的情况下，开启中压管道供气阀门，导致大量天然气通过施焊管道进入摩尔商场。

3）维修作业现场安全监管缺失。在实施停气抢修作业时，公司相关负责人未到现场进行安全检查和督导；负责现场维修作业的巡检站负责人在恢复供气作业时未在现场；恢复供气作业时，中压管道供气阀门无专人值守。

4）安全培训教育不到位。公司部分管理人员和相关部门负责人未按规定及时取得四川省《建设企事业单位专业管理人员岗位培训合格证书》，技术、安全、运行、维护、抢修等关键岗位的操作人员部分未取得四川省建设岗位《职业资格证》；部分施工作业人员在上岗前未接受过全面的"三级"安全教育培训，以致安全意识淡薄，基本技能缺乏；燃气管道抢修作业前，安全技术交底流于形式，未按规定对管沟开挖和安装人员进行安全技术交底，作业人员对燃气管道埋设深度不了解，对本岗位存在的危险、有害因素认识不足；巡检站人员应急处置能力不足，在发现燃气泄漏的情况下处置不当，未能及时关闭中压管道供气阀门，导致燃气大量泄漏。

5）安全管理制度不完善且落实不到位。企业未按照《城镇燃气管理条例》的规定，建立健全安全生产规章制度和操作规程，无生产设施拆除和报废管理制度，对燃气设施抢维修破土作业、碰管前后检查、供气前检漏和放散、验收等作业规定不完善；在未对刚维修的管道进行吹扫、检漏、放散的情况下违规在夜间供气；安全生产责任制和安全规章制度落实不到位，维修作业人员未严格落实"在有效地告知用户情况下恢复供气"和"夜间严禁恢复供气"的规定。

6）燃气管道档案资料管理不善。公司未健全燃气设施运行、维护和抢修档案资料，无童家路口经摩尔商场至钟鼓楼中压管道的管理台账；施工作业前，运行管理部施工人员未能全面掌握摩尔商场内外燃气设施类型、数量及安装位置等资料，导致管沟开挖和管道碰接错误。

7）燃气使用安全宣传不到位。公司制定的《燃气安全使用宣传单》中，无天然气在泄漏的情况下用户应在安全的地方及时有效切断电源的内容告知。

8）上级主管企业对燃气公司的安全监督管理不到位。泸州市某投资集团有限公司对燃气公司安全生产工作重视不够，安全生产管理的监督检查不到位；某燃气（中国）投资有限公司对燃气公司落实安全生产主体责任指导和监督不力，开展的安全生产大检查和隐患排查不到位。导致燃气公司安全生产的措施和要求不具体、不落实。

9）泸州某商业有限公司安全生产主体责任落实不到位。公司安全生产应急预案风险分析不足，预案编制不完善，无天然气泄漏专项预案或处置方案，消防设施损坏部分未及时整改，发现天然气泄漏后未有效及时关掉电源，商场委托管理的主要负责人（店长）、部分安全管理人员未取得安全资格证书。

10）相关部门、属地政府未有效履行安全生产监管职责。市住建局作为城镇燃气的行业主管部门，督促燃气公司落实安全生产责任制、行业规范和操作规程不力；市国资委下属的泸州市某投资集团有限公司作为燃气有限公司的主要出资人，督促燃气公司层层落实安全生产责任和监督检查不到位；江阳区政府督促商务、安监、公安消防等部门对摩尔商场安全生产工作的指导、监管不到位；江阳区商务局、安全监管局履行行业监管和综合监管不到位。

（3）事故性质

调查认定，泸州市江阳区摩尔商场"12·26"较大天然气爆燃事故是一起生产安全责任事故。

4. 事故防范措施建议

（1）燃气公司要完善安全管理制度，加强施工管理、抢维修作业管理、作业现场安全监督管理。特别是建立健全和严格落实废弃管道管理和恢复供气管理制度，管道权属单位要配合燃气公司认真排查整改废弃管理，切实整治消除隐患，堵塞安全管理漏洞。

（2）加强安全教育培训，提高员工安全意识和操作能力，切实将安全生产工作责任和要求落实到一线操作层面，坚决杜绝一线管理人员违章指挥、一线作业人员违章操作和违反劳动纪律的行为发生。

（3）加强燃气设施管理，建立燃气管道、设备档案资料管理。对燃气设施设备进行大排查大整治，从规划设计、管线质量、规章制度、日常维护、抢维修作业、消防设施、应急管理、教育培训、技术交底等方面，重点排查整治燃气门站（储配站）及调压站周边环境、消防与安全设施、储气设施、加臭装置、管道阀门及仪表、工艺装置、运行管理，燃气管道设施管线运行、管道附件、泄漏检测、埋压圈占等内容。

1.2.11　北京市昌平区"1·9"燃气泄漏事故

1. 事故简介

2014年1月9日17时左右，北京昌平区城南街道西部郝庄家园北区压缩天然气置换管道天然气工程中，北京某燃气有限公司组织作业人员进行管道防腐作业时，发生天然气泄漏燃烧，事故没有造成人员伤亡，紧急疏散周边居民120户、360人。

2. 事故基本情况及经过

2013年12月4日，昌平区郝庄家园开发商北京某房地产开发有限公司（以下简称"开发商"）与北京某燃气公司（以下简称"燃气公司"）签订协议，对2004年竣工的郝庄家园北区6栋楼、492户使用压缩天然气供气的居民小区实施天然气置换改造。

2013年12月4日，燃气公司确定该工程由北京天环某工程公司（以下简称"工程公司"）为施工承包单位，北京市某设计监理有限公司（以下简称"监理单位"）为监理单位。

工程公司承接工程后，将其中的沟槽开挖、铺管、回填作业等工程交由现场负责人王某承担。王某找了张某个人组织具体施工，并由王某个人与张某进行工程款结算。

1月8日上午，现场施工人员张某带领作业人员和挖掘机进行开挖施工。张某让挖掘机将水泥路面挖开后，继续使用挖掘机沿南北方向开挖了长3m、宽0.6m左右的沟槽。在作业人员的配合下，挖到DN300中压天然气管线管顶后，停止当天施工，并通知工程公司现场施工负责人王某次日安排人员对PE塑料进行管道焊接。

9日15点30分至16点，王某找来的焊工完成了PE塑料管焊接。张某让孙某和王某用汽油喷灯给钢塑转换管做防腐处理。17点左右，孙某和王某在沟槽内手持喷灯进行管道防腐作业中，发生天然气泄漏燃烧，2人迅速跑出着火区域。在整个施工作业过程中，现场没有监理人员和现场施工负责人实施监督。

在接到天然气泄漏燃烧报警后，当地的有关部门主要领导立即疏散周边居民120户、360人。抢险过程中共出动公安、消防、交通等保障人员约80人、车辆15辆。

3. 事故原因

（1）直接原因

工程公司在郝庄家园北区压缩天然气置换管道天然气工程施工中，发生中压燃气管线泄漏；施工作业人员违规实施动火作业，致使泄漏燃气起火燃烧。

（2）间接原因

工程公司作为本工程的施工单位，现场安全管理缺失；监理单位的安全监理不到位。燃气公司未履行安全协议中的建设单位管理职责。

4. 事故防范措施建议

（1）工程公司应加强施工现场安全管理，严格按照审批流程进行施工，加强对现场施工作业人员安全培训教育。

（2）监理公司应加强施工组织设计报审、现场检查，发现未

改施工，应上报建设单位；审核施工单位特种作业人员证件，制
止沟槽开挖的违规施工行为；

（3）燃气公司应加强履行安全协议中的建设单位管理职责，
对监理单位进行有效的监督、检查，及时消除施工现场的非法用
工、特种作业资质审核缺失、动火作业未经审批等安全隐患问
题，对重点部位和重点作业实施旁站式监理。

1.2.12　黑龙江省佳木斯市"1·28"管网断裂爆燃事故

1. 事故简介

2014 年 1 月 28 日 10 时 30 分左右，佳木斯某城市燃气发展
有限公司所属燃气管道 DN100 低压铸铁燃气管线横向断裂致使
燃气发生泄漏，导致和平街与长安路交汇处，计委综合楼一楼五
金电器水暖建材超市地下室和金美阁时钟旅馆一楼先后发生爆燃
事故，导致五金电器水暖建材超市地下室发生火灾，当场造成五
金电器水暖建材超市、金美阁时钟旅馆各有一人烧伤住院。初步
认定，事故造成经济损失 100 余万元。

2. 事故经过

2014 年 1 月 28 日 10 时 28 分，五金电器水暖建材超市男店
主杜某为顾客到地下室取货物，由于地下室光线暗，杜某按动开
关将白炽灯点亮，发生爆燃，并引起火灾，杜延海头部、双手皮
肤烧伤；金美阁时钟旅馆吕某因知晓旁边五金电器水暖建材超市
发生火灾，跑回旅馆拉闸断电，又引起爆燃，造成吕某头部、双
手皮肤烧伤。10 时 29 分，向阳消防大队接到市消防支队指挥中
心火警调度，10 时 37 分 3 辆消防车、15 名消防官兵到达火灾现
场，进行灭火并救援被困人员，10 时 47 分，在五金电器水暖建
材超市二楼救出一名被困人员。11 时 30 分，火势得到了有效控
制；11 时 50 分，火势被彻底扑灭；11 时 59 分，向阳消防大队
撤离现场。

调查组通过调查发现，在 2014 年 1 月 28 日上午 10 时 40 分
左右，该地段燃气巡检员赵某赶到，明确五金电器水暖建材超市

和金美阁时钟旅馆未安装天然气，马上对现场周边的阀门井、下水井和地缝进行仪器检测，报警器显示无读数，未检测出燃气泄漏迹象。

当日 11 时，巡检员罗某、吕某再次进行排查过程中，陆续发现火灾现场西邻水暖商店室内检测出可燃气体读数，手持可燃气体检测仪显示数据为 14%LEL；东侧韩庄饭店地下室检测出显示数为 25%LEL；西侧丹东人家火锅地下室墙壁开关处检测出显示数为 20%LEL；通过对周边范围扩大巡查，在长安路与和平路交叉处共和果业商店门口西侧地缝处也测出可燃气体显示数为 15%LEL。随后的跟踪检测发现可燃气体检测数据快速增长，至 11 时 30 分达到最高读数 180%LEL，根据现场检测情况，初步判断附近地下燃气管网有突发泄漏。

当日 12 时，佳木斯某城市燃气发展有限公司抢修大队开始抢险施工作业，在确保安全的情况下，用机械钩机破开冻层，用人工挖土查找燃气泄漏点，至晚 21 时 30 分将燃气漏点找到，为低压 DN100 铸铁管线横向断裂产生漏气，裂缝宽约 1mm、长约 7cm。抢修队随即将漏气处用哈夫节封闭紧固，晚 22：30 漏点抢修完毕。

3. 事故分析和性质

（1）直接原因

天然气管线断裂泄漏，受埋地较深和冻层较厚及人行路面土层影响难以向上散发，通过燃气套管和地下缝隙窜入两个事发空间集聚，达到爆燃浓度，遇五金电器水暖建材超市开照明灯时产生的电火花和金美阁时钟旅馆关闭电闸产生的电火花造成爆燃。

（2）间接原因

1）佳木斯某城市燃气发展有限公司对管线附近地形变化及重载车辆重压等可构成管线运营不安全等因素，估计不足。

2）五金电器水暖建材超市地下库房存储有油漆、防水布、塑料管、胶皮桶、电缆线等助燃物，在燃气爆燃后引起助燃。

（3）燃气泄漏量和时间

经现场勘查爆燃地下室为存储仓库，格局分为实体墙隔断四个仓储间，爆燃起火点为楼梯下方小库间，空间体积为 36.26m³（长 4.30m、宽 3.10m、高 2.72m）。根据天然气达到爆炸下限 5% 时才可引发爆炸、燃烧，天然气比空气轻，向上方聚集和爆燃强度判断，在小库房空间内泄漏的天然气量应为 1.8m³。结合抢修管线断裂处 180mm×1mm 的泄漏量。按通用 Q［管道气体流量（m³/h）］＝ν［流速（6m/s）］S［管径截面积（dm²）］。计算出泄漏点的流速为 3.15m³/h，综合分析地表冻层和泄漏后的延长和扩散不均匀性等客观因素，初步判断管线泄漏在事故发生前 3h 左右。

（4）管线断裂原因

从现场观测到管线泄漏部位地面有沉降现象。该区域上方常有载重车辆过往，加上楼体和季节温差对该区域地质结构的影响，使该处管线上方承受的压力产生不均匀，管线承受的应力超出极限造成横面断裂，产生突发天然气泄漏。

（5）事故性质

鉴于上述原因分析，调查组认定这起事故主要是低压 $DN100$ 铸铁管线意外横向断裂产生天然气漏气，经地下缝隙和地沟分别窜入五金电器水暖建材超市地下室和金美阁时钟旅馆储藏室，遇电火花发生爆燃。是一起突发性可燃气体爆燃导致火灾的一般事故。

4. 事故防范措施建议

为防患于未然，避免再次发生类似燃气事故，建议有关部门和单位在以下几个方面加强管理。

（1）强化"红线"意识，把发展建立在有安全保障的基础上，把安全生产工作当作首要任务、头等大事来抓，健全完善集团公司内部安全管理体系和责任体系，开展燃气管网及设施安全隐患排查。

建议燃气主管部门组织燃气公司安全管理人员及生产巡线人

员对燃气管网及设施进行安全隐患排查，对重点管线及易发事故管线要设置明显警示标识，特别对铜制阀门井、凝水缸、穿越公路、铁路、江河管段、与"三沟"（电缆沟、排水沟、暖气沟）交叉管段及燃气管道老化漏气严重的管段，即有"燃气密闭空间"的危险源进行认真检漏和排查，严防燃气泄漏窜入其他市政管道（管沟）引发爆炸事故。

（2）强化日常安全管理，提高燃气用户安全意识及使用知识，加大安全投入、强化教育培训，开展联合执法，打击违章占压行为。

1）建议佳木斯某城市燃气发展有限公司开展详细的燃气用户室内安检，对民用户、公商用户燃气设施进行全面检查，消除安全隐患。加强燃气安全使用知识宣传力度。

2）加强巡查，对违章占压行为及时发现，下发违章通知书，对此行为进行劝阻和制止，将排查出的占压隐患及时通知相关主管部门，在行业主管部门的组织协调下联合执法，形成联动机制，从而加大执法力度。

3）建议五金电器水暖建材超市和金美阁时钟旅馆两家企业加强安全培训力度，落实安全责任，加强应急救援演练。

（3）强化应急管理，提高预案的针对性和实效性，加强应急演练、加强队伍建设、加强装备建设、加强能力建设，系统推动应急处置水平的提升。

1）对重点区域设立安全检测点，引进先进检测设备和技术，对沿线易发生燃气泄漏的邻近房屋免费发放燃气泄漏浓度报警器，并建立反馈机制，强化防范措施。

2）健全应急抢险预案，同时对社区及用气企业进行安全演练，提高应急反应能力。

3）强化抢险力量，建议组建专业维修抢险队伍，加强维修抢险人员和装备力量。

1.2.13 湖南省邵阳市"3·31"燃气爆炸事故

1. 事故简介

2014年3月31日19时35分，桃洪镇桃洪中路87号杨某家中发生燃气爆炸事故，造成5人不同程度受伤，其中重伤1人，轻伤3人，轻微伤1人，并造成房屋和财物受损，直接经济损失约210万元。

2. 事故经过

2014年3月31日18时许，湖南某通信工程有限公司隆回施工队队长龙某率领施工人员田某、胡某、卿某、马某来到桃洪中路91号麦香村点心店门外的通信电杆处施工，18时20分左右，在装好铁架后，胡某和龙某开始装防雷角钢，龙某手扶接地角钢紧靠电杆摆好位置，胡某用大锤往下敲打角钢，18时25分左右，龙某感到有股气体顺着角钢冒上来，发现将天然气管道打烂了，立即停止施工，紧接着给电信隆回分公司钟某、县公安局指挥中心、12345县长热线打电话报警。18时38分左右，县110处警来到现场，18时50分左右某燃气公司抢险人员来到现场，立即关闭了进气和回气阀门。消防、住建、电信、市政等部门接到报告后也相继赶到现场，并在现场拉起了警戒线，疏散群众，告知群众不要生火、不要吸烟。19时20分许在确认燃气阀门已关闭到位。燃气公司员工用仪器检测，泄漏点燃气浓度趋于安全时，公安、消防等部门大部分人员陆续撤离，只留少数工作人员在现场警戒。19时30分左右，居住在离泄漏点16m左右桃洪中路87号的杨某大儿媳妇范某带着刚理完发的两个小孩来到一楼卫生间洗澡，先让两小孩脱去衣服，19时35分范某将卫生间外液化气钢瓶阀门打开，然后进卫生间拧开热水器开关，立即发出"轰"的一声巨响，发生燃气燃烧爆炸，产生的巨大火球，将范某和两个小孩及二楼鞋店老板的儿子马某烧伤，同时将路过名典鞋业门口的行人罗某烧伤，一楼（地下室）卷闸门冲开20余米远。二楼鞋店及三、四、五楼的窗户及玻璃全被振碎散落在马路上及人行道路上，一至二楼楼梯及二楼墙面被振坏开裂，停放在街道上的两辆小车及三辆电动车与摩托车不同程度受损。

3. 事故发生原因及性质

（1）直接原因

湖南某通信工程有限公司施工队违规施工。施工队长龙某、施工员胡某在看到了燃气管道警示标识，明知施工电杆处埋有燃气管道的情况下，仍然冒险强行施工安装接地角钢，角钢将地下燃气管道刺穿，造成燃气大量泄漏。

（2）间接原因

1）燃气泄漏点地表为大理石铺盖，地下土质疏松，导致泄漏燃气不能从地表向空中扩散，而从疏松的土壤中向周边扩散，杨家地下室与街道保坎有缝隙，泄漏燃气涌入杨某家通风换气效果不好的室内积聚，形成爆炸性混合气体，遇热水器点火发生爆炸。

2）湖南某通信工程有限公司未认真落实安全生产责任制，未对员工进行安全教育培训，项目部经理及施工队队长无证上岗，企业安全管理混乱。

3）电信隆回分公司。工程施工前没有按规定办理破占道施工许可，安全生产责任不落实，安全管理不到位，工地代表没有到现场进行安全生产管理。

4）燃气泄漏点地段管线布设不符合安全规范，燃气管道与通信杆线路灯照明线等距离达不到 1m 的安全要求。

5）事故应急抢险处置不当。发生燃气泄漏后，参加抢险人员对燃气泄漏可能涉及范围估计不足，应对措施不当，没有将燃气可能泄漏范围内的人员及时疏散撤离，防止用火行为发生。

6）部门安全监管未到位。县城市管理行政执法局在日常巡查中没有发现电信违规施工行为。县公用事业管理局没有将发现的情况向县城市管理行政执法局通报。

（3）事故性质

桃洪镇"3·31"燃气爆炸事故是一起一般性生产安全责任事故。

4. 事故防范措施建议

（1）湖南某通信工程有限公司要认真履行安全生产管理职责，加强对员工的安全教育培训，强化员工安全意识，加强施工现场安全管理，对未经许可的项目坚决不施工，对有重要管线管道及有安全隐患的施工地点要积极商请有关部门和专家进行现场察看采取有效安全防护措施，坚决做到不安全不施工，施工必须保证安全。

（2）电信隆回分公司要加大施工项目的安全监管力度，对有关施工项目要积极向有关部门申报办理施工许可，对重要路段、重要设施、重点项目要按要求派人进行全过程监控；要加大内部安全管理，建立健全各项安全管理制度，落实好企业主体安全责任，确保安全生产。

（3）燃气公司要加大安全管理力度，认真开展隐患排查和治理工作，对城市供输管道要进行全面检查，对原来管道敷设不合规范、安全距离不够的地方要加大安全防护措施，增设安全警示标志；要加大员工安全教育培训，加大抢险检测设备的配备，聘请专业技术人员进行安全管理，完善各种应急抢险救灾能力。

（4）城管、市政、质监、住建等有关监管部门要加大安全监管力度，积极开展隐患排查治理和打非治违工作，对非法施工、隐患治理不到位的要从严查处，及时消除各类安全隐患，杜绝安全事故发生。

（5）各有关单位要"举一反三"，认真吸取事故教训，切实履行职责，加大安全管理力度，加大应急处置能力建设，积极制订并完善各种事故应急救援预案，定期开展事故应急救援演练，确保应急抢险万无一失。

1.2.14 中国台湾省高雄市"7·31"燃气爆炸事故

1. 事故简介

2014年7月31日晚至8月1日，中国台湾高雄市前镇、苓雅、小港等区，凌晨接连发生地下管线大爆炸，市区建筑都有感晃动，整条街都是火，爆炸范围涵盖 1.5km，烈焰冲 15 层楼高，三多路炸出上百米破洞、多辆车翻覆，至少 50 名消防员与多辆消防车陷入坑洞，居民奔逃，宛如灾难现场。此次事故共造成 32 人死、321 人受伤。

2. 事故经过

7 月 31 日 20 时许，高雄市前镇区居民嗅到疑似瓦斯臭味，随即报案，20 时 46 分高雄市政府消防局接获通报，约于 20 时 50 分赶到现场，发现凯旋三路和二圣一路口的水沟冒白烟，有疑似瓦斯味，但未能发现喷发点。消防员研判可燃气体外泄，便封锁现场，管制交通，以水雾稀释气体，但没有疏散当地民众。当地因有轻轨工程，一度以为是施工挖断瓦斯管线，经调查后发现当晚并未施工。现场人员不知当时已有大量液态丙烯汽化，随着排水箱涵流动向外不断扩散，先往三多商圈方向流进凯旋三路箱涵，并沿着凯旋三路箱涵往北、往南扩散至三多一路、一心一路地下。

21 时 30 分，环保局稽查人员会同消防局抵达二圣、凯旋路口进行采样，并于 21 时 46 分请求环保署南区毒灾应变中心支援。工务局及消防局则于 21 时 50 分通知中油、中石化、台电、台铁等管线所有人到场。于采样查漏期间，影响范围逐渐扩大，消防局又陆续出动人员至前镇、苓雅区各点进行抢救，自 21 时 16 分起至 22 时 15 分止，共有六处派驻消防人员（前镇区瑞隆路 412 号、岗山西街与岗山中街、广东三街和汕头街口、苓雅区三多一路 267 号附近、前镇区一心一路 162 号、民瑞路和中山三路口）。22 时 22 分，前镇区岗山西街 301 巷 9 号，发生水沟盖气爆。22 时 23 分，环保署南区毒灾应变中心人员到达现场。22 时 40 分，消防局长陈虹龙电联要求中油、中石化切断管线输送。23 时 20 分（另一说为 23 时 55 分），环保署确认气体为丙烯，其中 22 时 19 分于二圣路、凯旋路口之钢瓶采样，验出丙烯浓度为 13，520ppm，超出人体忍受范围近两百倍。

约在 7 月 31 日 23 时 56 分以后，凯旋三路、二圣路、三多一路一带发生连环气爆，窨井盖炸飞，三条路数百米柏油路被炸毁，据目击者指出，爆炸火焰冲上十五楼高，火球直径约 15m，当时已到达现场的约 20 多名警消、义消，首当其冲，被紧急送医治疗。有消防车坠入炸毁塌陷的路面。有民众在爆炸中从三多一路路面被抛至四楼楼顶，也有汽车被炸飞到三楼楼顶。

8 月 1 日 2 时之后，爆炸告一段落。受爆炸影响的区域有：三多一路（含 283 巷一至四弄）、武庆三路（至 178 巷口）、三多二路（福德三路至凯旋路口）、凯旋三路（含台铁前镇车场）、一心一路（凯旋路至光华路口）、光华三路与中山三路口（五号船渠截流站）、英祥街、英明路、二圣路、新富路、瑞兴街、瑞隆路、瑞和街、岗山西街、和平二路。总计气爆事故波及范围达 6km，其中有 4.4km 的市区道路被摧毁，影响范围达 3km^2。三多一路、凯旋三路、一心一路、瑞隆路等多处路段沿下水道、管线炸开、塌陷。邻近事故现场的临港线三多二路平交道部分路轨隆起位移，警报机及围篱倾倒；窨井盖飞进高雄机厂厂区内。由于石化气体沿着市区雨水下水道系统扩散，苓雅区三多一路的下水道最大，蓄积的气体也最多，是气爆死伤最多的路段。

3. 事故原因

（1）事故直接原因：

事故系中国台湾高雄市华运公司、李长荣化工厂输送丙烯管线破损，丙烯气体泄漏到路旁的侧沟，沿着雨水下水道蔓延，在相对密闭的有限空间内集聚与空气混合体积比达到 2%～11.7% 的爆炸极限，遇火源引发连环爆炸。

（2）事故间接原因：

市政下水道内有中国台湾"中油"、中国台湾"中石化"、欣高瓦斯和电信等单位多条管线同沟敷设，由于轻轨施工造成了管线破损，丙烯气体在水沟盖处窜出，碰到火源时起火爆炸。

4. 事故教训

（1）丙烯输送管线遭受第三方损坏，未及时发现和修复，未关断输送丙烯原料阀门，导致丙烯原料大量持续泄漏。

（2）消防局获报前镇区凯旋路与二圣路口路面冒白烟，有浓厚"瓦斯味"，消防队员洒水稀释，划设警戒区后，没有及时分析判断出可燃物性质，并及时通知有关单位采取措施，随市政管网设施串流，也没有优先撤离危险区域内的居民。

（3）应急抢险部门掌握的信息不全面。各危化管道单位未将管道埋设情况报送地方政府，造成政府不清楚地下管道情况、轻易误判，未及时采取有效控制措施削减风险。

1.2.15 陕西省西安市"8·13"天然气管线泄漏事故

1. 事故简介

2014年8月13日上午8点30分，西安地铁四号线15标项目部在凤城九路站围护桩施工作业时，旋挖钻机不慎将一条DN320中压天然气管线（南北走向，埋深约4.5m）刮破，导致天然气泄漏，造成约9200户用户暂时停气。

2. 事故经过

2014年8月13日上午8时30分，中铁九局西安地铁四号线15标项目部，在凤城九路站南端进行围护桩施工时，将一条DN320中压天然气管线（南北走向，埋深约4.5m）刮破。事故发生后，项目部立即启动应急预案，紧急疏散现场人员、封锁围挡周围交通，电话联系燃气公司、报警消防部门并上报地铁公司相关处室。8时40分，地铁公司相关人员及天然气抢修人员到达现场；随后，市安监局、经开区管委会及地铁办等各级领导赶到现场，指挥事故处理。8时55分，涉事天然气闸门关闭，经燃气公司专业技术人员现场检测气体浓度后，解除应急状态，9时许恢复道路交通，无人员伤亡及重大财产损失。

9时05分，市政府副秘书长到达工地，组织市安监局、经开管委会、市地铁办、燃气公司等召开现场会，确定抢修及处理方案，燃气在中铁九局地铁项目部的配合下展开抢修及处理工作，由西安众和市政监理单位全程现场旁站监理。

下午15时许，天然气主管道接通，15时30分开始恢复供气，17 时 30 分全部正常供气。

3. 事故原因及性质

（1）事故原因

1）天然气管线顶管施工单位在进行管线顶管施工时未按照管线改迁设计图纸进行施工，改迁后实际管线位置与设计管线位置偏差过大（1.5m），是造成本次事故的主要原因。

2）天然气管线改迁施工单位在管线改迁施工完成后，未严格对顶管施工进行验收，天然气管线改迁建设单位未对管线改迁竣工图进行把关，导致天然气产权单位及地铁施工单位相关人员对确认管线位置引起偏差，是造成本次事故的重要原因。

3）地铁施工单位在施工管线附近围护桩时，未严格按照地铁公司关于在管线附近施工的相关要求进行人工探孔，探孔间距较大，贸然在管线安全保护范围内采用大型机械施工，施工前未与天然气产权单位进行沟通，也是导致事故发生的重要原因。

4）地铁监理单位未认真履行监理职责，未按照监理相关程序和要求进行监管，没有及时发现并制止项目部人工探孔间距较大的行为，也是导致事故发生原因之一。

（2）事故性质

经调查认定，这是一起因管线改迁图纸线位与实际线位不符，后期施工时人工探坑密度和范围不足，在天然气管线安全保护范围内采用大型机械施工刮破天然气管道而导致燃气泄漏的事故。

4. 事故防范措施建议

（1）施工作业单位在顶管施工作业中，要严格按照图纸施工作业，分项工程施工完成后严格工程验收制度；安装公司在施工中要认真落实施工主体责任，严格施工过程监管和竣工验收程序。

（2）中铁九局集团有限公司西安地铁四号线 15 标项目部在后续施工中，做到地下线网位置、种类、数量、管径不清不施工；产权单位不指认施工范围不施工；安全责任不落实不施工；

安全隐患排查不实、整改不到位不施工；并在现场物探、人工探坑、管线会签、动土令各种程序齐备的基础上，对迁改竣工线位进行二次验收，扩大加密人工探孔范围。

（3）燃气公司要加强天然气改迁管线施工单位的管理，竣工后要对管线改迁竣工图进行实测把关，确保管线安全运行。

（4）鉴于西安地铁系重大民生工程，建议西安市地下铁道有限责任公司设立专职安全生产监督管理机构，进一步加强地铁工程现场安全管理。

1.2.16 河北省唐山市"10·31"南唐天然气管道迁改工程火灾爆炸事故

1. 事故简介

2014 年 10 月 31 日 10∶05，某胜利油建工程有限公司（以下简称胜利油建）承包的唐山冀东石油某工程有限公司南唐天然气管道迁改项目施工现场，分包商（江西新余陆海某设备有限责任公司，以下简称新余陆海）在天然气管道带压封堵作业（下塞饼作业）过程中，发生一起火灾爆炸事故，共造成 2 人死亡，5 人受伤（其中 1 人重伤），直接经济损失约 260 万元。

2. 事故经过

10 月 8 日，新余陆海施工人员和郑某的施工人员与设备进场后，完成了人员、设备、机具入场监理报验。

10 月 9 日，进行前期准备工作。

10 月 10 日，现场进行安全教育和技术交底后，开始施工，并于当日晚间完成一个封堵管件的焊接。

10 月 11 日～12 日为周末，冀东油田不允许动火施工作业。

10 月 13 日，完成另一个管件的焊接，并做好开孔前准备。

10 月 14 日～17 日完成开孔作业。

10 月 18 日～27 日，由于冀东油建的封堵设备出现故障，导致停工 9 天。

10 月 28 日，开始断管连头作业。

10月29日，凌晨2：00完成连头工作，20：40完成新建管道氮气置换。

10月30日，9：00完成天然气置换氮气工作，打开2号阀室阀门开始升压，10：00起封堵，新建管道正式投产。下午开始老管道的泄压工作以及沙窝新庄村处临时旁通管道拆除工作。

10月31日，7：30左右，郑某所雇耿某等6人到达沙窝新庄村封堵现场。将30日拆除的旁通管道吊离距事故点约30m位置进行切割。

8：00左右，新余陆海公司方某等4人进入施工现场。准备吊车、拆除封堵器，在操作坑外组装塞饼，并吊装至夹板阀上，安装8条螺栓，整个过程约2h。

10：00左右，方某、张某、张某根在管沟内做下塞堵作业。方某指挥作业并负责气相平衡，张某根准备开夹板阀，张某在管道上准备操作下塞堵作业。

10：05，方某指挥张某开启夹板阀，在开启4圈左右时，下塞堵器结合箱发生爆炸，随后引发火灾。

事故造成张某、张某根2人当场死亡（其中1人烧死，1人被蹦出的筒体打击致死），另有5人受伤（其中1人为重伤）。事故发生时现场人员分布见图1.2.16-1、图1.2.16-2。

3. 事故原因

（1）直接原因

1）江西新余陆海公司封堵施工人员在下塞饼前违章操作，未按施工方案对下塞堵器结合箱内进行氮气置换，也没有采用内平衡对结合箱（常压）与天然气管道（0.7MPa）进行气相压力平衡，而是采用瓶装氧气进行压力平衡。随后，开启夹板阀，导致管道内天然气在压差作用下高速喷入下塞堵器结合箱，并与结合箱内氧气混合，形成混合气体，达到爆炸极限，遇到点火源在结合箱内发生剧烈爆炸。瞬间的爆炸冲击将下塞堵器结合箱破坏、下塞堵器结合箱与夹板阀的8条紧固螺栓拔断，管道内天然

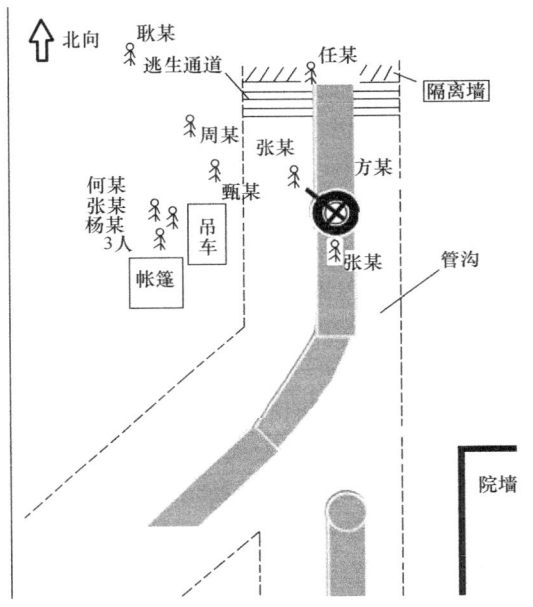

图 1.2.16-1　现场人员布置图

图 1.2.16-2　事故现场图片

气喷出，引发火灾。这是造成此次事故的主要原因。

可能的点火源：一是管道内开孔作业产生的大量铁屑堆积在四通管件底部，在高速气流作用下卷入结合箱，摩擦撞击发生火花；二是高速气流产生静电。

2）下塞堵器结合箱出厂未试压，筒体上部焊缝、筒体与下法兰焊缝、筒体纵向焊缝质量均存在缺陷，是造成此次事故的直接原因之一。

3）下塞堵器结合箱与夹板阀24条螺栓仅安装8条，导致紧固力不足，也是造成此次事故的直接原因之一。

（2）间接原因

1）胜利油建对建设项目进行违规分包

2）胜利油建队伍管理混乱及项目、分包商管理失控。

3）重大风险作业监督管理不到位。

4. 事故防范措施建议

（1）立即组织开展分包商专项治理。监督各单位严格落实对分包商管理责任，分包商发生事故实行"双问责"，从严追究相关单位责任。

（2）开展分包项目清理工作。要求公司所属各单位对所有在建项目进行自查清理，公司将进行抽查，对于不符合分包管理规定和安全要求的，立刻予以停工、清退；对违规分包、私自选择施工队伍、不签合同先施工、明知故犯等违章违纪等行为，对相关责任人、项目经理直至所属单位主要领导行政问责直至撤职处理。对于符合分包规定要求的项目，对现场进行全面安全整治，对现场文明施工不规范、培训不到位、制度不落实等问题，将按公司制度进行行政问责。

（3）结合公司开展的分包商专项整治工作，研究制定分包工程补充规定，明确可以分包和禁止分包的业务范围；各单位严禁授权下属单位领导签订分包合同。同时，各单位成立分包专项审核工作机构，对所有分包工作的各管理环节进行把关，对各环节发生的问题，所属单位领导承担相应管理责任。

（4）全面强化用火、进入受限空间、高处作业、临时用电、起重、动土等 12 项作业许可制度执行，做好现场勘查、风险评估、方案和措施制定，严格票证审批，明确各方职责，落实参与施工人员的责任，加强现场监护，特别是各单位机关职能部门要严格落实对一级工业用火、带压封堵等高风险作业的施工方案审批和现场作业旁站监督。

（5）加大问责力度，强化制度落地。公司将继续加大违章处罚力度，对重点问题和重大隐患的进行通报，形成打非治违高压态势，对重大风险作业加大监控力度，对检查出的重大隐患、重复出现严重违章，按照"谁主管、谁负责"的原则，对其二级单位主要负责人、主管业务负责人、相关职能部门负责人和项目经理以及作业带班人等有关责任人按制度追究行政责任，变事后问责为事前问责，不断强化领导干部履责的自觉性，强力推进制度的落地，有效防止事故发生。

1.2.17　辽宁省大连市"12·19"一般燃气泄漏爆炸事故

1. 事故简介

2014 年 12 月 19 日 9 时 10 分左右，大连高新区凌水路 156 号"庆丰源美食城"（以下简称美食城）发生一起燃气泄漏爆炸事故，造成 1 人死亡，10 人受伤，美食城部分设施损毁，直接经济损失约为人民币 200 万元。

2. 事故经过

（1）事故发生经过

2014 年 12 月 19 日 8 时 10 分，美食城中餐档口主厨孙某上班进入厨房后，打开了厨房灯光，做中午 120 份盒饭备料工作；8 时 30 分，二厨刘某上班后打开燃气瓶组间钢瓶阀门，发现瓶组间燃气管道漏气，随即关闭阀门，并通知大厨孙某。孙某从厨房下来查看后，通知了老板娘金某，金某立即通知液化气站的刘某，要求立即维修，刘某前往美食城（发生爆炸前未赶到现场）；9 时左右，大厨孙某、二厨刘某又一次到瓶组间查看，9 时 10 分先后进入厨房，厨房门内瓷砖上间隔一段时间就会映出闪烁的光，因为光源闪烁不定，可以断定不是灯光而是燃气灶具里的火反射出来的光。此时厨房内共有 3 人，分别是主厨孙某、二厨刘某、切菜厨师张某，主厨应是面对灶具在离门口较近的位置，抬头就能看见燃气表，主厨和二厨中有一人应该在使用燃气灶具。9 时 13 分，燃气表迸裂，燃气迅速泄漏，主厨孙某最先发现，并往外跑，其他在厨房内、外干活的人听到响声和喊声后也分别向外跑，当他们刚跑到厨房门外 2～3m 远的地方时，泄漏的燃气遇明火发生爆炸，美食城大厅南侧窗户因爆炸后产生的气流冲击掉落至室外人行道上，将此时刚从一楼超市内出来的一名老人（刘某，男性 68 岁）击中，造成其当场死亡。另有 10 人受伤。

（2）事故现场情况

爆炸事故发生后的美食城只有北侧中餐档口厨房内物品烧毁严重，其他地方未见过火痕迹，和厨房毗邻的东侧储物室（轻质板房结构，和厨房间有窗户）损毁严重，但无过火痕迹，所有物品及房体均向东侧倾倒。北侧中餐档口的家具和物品均向南侧倾倒。受爆炸冲击波影响，美食城四周窗户全部破损，屋顶装饰板有部分脱落。

3. 事故原因

（1）直接原因

1）燃气泄漏原因。由于燃气施工工艺和设备选型不合理，皮膜式燃气表长期超压运行，最终导致北侧中餐档口厨房内燃气表迸裂，燃气在 0.2MPa 压力下迅速大量泄漏。

2）燃气爆炸原因。美食城北侧中餐档口厨房内泄漏的燃气浓度达到爆炸范围遇明火发生爆炸。

（2）间接原因

1）大连市甘井子区革镇堡镇棋盘村液化气站

液化气站无视国家法律，违法违规在无燃气设施安装资质情况下组织美食城燃气管网施工，燃气施工工艺和设备选型不合理是事故发生的主要原因。

① 液化气站安全生产主体责任不落实，非法安装燃气钢瓶、汽化器节能配套产品及敷设燃气管道。

② 在施工过程中，液化气站违反《城镇燃气设计规范》GB 50028，没有做美食城燃气工程设计，没有制定施工方案。施工完成后，没有按《大连市城市燃气管理条例》规定组织验收合格即交付使用。特别是燃气表选型不合理，燃气表最大承受压力是 0.05MPa，却在 0.2MPa 压力下长期超压运行，造成燃气表迸裂、燃气泄漏。

③ 液化气站未认真履行指导燃气用户（美食城）安全使用燃气，未及时消除美食城由于燃气管道压力大造成燃气表和管道分别两次发生损坏、泄漏的事故隐患，隐患排查治理不及时。

2）大连某餐饮管理有限公司

美食城对燃气安装单位资质审验不严、对燃气泄漏爆炸危险性认识不足、安全教育培训工作不力，是事故发生的重要原因。

美食城对安全生产工作不重视，对燃气泄漏爆炸危险性认识不足，使用无燃气安装资质单位敷设的，并未经验收合格的燃气管线及设施。

发现燃气表和燃气管道分别两次发生损坏、泄漏情况下，未采取相关措施彻底消除安全隐患，带病运行。

安全生产日常管理不到位。管理制度和操作规程不健全；未组织对员工进行燃气安全知识、操作技能的培训。员工缺乏燃气泄漏应急处置安全知识和安全操作技能，在发现管道漏气后，没有按照合同约定关闭所有阀门停止工作，而是违规使用燃气设备点火，在燃气表超压发生迸裂后，大量燃气泄漏，使泄漏的燃气遇明火发生爆炸。

4. 事故防范措施建议

本起燃气泄漏爆炸事故造成 1 人死亡、10 人受伤，教训深刻、惨痛，事故既反映出供气单位重经营、轻安全；又反映出燃气用户对员工燃气安全教育培训的缺失等问题。为认真吸取事故教训，防止同类事故重复发生，建议采取以下防范措施：

（1）燃气经营单位和燃气使用单位要牢固树立法律意识、红线意识

燃气经营单位和相关部门要深刻吸取此起事故教训，切实落实管业务必须管安全、管生产经营必须管安全的原则，把安全责任落实到领导、部门和岗位，谁踩红线谁就要承担后果和责任。

（2）燃气经营单位和使用单位要切实落实企业主体责任

燃气经营单位和使用单位要高度重视安全生产工作，切实落实企业主体责任，建立健全安全生产组织机构和安全生产规章制度。燃气经营单位一是在不具备燃气设备安装资质的情况下，不得违规为燃气用户敷设燃气管线；二是要针对本次事故暴露出的问题，立即组织进行隐患排查，加大安全投入，确保燃气系统的安全可靠。要完善并严格执行安全规程和操作规程，保证安全供气，安全用气；三是供气单位要认真做好用户安全用气知识的宣传教育工作，加强对用户安全用气的指导，提高用户安全用气管理水平及应急处置能力，使用户增强自我保护能力；四是用气单位要并积极配合燃气供应单位对燃气设施进行定期的安全检查，燃气的使用单位必须使用持有相应资质证书的施工单位敷设燃气管线。在发现燃气设施或者燃气器具漏气时，不得动用电气设备，应当采取关阀停气、自然通风、避免用明火等措施，并立即通知城市燃气经营单位；五是用气单位要加强对员工燃气安全知识和操作技能的培训，使员工熟知和掌握必要的安全知识和技能。建立和完善应急预案，组织员工定期演练，增强应急处置能力。

（3）加大政府监督管理力度，保障燃气设施安全运行

燃气管理部门应当建立健全燃气安全监督管理制度，宣传普及燃气法律、法规和安全知识，提高全民的燃气安全意识。要加强燃气设施安全生产监督检查，督促、检查燃气经营、使用单位依法履行安全生产职责，消除燃气设施安全隐患。进一步完善燃气设施应急管理制度，进一步提高应急处置水平。

1.2.18　重庆市"6·18"天然气管网挖破事故

1. 事故简介

2015 年 6 月 18 日，重庆气矿江北运销部东石线 A 段綦江、南川、万盛等地输送天然气的主管道被工地野蛮施工挖破，导致相关区县约 10 万用户停气。

2. 事故经过

2015 年 6 月 18 日上午 8 时许，在没有征得管道相关产权单位允许、未办理有关施工许可的情况下，该工程项目部施工员擅自安排操作工人黄某驾驶 1 台挖掘机，在该工程施工红线区域外的园区道路与高速公路之间的绿化带中进行平场施工，以建立临时材料堆场堆放建筑周转材料，方便集中运回公司。由于未对现场地下管线进行详细的图纸与现场勘察，且作业时施工管理人员脱岗，未对挖掘机操作工人进行时时监督、指导，于当日上午 10 点 50 分左右，将重庆气矿江北运销部东石线 A 段綦江、南川、万盛等地输送天然气的主管道挖破，引发天然气泄漏事故，导致相关区县约 10 万用户停气。

3. 事故原因

本次事故初步调查结果为施工单位在没有征得相关产权单位的允许，也未向建设、监理、工业园区建管所、二业园区管委会汇报，现场又未进行详细勘察未向相关单位了解地下管线的情况擅自进行土方作业，导致本次事故的发生。

4. 事故防范措施建议

（1）工程开工前建设单位必须收集施工现场、毗邻区域地下管线和建（构）筑物准确、完整的资料，并提供给勘察、设计、施工、监理等单位。

（2）建设工程实施爆破、开挖、切坡等施工，涉及既有建（构）筑物或者地下管线安全的，建设单位应当督促施工单位会同勘察、设计、管线权属等单位共同制定安全保护措施方案。

（3）施工单位要将地下管线作为重大危险源进行辨识和掌控，同时在工程施工前必须对施工影响范围内的管线进行排查，并制定相关管线保护方案，明确安全责任人。

（4）区城乡建委将高度重视地下管线的保护工作，根据监管项目的具体情况，在安全监督检查中增加地下管线保护的抽查频次，加大检查力度，并按法律法规要求对未按相关规定进行地下管线保护的相关责任单位进行从重处罚。

1.2.19　甘肃省兰州市"7·20"管道损坏燃气爆燃事故

1. 事故简介

2015 年 7 月 20 日 7 时 32 分，由甘肃某公司兰州公司施工的兰州大学医学校区南校区学生公寓综合维修工程施工现场发生天然气爆燃事故，导致 31 人受轻伤，周边部分居民生活用气中断，校区 6 号公寓楼、7 号公寓楼、兰大附小教学楼及相邻居民楼门窗玻璃被震碎，造成直接经济损失 21.5 万元（不含事故调查费用及罚款）。

2. 事故发生经过和事故救援情况

（1）事故发生经过

2015 年 7 月 18 日，甘肃某公司兰州公司兰州大学学生公寓综合维修工程（医学校区南区）项目部（以下简称兰大项目部）按照兰州大学工程建设要求，由项目负责人毛某组织施工人员对砖混结构小二楼实施拆除作业。项目部施工队负责人白某安排郭某组织普工白某、白某某、挖掘机司机寇某，使用挖掘机破碎拆除小二楼，并清理回收其中的钢筋。7 月 19 日下午 16 时许，在拆除砖混结构小二楼过程中，挖掘机司机寇某操作挖掘机拆除该楼东南角处已停止使用的燃气计量表，致使连接的 DN80 钢质输气管道损坏，造成天然气泄漏。现场施工人员闻到燃气味道，项目负责人毛某和现场负责人何某得知情况后，分别向兰大后勤管理处工程管理科工程师韩某和兰大附小副校长吴某进行了报告，2 人未到现场核查并组织排除泄漏隐患，也未向相关部门和单位报告。7 月 20 日上午 7 时 32 分，泄漏扩散到已拆除小二楼南侧 7 号学生公寓楼一楼的天然气受周围施工活动的影响发生爆燃，导致 31 人受轻伤，周边 590 户居民生活用气中断，该校区 6 号公寓楼、7 号公寓楼、兰大附小教学楼和相邻居民楼共 193 户居民门窗玻璃被震碎，直接经济损失 21.5 万元。

（2）事故救援情况

事故发生后，省安监局、市政府、市公安、建设、安监、消防等部门及城关区政府、兰州大学、甘肃中石油昆仑燃气公司立即组织人员赶赴事故现场进行抢险救援。通过采取关闭天然气管道阀门、对爆炸燃烧的天然气进行水雾稀释、降温灭火和现场警戒等措施，明火于 10 时 20 分被扑灭。后经甘肃中石油昆仑燃气公司对周边燃气管网安全运行情况进行全面排查，并对泄漏点实施封堵，于当日下午 17 时恢复了对周边天然气用户的正常供气。7 月 21 日，兰州市公安局城关分局对 7 名事故直接责任人依法采取了强制措施。7 月 27 日，31 名受伤人员全部治愈出院。

3. 事故发生的原因

经调查认定，本起事故是因项目施工单位盲目违规施工作业，项目施工单位、监理单位、建设单位未履行安全管理职责，城关区城市管理行政执法局、渭源路街道办事处对违法建设项目查处不力造成的责任事故。

（1）直接原因

兰大项目部挖掘机操作员寇某在对现场燃气设施管线摸排不清的情况下，盲目作业，操作挖掘机拆除已停止使用的燃气计量表，由此导致与其相连接的 DN80 钢质输气管道损坏，导致天然气泄漏，扩散至 7 号楼一楼室内与空气形成混合爆炸气体，因周边施工活动影响，引发爆燃，是造成本起事故发生的直接原因。

（2）间接原因

1）兰大项目部施工管理人员配备不齐全（未配备技术负责人、安全员等管理人员）未对施工人员进行安全技术交底，未对施工人员进行安全教育，施工组织设计未经监理单位和建设单位审批，盲目组织施工；

2）兰州大学在实施医学校区南区学生公寓综合维修工程过程中，项目未取得施工许可证，违法建设；未与施工单位签订安全生产管理协议，明确各自的安全生产管理职责；施工前未排摸并向施工单位提供施工范围内燃气管线相关情况，也未与甘肃中石油昆仑燃气有限公司及时进行沟通协调，并制定燃气设施保护方案；

3）甘肃某监理有限责任公司现场监理不到位，在施工单位管理人员不到位、施工组织设计未经审查批准同意的情况下即开始施工的行为未及时制止，未采取有效措施制止现场施工人员的违章违规施工行为，也未提出安全防护要求及安全防范措施。

4）城关区城市管理行政执法局对辖区内违法建设行为查处不力、城关区渭源路街道办事处对辖区内违法建设项目监督检查不到位。

4. 事故防范措施建议

（1）甘肃某公司，要深刻吸取并认真总结这起事故教训，举一反三，按照"四不放过"的原则，加强安全生产管理，坚决防止类似事故的再次发生。一是要认真贯彻落实习近平总书记"人命关天，发展决不能以牺牲人的生命为代价。这必须作为一条不可逾越的红线"的要求，严格执行《安全生产法》、《建筑法》和《建设工程安全生产管理条例》等国家、省市有关安全生产的法律法规和安全技术标准、规范，切实落实项目施工总承包单位的安全生产主体责任。二是要加强安全生产培训教育工作，严格落实"三级"安全教育，加强安全管理人员、特种作业人员、农民工和新进员工的安全教育培训。三是要加强安全生产规章制度建设，进一步健全和完善各项安全生产管理制度和安全作业规程。

四是要加强施工现场安全管理，落实各级安全生产责任制，强化安全生产事故隐患排查治理，认真开展反对违章指挥、违章操作和违反工作纪律的反"三违"活动，及时消除各类安全生产事故隐。

（2）兰州大学，要进一步加强对建设项目的管理，认真落实建设单位的安全责任。一是严格贯彻执行《建筑法》、《安全生产法》、《建设工程安全生产管理条例》法律法规，依法报批建设项目；二是要进一步完善安全生产管理制度和安全生产责任制，堵塞制度漏洞和管理盲区；三是要进一步加强承包商管理，对承包商实施动态管理，督促施工单位严格落实安全职责；四是要认真汲取事故教训，要在全校范围内认真组织开展一次安全生产大检查，彻底检查事故易发的重点场所、要害部位、关键环节，对排查出的隐患、问题要建立隐患排查治理台账，落实整改措施、责任、资金、时限和预案，限期进行整改，确保校园安全。

（3）甘肃某监理有限责任公司，要严格履行工程监理职责。一是要严格审查施工组织设计中的安全技术措施或者专项施工方案是否符合工程建设强制性标准；二是要严格按照《监理规范》实施监理活动，施工组织设计未经审查通过，作业人员安全技术交底不到位，从业人员未经三级安全教育，一律不准开工；三是要严格落实施工过程中的安全责任，发现存在安全事故隐患的，应当立即要求施工单位整改，隐患严重不能保证安全生产的，应当及时书面报告建设单位，要求施工单位停止施工，建设单位拒不采纳的，要及时向有关主管部门报告。

（4）燃气公司，要从深刻汲取事故教训，认真总结燃气设施多次被损坏的深层次原因，按照市政府办公厅《关于加强建设项目施工过程中地下管线保护工作的通知》（兰政办发〔2014〕274号）要求，严格履行燃气设施保护主体责任。一是要加快地下管网基础资料的完善，收集完善地下管网资料，对管线位置不清的，应采取措施查明具体位置，尽快形成完整准确的图纸、档案资料；二是加要建立完善动态的隐患排查治理台账，全面掌握地下管线权属、建设年代、运行状况、安全状况、配套安全设施、运行维护责任等，基础对排查出的隐患进行整治，对于废弃管道，要采取从阀井盲板隔断等措施，杜绝废弃管道与官网连接；三是进一步加强管线巡查的责任落实，开展专项监督检查，进一步靠实巡线责任；四是要积极配合建设单位、设计单位查询地下管网资料的要求，及时提供详细、准确、完整的地下管网资料并加盖公章；五是要加大宣传力度、完善奖励办法，调动全社会参与保护燃气设施的积极性。

（5）各部门要严格落实燃气管网保护监督管理责任，规划部门在规划审批前，要会同发改、工信、建设等部门，召集地下管网产权单位向建设单位提供真实、准确、完整并加盖公章的管线资料。市、县建设，规划，城管执法部门要深刻吸取事故教训，深入开展建设工程领域打非治违专项行动，按照职责分工，严查非法违法建设行为。

（6）各级政府要严格落实燃气管网保护的属地监管责任，各县区、"三区"管委会、各部门要按照"全覆盖、零容忍、严执法、重实效"的总要求，要认真贯彻落实 7 月 31 日全国安全生产工作视频会议和省、市安委会第三次全体（扩大）会议的部署要求，进一步深化"六打六治"打非治违专项行动和重点行业领域专项整治，加大对建筑施工和市政基础建设项目的监管力度，按照《兰州市安全生产委员会关于开展全市安全生产大检查的通知》（兰安委发〔2015〕15 号）的安排要求，结合全市正在开展的校园安全专项治理、建筑施工和城镇燃气安全专项整治进一步深化安全生产大检查工作。各乡镇、街道，要扎实推进"五级五覆盖"和"五落实五到位"安全生产责任体系建设，强化对辖区内非法违法建设行为的监督检查，确保全市安全生产形势持续稳定。

1.2.20　四川省南江县"8·15"天然气爆燃事故

1. 事故简介

2015 年 8 月 15 日 17 点 10 分，四川省南江县野羊溪收发球站进行通气作业时发生爆燃事故，导致一名作业工人当场死亡，造成直接经济损失 100 万元。

2. 事故经过

2015 年 8 月 14 日，南江县某天然气公司安排管网部和施工队对长输管网马掌铺、野羊溪养猪场两处存在的安全隐患进行整改，14 日 14 时关闭元潭往南江方向阀井，同时野羊溪放空阀开始排空，于 18 时排空完毕。四川某建设工程有限公司在元潭阀井处对管道进行氮气置换，20：30 氮气注入结束。随后对马掌铺段、野羊溪养猪场段开始进行碰口施工，到 15 日凌晨 3 点 50 分两处碰口作业结束，凌晨 4 点开启元潭至南江方向的主阀门。凌晨 4：50 管网部部长杨某开车同公司安全督查部部长李某、管网部工人侯某、杨某某 4 人一同到野羊溪收发球站进行放空通气作业，杨某将车停在距收发球站大门约 8m 远处，同时安排侯某和杨某某去打开放空阀进行排空，杨某因肚子不舒服方便去了，李某、侯某、杨某一同进入收发球站，侯某打开阀门，杨某站在旁边，李某观测压力表，阀门打开后约 2～3min 后，3 人出了收发球站，李某和杨某某回到车上，侯某站在后排车门外，李某因太困了上车就开始睡觉。过了 3～4min 侯某又回到收发球站准备关阀门，进去约 1～2min，收发球站内传出一声巨大的爆炸声，同时球站内燃起熊熊大火。杨某逃生至野羊溪老桥，车内的李某和杨某某向沙河交警中队方向逃生。同时李某拨打 119 求助，并向公司领导通报情况，侯某未能逃生。之后杨某安排杨某某、张某开车去关闭位于洛坪将营村的阀门，并打电话通知下两护线员杨某关闭位于下两医院的阀门。同时通知施工队到事故现场设立警戒线，在等待救援的同时杨某打电话通知沙河卫生院和沙河派出所请求救援。早上 5：50 分左右，公司领导赶到了现场，早上 6：10 分左右，消防队赶到现场。火势减弱后用高压水枪将明火扑灭，公司领导到收发球站内查看发现侯某已经身亡并碳化。

3. 事故原因

事故调查组通过对现场的勘察以及对有关人员的调查和询问，认定此次事故为责任事故，其原因为：

（1）直接原因

1）管道内有部分空气与天然气混合，阀门打开后管道内气体快速过流造成管道内的硫化铁残渣与管壁或阀门接头处发生摩擦产生火花，引起爆燃；

2）分离器前后的阀门连接之间年久失修，在操作过程中产生漏气和静电。

3）泄漏的天然气携带硫化亚铁粉末遇空气氧化自燃。

（2）间接原因

1）作业工人无特种作业资格证

2）作业工人着非工作服上岗作业。

4. 事故防范措施建议

（1）天然气行业属高危行业，公司要加强施工作业现场的监督检查工作，严格施工组织设计，落实安全措施，杜绝无安全管理，无组织的施工作业。

（2）要认真吸取这次事故教训，引以为戒，加强安全生产管理工作，要落实全员安全生产责任制，督促单位安全管理人员学习与本单位所从事的生产经营活动相应的安全生产知识和管理能力，完善安全生产管理制度和各项作业规程，建立有效的监督体系和管理措施，促使一线人员认真安全履职。

（3）要加强从业人员安全生产培训教育，增强安全意识，培育从业人员遵守和执行安全生产各项规章制度的自觉性。认真组织职工岗位操作技能的学习，确保职工对岗位操作应知应会。掌握作业场所的危险危害因素，建立职工相互纠正违章行为的管理制度。

（4）要加强设施、设备安全隐患排查整治工作，建立并完善排查治理管理工作制度及基础台账，抓好管道保护工作的监督和管理，搞好管线的检测和评价工作，完善事故应急救援预案，扎实做好事故应急演练。

1.2.21　辽宁省沈阳市"3·6"可燃气体爆炸事故

1. 事故简介

2016 年 3 月 6 日 6 时 55 分，沈阳市沈河区万柳塘路 43 号空军房产裙房发生可燃气体瞬间爆炸事故，造成周边建筑、车辆不同程度受损，3 名人员受伤。

2. 事故经过及抢救情况

2016 年 3 月 6 日早 6 点 55 分左右，位于沈河区万柳塘路 43 号空军房产裙房的手抓饼店，店主孟某（女，41 岁）打开门锁，推开店门，孟某忱（男，70 岁，店主孟某的父亲）端一盆鸡蛋进屋，孟某紧随孟宪忱进屋后，到门旁炉具前，拿起点火器按下开关，欲点燃炉具，随即发生爆炸。瞬间，手抓饼店裙房倒塌，孟典被掀到门外 10m 处马路上，孟某忱被压在废墟中，路人（董某）和周边建筑物及若干车辆受到不同程度冲击。

事故发生后，周边群众立即报 119、120、96177 相关单位，区消防大队、万莲派出所、120 急救车、某部、区安监局、万莲街道、沈空社区等单位相关人员陆续到达爆炸现场，3 名伤者被送往 202 医院抢救。某部对事故现场进行了封闭。当日上午 8 时许，燃气公司派人员对事故现场进行了勘查，并于当日下午 15 时对邻近的燃气管道组织了抢修，抢修到 20 时左右结束

3. 事故原因及性质

（1）事故发生的主要原因

由于地下燃气管道泄漏，燃气公司对管道线路安全检查不到位，没有及时消除事故隐患，燃气通过下水管道进入手抓饼店内，手抓饼店内燃气浓度达到爆燃浓度，遇明火爆炸。

（2）事故发生的次要原因

1）手抓饼店店主孟某安全意识淡薄，对安全隐患没有采取安全措施。

2）某部对出租房安全检查、教育不够。

（3）事故性质

某部裙房"3·6"爆炸事故是一起由地下燃气管道破裂致燃气泄漏引起的责任事故。事故类型为其他爆炸。

4. 事故防范措施建议

这起责任事故充分暴露出相关单位安全管理不到位、当事人安全意识淡薄、安全培训教育未落到实处等诸多问题。为吸取事故教训，避免类似事故的发生，相关单位要做好以下几方面工作：

燃气管网巡查工作责任重大，安全问题绝不容忽视。燃气企业要立即对专业的巡查队伍进行整顿，一方面加强安全、责任意识教育；另一方面，要完善巡查计划和操作规程，明确重要作业过程中的操作步骤和紧急措施，确保安全检查安全可靠。

1.2.22 河北省安国市"6·2"管网泄漏爆燃事故

1. 事故简介

2016年6月2日15时左右，位于河北省安国市安兴南大街28号的某报废汽车专营有限公司安国分公司突发一起爆燃事故，造成4人不同程度烧伤，直接经济损失人民币约220万元左右。

2. 事故经过

2016年5月30日，某燃气有限公司发现天然气日流量比实际用气量高出500m³左右，经排查，于2016年5月31日确认是安兴大街（药兴大路至义丰路）路段有天然气泄漏，并于当天即将该路段的两端阀门关闭，流量恢复正常。

2016年6月1日，某燃气有限公司检测公路东侧日化门店前污水井时，有天然气浓度显示，但没有对周边的门店进行相应的检查。

2016年6月2日15时左右，某报废汽车专营有限公司安国分公司经理张顺同与姬鹏飞、刘世明、陈春晓等 4 人先后进入公司设置在安兴南大街路西边的办公室内，几秒钟后，姬鹏飞吸烟点火，导致办公室内突发爆燃，爆燃瞬间形成的高温导致 4 人发生烧伤。

3. 事故原因及性质

（1）事故直接原因

某燃气有限公司所属天然气管道发生泄漏扩散进入污水管道，再经污水管道、某报废汽车专营有限公司安国分公司办公室内坐便器等进入室内，并且积聚达到爆炸极限范围，遇点火源引发爆燃。

（2）事故间接原因

1）2015 年上半年雨后有重型卡车在泄漏点管道上方陷车，并造成该区域路面塌陷，使燃气管道严重受损，而某燃气有限公司在发现路面塌陷后，没有估计到会对地下的燃气管道造成损坏，所以，也就没有对燃气管道进行检查、维护或者更换。受损的燃气管道在路面过往重载车辆振动的长期作用下，形成疲劳性的突然破损，引起燃气管道泄漏。

2）某燃气有限公司巡线人员工作不到位，未及时发现泄漏（经查看公司 2016 年 5 月 27 日后的巡线记录，结果均为正常）。

3）某燃气有限公司发现有燃气泄漏至污水井后，未引起高度重视，没有想到可能会泄漏到周边门店内，所以也就没有对周边门店内燃气含量进行检测。

4）某燃气有限公司没有严格执行《安全生产事故隐患排查治理暂行规定》（国家安全生产监督管理总局令 16 号），即查出燃气管道泄漏后，只是关闭了泄漏部位两端的阀门，没有及时向安全监管监察部门和有关部门报告，没有制定事故隐患治理方案，也没有采取必要的处置及预防发生爆燃的措施。

（3）事故性质。

经事故调查组核实认定，该事故形成的原因由第三方破坏引起，因某燃气有限公司安全管理不到位及对泄漏事故后果估计不足引发的一起一般责任事故。

4. 事故防范措施建议

（1）某燃气有限公司应针对事故段的燃气管道进行拆除，聘请有资质的设计单位进行重新设计，找有资质的施工单位按设计要求重新进行施工建设。恢复供气前，要严格进行试漏、试压检查。

（2）某燃气有限公司组织专业技术人员、聘请相关专业专家，对所管辖的全部天然气管道进行全面的隐患排查，特别是针对类似在公路下面的燃气管道，要进行认真的检查，消除隐患。

（3）某燃气有限公司日常应加强对公司员工的安全教育、培训，提高员工的安全技术水平及责任心；强化对线路的巡检，确保能够提前发现问题。

（4）某燃气有限公司应加强对燃气设施周边商户及燃气使用单位、人员的燃气知识的宣传，使其能够真正地了解燃气的性质、发生泄漏后可造成的后果及应急处置措施等。

（5）某燃气有限公司应吸取本次事故的教训，教育全体员工树立安全第一思想，认真贯彻"安全第一，预防为主，综合治理"的方针。

1.2.23 北京市海淀区"6·3"燃气管网外力破坏事故

1. 事故简介

2016年6月3日3时20分左右，北京市某勘察院在海淀区蓟门桥东南辅路使用DPP100型汽车钻，进行2S12号孔位钻探时，将位于地下的 $DN600$ 中压燃气管线钻破，导致天然气泄漏。事故未造成人员伤亡，影响周边约1.2万户居民供气。

2. 事故经过及抢险救援情况

（1）事故经过

该勘察院承揽该项目后，分别从某设计院集团有限公司取得了大钟寺至三元桥 1∶500 的总平面图，其中包含地形、地下综合管线及地铁结构设计等内容；从北京市某公司取得了市政燃气管网图，图纸上注明："图纸资料仅供参考，现场地物地貌变化施工前与燃气管线属地管理单位进行确认，施工注意管线位置及埋深"。上述图纸中均未载明事故中被破坏的 DN600 中压燃气管线情况。

该勘察院在上述图纸的基础上，未与燃气集团及燃气主管部门进行接洽，核实勘察边界内的燃气管线情况，仅通过查阅城建资料、现场调查、物探复核等手段，对勘察边界内的地下管线进行了调查定位，但调查定位过程中未能发现事故中被破坏的 DN600 中压燃气管线。2015 年 1 月，在未经燃气集团复核的情况下，该勘察院依据勘察结果绘制了综合管线调查成果图。2016 年 5 月，地质勘察院该项目工程师江某、技术负责人李某依据未标注事故燃气管线的综合管线调查成果图、地铁设计图和《城市轨道交通岩土工程勘察规范》GB 50307，绘制了钻孔平面位置图，并编写了勘察大纲。

2016 年 6 月 3 日零时许，该勘察院在蓟门桥南侧，依据勘察大纲和综合管线调查成果图、钻孔平面位置图，开始组织实施勘察点位钻探作业。技术员孙某依据钻孔平面位置图提供的坐标，在现场施划了 2S12 孔位后，按照作业规程要求，利用 RD8000 频域电磁管线探测仪，对 2S12 孔位下方地下管线情况进行了实地探测，发现依据坐标确定的 2S12 孔位下方有管线，需要移位避让。因钻孔平面位置图显示，该孔位东侧 2.5m 有电力管沟，南侧 3.6m 有热力管沟，北侧为北三环隔离带且有地下管线。孙超依据现场实际孔位可在 2m 范围内移动的规定，经江某同意，将 2S12 孔位向西移动约 90cm，并利用 RD8000 频域电磁管线探测仪对孔位下方的地下管线情况进行了探测。因 RD8000 频域电磁管线探测仪主要用于探测金属管线，其原理为发射机无差别对地下金属物产生一次场信号，通过接收反馈信号确定地下金属管线情况，因此极易受到干扰。孙某只探测到该孔位东侧约 1m 处有一条埋深约 0.6m，东北—西南走向，直径 50mm 的金属管线；北侧约 0.4m 处有一条埋深约 0.6m，东西走向，直径 50mm 的金属管线。因受上述两条金属管线干扰，探测仪未接收到位于孔位下方约 1.2m 的 DN600 中压燃气管线的反馈信号。孙某据此认定向西移动约 90cm 后的 2S12 孔位下方无地下管线，并最终确定了 2S12 孔的现场位置。

3 时 20 分左右，地质勘察院的施工人员，未与燃气集团共同制定燃气设施保护方案，未经燃气集团确认，在移动后的 2S12 孔位处，使用 DPP100 型汽车钻开始钻探作业。汽车钻钻透路基后，由于路基下方的岩土密实度较高，不便于人工探孔，于是施工人员继续使用汽车钻作业，当钻探深度达到 1.2m 时，现场人员闻到有浓烈燃气味道溢出，立即停止作业，并拨打了 96777 报警电话。

（2）抢险救援情况

事故发生后，现场立即成立由海淀区政府和北京市燃气集团有限责任公司（以下简称：燃气集团）组成的事故抢险指挥部。市、区政府相关领导，市应急、安监、市政市容等有关部门主要领导赶赴现场指挥事故抢险和救援工作。经燃气集团急修人员现场检测，泄漏点及周边部分管井内燃气浓度达到爆燃极限。为防止发生次生灾害事故，事故抢险指挥部立即组织疏散了周边 192 户约 500 余名居民，同时，协调交管部门封闭了部分道路，并加派人员对现场实施保护。6 月 3 日 9 时许，现场抢险人员发现泄漏点，10 时 05 分左右，泄漏点抢修完毕，燃气供应和道路交通恢复正常。

3. 事故的原因和性质

事故调查组依法通过对事故现场勘验调查，查阅相关资料，对事故目击者、涉及的相关人员进行询问，查明了事故原因及性质。

（1）事故原因

某勘察院在进行管线调查，绘制综合管线调查成果图时，未向燃气集团及燃气主管部门核实勘察边界内的燃气管线情况，致使调查成果图中未标注事故燃气管线，存在疏漏；钻探作业未与燃气集团共同制定燃气管线保护方案；未充分考虑所用探测设备受到地下浅层金属管线的干扰，无法探测出深层金属管线的技术局限性，未采取有效措施保护地下燃气管线，违规进行钻探作业，造成地下 DN600 中压燃气管线破坏，引发事故。

（2）事故性质

鉴于上述原因分析，根据安全生产有关法律、法规的规定，事故调查组认定，这是一起未全面掌握地下管线情况，违规冒险施工造成的一般生产安全责任事故。

4. 事故防范措施建议

（1）加强对地下管线调查工作的管理。钻探作业前，依法向燃气集团及燃气主管部门核实勘察边界内的燃气管线，依法与燃气集团共同制定燃气保护方案。

（2）加强对钻探作业现场的管理。钻探作业时，应充分考虑所用探测设备的技术局限性，完善现场探测方案，提高现场探测的科学性、可靠性、准确性，采取有效措施保护地下燃气管线，并严格落实燃气集团专业人员现场确认，现场看护方可施工的要求。

1. 2. 24　江西省赣州市"8·30"次高压天然气管道燃气泄漏事故

1. 事故简介

2016 年 8 月 30 日 18 时许，江西省某院在赣州市中心城区迎宾大道市本级快速路及相关交叉口等工程地质勘察项目（三标段）QZK176 号钻孔施工时，钻破某天然气有限公司次高压天然气管道，导致燃气泄漏，未造成人员伤亡，但造成经济损失约 253 万元和不良社会影响。

2. 事故经过

2016 年 8 月 30 日，梅某安排对事发区域进行勘察，而后周某安排江协虎对 QZK176 号勘察点钻孔。当日 15 时，江某、邹某开钻。18 时许，江某、邹某俩人操作钻机钻至深大约 11m 时，有水从钻孔处往外喷，同时闻到一股刺鼻气味，江某、邹某立即停机。

3. 事故原因和性质

（1）事故原因

1）直接原因

勘察单位安全管理脱节，在与某天燃天然气有限公司尚未最终确认燃气管道走向位置，并约定次日再次进行确认的情况下，擅自安排勘察作业，并且在勘察钻孔作业时，钻头侧面击中最大埋深 12m、压力 1.5MPa 的次高压天然气管道（钢管 $\phi406 \times 7.1$），造成管道形成长约 10cm、最宽处约 2cm 的长条形裂口，导致燃气泄漏。因停机后钻头卡在裂口处，客观上抑制了燃气大强度泄漏。

2）间接原因

① 勘察单位安全责任制落实不到位。违反规定，在没有最终确认事发区域燃气管道走向情况下，依据管道普查图进行勘察作业，未保证燃气管道安全；未按照规定与燃气管道经营单位签订安全保护协议。

② 燃气经营单位安全管理不到位。违反规定在次高压天然气管道工程竣工后未将竣工验收情况报燃气管理部门备案，也未向规划部门申请办理竣工规划核实；在多次燃气管道走向确认过程中，没有提供管道竣工图；在事发区域没有按照标准规范要求，设置燃气管道标志桩和警示牌。

③ 燃气管线普查图不实。赣州市某研究院受政府有关部门

委托进行中心城区燃气管线普查时，没有充分收集燃气管道竣工验收资料；采用推测方法调绘的近 300m 燃气管线没有采用虚线等特殊符号在普查图上进行标注；在燃气管线普查时，燃气经营单位没有认真审核事发区域管线普查图，造成管线普查图与实际情况存在重大误差。

④ 燃气管理部门未按照规定会同城乡规划等有关部门按照国家有关标准和规定划定燃气设施保护范围，并向社会公布。

（2）事故性质

经调查认定，中心城区迎宾大道"8.30"次高压天然气管道燃气泄漏事故是一起安全生产责任事故。

4. 事故防范措施建议

此次事故虽未造成人员伤亡，但造成重大经济损失和不良社会影响。为认真吸取事故教训，切实防止类似事故再次发生，提出以下防范措施建议：

（1）建立完善燃气设施安全保护长效机制。尽快制定《赣州市燃气设施保护办法》，明确燃气设施安全保护范围、安全控制范围，明确燃气管理部门、发改委、国土、城管、规划、燃气经营单位、建设单位、施工单位、物业管理单位、施工安全监督部门等在燃气设施保护工作中的职责，细化燃气设施保护工作程序。

（2）建立完善会商联动机制，落实安全责任。

规划设计单位要牵头建立健全会商机制，对涉及燃气设施保护范围内的工程，在规划设计前，要与工程建设相关单位进行会商，通报工程规划设计信息，交流燃气管道信息，确定燃气管道位置走向。

燃气管理部门要加强对涉及燃气管道保护范围内工程施工的各相关单位联系，与水务、通信、道路及其他管线单位建立联动机制，及时通报施工信息，对施工作业所涉及的施工许可手续特别是燃气管道安全保护协议等进行验证，经验证后方能进行施工。同时，燃气管理部门要按照规定会同城乡规划等有关部门按照国家有关标准和规定划定燃气设施保护范围，并向社会公布；要及时督促燃气经营单位将竣工验收情况进行备案。

燃气经营单位要强化燃气设施安全管理，加强管道巡线员管理和培训，完善告知函内容，及时提供燃气管道竣工图，认真做好施工区域内燃气管道走向的确认工作，及时与施工单位签订安全保护协议，对没有签订安全保护协议而进行施工的情况要及时向燃气管理部门报告；燃气管道工程完工后，要按规定及时将竣工验收情况报燃气管理部门备案，同时向规划部门申请办理竣工规划核实；要对燃气管道标识、标志桩、警示牌进行一次全面大检查，按照标准规范要求完善燃气标识桩和警示牌。

施工（勘察）企业要切实加强对作业现场的管控，强化安全管理，防止安全管理脱节，必须在与燃气经营单位最终确认管道位置并签订安全保护协议后方能施工，杜绝野蛮违章施工。

建设单位要加强与燃气经营单位及施工（勘察）单位的沟通联系，积极配合做好燃气管道走向位置确认工作。

燃气管道普查单位要认真收集燃气管道竣工资料，对采用推测方法调绘的燃气管线应采用虚线等特殊符号在普查图上进行标注。

（3）建立燃气设施保护宣传教育机制。利用报纸、电台、电视台对建设单位、施工单位及社会大众燃气设施保护知识及注意事项的宣传，提高建设单位、施工单位确保燃气设施安全主动性、自觉性和责任感，增强各单位及广大市民燃气设施的保护意识，形成良好的燃气设施保护社会氛围。

（4）严厉打击破坏燃气设施行为。燃气管理部门及有关部门要按照"全覆盖、零容忍、严执法、重实效"的要求，加大执法力度，严厉查处和打击破坏燃气设施的各类违法违规行为，对造成严重后果的，依法追究刑事责任，以震慑野蛮施工、蓄意破坏燃气设施的违法行为。

1.2.25　重庆市"10·31"天然气管道事故

1. 事故简介

2016 年 10 月 31 日上午 10 时左右，陕西某建设集团有限公司在长寿区菩提小学旁进行施工作业时，将燃气公司 ϕ200 天然气管道挖破，造成管道泄漏，近 8000 户用户停气，事故造成直接经济损失 118440 元。

2. 事故经过

燃气公司提前对陕西某建设有限公司施工员章某进行了安全技术交底，并到现场明确了工作范围，同时陕西某建设有限公司安排项目部施工员章某到施工现场监督管理。10 月 31 日上午 10 时左右，陕西某建设有限公司在长寿区菩提小学旁现场施工，章某到现场监督。

施工前，施工员章某对挖掘机操作人员刘某说施工现场有天然气管道，并告诉施工现场燃气管线、给水管线、污水管、雨水管和路灯线的位置，提醒挖掘机操作人员刘某小心挖掘，不要破坏以上设施。

施工过程中挖掘机操作人员刘某在天然气管道 5m 范围内进行施工，当时天然气管道线上方有浮土，操作人员刘某怕浮土压坏天然气管道，施工员章某就喊操作手刘某用挖掘机清理管道上的浮土，在清理过程中浮土里的石头就划破了天然气管道。

3. 事故原因及事故性质

（1）直接原因

施工员章某安全意识淡薄，违反操作规程，明知天然气管道两侧 5m 范围内不能机械施工作业仍要求挖掘机操作人员刘某机械施工，在未采取保护措施情况下对天然气管道浮土进行清理，导致天然气管道破损和天然气泄漏，同时造成近 8000 用户停气。

（2）间接原因

1）陕西某建设集团有限公司在长寿地区无安全教育制度，未组织人员到长寿地区开展安全教育，导致工人安全意识淡漠，明知天然气管道两侧 5m 范围内不能机械施工作业仍要求作业人员机械施工，擅自清理天然气管道浮土导致事故发生。

2）陕西某建设集团有限公司长寿项目施工前未与管道企业签订保护性施工协议，没有遵守《重庆市天然气管理条例》规定的相关要求，施工员章某现场监管不力，未按照安全施工相关要求指导现场作业人员，造成此次事故。

3）长寿区城市开发管理服务中心作为业主方，未督促施工方严格落实安全施工相关要求，现场管理人员未及时制止不安全施工行为，造成此次事故。

（3）事故性质

根据以上原因分析，这是一起生产安全责任事故，事故类型为燃气安全事故。

4. 事故防范措施建议

（1）陕西某建设集团有限公司应加强安全管理，建立健全长寿地区安全规章制度，加强对施工人员的安全教育培训，并将安全责任落实到每个环节、每个工地、每个人头，要充分发挥现场监管人员作用，确保安全管理"横向到边，纵向到底"，不留死角，不留盲区，防止类似事故再次发生。

（2）长寿区城市开发管理服务中心加强项目建设过程中的安全管理，督促施工单位落实各项安全施工措施，防止类似事故再次发生。

1.2.26 湖北省武汉市改造工程"11·29"燃气泄漏事故

1. 事故简介

2016 年 11 月 29 日 9 时 20 分左右，武汉市某市政集团有限公司在某大道（201 省道）改造工程（黄山路至炮台路段）施工过程中，因挖掘机挖破地下燃气管道，发生一起地下燃气管道泄漏事故。

2. 事故经过

2016 年 11 月 29 日上午 9 时 20 分左右，某市政公司雇用的挖掘机操作手江某根据工作安排，在现场施工员吴某的指挥下，操作挖掘机在某大道南炮台交叉路口（原南侧公交站台后侧）处平整作业时，明知地下有燃气管线，盲目施工，操作挖掘机铲斗将地下燃气管道挖破，造成燃气泄漏，导致二区用户停气 8h。经核算，事故造成约 3300m³ 燃气泄漏，直接经济损失 2 万余元。

3. 事故原因和性质

（1）事故原因

某市政公司明知施工区域有地下燃气管道，盲目组织机械施工，导致挖掘机在开挖土方时将地下燃气管道挖破，造成燃气泄漏。

（2）事故性质

经过对事故原因的调查分析，认定这是一起因违规组织施工、安全管理不到位引发的一般生产安全责任事故。

4. 事故防范措施建议

（1）各市政建设、施工、监理单位要从这起事故中吸取教训，加强安全生产管理工作，建立健全安全生产责任制度，确保相关责任人员履行职责；加强施工现场安全检查，及时发现施工现场安全隐患；开工前应提前查明地下燃气等管网情况。施工中，严格落实在燃气管线保护范围内实行人工开挖，禁止使用工程机械施工的规定，并落实燃气管网设施保护方案与措施。

（2）管道所有单位要进一步按规范完善燃气管线警示标志的设置；严格执行燃气管道巡检管理规定，建立健全岗位责任制，落实相关人员的责任；加强对巡线人员的教育、培训和管理，强化责任意识，提升履职能力；应加强管线巡检，及时发现可能影响燃气管道安全的各类施工工地，做好管道保护宣传工作，并明确专人到现场实施监护。

1.3　经验教训

为了保证天然气管网的安全运行，制定有效的防范措施，有必要对引发管道事故的原因进行分析。结合 26 个燃气事故案例。分析国内各大型城市管道泄漏事故的资料，总结引发事故的原因可归纳出对城市天然气管道安全建设的一些启示。

造成城市天然气管网泄漏的原因中外界是主要因素，主要包括：（1）建筑工地开挖打桩损坏天然气管道；（2）道路施工机械碾压损坏管道；（3）违章建筑占压引起沉陷造成管道断裂；（4）其他地下管线施工野蛮作业和不规范操作造成管道损坏等。当然，内在原因也是构成城市管道事故不可忽视的因素，主要有：（1）管道施工时基础处理不密实引起管道下沉断裂；（2）天然气管道与其他管线垂直交叉间距不足最终造成局部应力集中剪切管道；（3）管材质量缺陷引发泄漏；（4）管沟回填质量差，受动载荷振动而引起管道损坏等。

针对上述引发天然气管道泄漏的原因，必须采取相应对策，强化天然气管网安全防范工作，把管道泄漏发生率降到最低，消除重大泄漏事故。

充分利用计算机信息系统，加强天然气管网事故防范管理。事故防范管理首先要全面掌握管网的综合信息，利用管网地理信息系统是最有效、最便捷的途径。管理地理信息系统是一种基于图形数据库（存放地形图、竣工图及设设施图）和属性数据库，主要存放管道和设施的属性数据，建立起一一对应关系的工具。通过管网地理信息系统，可以快速，准确地对管网周围建筑物、土地使用、环境指标、基础设施等信息，以及天然气管网本身运行状况、历史事故、施工资料、验收资料、事故隐患处理和抢修记录等信息随时调用，这样便于反复查阅比较和综合分析，便于制订科学合理的管网维护保养计划和大修计划，防患于未然。

加强天然气管网的巡视检查，及时处理事故隐患。管线巡检的主要内容是管道泄漏、管线附近各类工程施工影响、管道上违章搭建、管线周围地面沉陷以及其他异常情况。巡线检查推行责任承包运行机制，强化管理，落实责任制。巡检要员必须做到巡视走到位、观察看到位、仪器检测到位、安全考虑到位和处理落实到位。天然气管道附近有工程施工，要主动配合提供天然气管线情况，提出安全保护措施，并进行现场监护，消除施工中危及管线安全的各类隐患。对天然气管位上违章搭建，必须做到早发现、早制止、早纠正，对已建违章建筑要按城市天然气安全管理有关法规进行依法处理。

强化施工质量管理，安全防范从源头抓起，工程施工的单位必须具备相应的施工资质，并加强施工过程中质量检查、质量监督和质量验收。根据天然气管道质量事故案例分析，抓好管道施工质量重点有三个环节：

（1）正确开挖管沟和处理好管基。天然气管道主要采用埋地敷设，对管沟开挖深度、管下基础处理、管上回填的密度等方面要求各不相同。应该做到以下两点：一是严格控制沟槽深度，防止超深挖掘，根据管道敷设深度要求，开挖深度应小于管理深度 10~15cm，在敷设管道前按照深度和坡度要求，要铲除余土层；二是正确处理好管基，敷设管道与其他管道交叉时，为防止各方管道沉陷引起挤压断裂，必须砌筑交叉管道混凝土基础。当管道经过是坚硬砖石块、松土和腐蚀性土时，必须清除管基下 30cm 厚的砖石或腐土层，松土基础要挖到原土层，然后换土夯实或铺垫碎沙石层。

（2）严格把住管材选型和管材质量关。无论选用灰口铸铁管、球墨铸铁管、钢管，一律要选用合格产品和信誉好的生产厂家的产品，要认真检查产品合格证、材质分析化验单、试压报告等技术资料，安装前要进行严格的外观检查，把好质量关。

（3）管沟回填务必夯实。天然气管道回填施工包括还土、摊平、夯实、检查等工序。沟槽回填应分层回填、分层夯实，管顶前三层只适用人工夯实。对于交通要道应回填碎石和混凝土，保证回填的密实度，以防地面下沉和重荷载辗压造成管道断裂。

（4）加强对群众天然气管道安全知识的宣传。加强对群众进行维护天然气管道设施安全的宣传工作，利用新闻媒体、电视、微信、报纸等向业主宣传维护天然气设施的安全知识及地方法规。通过宣传教育，使广大群众树立自觉维护天然气管道设施的安全意识，保障天然气管道的安全。

第 2 章　场站典型事故案例

2.1　概述

近年来，随着城镇化进程加速、居民燃气渗透率提升、环保政策下的煤改气推进，燃气行业迎来快速发展的同时，压缩天然气和液化天然气已经逐渐得到广泛应用。因此，国内各燃气公司建设的各类天然气场站也逐年增多，为了进一步规范燃气公司各类天然气场站的运行管理，提高安全运行水平，编者对场站事故案例进行分析，供大家参考。

重要燃气场站包括：城市门站（调压计量分输站），各类调压站、LNG 储备站、LPG 储备站、CNG 母站和 LNG、LPG、CNG 加气站等。燃气场站集中了压力容器、调压计量工艺装置，压缩机、放散、排污系统，消防系统，发、配电系统，供热供水系统，燃气充装系统等设备设施。有人值守场站有一定数量的员工进行维护操作，生产运行过程中可能存在发生燃气泄漏、火灾爆炸、人员伤亡等风险。场站燃气生产事故主要原因包括：

（1）质量因素：设备材料质量缺陷，达不到设计或国家标准规范要求，如材质太薄、耐压等级不达标、材料本身缺陷等，施工安装质量缺陷，如防腐、焊接质量不达标，未按照设计或技术参数安装等。

（2）工艺因素：设备材料选型不当，如低温下材料冷脆断裂、老化变质，介质在工艺设备设施中流动时的冲击与磨损导致设备材料失效，气流脉动引起振动导致反复应力作用；工艺结构设计不合理，如管件与阀门的连接不紧密，高压燃气喘入低压设备设施造成破裂，未考虑燃气中的腐蚀性物质会造成管道设施内部腐蚀，工艺没有彻底净化，处理燃气中的杂质或水分时导致管道或阀门堵塞或冰堵造成损坏等；运行管理不到位、不规范，如超温、超压、超负荷传输，操作失误引起泄漏，不及时维修维护，违章操作等。

（3）安全设施、附件失效：站控系统没有及时维护，导致无法有效监控场站运行状况；泄漏报警系统探头、报警信号传输线路失效；安全阀、压力表等安全附件未定期检测或出现故障失效。

（4）外来因素：地震、滑坡、崩塌、地面沉降等地质灾害导致设备设施损坏，台风，暴雨、雷电等灾害天气引起的洪水，泥石流造成的破坏；低温或高温环境引发设备材料物理性能失效或达不到工艺技术指标要求，从而造成设备材料失效等。

2.2　典型案例分析

2.2.1　四川省成都市"7·10"加气站爆炸事故

1. 事故简介

2004年7月10日下午4时17分，一辆出租车在成都市二环路某加气站内爆炸，司机当场死亡，另有一名等待加气的出租车司机受伤。这是成都近年来在加气站发生的首起爆炸事故。

发生爆炸的川ATH525出租车变成一堆废铁，车身后半部全被炸没了，车前部与驾驶室也扭成了麻花状，其状惨不忍睹。出租车周围20m范围内，撒满汽车零件和碎玻璃渣。一个天然气复合瓶被炸开，飞了近30m远。离出租车4～5m远的一堵纤维板墙也被冲倒一片（图2.2.1-1）。

2. 事故原因

事故原因初步判定是出租车尾部的天然气复合瓶爆炸，系由复合瓶质量问题引起的。

(a)　　　　　　　　　　　　　　　(b)

图 2.2.1-1　现场照片

3. 事故防范措施建议

（1）对使用复合材料天然气瓶的出租车年检证严格检查，从即日起成都市 58 个加气站的加气气压从 20MPa（即 200kg 压力）调至 15MPa（即 150kg 压力）以内。

（2）成都市出租汽车管理处召集全市 135 家出租车公司经理召开紧急会议，要求各企业做好车辆安检工作，维持行业正常运营。

（3）CNG 站必须对安全设施和机械设备进行检查，并制定事故应急预案。各气站严格控制充装规程，因为有的车辆私人改造，对这部分没有质监合格证的车辆绝对不能加气。在加气过程中，不能超压，并要求各个加气站与设备厂家联系，对加气站限压设施进行检查。各个加气站要将此次事故向员工进行书面通报。

（4）对非出租车类的天然气使用车辆进行气瓶检查，此外还要对车身外观老化的出租车进行检查，一旦发现车内气瓶不符合充气标准，不予加气。

2.2.2　陕西省西安市"7·6"加气站爆炸事故

1. 事故经过

2006 年 7 月 6 日早晨，西安市丰禾路某加气站突然发生爆炸，火焰翻腾着冲出设备房的屋顶。事故中，一名加气站员工不幸身亡。

事发十多分钟后，西安市公安局消防支队五中队 6 辆消防车鸣着警笛驶来。紧接着，屋顶上的彩钢板被揭开，破损的汽缸阀门被紧急关闭，数股水柱喷向房内错综复杂的管道。经过半个多小时的奋力抢救，翻腾的火焰终被压灭。

在现场，地上竖立着的大小罐体都被熏黑，房顶破损的彩钢板悬在半空，也成了黑色。爆炸发生时，一名正在值班的加气站员工被大火吞噬。该加气站的天然气是从地下天然气管道里抽取的，爆炸发生后，管道内的天然气从受损的压缩机汽缸内喷涌而出，爆炸发生后，西安市公安局莲湖分局、西安市安监局和天然气抢修部门先后赶到现场，紧急排险，调查事故原因。

2. 事故原因

（1）加气站设备房内 1 号天然气压缩机爆炸的直接原因是压缩机汽缸冲顶，压缩机的原有破损口瞬间压力极大，从而引发天然气爆炸燃烧。

（2）巡视检修，未取得上岗证，违规上岗操作。

（3）检修员工在检修时因缺乏基本知识，没有按既定程序和操作规程进行操作。

（4）加气站缺乏必要的安全生产监督管理制度和相应的实施办法。

3. 事故防范措施建议

（1）天然气压缩机作为加气站的主要设备，首先应选用有可信业绩程度高并且有良好售后服务的厂家的产品。

（2）经常化制度化巡检压缩机及其他设备，特别注意其缸盖等部位有无异常或破损，包括缸盖螺丝是否有损坏或剪断情况，发现问题必须立即停机，未彻底修复前不得重新开机。

（3）未经专门特种维修技能培训的员工，一律不得上压缩机维修岗操作，杜绝无证上岗。

（4）加气站的高压设备及高压管线安排维修，必须先对相关部位停止运行、卸压后才可进行；具体维修中必须至少有两名合格员工配合操作，同时必须有可靠的安全措施，有相应的应急预案，不得 1 人自行上岗维修操作。

（5）合格的维修操作人员必须参加相应的安全操作演练，有足够的实际维修经验，能够保证严格按岗位责任制和安全操作规程进行。

2.2.3　加气站内高压输气管被拉断漏气事故

1. 事故经过

2007 年 9 月 25 日下午 15 时 59 分，某公司在加气母站槽车加气岛加气，槽车司机明知槽车正在加气，在未检查槽车加气胶管是否卸下的情况下，将拖挂放下连上车头并发动车辆，将加气机拖出约 3m 多远，致使加气机高压输气管被拉断，造成天然气泄漏（图 2.2.3-1）。当时加气站站长及操作工及时关闭槽车车体及加气机输气阀门，制止了泄漏。

图 2.2.3-1　事故现场

加气机严重破碎、散落，没有造成人员伤亡。

2. 事故原因

（1）槽车后车门断气制动阀门失效，未起制动保护作用。

（2）驾驶员为新招驾驶员，于 2007 年 9 月 18 日上岗，9 月 25 日当天疲劳操作，思想麻痹，严重违反安全操作规程，在明知槽车正在加气时，强行开车是导致此次事故的主要原因。

（3）驾驶员与操作工的操作流程划分不清也是一个原因。

2.2.4 上海市"11·24"油气加注站液化气储罐爆炸事故

1. 事故简介

2007 年 11 月 24 日 7 时 51 分，中石油上海销售分公司租赁经营的浦三路油气加注站，在停业检修时发生液化石油气储罐爆炸事故，造成 4 人死亡、30 人受伤。

2. 事故经过

中石油上海销售分公司在安全检查中发现浦三路油气加注站存在安全隐患，由其下属的销售中心与某燃气公司签订工程承包合同，将检修工作委托给该燃气公司负责，该燃气公司又转包给没有压力管道施工资质的某工程公司。计划检修项目为油气加注站管道刷油漆防腐、更换紧急切断阀、校验安全阀。

2007 年 10 月 12 日，油气加注站暂停营业，进行检修。同日，燃气公司用 10 瓶氮气分别将 1 号、2 号储罐内的剩余液化石油气物料压到槽车内，进行退料，至储罐液位表到零位后结束，但没有对液化石油气储罐进行置换。

11 月 7 日，施工人员按合同内容开始对管路进行除锈、刷漆。11 月 14 日，销售中心变更工程项目内容，在原有合同的基础上增加了更换系统管道的内容。11 月 22 日，管道全部更换完毕。

11 月 23 日 15 时，工程公司严重违反压力管道试压规定，擅自用压缩空气气密性试验代替对新更换管道的压力试验，并确定管道系统气密性试验压力为 1.76MPa。在没有用盲板将试压管道与埋地液化石油气储罐隔离，且储罐的液相管道阀门和气相平衡管阀门处于全开情况下，19 时，用空气压缩机将试压管道连同埋地液化石油气储罐一起加压至 1.2MPa，保压至 24 日上午。24 日 7 时 10 分，继续升压；7 时 40 分，焊工违章进行液化石油气管道防静电装置焊接作业，7 时 51 分，当将第 3 只单头螺栓焊至液化石油气管道气相总管，空压机加压至 1.36MPa 时，2 号液化石油气储罐发生爆炸，罐体冲出地面，严重损坏，其余两个埋地液化石油气储罐受爆炸冲击，向左右偏转，造成液化石油气罐区全部破坏，爆炸形成的冲击波将混凝土盖板碎块最远抛出 420 多米。

事故造成 2 名作业人员当场死亡，30 名附近居民和油气加注站旁边道路上行人受伤，其中 2 名伤势严重的行人在送往医院途中死亡，周边约 180 户居民房屋玻璃不同程度损坏，12 家商店及 70 余部车辆破损。

3. 事故原因

（1）直接原因

液化石油气储罐用氮气卸料后没有置换清洗，储罐内残留液化石油气。在用压缩空气进行管道气密性试验时，没有将管道与埋地液化石油气储罐用盲板隔断，致使压缩空气进入液化石油气储罐，储罐内残留液化石油气与压缩空气混合，形成爆炸性混合气体，因现场同时进行电焊动火作业，电焊火花引发试压系统发生化学爆炸，导致事故发生。

（2）间接原因

1）以包代管，中石油销售中心将油气加注站的检修工作外包后，没有对施工过程的安全进行监督，致使承担检修任务的单位在检修过程中屡屡违反施工安全作业规程。

2）层层转包，燃气公司承接检修工程项目后，又将检修工程转包给没有相关施工资质的工程公司。

3）检修计划不周密，施工过程中随意多次增加检修项目却不及时修改检修施工方案。

4）没有按照安全检修要求对检修管道和设备内的气体进行置换，擅自用气密性试验代替管道的压力试验，在管道气密性试验时，没有将管道与液化石油气储罐用盲板隔离。

5）安全意识差，在油气加注站的检修过程中没有执行动火有关规定，在没有动火许可证的情况下擅自动火，从而引发事故。

4. 事故防范措施建议

（1）切实加强易燃易爆场所检修施工安全管理。要严格执行加油（气）站检维修施工安全管理规定，加油（气）站在与施工单位签订施工合同时，应严格审查施工单位的资质，审核施工单位的安全管理制度、施工作业方案及相应的安全防范措施，同时要安排专人负责监督检修过程的质量和安全。改变检修内容时要及时修订检修施工方案。要严格执行管道试压、气密性试验、盲板管理、动火和进入受限空间作业等安全规定，作业前要进行风险辨识和制定应急处置预案并制定相应的安全措施。

（2）加强承包管理，防止层层转包，以包代管。要加强对加油（气）站检维修发、承包管理，不得将加油（气）站等危险场所检维修工程项目发包给不具备相应资质的施工单位，杜绝层层转包和以包代管。

（3）加大安全投入，提高加油（气）站本质安全度。

（4）加大加油（气）站监督检查执法力度。各有关部门监督检查的重点：加油（气）站的相关许可证应在有效期内；加油（气）站主要负责人、安全管理人员及作业人员应经专业知识培训考核合格并取得相应证书；建立健全动火作业、进入设备内部作业以及其他检修施工作业安全管理制度；制定各岗位安全操作规程等。

2.2.5　广东省湛江市"4·28"LNG公交车加气泄漏事故

1. 事故简介

2008年4月28日，粤G39XX1号、粤G39XX9号两辆公交车分别于上午11时、晚上22时在广东省湛江市某加气站加LNG完毕后，在卸下加气枪时，发生了LNG从加气座泄漏跑液事故。

2. 事故经过

2008年4月28日上午10：56时粤G39XX1号公交车驶抵天然气加气站加注液化天然气，11：30时加注完毕，在卸下加气枪时，加气座喷射出液态 LNG，喷射时间约 3min，到 11：
33 分。

LNG 泄漏发生时，在场的气站工作人员与来气站配合加气
的工程技术人员、司机一起果断采取停止加气、疏散人员、设置
警戒，所有车辆不得起动等紧急措施，3min 后气瓶停止泄漏，
有效控制了事故的进一步扩大，无人员伤亡和财产损失。

当晚 22 时，粤 G39XX9 号公交车在另外的气站加气时，又
出现同样的 LNG 泄漏事故，造成当天连续两起 LNG 泄漏事故
发生。

3. 事故原因

（1）止回阀失灵

1）安全阀的起跳压力应该为最高工作压力而不是设计压力；

2）止回阀失灵及枪头和卡座的相互配合、止回阀阀芯回不
了位。

3）止回阀在设计中对过量充装起不到保护和预防作用，在
充装过程中，

4）没有限制过量充装的设计。

（2）卡座与枪的配合及相关材料存在不匹配的问题。

（3）90％的充装量不能自动停机，回流的设施起不到保护起
作用，加液管大、回液管小很难保证定量充装。

（4）密封圈的材料不符合要求。

4. 事故防范措施建议

（1）预防过量充装，严格按照车辆 80％的充装量控制开单，
加气站按照开单进行充装。

（2）采用一些辅助手段增加加气枪托架、待充装压力稳定后
拆除回气管预防。

（3）通过加强管理措施，防止过度充装的情况出现，同时也
对所有的车辆的加气座进行了检查和更换，严格控制类似的事故
再发生。

（4）汽车配套厂家，必须向安监及质监部门及使用者提供产

品安全的相关文件，特别是产品使用说明、车组简图、示意图等材料，各配套厂家有责任对隐患进行整改。

（5）车辆厂要根据出现的安全隐患问题，进行研究改进，在设计上要考虑解决回流、充装量自动控制等问题；

2.2.6 上海市"2·6"LNG工艺管道试压爆炸事故

1. 事故简介

2009年2月6日12点，上海某LNG接收站工程在进行中间介质汽化器在调试过程中发生爆炸事故，导致1人死亡，16人受伤，其中3人骨折，伤势较重（图2.2.6-1）。

图2.2.6-1 爆炸事故现场

2. 事故的发生经过

上海某LNG接收站工程，由中国某石油总公司、"上海申能"共同出资兴建。"上海申能"负责项目的建设和生产经营。日本某公司、中国台湾某公司和中化某公司组成的联合体承担EPC总承包，中国化学某公司2007年10月5日进驻现场，负责站内工艺管道和大型设备安装，该项目预定2009年2月底投产试运行。2009年2月1日开始中介质汽化器试压。2009年2月6日现场试压已进行到第5天，当时正在对一段厂内天然气外输管线进行试压。试压管道长度约600m，试验压力15.6MPa，压力达到 12.3MPa 时，管道一端的法兰（二期预留）从根部断裂，法兰飞出约 100m，30m 外的隔离墩被炸飞，工地上粗大的管道扭成一团，管道卸压摆动，造成汽化器及相关设施损坏。据事发现场工人介绍，为了管道保温的需要，周边作业工人正在搭设脚手架，事发时，中化学某公司一名工人在距离爆炸现场约 350m 处的临建生活区内宿舍门口，正准备进入宿舍时，被爆炸溅起的一段脚手架钢管（约 80cm）击中头部，经抢救无效死亡；保温施工单位的 16 名施工人员，正在距离爆炸地点约 100m 的装置进行保温施工，被爆炸溅起的砂石击中或擦伤，其中 1 人小腿骨折、1 人腿骨折、1 人腰椎骨裂，13 人受伤。本次事故共导致 1 人死亡，16 人受伤，其中 3 人骨折，伤势较重（图 2.2.6-2）。

图 2.2.6-2 图片破坏现场

3. 事故原因

（1）技术原因

管道断口位于法兰根部，断面较为整齐，距离焊缝 3～4cm（图 2.2.6-3），经过对焊接情况、法兰材质和制造情况、设计和试压参数进行进一步的分析，焊缝存在质量问题。

（2）管理原因

没有遵守气密试验程序，比如连续加压，直接引入系统内

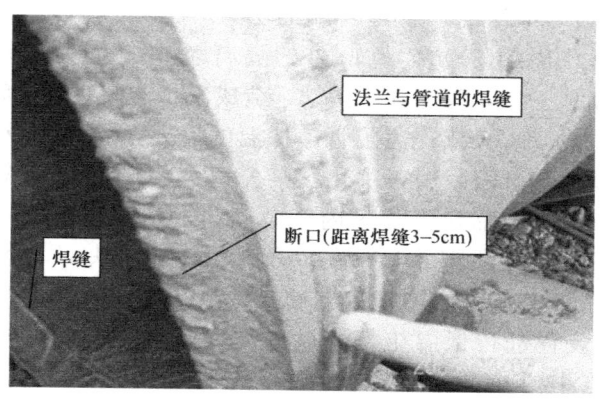

法兰与管道的焊缝

断口(距离焊缝3~5cm)

焊缝

图 2.2.6-3　爆炸断裂的管道

1.4MPa 的高压空气进入汽化器没有在 1/3 设计压力时进行过泄漏性检查。试压隔离方案不合理，没有划出安全范围，做好警示标志，在爆炸冲击波的影响范围内有临建营地和施工人员。相关规范明确规定：试压时除了试压和检查人员，其他人员不能入内。然而施工单位在试压时没有组织位于爆炸冲击波影响范围的人员撤离至安全地带，并且为了保证保冷施工的继续进行，还组织工人在设备管道周边作业搭设脚手架。

4. 事故防范措施建议

（1）严格执行国家相关质量、安全管理规范，认真执行安全生产各项规章制度，有章必循。

（2）加强对现场危险源的辨识，现场设置风险明示牌，让工人熟知工作环境存在的安全隐患、危害性和逃生技能。

（3）加强质量安全监督力度，严肃施工质量安全规章制度。

2.2.7　江苏徐州市 "2.8" LNG 储罐泄漏着火事故

1. 事故经过

2011 年 2 月 8 日晚 19 时 07 分，江苏徐州市某加气站储气罐发生泄漏引发大火。徐州消防支队出动 15 辆消防车、80 余名官兵赶往现场处置火情。19 时 50 分，20m 高的火焰被成功控制。9 日 16 时 30 分，气罐周边不时冒起的零星火苗被消防队员成功扑灭，排除隐患。

2. 事故原因

事故发生后，经事故调查小组对有关该加气站 LNG 设备方面的调查分析，得出造成这次事故的主要原因为：

（1）直接原因

LNG 储罐罐底管道、阀门法兰 LNG 泄漏，居民燃放的烟花爆竹的外来火种点燃了储罐底部泄漏的天然气，引发大火，是造成事故的直接原因。

（2）间接原因

1）LNG 储罐区域安装的可燃（天然气）泄漏报警器位置不规范，或报警器灵敏度不够，或报警器故障。当天然气发生泄漏的时候，没有及时报警，也是造成事故的原因之一。

2）LNG 储罐区域没有紧急切断的安全系统（图 2.2.7-1）：LNG 储罐底部管道系统的液相管上没有安装"紧急切断阀"，当泄漏和发生火灾的情况下，没有实施："泄漏—报警—关闭出液

图 2.2.7-1　液相管线没有紧急切断阀易泄漏的"法兰连接件"较多

管路"的自动切断功能。LNG 储罐区域没有"紧急切断按钮"，在发生危险时，不能人为启动紧急切断系统。

3）LNG 储罐底部管路系统"法兰联接"的密封点多，存在泄漏点多的风险，更容易发生泄漏，当发生火灾后，各法兰密封点泄漏，有大量 LNG 流出助长了火势。也是造成事故的原因之一。

4）如图 2.2.7-2，LNG 储罐的自增压器也存在泄漏的隐患，直接放在储罐下部，当泄漏时存在严重的隐患，遇火源引起火灾，也是造成事故的原因之一。

图 2.2.7-2　增压器与储罐距离

5）LNG 加气站安全管理不到位，巡检不到位，LNG 泄漏时没有及时发现。

3. 事故防范措施建议

（1）加强 LNG 加气站的安全管理，构建安全管理体系，做到责任落实到位、到人，落实安全生产责任制，加强加气站的巡检工作，确保加气站的安全运行。

（2）LNG 储罐区域要安装可燃气体报警器，安装位置要符合规范要求，要保证可燃气体泄漏报警器处于完整好投用状态，确保泄漏突发事件发生时能第一时间报警响应；

（3）LNG 储罐底部管道系统的液相管上要安装"紧急切断

阀"，当泄漏和发生火灾的情况下，能进行"泄漏－报警－关闭出液管路"的自动切断功能。LNG 储罐区域安装"紧急切断按钮"，在发生危险时，能人为启动紧急切断系统。

（4）增压器要与 LNG 储罐有一定的安全距离，防止因增压器泄漏时，对 LNG 储罐的危害。

（5）加强设备设施、仪器仪表的日常维护保养工作，确保设备设施及仪器仪表的完好投用，提高员工业务技能，加强对储罐区设备设施特别是管线法兰、可燃气体报警器的检查巡检工作。

（6）加强安全事故应急演练，确保员工应急能力和职业发展相互协调、相互适应。

2.2.8 辽宁省大连市"9·11"燃气泄漏爆炸事故

1. 事故简介

2014 年 9 月 11 日 18 时 55 分，大连某职工食堂燃气泄漏并发生爆炸事故，造成 2 名员工死亡、食堂设施严重损毁，直接经济财产损失为 285 万元。

2. 事故经过

2014 年 9 月 11 日 18 时 30 分左右，大连某公司职工黄某、刘某、谭某、宋某先后进入食堂就餐，黄某到煤气味并听见类似管道泄漏的"哧哧"声，并问当日值班厨师马某是否燃气泄漏了，马某回答没有闻到，过了会又听到"砰"的一声；监控录像记录 18 时 34 分 23 秒，马某突然从后厨间跑进就餐间招呼就餐人员往外跑；18 时 41 分左右，马某打电话给厨师长李某和行政总管刘某报告食堂燃气泄漏，根据刘某自述，他询问相关事宜，得知马某及食堂内的其他人员都已撤出，李某（厨师）已关闭汽化站储罐总阀门；随后，刘某先后给保安部长李某、工程部长朱某及主管领导康某打电话汇报情况；18 时 45 分左右，马某、李某两人先后进入食堂内停留片刻后又退出，李某蹲在室外地面咳嗽、呕吐；18 时 46 分左右，马某用毛巾捂住口鼻后再次进入食堂，18 时 47 分撤出，停留在食堂东门口西侧；18 时 52 分，马某用毛巾捂住口鼻后又一次进入食堂，半分钟后返回停留在食堂门口；18 时 54 分左右，马某、李某 2 人再次进入食堂，李某在就餐间关闭消毒柜后退出至食堂门口，此时马某进入后厨间北侧，片刻又返回南侧，在 18 时 55 分 29 秒关闭冰箱上方照明灯开关瞬间，发生燃气爆炸。

3. 事故原因

（1）直接原因

1）职工食堂燃气泄漏原因。汽化站在夏季违规关闭站内电加热式汽化器，也未采用空温式汽化器，直接通过气相管路经气相减压阀减压的方式供气，换热面积不够、汽化不完全，造成高压气相管路气体带液（即气液两相共存），液化石油气通过气相减压阀进入低压输气管道后汽化膨胀，致使低压输气管道中的压力逐渐上升，经大连理工大学燃气表承压能力测试实验以及对供气站使用的 FISHER 99L 型减压阀减压性能测试实验表明，低压输气管道产生的压力超过 G 2.5 膜式燃气表设计的最大工作压力 30 kPa，造成燃气表爆裂，导致燃气的泄漏。

2）职工食堂燃气爆炸原因。职工食堂内泄漏的燃气浓度达到爆炸极限，职工食堂员工应急处置措施不当，关闭餐厅内照明开关时产生电火花，导致职工食堂燃气爆炸事故的发生。

（2）间接原因

1）管道安装中心

① 企业安全生产主体责任不落实，安全意识淡薄，未建立燃气安全评估和风险管理体系，在未进行风险辨识、安全评估情况下，擅自盲目改变燃气供气工艺流程，造成了燃气低压管道超压，是燃气表爆裂、燃气泄漏发生的主要原因。

② 企业未认真履行指导燃气用户（职工食堂）安全使用燃气，对燃气设施未履行定期进行安全检查的责任，未及时发现和消除职工食堂存在的燃气引入管未设手动快速切断阀和紧急自动切断阀、用气房间未设置燃气浓度检测报警器、固定照明设备不防爆等不安全事故隐患，在燃气表爆裂、燃气泄漏后，不能及时

切断燃气供气管路，造成燃气大量泄漏。

③ 管道安装中心的汽化站运行人员未按国家相关规定接受相关部门的培训、考核合格并持证上岗；其安全意识淡薄，不掌握汽化站泄漏应急处理的安全技能；燃气泄漏发生后，不能及时采取措施组织抢险、抢修，导致事故影响扩大。

2）大连某公司

① 企业忽视安全生产工作，未建立安全生产组织机构，安全生产管理制度和操作规程不健全，员工无章可循。未组织对员工进行燃气安全知识和操作技能的培训，缺乏燃气泄漏应急处置安全知识，燃气突发事件的处置演练和培训工作不到位，对燃气泄漏事故应急指挥、处置措施不当，对职工食堂燃气爆炸事故的发生负有管理责任。

② 职工食堂使用燃气的安全设施缺失，未安装燃气泄漏报警切断装置，未及时切断泄漏的燃气管路。

（3）事故性质

经调查认定，"9·11"燃气泄漏爆炸事故是一起生产安全责任事故。

4. 事故防范措施建议

本起燃气泄漏爆炸事故造成 2 人死亡，教训深刻、惨痛，事故既反映出供气单位重经营，轻安全，忽视燃气安全设施投入问题；又反映出燃气用户对员工燃气安全教育培训的缺失等问题。为认真吸取事故教训，防止同类事故重复发生，建议采取以下防范措施：

（1）燃气经营单位和燃气使用单位要牢固树立法律意识、红线意识

燃气经营单位和相关部门要深刻吸取此起事故教训，切实落实管业务必须管安全、管生产经营必须管安全的原则，把安全责任落实到领导、部门和岗位，谁踩红线谁就要承担后果和责任。

（2）燃气经营单位和使用单位要切实落实企业主体责任

燃气经营单位和使用单位要高度重视安全生产工作，切实落

实企业主体责任，建立健全安全生产组织机构和安全生产规章制度。燃气经营单位一是要针对本次事故暴露出的燃气系统安全设施严重缺失的问题，立即组织进行隐患排查，加大安全投入，在燃气系统中增加必要的安全设备设施，确保燃气系统的安全可靠；二是要完善并严格执行安全规程和操作规程，保证安全供气，安全用气。三是认真做好用户安全用气知识的宣传教育工作，加强对用户安全用气的指导，提高用户安全用气管理水平及应急处置能力，使用户增强自我保护能力，并积极配合燃气供应单位对燃气设施进行定期的安全检查。燃气的使用单位，尤其是用气量大的商业用户，要加强对员工燃气安全知识和操作技能的培训，使员工熟知和掌握必要的安全知识和技能；建立和完善应急预案，组织员工定期演练，增强应急处置能力。

（3）加大政府监督管理力度，保障燃气设施安全运行

各级人民政府有关部门应当建立健全燃气安全监督管理制度，宣传普及燃气法律、法规和安全知识，提高全民的燃气安全意识。要加强燃气设施安全生产监督检查，督促、检查燃气经营、使用单位依法履行安全生产职责，消除燃气设施安全隐患。进一步完善燃气设施应急管理制度，进一步提高应急处置水平。

2.2.9 广东省从化市"9·16"煤气站燃爆事故

1. 事故简介

2014年9月16日0时58分，东莞市某运输公司一辆运载液化石油气的罐车在位于广州市某煤气站内卸车时发生燃爆。

2. 事故原因及性质

（1）直接原因

东莞市某运输公司司机陈某严重违反安全规定，在车内睡觉，醒来后在卸车状态下误认为已经卸气完毕，启动车辆并行驶，拉断卸气软管，违反《汽车运输、装卸危险货物作业规程》JT 618第8.1.2.2条"……在正常装卸时，不得随意启动车

辆"，导致液化气泄漏后遇发动机排气管明火点燃，泄漏液化气燃烧产生的高温，引发槽车罐内液化石油气迅速膨胀，压力急剧增加，导致罐车气罐发生燃爆。

煤气站卸车操作员黄某安全意识十分淡薄，违反《汽车运输、装卸危险货物作业规程》JT 618 第 8.1.2.2 条"装卸人员应相对稳定。作业时，驾驶人员、装卸人员均不得离开现场。"在正常装卸时，不得随意启动车辆。

槽车卸车安全操作规程，没有履行卸车时的安全监管职责，卸车作业期间擅自离岗，严重失职。

（2）间接原因

煤气站未落实企业安全生产主体责任，对员工安全生产培训教育和监管不到位，对卸车操作员中途离岗的违章操作未能及时发现并制止，对外来司机的在车内睡觉的不规范行为未能主动阻止。

东莞市某运输公司未落实企业安全生产主体责任，事故罐车道路运输营运证过期、二级维护检验过期以及槽车压力表检测超期；对员工安全生产培训教育和监管不到位，押运员王某未履行押运员应对罐车运输和装卸全程监管的职责，押运中途擅自下车离岗，严重失职；司机陈某未有效掌握液化石油气的事故处置方法，未及时关闭液化石油气罐车的发动机，为现场泄漏的液化气提供了点火源。

（3）事故性质

本起事故主要是由于煤气站未落实企业安全生产主体责任，对员工安全生产培训教育和监管不到位，未能有效制止员工违章操作；卸气操作员违章操作并且在卸气期间擅离岗位；东莞市某运输公司未落实企业安全生产主体责任，管理不到位，事故罐车运营证过期，押运员中途离岗，液化石油气罐车司机误认为卸气完毕，未经检查启动罐车拉断卸气软管导致液化石油气泄漏燃爆。经事故调查组调查分析，认定本起事故为生产安全责任事故。

3. 事故防范措施建议

（1）该市城市管理局于 9 月 18 日紧急发文，要求燃气有限公司将煤气站剩存的液化石油气转移到其他气站。煤气站已经报送《关于对站场进行清理及修复的申请报告》，进行管道修复，待修复完毕之后，将剩存液化石油气转移到广州另外燃气公司存放。建议质监局和城市管理局跟进后续工作。

（2）根据《城镇燃气管理条例》和《广州市燃气管理办法》，建议各行政管理部门和城市管理综合执法机关按照各自职责做好燃气管理的相关工作。

（3）2014 年 8 月底，该市安委会印发了全市安全生产大检查工作方案、安全生产打非治违工作方案，安委办将结合本次事故教训，督促各有关职能部门进一步加大隐患排查治理力度。

（4）建议东莞市安全监管局和相关职能部门加强对东莞市某运输公司的日常监管，督促企业落实安全生产主体责任，进一步加强危险化学品道路运输及装卸安全管理。

2.2.10 重庆市"3·23"加油加气站燃气泄漏事故

1. 事故简介

2015 年 3 月 23 日 12 时，渝北区某加油加气站在从事天然气储气瓶压力表更换作业时，发生高压燃气（8MPa）喷泄事故。

2. 事故经过

2015 年 3 月 23 日 12 时，渝北区某加油加气站在从事天然气储气瓶压力表更换作业时，发生高压燃气（8MPa）喷泄事故。

3. 事故原因

（1）直接原因

本次事故发生的直接原因是该加油加气站操作人员在储气瓶组的针型阀未完全关闭的情况下，带压操作，违规实施更换储气瓶的压力表作业，致使储气瓶内部高压天然气喷泄出来。

（2）间接原因

这起事故充分暴露出企业安全生产主体责任不落实，安全隐患突出：

1）该站装置设计不完善，设备制造厂所提供的大容积压缩气体站用气瓶前仓附件设施针型阀选型不当（只有启闭功能，无泄压功能），管瓶组各气瓶未设置根部切断阀，导致事故状态下不能有效控制高压气体的外泄。

2）企业安全管理不到位，人员培训教育、班前安全讲话流于形式，未建立隐患排查治理制度、操作规程，未定期组织应急救援演练，特种作业人员未按要求持证上岗等问题。

4. 事故防范措施建议

（1）高度重视，重在落实。

各区县（自治县）安监局、各行业主管部门要督促本辖区加油、加气站认真吸取这次事故的深刻教训，重点检查加油加气站安全责任制是否落实，规章制度是否健全并得到有效落实，现场安全管理措施是否到位，各类人员是否持证上岗，应急预案是否进行演练等，开展专项检查。

（2）强化培训，杜绝违章。

加油加气站人员少、责任大，安全管理要强化群防群治，注重培养全体员工的安全责任意识。要定期组织企业负责人、安全管理人员和操作人员进行安全知识和业务技能培训，确保特殊岗位人员必须持证上岗；要对站内、站外人员进行安全知识宣传，让安全理论灌入到每个员工和周边群众心里，让安全意识去影响和指导员工日常的工作行为。

（3）排查隐患，彻底整治。

要建立和完善隐患排查制度，建立隐患登记台账，对隐患要做到情况明、原因清，生产设施、设备绝不能带病运转，日常维护保养必须到位，重要设施、装备和关键设备、装置必须完好。一般安全隐患，做到即查即改，重大安全隐患必须做到"五落实"，并且要采取果断措施，予以停产整顿和妥善处置，并及时向有关部门报告。

2.2.11 山东省日照市"7·16"着火爆炸事故

1. 事故简介

2015年7月16日7时39分，山东某公司液化烃球罐在倒罐作业时发生泄漏着火，引起爆炸，在事故救援过程中造成2名消防队员受轻伤，直接经济损失2812万元。

2. 事故经过

2015年7月15日16时30分，山东某公司决定将7号罐内液化石油气（约900m³）导入至6号罐，因工厂制氮系统停车，将6号罐内充满水置换空气，对7号罐进行注水加压，将其中液化石油气通过罐顶安全阀副线、低压液化气管线压入6号罐中，同时通过在6号罐底部管线导淋阀上连接消防水带，进行切水作业，以接收7号罐中物料。7月16日7时30分左右，约500m³液化石油气进入6号罐，因切水口无人监护，6号罐水排完后，液化石油气泄漏并急剧汽化，遇点火源引发火灾，导致8号罐、6号罐相继爆炸，2号罐、4号罐烧毁。7月17日7时24分左右，现场明火全部扑灭。

3. 事故原因和性质

（1）直接原因

山东某公司在进行倒罐作业过程中，违规采取注水倒罐置换的方法，且在切水过程中无人现场值守，致使液化石油气在水排完后从排水口泄出，泄漏过程中产生的静电放电或消防水带剧烈舞动金属接口及捆绑铁丝与设备或管道撞击产生火花引起爆燃。违规倒罐、无人监守是导致本次事故发生的直接原因。

由于厂区没有仪表风，气动阀临时改为手动操作并关闭了6号罐的根部手阀，事故发生后储罐周边火势较大，不能进入现场打开根部手阀、紧急切断阀和注水线气动阀，无法通过向6号罐注水的方式阻止液化石油气继续排出；罐顶安全阀前后手动阀关闭，瓦斯放空线总管在液化烃罐区界区处加盲板隔离，无法通过火炬系统对液化石油气进行安全泄放。重要安全防范措施无法正常使用,是导致本次事故后果扩大的主要原因。

(2)间接原因

1)山东某公司安全生产主体责任不落实

①严重违反石油石化企业"人工切水操作不得离人"的明确规定,切水作业过程中无人在现场实时监护,排净水后液化气泄漏时未能第一时间发现和处置。

②企业违规将罐区在用球罐安全阀的前后手阀、球罐根部阀关闭,将低压液化气排火炬总管加盲板隔断。

③通过罐顶部低压液化气管线,采用倒出罐注水加压、倒入罐切水卸压的方式进行倒罐操作,存在很大安全风险,企业没有制定倒罐操作规程,未对作业过程进行预先危险性分析,没有安全作业方案,没有进行风险辨识。

④未按照规定要求对重大危险源进行管控,球罐区自动化控制设施不完善,仅具备远传显示功能,不能实现自动化控制;紧急切断阀因工厂停仪表风改为手动,失去安全功效。

⑤100 万 t/年含硫含酸重质油综合利用装置项目,2014 年10 月取得试生产(使用)方案备案告知书前属非法生产。

⑥操作人员未取得压力容器和压力管道操作资格证,属无证上岗。

⑦安全培训不到位,管理人员专业素质低,操作人员刚刚从装卸站区转岗到球罐区工作,未经转岗培训,岗位技能不足。

2)中国石油大学(华东)安全生产责任制落实不力

作为山东某公司的主管单位,贯彻落实安全生产法律法规不到位,督促企业落实安全生产主体责任和对企业安全生产监督检查不力;对企业监管不到位,校企管理体制不顺,企业产业管理、干部管理混乱;对企业安全生产方针、政策、法律法规、制度等宣传教育不力,企业干部职工的安全意识不强。

3)负有安全生产监管职责的部门履行安全生产监管职责不到位

①安监局贯彻国家安全生产法律法规和上级安排部署不到

位，未按照要求加强对停产危险化学品企业的安全监管，未组织对企业安全仪表系统的专项监督检查；对企业重大危险源日常监管和执法监察不力，未发现事故罐区操作人员未经培训无证上岗、未发现事故罐区存有大量危险化学品的情形、重要安全防范设施无法正常使用等安全隐患，对事故企业未制定倒罐方案、未进行风险辨识、违反操作规程等问题失察；日常执法监察重程序、轻结果，对企业非法生产未依法查处；对执法监察工作重视不够，安全生产监督检查力量薄弱、专业化水平不高。

② 质监局对企业特种设备的日常监管，特别是对企业停产期间特种设备安全使用及运行情况监管不力；监督检查重程序、轻实体，对特种设备操作人员无证上岗、事故罐区存有大量危险化学品、重要安全防范设施无法正常使用等问题检查不到位，对企业非法生产未依法查处；对安全监察工作重视不够，安全监察人员力量不足，监督检查能力不强。

③ 经信局"管行业必管安全"意识不够强，履行行业监管责任不力，对事故罐区违规操作、重要安全防范设施无法正常使用和重大危险源管控措施缺失等监督检查不到位；组织指导事故企业职工安全教育培训工作不力，对事故企业管理人员专业素质低、操作人员未经转岗培训问题失察。

④ 化工办贯彻落实安全生产法律法规和"管行业必管安全"的要求不到位，履行化工企业安全生产监管责任不力；工作重部署、轻落实，到事故企业现场监督检查不到位，对事故罐区安全隐患失察；配合有关部门安全生产专项督查及督促企业整改落实不到位。

4）地方政府安全生产监管职责落实不力

① 镇政府贯彻安全生产法律法规和上级安排部署不到位，对辖区企业安全生产工作组织领导不力；对安全生产重视不够，安全生产监督检查力量薄弱，专业机构、人员缺乏，现有人员能力不足；配合安全生产监管职责部门开展专项监督检查不力，督促企业整改隐患不到位；组织开展安全生产宣传教育不力，督促

企业落实安全生产主体责任不到位。

②区政府贯彻安全生产法律法规和上级安排部署不到位，履行安全生产属地管理责任不力；对安全生产工作不够重视，安全生产监管力量薄弱、能力不强；督促指导有关职能部门和虎山镇落实安全生产监管责任不到位，未按照要求加强对停产危险化学品企业的安全监管，未组织对企业安全仪表系统的专项监督检查，对企业重大危险源日常监管和执法监察不力，未发现事故罐区存在的安全隐患。

（3）事故性质

经调查认定，山东某公司"7·16"较大着火爆炸事故是一起较大生产安全责任事故。

4. 事故防范措施建议

针对这起事故暴露出的突出问题，为深刻吸取事故教训，进一步加强危险化学品罐区安全生产工作，有效防范类似事故重复发生，提出如下措施建议：

（1）牢固树立安全发展理念。要深刻吸取事故教训，牢固树立科学发展、安全发展理念，始终坚守"发展决不能以牺牲人的生命为代价"这条红线，进一步落实地方属地政府监管责任和企业主体责任。要研究制定相应的政策措施，切实加强安全监管力量，强化化工和危险化学品企业安全监管。要提高事故预防能力，进一步创新方式方法，扎实开展执法检查，彻底排查治理隐患。

危险化学品企业要按照"五落实五到位"要求，进一步明确和细化企业的安全生产主体责任，建立健全"横向到边、纵向到底"安全生产责任体系，切实把安全生产责任落实到生产经营的每个环节、每个岗位和每名员工。各级政府及其安全监管、行业主管部门要引导和督促企业牢固树立"以人为本、安全发展"理念，切实督促企业自觉遵守安全生产法律法规和标准规范，全面加强安全生产管理。要不断强化安全监管措施，综合运用法律、经济和必要的行政手段，进一步推动企业落实安全生产主体责任，不断增强安全生产保障能力。

（2）切实加强液化烃罐区的安全管理。各危险化学品企业要认真贯彻落实《化工（危险化学品）企业保障生产安全十条规定》（国家安监总局令第64号）和《油气罐区防火防爆十条禁令》（国家安监总局令第84号），全面加强液化烃罐区安全管理工作。一是高度重视液化烃罐区安全生产工作，强化管理人员、技术人员和操作人员的配置，加强培训，提高罐区从业人员的能力。二是液化烃罐区作业应实行"双人操作"，一人作业、一人监护。除常规的工艺操作和巡检外，凡进入罐区进行的一切作业活动，必须进行风险分析，办理工作许可手续，安排专人全程进行安全监护。三是严禁采用注水加压方式对液化烃进行倒罐置换作业。倒罐作业应采取氮气置换，机泵倒罐工艺。倒入空罐必须事先采用氮气置换，并经氧含量分析合格后方可倒入。四是液化烃球罐切水作业必须坚持"阀开不离人"，做到"三不切水"，即夜间不切水，大雾天不切水，雷、暴雨天不切水。五是石油化工企业在生产装置停工期间，必须保证液化烃罐区安全运行所需要的仪表风、氮气、蒸汽等公用工程的稳定供应，相关安全设施必须完好、有效。对于盛有物料的装置罐区中的作业要升级管理，建立逐级审批制度。

（3）进一步加强变更管理和特种设备安全管理工作。危险化学品企业要制定落实变更管理制度，严格变更管理。当工艺、设备、设施需要发生变更时，要严格履行变更程序，编制变更方案，明确相关责任，组织进行风险分析，制定应急处置方案，并按照要求严格审批。变更实施时，必须进行专门的安全教育培训。要明确变更原因及变更前后的情况对比，告知工作人员工作场所或岗位存在的危险因素、防范措施以及事故应急措施。

要严格按照《特种设备安全法》的规定，加强对压力容器、压力管道等特种设备的日常安全管理，定期进行检测检验，严禁违规使用压力容器、压力管道。安全阀、压力表等安全附件不得采用加盲板、关阀门等方式与压力容器、压力管道隔断，确保其发挥正常功能。特种设备操作人员必须经过专门的安全生产教育培训，并经考核合格、持证上岗。严格遵守操作规程和规章制度，严禁无证人员操作压力容器、压力管道。

（4）加大对"两重点一重大"企业的安全监管力度。各级各有关部门要全面、准确地掌握本地区涉及"两重点、一重大"企业（重点监管危险化学品、危险化工工艺和重大危险源）的安全生产状况，突出抓好泄漏后呈气态的易燃、易爆和有毒危险化学品、大型危险化学品储罐区、毗邻城乡人口密集区的化工企业安全监管。要按照《危险化学品重大危险源监督管理暂行规定》（国家安监总局令第40号），督促企业进一步完善监测监控、报警连锁和控制设施措施，按规定对安全设施进行检测检验、维护保养，确保安全设施完好有效运行。要深入开展危化品储罐区专项安全大检查，认真排查治理安全隐患，督促企业落实国家有关标准规定，认真执行安全管理制度和安全操作规程。专项大检查务必要做到不漏一企、不留死角、不走过场、务求实效。危险化学品企业停产期间，储罐区存有物料的，一律按照正常生产实施监管。

（5）进一步落实安全生产属地监管责任。各级党委、政府及其有关部门要深刻吸取事故教训，认真学习贯彻习近平总书记关于安全生产工作的重要指示精神，严格落实属地管理和"管行业必须管安全、管业务必须管安全、管生产经营必须管安全"的要求，全面落实地方政府属地监管责任和行业主管部门直接监管责任、安全监管部门综合监管责任。要针对本地区化工行业快速发展的实际，研究制定相应的政策措施，增加安全监管力量，加强化工、危险化学品企业安全监管。要提高事故预防能力，进一步创新方式方法，采取"四不两直"、交叉检查、异地执法等形式开展执法检查，彻底排查治理隐患。要提高事故查处和责任追究能力，对发生的事故严肃调查处理和责任追究，对发现事故隐患且不及时整改的，要严肃追究责任。

2.2.12　山西省祁县"6·13"低温绝热气瓶较大爆炸事故

1. 事故简介

2016 年 6 月 13 日 17 时 40 分，祁县洁源某第二加气站（以下简称洁源二站）在给祁县某公司充装过液氧的低温绝热气瓶充装液化天然气时发生爆炸，事故共造成 3 人死亡，直接经济损失 149.92 万元。

2. 事故经过

2016 年 6 月 13 日下午 17 时 28 分 25 秒（监控视频显示时间，下同），祁县某公司冯某和渠某驾驶一辆晋 J72907 面包车拖挂载有一台立式垂直放置低温绝热气瓶（经调查充装过液氧，容积为 175L）的小车驶入洁源二站，17 时 28 分 41 秒两人下车后对低温绝热气瓶的相关阀门进行了操作，17 时 30 分 50 秒该站加气工孟某按下 2 号加液机预冷键，17 时 31 分 32 秒将加液枪与小车上低温绝热气瓶的固定接口进行接驳，17 时 31 分 37 秒按下 2 号加液机加液开始键，17 时 31 分 57 秒监控摄像头信号中断，小车上的低温绝热气瓶发生爆炸（图 2.2.12-1）。

图 2.2.12-1　现场图片

3. 事故原因

（1）直接原因

洁源二站违规为车用以外的移动式气瓶充装液化天然气；加气工违规操作，直接将液化天然气充入低温绝热气瓶，气瓶内残留的液氧和液化天然气混合并达到爆炸极限；由于气瓶在运输和充装过程中导致静电累积，达到了点火能的最低阈值，导致瓶内发生闪爆，进而引起氧气和天然气发生强烈的化学反应，此反应释放物质所含的化学能，致使瓶内压力瞬间急剧增加，超过低温绝热气瓶的极限承载能力，引起钢瓶瞬间爆炸碎裂。

（2）管理原因

企业层面：

1）洁源二站未履行安全生产主体责任，长期非法违法建设运营

该企业在 2013 年 6 月至 2016 年 6 月期间，违反《中华人民共和国城乡规划法》、《中华人民共和国消防法》、《城镇燃气管理条例》等有关法律法规规定，未批先建、边经营边办手续；拒不执行管理部门责令停工停业的指令，在不具备安全条件的情况下擅自运营。

2）祁县某限公司安全主体责任落实不到位，企业负责人安全意识淡薄

该企业负责人将充装液氧的低温绝热气瓶拉运到加气站充装液化天然气；违反《中华人民共和国道路危险货物运输管理规定》，未取得道路危险货物运输许可，擅自从事道路危险货物运输。

部门及政府层面

3）祁县住建局行政审批初审把关不严，日常监管不到位

① 对洁源二站《燃气经营许可证》申报资料初审把关不严，在明知未取得燃气工程项目规划许可和竣工验收等批准文件的情况下，初审同意并将申报资料上报市规划和城市管理局。

② 作为燃气管理部门，未发现洁源二站给车用以外的移动气瓶充装液化天然气，致使安全隐患未及时消除；在 8 次执法检

查过程中，对洁源二站未取得《燃气经营许可证》，非法运营行为均未依法依规处理到位，行政处罚不到位。

4）祁县市场和质量监督管理局日常安全监管不到位

① 违反了《中华人民共和国特种设备安全法》第 85 条①规定，对洁源二站未取得充装许可擅自从事气瓶充装的行为，措施不够，制止不力，安全监管不到位。

② 违反了《中华人民共和国特种设备安全法》第 11 条②规定，对祁县某公司使用气瓶等特种设备情况排查检查不到位，未进行气瓶安全知识普及。

5）祁县消防大队日常监管不到位，行政处罚执行不彻底

① 没有严格按照《中华人民共和国消防法》第 58 条第 3 款③规定，对洁源二站未经消防验收擅自投入使用的行为予以查处，未及时制止并督促整改，履行监管职责不到位。

② 没有严格按照《中华人民共和国消防法》第 70 条④规定，对不执行停业决定的洁源二站未采取强制措施，行政处罚执行不彻底。

6）祁县发改局未认真履行监管职责

祁县发改局违反《山西省企业投资项目核准暂行办法》第 24 条⑤规定，在洁源二站从 2013 年 6 月开工建设至 2015 年 12 月 3 日完成项目立项期间，对洁源二站未批先建的行为，未按规定予以制止并处理。

7）祁县安监局日常安全监管不到位

祁县安监局安监大队违反《国家安全监管总局关于进一步深化安全生产行政执法工作的意见》第 4 条⑥规定，在编制 2016 年执法工作计划时，对新增企业祁县聚丰玻璃制品有限公司的检查计划编制不科学不合理，导致未能及时对该企业进行日常监管并排除安全生产隐患。

8）祁县运管所对擅自从事道路危险货物运输的问题失察

祁县运管所违反《中华人民共和国道路危险货物运输管理规定》第 57 条⑦规定，对祁县某公司未取得道路危险货物运输许

可，擅自从事道路危险货物运输的问题失察。

9）祁县交警大队对不符合安全条件的车辆上路行驶的问题失察

祁县交警大队违反《危险化学品安全管理条例》第 88 条⑧规定，对安全技术条件不符合国家标准要求的车辆运输危险化学品的问题失察，履行监管职责不到位。

10）东观镇政府未认真履行安全监管职责，日常监管不到位

东观镇政府违反《中华人民共和国安全生产法》第 8 条⑨规定，未依法对区域内洁源二站进行监督检查，未及时发现和上报企业违法行为；组织开展"打非治违"和安全生产大检查工作不力，对洁源二站存在的问题失察。

11）镇政府未按要求开展日常监管

镇政府违反《中华人民共和国安全生产法》第 8 条规定，对辖区内生产经营单位底数不清，未依法对区域内祁县某公司进行日常监管。

12）晋中市规划和城市管理局审批许可把关不严

市规划和城市管理局违反《城镇燃气管理条例》第 15 条⑩、住居城乡建设部《燃气经营许可管理办法》第 5 条、第 7 条⑪规定及该局《关于印发建设项目规划审查制度的通知》（市规管党发〔2015〕9 号）⑫有关要求，资料审核把关不严，履行职责不到位，为企业发放有效期为半年的《燃气经营许可证》。

13）祁县人民政府打非治违不到位

祁县人民政府未督促相关职能部门对手续不全的洁源二站依法予以整治，未能有效制止企业非法违法行为；对相关职能部门的履职情况督促检查不到位。

①《中华人民共和国特种设备安全法》第 85 条规定"违反本法规定，未经许可，擅自从事移动式压力容器或者气瓶充装活动的，予以取缔，没收违法充装的气瓶，处十万元以上五十万元以下罚款；有违法所得的，没收违法所得"；

②《中华人民共和国特种设备安全法》第 11 条规定"负

111

责特种设备安全监督管理的部门应当加强特种设备安全宣传教育，普及特种设备安全知识，增强社会公众的特种设备安全意识"。

③《中华人民共和国消防法》第 58 条第 3 款：违反本法规定，有下列行为之一的，责令停止施工、停止使用或者停产停业，并处三万元以上三十万元以下罚款：（三）依法应当进行消防验收的建设工程，未经消防验收或者消防验收不合格，擅自投入使用的。

④《中华人民共和国消防法》第 70 条：当事人逾期不执行停产停业、停止使用、停止施工决定的，由作出决定的公安机关消防机构强制执行。

⑤《山西省企业投资项目核准暂行办法》第 24 条规定"违反本办法规定，企业投资项目未经政府投资主管部门核准擅自开工建设的，以及未按照项目核准文件的要求进行建设的，由政府投资主管部门责令其停止建设，可以并处 3 万元以下罚款；构成犯罪的，依法追究有关责任人员的刑事责任"。

⑥《国家安全监管总局关于进一步深化安全生产行政执法工作的意见》第 4 条的规定"强化年度执法工作计划导向。按照统筹兼顾、突出重点、量力而行、提高效能的原则，科学合理地编制安全生产年度执法工作计划，严格执行执法计划的批准和备案程序，保证执法计划的协调运转。要根据执法计划编制现场检查方案，明确检查的区域、内容、重点及方式。年度执法工作计划及其落实情况，要通过适当方式向社会公开"。

⑦《中华人民共和国道路危险货物运输管理规定》第 57 条：违反本规定，有下列情形之一的，由县级以上道路运输管理机构责令停止运输经营，有违法所得的，没收违法所得，处违法所得 2 倍以上 10 倍以下的罚款；没有违法所得或者违法所得不足 2 万元的，处 3 万元以上 10 万元以下的罚款；构成犯罪的，依法追究刑事责任：（一）未取得道路危险货物运输许可，擅自从事道路危险货物运输的。

⑧《危险化学品安全管理条例》第 88 条：有下列情形之一的，

由公安机关责令改正，处 5 万元以上 10 万元以下的罚款；构成违反治安管理行为的，依法给予治安管理处罚；构成犯罪的，依法追究刑事责任：（二）使用安全技术条件不符合国家标准要求的车辆运输危险化学品的。

⑨《中华人民共和国安全生产法》第 8 条：乡、镇人民政府以及街道办事处、开发区管理机构等地方人民政府的派出机关应当按照职责，加强对本行政区域内生产经营单位安全生产状况的监督检查，协助上级人民政府有关部门依法履行安全生产监督管理职责。

⑩《城镇燃气管理条例》第 15 条：家对燃气经营实行许可证制度。从事燃气经营活动的企业，应当具备下列条件：…（五）法律、法规规定的其他条件。符合前款规定条件的，由县级以上地方人民政府燃气管理部门核发燃气经营许可证。

⑪ 住房城乡建设部《燃气经营许可管理办法》第 5 条：申请燃气经营许可的，应当具备下列条件：燃气设施工程建设符合法定程序，竣工验收合格并依法备案。第 7 条：发证部门通过材料审查和现场核查的方式对申请人的申请材料进行审查。

⑫ 晋中市规管局"市规管党发［2015］9 号《关于印发建设项目规划审查制度的通知》"文件中审查程序第 4 条规定"燃气项目审查（包括燃气经营许可；新建、扩建、改建燃气工程项目审批；燃气供气许可）由审批科派单给燃气办进行现场勘查，并提出初审意见，经燃气业务分管领导同意后，由审批科办理"。

4. 事故防范措施建议建议

（1）牢固树立安全发展理念。各县（区、市）党委、政府要牢固树立以人为本、安全发展理念，深入学习贯彻习近平总书记关于总体安全观的战略思想和关于安全生产的重要讲话精神，以铁的担当尽责、铁的手腕治患、铁的心肠问责、铁的办法治本，坚决守住不发生重大生产安全事故这条底线，将安全生产工作摆在经济社会发展的重要位置，定期研究部署、督促检点安全生产工作，着力解决本区域内突出性的安全风险和隐患。

（2）强化企业安全主体责任落实。各生产经营单位必须建立"安全自查、隐患自除、责任自负"的企业自我管理机制，认真履行安全生产法定职责，进一步完善企业安全生产责任体系，依法依规开展各项生产经营活动，不断健全并严格执行企业安全管理制度和安全技术操作规程。自觉加大安全投入，强化安全教育培训，夯实安全基础，确保企业安全生产"五落实、五到位"。

（3）推动部门落实监管责任。各有关部门要严格落实以工商注册登记倒逼监管责任落地的工作要求，逐户现场核实摸底，逐一明确监管部门和人员。要进一步加大"打非治违"力度，对非法生产经营建设项目依法果断采取停产、停建、停供、停电、扣押、拆除装置、关闭取缔等处理措施。要建立执法行为审议制度和重大行政执法决策机制，依法规范执法程序和自由裁量权，确保执法规范。

（4）强化低温绝热气瓶安全管理。使用低温绝热气瓶的单位要主动向质监部门申报，并主动按规定检验；要确保低温绝热气瓶充装介质有醒目的标识，不得随意变更气瓶的充装介质；要加强对作业人员的安全教育培训，使其充分掌握气瓶的结构原理和介质的理化特性，以确保气瓶的使用安全。质监部门要对低温绝热气瓶登记造册，建立台账严格管理。

（5）加强危险化学品道路运输安全监管。各有关部门要加强危险化学品运输的源头管理，严查无证运输危险化学品行为。要进一步加大路面管控力度，对未取得道路运输许可，擅自从事危险化学品道路运输，以及安全技术条件不符合国家标准要求的危险化学品运输车辆，要依法查处，确保危险化学品道路运输安全。

（6）尽快规范加气站审批流程。建议以市政府名义向省政府请示，恳请省政府尽快研究制定加气站审批流程，并按照行政审批制度改革要求，进一步规范和理顺审批流程，精简和下放审批

事项，缩短项目审批时限，推动加气站行业有序、安全发展

2.2.13　中国石油天然气管道局兰州—定西输气管道工程榆中分输站"9·21"较大火灾事故

1. 事故简介

2016 年 9 月 21 日 20 时许，中石油某公司在对兰州—定西输气管道（以下简称：兰定线）工程榆中分输站站内调压撬进行气压试验过程中发生火灾，造成 6 名作业人员烧伤，其中 3 名烧伤人员分别于 9 月 24 日 7 时 45 分、9 月 26 日 17 时 20 分、9 月 29 日 13 时 50 分经医院抢救无效死亡；事故直接经济损失 430.2 万元。

2. 事故经过

9 月 21 日 7 时 30 分，中石油某分公司兰定线项目部召开工作例会，会议安排了榆中分输站试压等工作。

8 时 30 分许，项目部经理安某向特设处处长陈某安排了榆中分输站调压撬气压试验工作，陈某打电话给副处长李某，李某安排技术员白某带领汪某、王某 2 人到榆中分输站对站内调压撬、计量撬、自用气撬进行气压试验。

11 时 30 分许，白某带领人员赶到榆中县城，经项目部定点的物资供应点销售人员介绍，电话联系并要求兰州某公司送 30 瓶氧气到榆中分输站。

15 时 40 分许，氧气送到站场（40L、15MPa），白某、汪某、王某在站内的进口处布置了警戒带，设置了警戒区域。

16 时许，北京某公司兰定线监理部监理员白某到达现场，白某、汪某、王某开始作业，关闭 TYQ3101 调压撬上的 3102 手动球阀、TYQ3201 调压撬的 3201 电动球阀，打开 TYQ3101 调压撬的 3101 电动球阀（开启度 53），用高压软管将氧气瓶与 TYQ3101 调压撬温度感应塞接通，依靠压差向天然气调压撬内注入氧气，对 TYQ3201 调压撬进行气压试验，当注入 1 瓶氧气后，检查发现调压撬 12 片法兰全部漏气，于是电话向陈某进行

了汇报，并联系项目部工程处要求增派作业人员。

16时30分许，TYQ3201调压撬6组法兰紧固后，继续向撬内注入了2瓶氧气，压力达到1.2MPa，停止注氧，发现调压撬法兰还有漏气，泄压后继续紧固法兰，此时，某公司仪表工单某、尹某到达现场安装校检合格的压力表。随后EPC项目部宁某和现场监理员白某离开现场。项目部工程处调派的张某、高某、杜某到达现场，帮助紧固另外6组法兰。

18时许，再一次注氧，至19时30分许，向撬内注入了6瓶氧气，压力达到4MPa，停止注氧进行保压，此时，白某将保压压力表值拍成照片通过微信传送给了白某。

20时许，张某开启3201电动球阀（开启度为21），准备将TYQ3101调压撬内试验氧气输送入TYQ3201调压撬内，对TYQ3201调压撬进行气压试验时，突然一声巨响，3201电动球阀根部一团火焰瞬间喷出，造成现场6名人员被烧伤。

3. 事故原因及性质

（1）事故原因

1）直接原因

根据《石油天然气建设工程施工质量验收规范 站内工艺管道工程》SY4203-2016第8.1.5条"管道压力试验应以洁净水为试压介质"；《压力管道安全技术监察规程—工业管道》TSG D0001-2009第九十条第一款"试验所用的气体为干燥洁净的空气、氮气或者其他不易燃和无毒的气体"；《兰州—定西输气管道工程工艺施工总说明》4.3.1中第二条"工艺站场的工艺管道的试压时必须采用中性清洁水为试压介质"的规定，中石油某分公司试压人员违反上述规范和设计文本要求，使用氧气作为试压介质开展试压作业，当纯度高达99.7%氧气注入天然气调压撬内，在达到4MPa的压力下，由于操作人员手动打开电动球阀（3201球阀开启度为21），形成热力学上的绝热压缩，造成约624℃的高温，同时，氧气的流速约达到377m/s，致使管道中的杂质与管道内壁产生高速摩擦，形成高温（足以烧红管道内壁）。以上原因形成的高温已经超过管道和球阀内可燃物（注脂孔油脂、管道内壁铁锈、球阀阀芯圆孔内外表面油渍以及球阀阀芯外表面有机物）的燃点，在高纯氧的助燃下形成燃烧，造成温度进一步升高，达到了约1520℃，使得管道和球阀熔化，管道内部的高压与瞬间燃烧形成的高压叠加后，使得火焰从管道和球阀已经融化了的部分向外喷射，释放压力，从而形成喷射火焰，喷出的火焰夹杂烧融的铁水，造成现场6人受伤。

2）间接原因

① 违章违规作业。

a. 中石油某公司违反了《石油天然气站内工艺管道工程施工规范》GB 50540中第9.1.2"吹扫试压应制定方案，经审查批准后实施"的规定，本次试压作业虽然编制了试压方案，但未经施工方EPC项目部、监理方项目部、建设方项目部批准同意。

b. 中石油某公司违反了《作业许可证管理监理实施细则》的规定，试压作业前未对作业条件、作业环境检查确认，未办理《管道试压作业许可证》。

c. 中石油某公司气压试压作业违反了《HSE作业指导书》4.13.9"试压所需要的温度计、压力表均须有出厂检验合格证书和有效的检验证书"、4.13.14"试压时，除直接参加试压人员外，其他人员撤离现场，升压时，盲板和封头100m内不准站人，管线通过的道路和居民区50m范围内不准同时进行其他作业"的规定，本次试压作业，天然气调压撬上安装的温度计、压力表均过期，且试压过程中存在着边试压边紧固螺栓边安装仪表的交叉作业行为。

d. 中石油某公司违反了《兰州—定西输气管道工程压力控制系统榆中分输站使用说明书》4.4.1"当压力控制系统因更换元件等原因而要求作气密性试验时，应在厂方技术人员指导下进行"的规定，本次气压试验是在调压撬制造厂家技术人员未到场，未在调压撬制造厂家技术人员技术指导下盲目开展的气压试验作业。

② 兰定线监理单位监理人员失职失责。北京某公司监理员白某在巡视气压试验作业现场时，发现作业人员正在进行气压试验作业，但未检查试压方案的审批情况，作业许可情况，现场安全监督情况，作业环境的安全状况，气压试验作业的书面告知情况，对违规作业未要求停止作业。

③ 兰定线 EPC 项目部工程管理人员失职失责。中石油某公司 EPC 项目部工程管理人员检查榆中分输站工程建设进度时，发现分公司正在进行气压试验作业，但未检查试压技术交底情况、试压方案审批情况、气压试验技术安全性情况。

④ 施工现场安全管理缺失。中石油某公司为了保证兰定线输气管道工程安全建设，按照中国石油天然气股份有限公司制定的 HSE 作业指导书和工程建设安全管理制度实施管理，但本次气压试验未遵守落实气压试验方案审批制度、危险作业安全许可制度、试验作业告知制度，现场监督、旁站监理制度，也未按照相关制度规定实施有效监督管理。

⑤ 安全教育培训没有针对性。中石油某分公司和兰定线项目部未对特种设备作业人员认真开展特种设备和气压试验安全培训，特别是试验介质理化特性知识的教育培训，致使试压现场 6 名人员全部对试压所用氧气的理化特性不了解，对试压的危险性不掌握、危害认识不足，气压试验人员未取得特种作业许可证。

⑥ 项目违法违规建设。

a. 兰定线输气管道工程消防设计未经消防部门审核批准，擅自开工建设。

b. 按照《压力管道安装安全质量监督检验规则》和质检总局办公厅《关于压力管道气瓶安全监察工作有关问题的通知》（质检办特〔2015〕675 号）的规定，中石油西部某公司未约请压力管道安装监督测验单位实施压力管道安装过程监督检验，且气压试验人员未取得特种设备资格证书上岗作业。

（2）事故性质

这是一起工程建设领域压力管道安装过程中违章指挥、违规作业、安全管理松懈所造成的较大生产安全责任事故。

4. 事故防范措施建议建议

（1）深刻吸取事故教训，坚守安全生产红线。各单位和榆中县政府及其有关部门要深刻吸取兰州一定西输气管道工程榆中分输站"9·21"火灾较大事故的沉痛教训，牢固树立科学发展、安全发展理念，切实贯彻落实市委、市政府关于"党政同责、一岗双责、失职追责"的有关规定，坚守"发展决不能以牺牲人的生命为代价"红线，严格落实建设工程安全生产主体责任，坚定不移抓好各项安全生产政策措施的落实，全面提高建设工程施工安全管理水平，切实加强建设工程安全施工管理工作。全市建设工程施工企业要严格规范企业内部经营管理活动，建立健全并严格落实本单位安全生产责任制。各施工企业要严查工程合同履约情况，组织检查、消除施工现场事故隐患，保证施工现场安全生产管理体系、制度落实到位。各施工企业要严格技术管理，严格执行专项施工方案、技术交底的编制、审批制度，现场施工人员不得随意降低技术标准，违章指挥作业。

（2）加强安全生产管理，严格落实主体责任。中石油管道局要严格规范企业内部经营管理活动，落实对工程项目的安全管理责任，要始终坚持"先安全、后生产，不安全、不生产"的原则要求，要加强技术管理、安全管理、合同履约管理，加强安全教育培训，提高安全法纪意识，提升作业能力和水平。加强危险作业管理，强化作业安全分析和风险辨识，制定作业安全防范措施。加强安全技术管理，对于危险作业要精心制定严密的技术方案，严格技术交底和技术方案的审批。加强危险品管理，严格按照标准规范和技术方案要求，购买、保管、领取、使用、处置危险品。加强违章整治，对于"三违"现象，特别是习惯性违章行为，要狠抓猛治，绝不手软，防止失之于宽、失之于软。加强设备设施管理，特别是特种设备管理，准确了解掌握设备施工的性能和日常维护保养要求，严格按照设备设施制造厂家要求使用维护保养，对特种设备安装使用过程严格管理，严格落实特种设备检测检验日常维护要求。在安全管理过程中，要采取目标确定、目标分解、目标实施、目标考核等一系列措施，层层分解目标、层层落实责任，层层执行制度，切实做到事事讲安全、会议议安全、层层保安全的良好氛围。要加强对下属施工企业的指导、管理，督促各级管理人员严格落实安全生产责任制；北京某公司工要认真落实《安全生产法》、《建设工程安全管理条例》等法规要求，严格遵守《工程建设施工质量管理规范》，严格工程建设过程中的施工组织设计、施工变更、技术交底、危险作业管理等制度，严格落实方案编制、审批、作业告知、旁站监理等制度，落实危险作业现场安全监督要求，科学合理控制建设进度。加强施工过程安全监理，严格作业人员资质查验，防止无证上岗作业。及时沟通协调，保障工程建设科学、合理推进。创新管理手段，积极推广施工现场使用信息管理系统，全面监控记录工程施工、监理单位现场安全生产、工程监理、现场管理等情况，提高了安全管理效率。对发现建设单位、施工单位存在的违法违规行为，要及时督促整改，并报告建设行政主管部门；中石油管道联合有限公司西部公司要依法履行建设单位职责，合理确定工期、造价、协调、督促各参建单位履行各自的安全生产管理职责。

（3）摆正安全生产工作在经济社会发展中的位置。榆中县各级党委和政府要牢固树立科学发展、安全发展理念，坚决守住"发展决不能牺牲人的生命为代价"这条红线，进一步加强领导、落实责任、明确要求，建立健全与本县区、本乡镇（街道）经济社会发展相适应的安全监管体系，大力推进"党政同责、一岗双责、失职追责"的安全生产责任体系落实，坚持"三管三必须"的监管要求，坚决贯彻落实市委、市政府关于进一步加强安全生产工作的安排部署，加强安全生产法制建设、机制建设、制度建设、力量建设、能力建设，深入开展宣传教育、切实加强源头治理，大力解决本辖区突出问题，努力提高全县安全生产整体水平，坚决遏制和防范重特大事故，减少一般和较大事故发生，确保经济社会平稳快速发展。要在全县深入开展建设工程"打非治违"专项行动，严厉打击建设单位随意调整工期等行为，建立打击非法违法建设工程施工行为专项行动工作长效机制，不断巩固专项行动成果，确保建设工程安全生产监督检查工作取得实效。各区县人民政府及其相关部门要加强对施工企业和施工现场的安全监管，根据工程规模、施工进度，合理安排监督力量，制定可行的监督检查计划，严格监管，坚决遏制重特大事故发生。

2.2.14　山西省太原市"1·3"加气站闪爆事故

1. 事故简介

2017 年 1 月 3 日凌晨 3 点 15 分，太原市某能源天然气有限公司松庄公交加站发生闪爆，造成 1 人轻伤，于 2017 年 1 月 25 日痊愈出院，直接经济损失 4 万余元。

2. 事故经过及应急救援情况

2017 年 1 月 2 日 24 时，公交松庄加气站停止运营，1 月 3 日凌晨，辅助安全员王某、巡检员刘某在站内值班。2 点 58 分，两人相继清场巡检至办公区域，王某先行进入控制室巡检后离开去向值班室，3 点 15 分，刘某进入配电室关闭位于配电室内的罩棚灯照明，关闸瞬间配电室发生燃爆。刘某面部、颈部烧伤，衣服着火，他脱掉工衣跑出配电室。王某听到响声立即从值班室冲出观察事故情况，发现配电室内发生燃爆，两人用灭火器扑灭配电室明火，电话报告值班站长任某，拨打 119、120 报警，同时站务人员处置现场情况，拉警戒线隔离，组织人员疏散，压缩天然气槽车撤离。3 点 24 分受伤人员刘某去烧伤医院就医观察。3 点 25 分消防车抵达现场。此次事故造成刘某轻度烧伤，住院观察，配电室北墙坍塌，配电柜移位，配电室及相邻房间门窗玻璃破碎，经济损失约 4 万元。

3. 事故原因及性质

加气站排污放散作业过程中的可燃气和 CNG 子站液压油挥

发油气可经电缆套管进入配电室，配电室空间属于相对密闭，天然气在配电室密闭空间积聚，达到天然气爆炸极限浓度（5%～15%）；夜间值班人员关闭位于配电室内的罩棚灯闸瞬间产生电火花，达到了可燃气爆炸的三个条件是造成配电室发生燃爆。

（1）直接原因

加气站配电室密闭空间内可燃气、液压油挥发油气积聚达到可燃气爆炸极限，遇罩棚灯闸瞬间产生的电火花发生爆炸是导致事故发生的直接原因。

（2）间接原因

1）河南某建设集团有限公司未按照天津市某燃气热力工程设计有限公司设计图纸施工，经现场开挖证实，加气站现场气路管线、电缆布置与设计图纸不符是造成事故发生的主要原因。

2）山西某实业有限公司作为承包经营单位，安全隐患排查不到位是事故发生的重要原因。

3）太原某（集团）有限公司作为所有权单位，以包代管，通过与山西某实业有限公司安全管理协议免除安全管理责任，未对承包经营单位山西某实业有限公司进行安全检查，也是导致事故发生的重要原因。

4）城市管理局作为燃气经营行政主管部门，负责本行政区域内燃气经营管理工作，虽然对该加气站多次检查督促办理燃气经营许可证，上报市城乡管委进行协调，多次下达关停整改通知书，但未采取进一步措施，也是事故发生的原因之一。

（3）事故性质

经调查认定，这是一起由于建设单位河南某建设集团有限公司不按照设计图纸施工，经营单位山西某实业有限公司安全隐患排查不到位，所有权单位太原某（集团）有限公司未履行安全监管职责，行政主管部门城市管理局未对非法违法行为采取进一步措施的安全生产责任事故。

4. 事故防范措施建议

（1）为彻底消除爆炸对加气站造成破坏带来的安全隐患，对原来所有埋地电缆管线必须按设计规范、标准、规程重新设计、施工，坚决杜绝可燃气沿埋地电缆进入配电室。对输气管线必须更换为新管线，旧管线禁止继续使用，并按现行规范、标准、规程重新进行设计施工和验收，做出安全评价直至证照齐全再投入使用。

（2）对爆炸后受损的配电室、控制室、财务室、值班室、水房等站房设施必须推倒重新建设，房屋设施改为防爆，封闭房间内安装可燃气体报警器。

（3）要加强对放散过程的安全管理，放散中如需用放散管接出，要保证可靠连接；并将放散点要设在远离居民生活区处并设在场站外侧，放散时注意周围的环境、天气情况及风向，人应站在上风口并设立施工作业牌，禁止在天然气污染区域出现任何火源。因气候原因或风向都可能引起天然气扩散方向改变，需确保天然气不倒灌进去加气站房或周边封闭房间内；连接放散管可确保放散气体安全放散大气，不会渗透进入地下管线。放散过程中必须保证放散气体扩散完全，每放散 3s，用手持式可燃气体探测仪测量放散口 1m 范围内，直至探测浓度处于安全浓度范围时再进行放散，采取少量多次放散。

（4）CNG 加气站要深刻吸取"1.3"事故教训，认真贯彻执行安全生产各项法律法规，加强事故隐患排查力度，要建立隐患排查长效机制，对重点部位进行重点防范，对所有由河南某建设集团有限公司施工的其他 CNG 加气站全部开展安全隐患排查工作，杜绝同类事故再次发生

（5）进一步落实城管部门安全监管职责，加大安全监管力度，及时消除安全生产隐患。

2.3　经验教训

燃气场站是否安全平稳运行，直接关系到城镇燃气经营企业供气安全和用户用气安全以及人民的生命财产安全。从以上这些

燃气场站事故分析中进而提出应对的运行管理措施及对策。

1. 强化场站运行管理的制度化

燃气场站运行管理哪些工作应当做，哪些工作不得做，必须有明确的制度进行约束，结合实际，研究制定各场站管理规章制度、工作流程和作业指导书，并为场站配备适合的人员搭建场站运行组织架构。强化制度执行，各场站应遵守、执行安全管理规章制度，以场站"无锈蚀、无泄漏、无污染"为原则，不断总结完善场站运行机制。按《燃气系统运行安全评价标准》GB/T 50811 推进场站安全评价和风险辨识工作，不断提升场站安全管控水平。

2. 强化场站设备管理的标准化

加强设备的维护与保养工作，完善管理工作台账，健全设备设施的操作使用手册，及时发现和汇报设备运行中出现的缺陷和问题，努力提升设备保养维护的效率，定期分析设备的运行情况。通过对设备进行制度化管理，强化场站设备各项监督检查，力争设备运转良好，杜绝设备本身隐患带来的安全事故，从源头上控制事故因素，达到本质安全的效果。

3. 强化场站运行管理的专业化

深入开展形式多样的技能与业务培训，根据场站的实际情况和工作特点，采取集中培训、实地考察调研、以老带新等方式，组织对相关设备的操作、维护及计量的培训，强化工艺规程，流程转化及设备故障的排除等各项业务学习，提升场站员工队伍整体素质和业务能力；组织开展技能比武、安全学习日、安全体检日、场站开放日等活动，提升广大员工的操作与创新能力，增强员工团队与合作意识，助推场站各项运行管理工作有序开展，树立以人为本的观念，结合场站地处偏僻、环境艰苦、员工文化单调等特点，加强企业文化建设，开展丰富多样的文体活动，培育员工良好的工作作风和职业道德。

第3章 客户端典型事故案例

3.1 概述

随着国家经济建设高速发展和城市基础设施建设，城市燃气事业得到了飞速发展。城市燃气的消费量、城市用气人口及燃气普及率均有了很大的增长，与之相伴的是大量出现燃气事故，严重威胁着人民群众的生产生活安全。

在城镇化加速背景下，城市燃气普及利用率不断提高。2020年前我国仍将处于工业化和城市化"双快速"发展阶段，城市化以每年约 0.9 个百分点的速度快速推进，2020 年城镇化率将接近 60%。城市化进程的加快，带动能源消费的持续增长，同时也将带动城市居民燃气消费的持续旺盛。2013 年，我国城市用气人口达到 4.08 亿人，城市燃气普及率已达 94.25%，较上年度增长 1.1 个百分点。天然气供气总量 901 亿 m^3，居民用气量达到 330 亿 m^3。随着燃气大面积的普及、使用及使用年限增长，我国开始进入燃气安全事故的高发期，尤其是客户端的安全事故。表 3.1-1 是天然气居民用户可能造成事故的原因分析表。

天然气居民用户可能造成事故的原因分析　　　表 3.1-1

序号	主要状况	引起状况的原因
1	胶管破裂、脱落	(1) 胶管两端卡子松动或未打卡子； (2) 胶管超期使用，老化龟裂； (3) 使用易腐蚀、老化的劣质胶管； (4) 疏于防范使胶管被老鼠咬坏、尖锐物体刮坏等
2	户内天然气管道破坏	(1) 长期接触水或腐蚀性物质，导致管道腐蚀； (2) 家庭装修、管壁悬挂物等外力作用，使管道接口松动； (3) 管线防腐漆（层）脱落未及时补刷，金属与空气长期接触，导致管线腐蚀

序号	主要状况	引起状况的原因
3	燃气表具损坏	（1）超期使用内部构件老化，导致天然气渗透； （2）外力破坏，引起天然气表表体或接头损坏，导致泄漏
4	灶具点火失败	（1）风门没调好，进空气口太大，空气太多； （2）打火触点形成污垢或是微动开关失灵； （3）电池没有电了，电路接触不良； （4）过压保护； （5）管道堵塞； （6）点火针位置不当
5	锅内液体溢出，浇灭正在燃烧的火焰	大火蒸煮发生沸腾，处理不及时。忘记煲汤、煮粥的时间，人员长时间离开
6	忘关阀门	（1）缺乏关阀意识； （2）紧急出门或有紧急事件处理； （3）老人或小孩忘记关阀； （4）停气后短期未供气
7	阀门接口损坏	（1）长期开关阀门，阀门松动； （2）年久失修； （3）阀门被腐蚀
8	灶具损坏	（1）灶具本身年久失修、超期使用； （2）灶具质量不合格； （3）无熄火保护装置； （4）人为外力碰触和摩擦导致破坏
9	私改天然气管线	（1）为室内美观，私自改造天然气管线； （2）为增加天然气设施，私自安装羊角三通； （3）贪图小利益，为天然气表不计量或少计量，偷改管线

续表

序号	主要状况	引起状况的原因
10	燃气公司违规操作	（1）燃气相关单位在新投运管线或管网检修时置换不对位； （2）没有竣工验收或停用的管线盲目投运； （3）置换或维修时未对设备进行全面检查便进行通气； （4）意外泄漏发生时未及时到达现场或未采取适宜的处置措施引起二次泄漏； （5）未按规定定期进行入户安检或安检、宣传不到位
12	用户自杀	（1）精神病； （2）失恋； （3）打架

3.2　典型事故案例分析

3.2.1　江苏省南京市"1·18"某住户偷盗气引发火灾事故

1. 事故简介

2008 年 1 月 18 日的一天早晨 6：59，南京某燃气公司客户热线中心接一客户电话报称：6 时左右，家中厨房灶具下橱柜失火，自己用水扑救，关闭燃气总阀后火势已被扑灭。公司维修人员接报后于 8 时左右到达现场。

9 时左右，公司负责事故处理人员抵达事故现场，经勘察客户厨房内灶具、热水器、油烟机及橱柜烧坏，燃气表烧损，其经济损失约 5000 元。

2. 事故调查

当事人叙述，2007 年 9 月公司更换新的计量表，自己 2007 年 11 月更换了一台新的灶具，连接方式为橡胶管。失火前，没有使用任何燃器具，失火时发现表接头处漏气向上燃烧。

通过客户叙述对管线、表具、阀门进行认真检查，发现燃煤气表的接头处有过火痕迹，且大量的漏气，煤气表进出口防盗表接头已经产生松动，当时怀疑该客户涉嫌盗气行为。随后联系南京市燃气管理处及公用监察执法人员现场取证，经检查，燃气表内腔皮膜已被人为损坏，确属盗气。

3. 事故原因

现场调查分析事故的原因：客户私自拆卸已安装防盗气表接头的燃气表，无法恢复可靠的连接，造成漏气。

通过对燃气表和防盗表接头进行检查，（1）防盗表接头已损坏，有明显的人为拆卸痕迹；（2）燃气表具出口端内腔有两个孔眼，改变了表具计量的准确性，系人为所致。

4. 事故处理

市燃管处和市政公用监察大队，对当事人张某做了调查笔录，依法按程序进行相应处理。

（1）因事故系用户偷盗气所致，用户负全责。家中所有财产损失由客户自理，并做出书面检查。

（2）燃气表更新、安装、维修工上门等费用由客户支付。

（3）现场清理符合施工要求后，恢复燃气设施供气。

（4）计算核实盗取燃气气量数额，追缴煤气气费。

（5）监察大队对其进行行政处罚。

3.2.2 北京市朝阳区"4·11"燃气爆燃事故

1. 事故简介

2011 年 4 月 11 日，北京市朝阳区和平街某 5 单元首层发生燃气爆燃事故，造成 5 单元 6 户房屋整体坍塌、4 单元和 6 单元局部房屋严重受损，楼内 5 名居民和 1 名过路人员死亡、1 人受伤。

该楼建于 1958 年，1960 年交付使用，建筑面积为 1829.7 m²。房屋平面呈"凹"型布局，主楼为 3 层结构、两翼部分为 2 层结构。该楼采用横墙承重体系，砖砌条形基础，主体结构承重墙体采用实心黏土红机砖和混合砂浆砌筑，承重墙厚 240mm，楼屋盖板均为小梁砖拱结构。1978 年曾对该楼体进行过加固。

该楼 1~3 单元产权单位为国务院国资委物资服务中心，4~6 单元产权单位为中国核工业集团。楼内共有 40 套单元房，居住 42 户（其中两套单元房内分别分住 2 户）居民，38 套单元房已进行了房改出售。

2011 年 4 月 11 日 8 时 29 分，位于北京市朝阳区和平街的 5 单元首层发生燃气爆燃，冲击波造成 5 单元整体坍塌，楼内 5 名居民被坍塌物埋压，1 名过路人员被爆炸飞出的投射物击中头部致死。爆燃产生的火焰将 5 单元及 4 单元部分房间内的可燃物，以及 5 单元北侧花坛处从地下燃气管线泄漏出的天然气引燃。

2. 事故调查过程

（1）现场调查、勘查认定的事实

1）本起事故为天然气爆燃事故；爆燃发生在 3 号楼 5 单元首层，并确认此次事故爆燃起始位置为 5 单元 2 号；通过走访摸排，排除了刑事案件可能性。

2）4 月 9 日晚对 3 号楼体北侧地下燃气管线抢修部位，在事故发生后存在地表燃气燃烧现象，证明抢修后的地下燃气管线仍存在泄漏。

3）5 单元楼梯间北侧散水上方裸露在外的一根白色 PVC 管为 ø100mm、长度为 3.03m 的盲管，埋于 5 单元楼梯间地下，未进入 5 单元 1 号、2 号室内，通过开挖验证，不能成为泄漏燃气进入楼体的通道。

4）3 号楼体下方有一条暖气管沟。该管沟东侧起于 5 单元 2 号厨房，西侧止于 2 单元。事故发生后，5 单元 2 号厨房下方暖气管沟盖板被冲击波由上至下压入沟内，2、3 单元楼梯间暖气管沟盖板及 4 单元房间地面向上翻起，存在卸压情况。

5）通过分拣出的 5 单元燃气表的读数与各户实际燃气用量比对后，确认 5 单元 1 号及 2 号室内的燃气表因损毁严重无法复原读数，其他各户的燃气表读数未发现异常。

6）通过对现场分拣出的燃气用具、户内燃气管线进行比对和勘验，燃气用具和户内燃气管线损毁严重，未能找到户内燃气泄漏点的直接证据。

（2）事故调查组针对管线抢修和室外燃气泄漏能否进入室内形成聚集，导致爆燃事故开展全面调查。

1）查清了事发前管线抢修情况和抢修后的管线仍有泄漏的原因。

① 管线抢修情况

经调查，2011 年 4 月 1 日，北京燃气集团第五分公司（以下简称五分公司）运行一所巡检人员，在对和平街 12 区 3 号楼北侧中压管线进行日常巡检中使用 HS680 气体分析仪在地面进行打孔（孔直径 1.5cm、孔深 65cm 左右）检测，燃气管线周边土体内可燃气体浓度为 1%，遂将情况上报五分公司，并对该段管线加强了监测。4 月 9 日上午 9 时，土体内部的检测浓度为 3%。当日下午，运行一所职工李某在该楼旁边闻到有天然气气味后，通知检测人员到现场检测。15 时左右，燃气管线周边土体内可燃气体检测浓度在 20%～23%，检测人员随即将情况上报五分公司。

9 日 18 时，五分公司现场成立了由安运部挂职助理倪某为总指挥，工程所所长助理罗某为现场指挥的抢修指挥部，组织开展抢修工作。五分公司工程所现场划定了泄漏开挖区域后，交由北京天环燃气有限公司燃气抢修工程分公司（以下简称天环公司）组织管线开挖。22 时 40 分，现场指挥人员调用挖掘机实施挖掘作业，在开挖了长 3.5m、宽 3.5m、深 3m 的工作坑后，发现废弃管线北侧一根 DN200 中压燃气管线（20 世纪 90 年代管线）泄漏。经刷漏检测，在该条管线下方发现一处漏点。作业人员周某使用木制楔子将该漏点临时封堵。4 时 10 分左右作业完成焊接修补作业，5 时 30 分抢修完毕。

② 抢修后的管线仍有泄漏的原因

针对事故发生后 3 号楼北侧花坛地表存在燃气燃烧的情况，

事故调查组对已抢修的管线部位及周边进行了开挖勘验。经勘验证实，管线抢修焊接部位封堵完好，但其上方有 2 个泄漏点。对此，事故调查组以泄漏点为中心截取了 1.5m 长的管线，并提取了管线周围土壤，委托中国石油大学对管线上的腐蚀点形成原因进行鉴定和综合分析。经鉴定分析，截取管线上共有 6 处腐蚀点均为周围土壤长期腐蚀形成，其中有 2 处已穿孔（部位 1：外腐蚀坑外径 $\phi50mm$，面积约 $1.5cm^2$，泄漏点为 2 个形状不规则相互联通的小孔，当量直径为 $1\sim2mm$；部位 2：外腐蚀坑外径 $\phi10mm$，面积约 $1.0cm^2$，内部一个直径约为 2mm 的小孔）。

③ 事故调查组委托中国市政工程华北设计研究总院根据上述检测鉴定结果，对泄漏管线的燃气泄漏量进行了计算。结论为：在不考虑土体和防腐层覆盖两种因素的情况下，天然气的泄漏速率最大值为每小时 $8.34m^3$。

2）对室外泄漏的燃气能否通过土体渗透、通道和扩散进入 5 单元室内聚集形成爆燃进行了全面调查

① 事故调查组委托北京市勘察设计研究院有限公司对和平街 12 区 3 号楼周边区域地下管线和土体空洞开展综合探测。经查阅 3 号楼周边地下管线基础资料，楼体北侧地下有 4 条平行于楼体的燃气管线，由北向南依次为：第 1 根为低压管线，2003 年 10 月左右投入使用，主要为周边楼内居民用户供气；第 2 根为发生泄漏的 DN200 中压管线，1991 年 5 月投入使用，距离事故楼体北墙外侧水平距离为 5.8m，高程为 40.63m（埋深 2.25m），主要为北京化工研究院食堂和浴室供气；第 3 根为管径为 DN200 的中压管线，建于 1963 年至 1965 年，距离事故楼体北墙外侧水平距离为 3m 多，高程为 40.49m（埋深 2.39m），与北京化工研究院调压站联接；第 4 根位于最南侧，为已经废弃的管径为 DN400 的低压管线，距离事故楼体外墙水平距离约 3m，高程为 40.79m（埋深 2.09m），废弃时间为 2003 年 10 月 11 日。

② 北京市勘察设计研究院有限公司结合资料情况，对 3 号

楼周边地下土体和管线进行了仪器探测并实地开挖验证后确认：3 号楼北侧和东侧的现有管线均与楼体近似于平行铺设，未发现泄漏管线位置附近及 3 号楼周边地下泄漏燃气管线深度范围内存在土体空洞和天然气直接进入楼体内部地下通道。

③ 4 月 13 日，事故调查组委托北京市劳动保护科学研究所对和平街 12 区 3 号楼 5 单元室内及楼体东侧和北侧、泄漏中压管线周边地下土体进行布点打孔，并委托北京理化测试中心对取出土样的天然气残余物质进行检测分析。经检测分析，事故发生后的 3 号楼 5 单元北侧室外地下土壤中检测到天然气浓度及其特征组分；地下土壤中天然气特征组分距离泄漏点越远含量越低；在 3 号楼 5 单元 1 号、2 号室内地下土壤中和 5 单元 2 号室内地下暖气管沟内没有检测到天然气特征组分。

④ 事故调查组委托北京理工大学爆炸科学与技术国家重点实验室，结合事故发生前的气象资料和小区内建筑布局，就发生事故的 3 号楼北侧天然气泄漏情况进行了数值模拟。经模拟，室外泄漏的天然气由地下向上扩散被稀释，空气中不会形成可持续存在的大面积、高浓度的燃气云团。

⑤ 针对上述调查事实和相关技术报告，事故调查组组织召开燃气技术专家组会议，经专家组综合分析论证确认：排除 3 号楼北侧中压管线泄漏的天然气通过土体进入室内的可能。3 号楼 5 单元室外泄漏的天然气通过空气流动，经门窗进入室内形成聚集的可能性极小。

⑥ 为验证室外泄漏天然气能否通过空气渗透进入居民户内聚集形成爆燃，事故调查组委托中国气象科学研究院和北京大学环境科学与工程学院，依据中国市政工程华北设计研究总院对泄漏管线的燃气泄漏量计算结果，对室外泄漏的天然气扩散进行模拟分析。经模拟，在管线泄漏速率为最大值每小时 $8.34m^3$ 的情况下，室外管线泄漏的天然气不能通过扩散进入室内形成聚集导致爆燃。

（3）事故调查组针对 3 号楼 5 单元室内燃气泄漏位置和 5 单

元楼体倒塌原因等重点开展调查：

1）查清了房屋倒塌损毁严重的具体原因

为查明楼体倒塌损毁严重的具体原因，事故调查组委托北京市建设工程质量第五检测所有限公司对楼体进行整体检测、鉴定。

经鉴定，发生事故的和平街12区3号楼由于建造年代早、建设标准低，房屋外窗尺寸较小，爆炸产生的冲击波不能有效泄压，对房屋墙体及楼、屋盖板产生较大的破坏作用，该房屋的楼、屋盖板均为小梁砖拱结构，只能承受向下的载荷，冲击波向上作用使只能承受压力的砖拱内部产生拉力，致使楼屋盖板被冲塌；墙体因厚度较小，平面外刚度较差，当爆炸当量较大时易发生外鼓甚至倾覆。

2）对5单元首层爆燃原因进行调查和模拟分析

事故调查组通过对五单元居民家用燃气设施使用、房屋结构、房间布局、人员的活动规律等情况进行了走访，重点就发生爆燃的5单元首层住户情况进行了调查了解，通过调查证实：

①5单元首层有两户居民。5单元1号为一室房间位于2号西侧，房间北侧并排有两个房间，自西向东依次为厨房、卫生间，房间南侧为卧室；5单元2号为三室房间，南侧一间为主卧室，北侧并排有两个房间，西侧为次卧、东侧为餐厅，在主卧与北侧两个房间之间由西向东依次为门厅、卫生间和厨房。厨房南北各有一门，分别通往主卧、餐厅，餐厅与次卧有门可通行。

②赵某自2010年3月租住在5单元1号，偶尔在此居住，平时不在家中做饭。该房间内的燃气灶具2009年装修时进行过更新，此外，室内无其他燃气用具。

③5单元2号厨房内北侧有一台使用40余年的64型铸铁灶具，使用年限已超过国家标准的5倍（按照国家标准规定燃气灶具在使用8年后应当更换）。此外，室内无其他燃气用具。

④5单元2号住户张某和吴某夫妇由于年事较高，日常生活

由其女儿张某 1 负责照料，每天由张某 1 来家中做饭。因 4 月 10 日张某 1 有事，便于 4 月 9 日下午 3 时左右将老人第二天饭菜做好后离开。至事故发生前，5 单元 2 号只有张某及吴某夫妇 2 人在家中。该住户房间内除使用天然气加热食物外，没有其他加热用具。

3）针对上述情况，为验证 5 单元首层爆燃的位置和过程，事故调查组委托北京理工大学爆炸科学与技术国家重点实验室分别对 3 号楼 5 单元首层不同房间存在燃气发生爆燃的多种过程进行数值模拟分析。经模拟分析：5 单元 2 号北侧两个房间及厨房充满浓度范围约为 9.5%（v/v）的天然气（纯天然气量约为 5.4 m^3）后，被点火源引燃，发生爆燃的结果与事故现场的实际情况最为吻合。

4）由于事故发生后房屋倒塌、现场大面积过火、燃气设备设施严重损毁，无法找到用于确认室内燃气泄漏的直接证据。燃气技术专家组根据有关单位的相关结论和事故调查组委托相关单位和专家形成的技术鉴定结论认为：5 单元 2 号存在室内燃气设施泄漏和使用不当造成天然气泄漏的可能。

3. 事故原因

和平街某 5 单元 2 号室内泄漏的天然气达到爆炸极限后，被点火源引燃发生爆燃。鉴于现场爆燃后，室内燃气泄漏的相关直接证据均被严重破坏，不能排除 5 单元 2 号室内燃气设施泄漏和使用不当造成天然气泄漏的可能性。

3.2.3 北京市朝阳区"6·6"燃气爆燃事故

1. 事故简介

2012 年 6 月 6 日 14 时许，北京市朝阳区太阳宫某燃气热电有限公司厂区内启动锅炉房附属建筑增压站 MCC 控制间内发生燃气爆燃事故，造成 2 人死亡、1 人重伤。

2. 事故经过和抢险救援情况

2012 年 6 月 6 日 14 时左右，由某热电厂聘用的北京某保洁服务有限公司保洁工人田某、郑某、董某和桂某 4 名人员，到增压站 MCC 控制间进行保洁作业。14 时 0 分 25 秒，田某打开增压站 MCC 控制间门进入房间，郑某、董某在门外做准备工作，桂某在增压站 MCC 控制间东侧路旁休息，14 时 02 分 55 秒，增压站 MCC 控制间发生爆燃，爆燃冲击波将在门外做准备工作的郑某、董某抛至增压站 MCC 控制间 20 余米外路面死亡，室内人员田某受重伤。

爆燃产生的冲击波造成增压站 MCC 控制间屋顶隆起，四面墙体被炸毁。北侧厂区铁制栅栏墙、东侧 18m 处调压增压站外墙、南侧 14m 处循环水 PC 间外墙、东南侧约 60m 处的 1 号发电机组外墙均不同程度被破坏。启动锅炉房与氮气瓶间隔墙最南端氮气放散口及上部墙体位置有过火燃烧痕迹。

事故发生后，太阳宫某燃气热电有限公司立即开展抢险和灭火工作。市、区公安、消防、医疗卫生、安全监管、城管、质监等部门和属地政府以及市燃气集团接到报警后迅速赶赴现场投入抢险救援工作。北京市公安局迅速抽调警力，布置警戒，封锁现场、疏散周边群众。市公安局消防局组织总队特勤大队、朝阳消防支队全勤指挥部、左家庄中队、望京中队 9 部消防车 63 名消防官兵对事故现场开展搜救和灭火工作。市燃气集团和太阳宫某燃气热电有限公司紧急关闭了相关燃气阀门，启动锅炉房内的火势得到控制。

经全力搜救，14 时 30 分，事故现场共发现 2 名死亡人员和 1 名重伤人员，重伤人员被立即送往积水潭医院医治。现场搜救工作于 19 时 10 分结束。本次事故共造成 2 人死亡，1 人受伤。

3. 事故原因及性质

事故调查组依法对事故现场进行了认真勘查，查阅了有关资料，对事故目击者和涉及的相关人员进行了询问，同时结合专家分析及技术鉴定结论，查明了以下情况：

第一，事故现场氮气瓶间内氮气安全阀放散口及其上部墙体有燃烧过火现象存在，确认事故发生后，此放散口仍有天然气泄漏，并存在喷射状火焰。

第二，通过调阅调压站流量计（以下简称流量计）运行记录证实，流量计从 6 月 6 日 9 时 47 分至 14 时 02 分存在约 2500m³（标准大气压下体积）的天然气流过。经过此表的天然气一路供厂前区食堂，一路供启动锅炉，其下游再无其他用气设备。根据调取食堂日常用气量分析，每天食堂用气量在 100m³ 左右。当天启动锅炉没有工作。通过对流量计的远传数据与流量计回装作业起始及结束时间比对，流量计回装工作结束时间与当天流量计读数变化起始时间一致，同时，流量计读数结束时间与事故发生时间吻合。由此认定从此流量计流出的 2500m³ 天然气是此次爆燃事故的气体来源。

第三，国家特种泵阀工程技术研究中心对止回阀检测证实，止回阀不能密封，反端无法建压。止回阀流道基本处于畅通状态，不能达到阻止天然气逆流氮气管线的目的。经计算，电加热器下手动球阀和止回阀在 2.2MPa 压力下流通能力为 801.40kg/h 空气，相应压力下的体积流量为 30.07m³/h，约合标准大气压下（$P=0.101$MPa（A），$T=0$℃）体积流量 619.80m³/h。在事故发生前 4h 的气体泄漏量与调压站前流量计显示的约 2400m³ 天然气（不包含厂前区食堂燃气用量）基本一致。由此认定天然气由增压机房调压站电加热器下的二次阀（手动球阀）、止回阀和一次阀（截止阀）逆流进入氮气系统，从氮气瓶间内安全阀放散口泄漏至氮气瓶间内，与实际泄漏量基本一致。

第四，太阳宫某燃气热电有限公司发电部运行丙值巡检员黄某违章操作，未按照太阳宫某燃气热电有限公司《S209FA 联合循环机组运行规程》Q/JYRD-113.11-01 13.2.2.1 3) 管路天然气置换氮气的要求关闭电加热器下一次阀（截止阀）、二次阀（手动球阀），便离开现场；发电部运行丙值主值班员李某，作为工作票许可人，在工作结束后也未亲自到现场检查验收。

第五，天然气在氮气瓶间和增压站 MCC 控制间扩散模拟计算分析。由于氮气瓶间和增压站 MCC 控制间的隔断墙体完全损毁，无法找到氮气瓶间内泄漏的天然气扩散至增压站MCC 控制间的直接证据。事故调查组委托劳动保护科学研究所对氮气瓶间内氮气管道安全阀放散口处天然气流量进行计算，并委托北京理工大学爆炸科学与技术国家重点实验室结合现场爆燃后情况对增压站 MCC 控制间内的参与此次爆燃事故的天然气进行模拟分析，经模拟分析认定，氮气瓶间内氮气管道安全阀放散口天然气泄漏量约为 $480m^3/h$；在增压站 MCC控制间的内部参与爆燃的天然气量为 $42m^3$ 时，爆燃破坏情况与现场情况最为吻合。

第六，事故发生前，聚集在氮气瓶间内的天然气具备扩散进入到增压站 MCC 控制间并形成聚集的能力。事故调查组委托专家组结合上述计算和模拟结果进行综合论证得出以下结论：一是启动锅炉房整体采用混凝土框架结构，各房间隔蔷及四周墙体均采用充气水泥砖填充砌筑，充气水泥砖墙体与混凝土梁之间采用实体灰渣砖斜放填充。由于氮气瓶间与增压站 MCC 控制间之间墙体在设计时未考虑隔绝气体，采用的充气水泥砖、实体灰渣砖和混凝土梁各自膨胀系数不同，在填充墙体沉降和温度变化影响下，填充墙体顶部与混凝土梁的交接处出现通体裂缝。专家对太阳宫热电厂相同年代和结构建筑物进行验证，证实类似结构墙体均存在无法对气体形成有效隔绝的裂缝，氮气瓶间内安全阀放散口泄漏的天然气的泄漏量约 $480m^3/h$，在氮气瓶间扩散达到一定压力后，经墙体的裂缝向增压站 MCC 控制间渗透后形成天然气聚集；二是当保洁人员打开 MCC 控制间门后，室内天然气经约2 分 30 秒扰动，达到爆炸极限（浓度约为 $9.5\%V/V$），遇配电柜处点火源，发生爆燃。

调查组根据上述调查事实和分析结论，认定了事故的原因和性质。

（1）事故直接原因

防止天然气逆流的止回阀损坏失灵；太阳宫某燃气热电有限公司发电部运行丙值巡检员黄某违章操作，在实施管线燃气置换作业后，未按要求关闭一次阀（截止阀）、二次阀（手动球阀），致使天然气逆流至氮气管线系统，在氮气瓶间放散，并通过墙体裂缝扩散至增压站 MCC 控制间，遇配电柜处点火源发生爆燃，是造成此次事故的直接原因。

（2）事故间接原因

太阳宫某燃气热电有限公司安全管理存在漏洞，对本单位从业人员进行安全生产教育和培训不到位，致使作业人员未能熟练掌握氮气置换的操作规程；对燃气设施的日常巡查不到位，未能及时发现用于防止天然气逆流的止回阀失灵的情况；工作票制度管理流于形式，未能认真督促相关人员严格按照工作票制度要求到作业现场实施检查验收。

（3）事故性质

鉴于上述原因分析，根据国家有关法律法规的规定，事故调查组认定，该起事故是一起由于安全设施损坏和作业人员违章操作导致的生产安全责任事故。

4. 事故防范措施建议

该起事故给人民生命财产带来了巨大损失，社会负面影响严重，教训深刻。为防止类似事故再次发生，事故调查组结合调查的情况，针对事故中暴露的问题，对北京太阳宫某燃气热电有限公司提出如下整改建议措施。

（1）组织专业力量对厂区内的生产环节进行安全预评价，针对生产各环节制定有针对性的安全措施。

（2）依照国家标准《电业安全工作规程　第 1 部分：热力和机械》GB 26164.1—2010 对公司的工作票管理标准重新修订，同时，举一反三对公司内部其他相关标准进行完善，完善《检修管理制度》，加强厂区内设备的日常巡护保养工作，定期对天然气系统和与其连接管道上的阀门进行严密性试验。

（3）进一步完善监护制度和加强企业安全培训教育，提高对现场作业人员管理。

3.2.4　福建省漳州市"10·29"煤气爆炸事故

1. 事故简介

2014 年 10 月 29 日 23 时许，福建省漳州某公司煤气发生站风冷器检修时发生爆炸，造成徐某当场死亡，杨某经抢救无效死亡，其他 3 人受伤。

2. 事故经过

2014 年 10 月 29 日 18 时许，某公司煤气站主炉在烧煤过程中，炉裙炉板烧红后出现破洞，无法正常生产，该公司董事长吴某通过电话通知某安装公司负责人解某，要求公司派人来厂修补炉裙。18 时 30 分许，该公司煤气站站长郑某安排工人完成了停炉准备工作，把停炉后继续产生的煤气通过煤气站的放散管直接向大气排放，之后未制定任何检维修方案。19 时许，因解某出差在广东，无法亲自前来，就电话指派安装维修队长杜某带 3 名专业人员到该公司煤气站现场进行炉裙修补。21 时 30 分许，杜某等 4 人到达该公司煤气站现场，先观察炉裙损坏情况后，安排 3 名技术人员对炉裙炉板进行电焊（炉裙位于煤气站一楼，风冷器位于二楼，两者距离约 30m）；由于风冷器管道存在粉尘堵塞，郑某带领杜某到二楼观察风冷器堵塞情况。21 时 40 分许，杜某通知该公司，要求该公司派人协助做好风冷器检修前期准备工作，并亲自操作拆开风冷器顶盖 5~6 个螺丝后，指挥该公司工人按照其方法把风冷器顶盖拆开，让风冷器内煤气自然散发，然后他们再进行粉尘清理疏通工作。该公司工人按照杜队长的吩咐，开始进行风冷器顶盖螺丝松懈工序。因顶盖螺丝不好打开，该公司工人便使用铁质扳手和铁锤等工具敲击拆卸。23 时许，风冷器第二个顶盖拆卸作业进行中，风冷器发生爆炸，风冷器出气箱顶盖及部分箱体开放性掀开，造成在风冷器顶盖拆卸作业人员伤亡和设备的损坏，爆炸共造成风冷器顶盖上和维修操作平台上作业人员 1 人当场死亡、1 人因抢救无效死亡、3 人受伤。

3. 事故原因及事故性质

（1）直接原因

经现场勘查、调查取证和专家论证，认定事故直接原因是：煤气是一种甲类易爆危险/有毒气体，其主要成分是可燃/有毒气体一氧化碳，具有很大的爆炸和中毒危险性。公司员工在拆卸风冷器顶部盖板过程中，未按维修前操作要求做好准备工作：包括隔断、吹扫、置换，氧气和一氧化碳残余浓度测定等，直接使用铁制工具拆卸作业。

风冷器第一块盖板拆开后，空气渗入与风冷器内部残余煤气形成爆炸混合气体。螺丝生锈，难于拆卸，员工在拆卸风冷器第二块盖板螺栓的过程中，使用铁制扳手、铁锤敲击、摩擦、碰撞等原因产生火花，引爆风冷器内部爆炸混合气体，导致混合气体爆炸事故的发生，是造成这起事故的直接原因。

1）安装公司安装维修队长杜某，在该煤气站风冷器维修过程中严重违反国家《工业企业煤气安全规程》GB 6222 标准规定的关于风冷器维修必须遵循的操作程序和步骤，在没有明确进行有效隔离，并置换和吹扫风冷器内部残留的易燃易爆煤气和进行一氧化碳等可燃和有毒气体残余浓度测定的情况下违章指挥作业，是造成事故发生的直接原因。

2）建华陶瓷公司机修工徐本耀，在煤气站风冷器维修过程中严重违反国家《工业企业煤气安全规程》GB 6222 标准规定的关于风冷器维修必须遵循的操作程序和步骤，未使用不发火星工具进行维修，是造成事故发生的直接原因。

（2）间接原因

① 安装公司安全生产主体责任落实不到位。该公司允许个人（解某）使用公司的资质证书、营业执照，以该公司的名义承揽煤气站安装维修工程，以包代管，企业安全生产责任制和安全管理制度不落实。在对煤气站风冷器维修过程中未签订维修安全管理协议，未研究制定检修作业方案和采取必要的安全防护措

施，没有按照国家《工业企业煤气安全规程》GB 6222 标准规定的关于风冷器维修必须遵循的操作程序和步骤，致使安装维修队长杜某违章指挥、违规操作是导致这起事故发生的间接原因之一。

② 漳州某公司安全生产主体责任落实不到位，未制定检修作业方案和采取必要的安全防护措施，未组织制定煤气发生炉的安全生产规章制度和操作规程，未及时发现和制止工人的违规行为，配合四方安装公司进行维修，其过错行为与本事故发生有间接因果关系，是导致这起事故发生的间接原因之一。

③ 镇政府在安全生产检查过程中，对煤气发生炉中的特种设备未办理使用登记证、公司主要负责人及安全员无考取安全资格证等监管措施落实不到位，安全责任意识不够，把关不严任用临时人员担任镇安全办公室安全员，安全生产监管不到位。

④ 县城乡规划建设局主动服务工业企业意识不够，对全县建材行业管理不到位。

⑤ 县安监局对建华公司特种设备无证、公司主要负责人、安全员资格考核排查及落实整改不到位。

（3）事故性质认定

经调查认定，福建省漳州某公司"10·29"煤气爆炸事故是一起一般生产安全责任事故。

4. 事故防范措施建议

（1）漳州某公司要进一步落实企业安全生产主体责任，严格落实安全生产各项管理制度，生产过程中要严格落实各项操作规程；进一步加大设备设施检修安全监管力度，确保设备设施检修安全；加强对承包单位资质审查和各生产车间安全生产行为的监督管理检查，督促承包单位和各生产车间全面开展安全隐患排查和治理工作。

（2）镇人民政府要进一步落实属地管理责任，切实加强对华安大洲工业园各陶瓷生产企业及其他企业的安全监管，督促各生产企业制定并严格落实安全生产各项管理制度和各项安全操作规程，确保生产安全。

（3）县城乡规划建设局和有关部门要切实加强对全县各陶瓷生产企业的安全监管，督促各陶瓷生产企业制定并严格落实安全生产各项管理制度和安全操作规程，确保生产安全。

（4）各乡（镇）人民政府、经济开发区要举一反三，认真吸取"10·29"事故教训，加大企业安全生产主体责任落实力度，加强隐患排查治理，全面落实安全生产责任制和各项规章制度，坚决杜绝此类事故发生。

3.2.5 浙江省嘉兴市"11·30"中毒窒息事故

1. 事故简介

2014 年 11 月 30 日 23 时许，嘉兴市的杨某使用燃气热水器洗澡，同租的赵某回到租房时，杨某进卫生间洗澡不久。半个小时后，赵某见杨某还没出来，便上前去敲门，但没有回应。卫生间内很安静，连水声也没有，赵某意识到不对劲，因门被反锁推不开，她只能报警求助。随后将杨某送往市第二医院，虽经全力抢救，但最终不幸身亡。

2. 事故后果

事故造成 1 人死亡。

3. 事故原因

（1）使用直排式热水器，造成室内一氧化碳浓度较高；

（2）因天气冷，洗澡时卫生间门窗紧闭，无换气设备。

4. 事故防范措施建议

此类事故冬季频发，使用直排式燃气热水器存在很大的安全隐患，它将燃烧后的废烟气直接排在室内，烟气中含有一氧化碳等有毒气体，极易造成人员中毒。使用燃气热水器要注意热水器应安装在厨房，严禁安装在浴室内，安装热水器的房间应有与室外通风的良好条件，防止一氧化碳或其他有毒气体的积聚；在每次使用前，都应检查安装热水器的房间窗户或排气扇是否打开，通风是否良好。

3.2.6　四川省平昌县"2·7"天然气泄漏导致爆炸事故

1. 事故简介

2015 年 2 月 7 日凌晨 2 时许,四川省平昌县某室发生一起天然气爆炸事故,造成一人大面积烧伤,部分财产损失。

2. 事故经过

2015 年 2 月 7 日,四川省平昌县某室户主张某及其妻子王某在家中熟睡,凌晨 2 时许,王某闻到一股浓烈的天然气味道,便起床到厨房查看,开启燃气灶点火阀门检查是否关闭严密,瞬间发生闪爆,爆炸声后,王某迅速将受伤的妻子王某拖出,并找来邻居把王某扶下楼。同时有邻居报警,公安局、消防大队、居委会、保安、物业人员赶到现场,警车将张某夫妇送往医院。此次事故造成王某大面积烧伤,家中有电视屏幕、餐桌、门窗、家居、电脑、抽油烟机、厨房吊顶、防护栏、阳台栏杆、窗子玻璃等财产损失。

3. 事故原因

(1) 直接原因。家中烤火炉软管被鼠咬,造成天然气大量泄漏,厨房内囤积大量天然气,后由王某开启燃气灶点火阀门为火源引起闪爆。

(2) 间接原因。一是当事人燃气安全意识淡薄,夜间在使用完燃气设施后未关闭火嘴;二是业主烤火炉连接软管超过规范 2m 标准,超长使用;三是当事人为防老鼠窜入,紧闭厨房门窗形成密闭空间,导致燃气在室内集聚,不利于空气流通排散燃气;四是当发现燃气泄漏时未及时打开门窗通风放散,应急措施不当。

4. 事故的结论

燃气经营单位:平昌某燃气有限公司认真落实国家的法律法规文件,设置了安全管理风险体系、有安全专项资金。依照燃气规范定期入户进行了巡检、宣传,用户签字确认某燃气企业履行了对用户的法律义务及责任。燃气用户:软管超长使用、夜间未关闭燃气火嘴，导致家中软管被鼠咬大量漏气、未采取规范的应急处理方式处置天然气泄漏而酿成事故。

5. 事故防范措施建议

（1）用户应掌握天然气的安全使用常识，定期对燃气设施进行检查，发现燃气泄漏时，应先开窗通风，关闭阀门，到安全区域报警。

（2）建议用户使用燃气专用不锈钢波纹管。

（3）用户安装可燃气体报警器，正确使用报警器，定期进行检测校验，发挥它的安全警示作用。

（4）用户每次使用燃具后，要关上燃气灶具开关，灶前阀，并养成每天临睡前对燃气器具进行检查的习惯。如长期外出，应关闭户内总阀。

3.2.7 浙江省瑞安市"5·9"燃气泄漏爆炸事故

1. 事故简介

2015 年 5 月 9 日 23 时 10 分许，瑞安市安阳街道某室发生燃气泄漏爆炸事故。此次事故，过火面积约 98m²，造成 2 人重伤、2 人轻伤。事故造成周边建筑物、设备等财产损失 308629 元。

2. 事故原因

（1）直接原因

租户使用管道燃气时开启了相关燃气阀门，燃气从打开的阀门及相连软管处泄漏、聚积，在租户试点燃气灶开关时产生电火花引发爆炸。

（2）间接原因

1）房东在事故发生前曾将 1 只燃气热水器拆除，且未及时将该燃气管末端封堵，违反技术规范要求拆卸燃气设施，其行为违反了《浙江省燃气管理条例》相关规定。

2）市某燃气有限公司检查不到位，没有及时发现连接热水器的燃气管道未封堵，没有及时消除安全隐患，其行为违反了

《浙江省燃气管理条例》相关规定。

3. 事故防范措施建议

（1）燃气安全监管，推进燃气安全管理重心下移，加大燃气安全宣传力度，规范燃气经营和使用行为，杜绝燃气安全事故再次发生。

（2）燃气经营单位应当按规定对燃气用户的燃气设施、燃气燃烧器具定期、仔细检查，劝阻、制止燃气用户违反安全用气规定的行为；劝阻、制止无效的，应及时报告市、县燃气主管部门。

（3）燃气用户在使用燃气前应熟悉燃气设施、燃气燃烧器具的使用须知，配合燃气经营单位和个人进行燃气安全检查，按照燃气技术规范要求使用燃气。

3.2.8　辽宁省大连市"8·7"某小区燃气爆炸事故

1. 事故简介

2015 年 8 月 7 日 12 时左右，位于辽宁省大连市某小区发生爆炸，多栋居民楼受损严重，居民窗户被震碎震飞，停放小区内至少 30 多辆私家车不同程度被砸，造成 1 人死亡，6 人受伤。

2. 事故经过

2015 年 8 月 5 日，大连市某小区一住宅楼发生燃气泄漏，负责燃气供应的大连某公司指派杜某去查找漏点，杜某领着两名农民工在现场采用挖地坑方式查找漏点。在没有找到漏点的情况下，当天傍晚居民做晚饭的时间段，杜某让采用间歇式供气方式向居民楼供气，每次送气约 2h。次日，早上、中午、晚上三个做饭时段，杜某同样采用间歇式供气，泄漏燃气的浓度因此越来越聚集。

8 月 7 日上午，公司应急处理现场指挥部副总指挥侯某与杜某带着两名农民工继续查找漏点，但仍未找到。上午 10 点，杜某发现 4 单元西侧地下室供暖换热站燃气浓度超标，立即向侯某请示，侯某指示杜某购买排风机将地下室燃气排出，杜某即外出购买排风机。

此时，侯某违反相关规定，没有根据燃气泄漏程度确定警戒区域并设立警示标志，没有随时检测周围环境的燃气浓度。在没确定警戒区域内燃气浓度降至安全范围时即离开现场。

11时，杜某带着买到的一台"防爆"排风机返回现场，他没有对排风机接头安装防爆金属盖、防爆胶泥，没有对排气端连接任何设施，更没有在现场采取疏散、警戒和监护等措施，在无人监护的情况下，单独操作，接通排风机电源开始通风排气。

11时50分，燃气遇到电火花发生爆炸，剧烈的爆炸炸塌了部分楼房，5人死亡，20余人受伤（图3.2.8-1、图3.2.8-2）。

图3.2.8-1　现场照片（一）

3. 事故原因

此次事故是由于泄漏的液化石油气经排水管和地下室，渗入地下形成聚集后，遇电火花导致爆炸。

在事故发生前就有居民反应能闻到刺激性味道，燃气公司也进行了泄漏检查，但没有进一步排查附近的阀门井等密闭空间，未对周围建（构）筑物进行检测和监测，没有发现并驱散积聚的

图 3.2.8-2　现场照片（二）

燃气，员工责任心不强，现场处置不当，造成了此次事故的发生。这起事故再次告诫我们工作中尽职尽责，一旦因失职造成事故将会受到法律的制裁，尽职免责，失职追责。

3.2.9　重庆市"12·9"天然气爆炸事故

1. 事故简介

2015 年 12 月 9 日 7 时 30 分许，重庆市垫江县桂阳街道某小区 D4 栋 1 单元 1103 与 1104 住户室内发生一起天然气爆炸事故。

2. 事故经过

2015 年 12 月 9 日早上 7 时 30 分许，D4 栋 1 单元 1103 号户主刘某，在客厅看一份资料，由于一盏灯不亮，于是去打开开关设于空心砖共列墙中的另一电灯开关，刚一打开，随即发生爆炸，共列墙空心砖部分全部炸飞，冲击波将他推出约 4m 远的卧室分配廊道入口处，当场昏迷。

3. 燃气管道压力检测情况

2015 年 12 月 31 日，"12·9"天然气爆炸事故调查组对用户楼栋调压箱进行测试，1103 住户调压箱（调压箱编号 2316）出口供气压力为 2150Pa，1104 住户调压箱（调压箱编号 2317）出口供气压力为 2100Pa，两个调压箱供气压力正常。

按《城镇燃气室内工程施工与质量验收规范》CJJ 94 的规定，对两户室内管道进行了严密性试验，试验压力 5kPa，试验时间 15min，用发泡剂检查接头、铝塑复合管外包覆层有无渗漏现象，用最小分度值 1mm 的 U 形压力计测量，1103 住户室内燃气管道无压力降，符合国家规范要求；1104 住户室内燃气管道压力降为 800Pa，不符合国家规范要求。

4. 燃气经营单位情况

D4 栋 1 单元 1103 与 1104 住户均由重庆市某公司供气。经现场检查及资料检查，公司每季度按期对调压箱编号 2317、2316 号进行维护、检测，调压器出口压力正常；2015 年 9 月 16 日分别对 D4 栋 1 单元 1103 与 1104 住户开展了入户天然气使用安全检查，未发现异常，并发放了安全用气宣传资料。依法履行了安全供气及指导用户安全用气义务。

5. 事故原因及性质

（1）直接原因

D4 栋 1 单元 1104 住户，暗埋于地板砖下天然气管道泄漏，渗透到共列墙空心砖中聚积，形成爆炸性气体，D4 栋 1 单元 1103 户主开启设在共列墙空心砖中的电源开关产生电火花，引起爆炸事故发生。

（2）间接原因

小区 D4 栋 1 单元 1104 住户安全意识不强，室内燃气管道工程未聘请有安装资质单位施工，未开展室内天然气暗埋管道安全检查，未及时发现室内天然气管道泄漏，未及时采取措施防止爆炸事故发生。

（3）事故性质

经调查认定，"12·9"天然气爆炸事故系责任事故。

6. 事故防范措施建议

（1）D4 栋 1 单元 1104 住户对室内燃气管道进行改造，使之符合《城镇燃气室内工程施工与质量验收规范》CJJ 94 的要求。

（2）重庆市某公司对 D4 栋 1 单元 1104 用户停止供气，待 1104 用户整改完成并经验收合格后，方可恢复供气。

（3）重庆市某公司继续加强对用户安全使用天然气的宣传教育，对小区用户全面进行排查，对共列墙中空心砖下设置天然气阀门的要求用户予以拆除或废弃。

3.2.10　某市"12·24"居民楼燃气闪爆事故

1. 事故简介

2015 年 12 月 24 日上午 10 时 50 分左右，某市某街 12 幢 1 楼的一户住户家里突然发生燃气爆炸，事故造成老太太腿部因橱柜碰擦受轻伤，厨房外窗玻璃破碎，吊顶部分掉落。

燃气抢修人员以及小区物业、街道办事处的工作人员、消防立即赶到现场，后经查实，是 12 幢 104 室发生燃气爆炸。事故发生后，燃气抢修人员已关闭该单元燃气进户总阀门，其他居民用气没有受到影响。

2. 事故后果

造成轻伤 1 人，直接经济损失约 5000 元。

3. 事故原因

用户使用的灶具未安装熄火保护装置，用户灶具左边灶眼对应的灶具开关在先期熬药后没有关到位产生燃气泄漏，在稍后右边灶眼点火烧饭时将左边灶眼泄漏的燃气点燃产生闪爆。

4. 事故防范措施建议

通过对案例分析，主要是用户使用的灶具无熄火保护装置，用户使用完灶具后未关闭灶具阀造成燃气泄漏，进而发生天然气爆炸。

应采取以下防护措施：

（1）加大安全用气宣传、教育，要充分利用报刊、电视、电台、网络等多种媒体，对广大燃气用户进行典型事故案例宣讲和科学用气知识普及；加大对商业用户、物业、居委会对燃气监管力度，可集中组织培训学习，提高燃气用户安全用气能力。

（2）加强户内燃气设施的安全检查力度，尤其是对户内燃气设施及燃气具的使用等情况进行重点检查，发现问题，积极引导客户落实整改及时消除隐患。

（3）要求及时更换超过使用年限、燃烧工况差的燃具，对重点用户应该推广带熄火保护装置的炉具，如：城市综合体、地下室、半地下室等商业用户。

（4）燃气公司应对通气点火检查单及入户安检表进行修订完善，增加对燃气灶应带熄火保护装置的检查，没有使用带熄火保护装置的燃气灶不予开通，并向用户发放《隐患通知单》（用户签字确认）。

（5）建立类似用户、重点用户隐患台账，便于开展整改工作和加大上门检查提醒工作。

（6）与燃气主管部门联动，专门查处灶具无熄火保护装置等问题。

3.2.11 广西壮族自治区崇左市"2·12"一氧化碳中毒事故

1. 事故简介

2016年2月12日凌晨1时左右，广西壮族自治区崇左市大新县某旅社发生一起一氧化碳中毒事故，造成2人死亡，直接经济损失约80万元。

2. 事故发生经过及救援情况

（1）事故发生经过。

2016年2月11日23时58分，罗某、伍某等8位同行旅客入住大新县某旅社。罗某、伍某夫妇住在二楼202号房，谢某、刘某、谢某住在6楼的601号房，刘某、卢某、谢某住在6楼的

603 号房。2 月 12 日凌晨 1 点 15 分左右，大新县某旅社值班员黄某（劳某妻子）听到一楼水管一直有流水声响，便上二楼检查，听到 202 号房卫生间传出哗哗流水声，就敲响 202 号房门，但不见客人回应。黄某立刻关掉放在楼梯角供给 202 号房间的液化气罐阀，然后用钥匙尝试打开房门，但因房门已反锁无法打开，立即跑下一楼拿梯子上二楼，爬上梯子透过 202 号客房窗口向房内看，看到伍某靠在床边瘫坐在地板上，地板上有呕吐物，人已无意识，衣服还穿着整齐（现场说明还没有洗澡）。跟随黄某上二楼的劳某用力撞开 202 房间门进去，看见罗某也赤裸身子仰躺在卫生间瓷盆旁边，距瓷盆约 0.5m 的地板上有粪便物，罗某也无意识，淋浴花洒喷头还哗哗地流着水。

（2）事故救援情况。

事故发生后，劳某立即拨打 120 急救电话（过后查阅手机通话记录，当时是 1 点 18 分拨打 120 电话），黄某跑到 6 楼通知与202 号房旅客一起入住在 601、603 号客房的亲属，亲属刘某和谢某来到 202 号房后和劳某夫妇一起将罗某和伍某抬到床上。刘某对罗某进行压胸和人工呼吸，谢某对伍某进行压胸和人工呼吸。当时黄某建议劳某用轿车马上送昏迷的罗某、伍某夫妇去医院抢救，但刘某和谢某建议先进行心肺复苏后再送医院抢救。约1 点 25 分左右，"120" 急救车赶到现场，伍某经医生抢救无效当场死亡。罗某仍有心跳，遂送往大新县人民医院抢救，于2016 年 2 月 17 日上午 9 点 40 分经抢救无效死亡。

3. 事故原因及性质

（1）直接原因

202 号客房、卫生间没有安装排气扇，热水器也没有安装排烟管道把废气排出房外，房内只有 0.3m² 的通风窗口与走廊通道相通，客房通风不良。热水器是安装在客房内，客房空间只有9.19m²、容积 31.7m³，当罗某在卫生间洗澡时，液化气燃烧所需要的氧气取自客房内，燃烧后产生的废气（因氧气不足，液化气不完全燃烧产生的一氧化碳）也排放在客房内，废气没有及时排出房外，房内一氧化碳积累不断增加，从而导致罗某、伍某夫妇一氧化碳中毒。

（2）间接原因

大新县某旅社负责人劳某，于2016年2月6日擅自在202客房违规安装燃气热水器；一是违反国家质量监督检验检疫总局于2001年10月9日颁布实施的《家用燃气快速热水器》GB 6932中附录A家庭燃气快速热水器安装技术要求："A2.1没有给排气条件的房间不得安装自燃排气式和强制排气热水器和A2.4卧室、地下室、客厅不得安装热水器"；二是违反了《城镇燃气设计规范》GB 50028要求："燃气热水器应安装在通风良好的非居住房间、过道或阳台内"；三是没有向相关部门报备和申请验收合格而擅自使用。由于旅社负责人劳某违规安装燃气热水器而引发事故。

（3）事故性质。

大新县某旅社违反《家用燃气快速热水器》GB 6932和《城镇燃气设计规范》GB 50028规定，违规在宾馆客房安装燃气热水器，同时没有向发证机关报备和申请验收合格就投入使用，从而引发生产安全责任事故。

4. 事故防范措施建议

大新县某旅社"2·12"一氧化碳中毒事故，后果极为惨痛，为认真吸取事故教训，举一反三，切实落实企业安全生产主体责任和相关部门的监管责任，深入开展服务行业安全生产大检查，有效防范类似事故再次发生，提出以下措施建议：

（1）旅社要重点针对"2·12"事故暴露出管理方面存在麻痹大意、安全管理不到位的问题，认真开展一次安全大反思与隐患排查治理工作。要站在安全生产关系到人的生命、关系到企业效益的高度，深刻吸取事故教训，统一思想，提高认识，强化安全生产管理措施，切实落实安全责任，减少和杜绝各类安全事故的发生。

（2）负有安全监管的部门和单位要进一步加强辖区内生产经

营单位的安全监管工作，深刻吸取"2·12"事故教训，认真开展安全生产大检查，深入排查企业安全隐患，按照"全覆盖、零容忍、严执法、重实效"的要求，做到安全防范措施到位。

（3）负有安全监管的部门和单位要进一步加强对安全生产法律法规的学习，严格落实安全生产"一岗双责"制度，按照"管行业必须管安全、谁主管谁负责、谁审批谁负责"的原则，认真履行部门行业安全监管责任，将行业内各类生产经营单位全部纳入监管范围，积极开展安全隐患排查治理，督促企业落实安全主体责任，切实做到防患于未然。

3.2.12　江西省南昌市"7·30"厨房燃气爆燃事故

1. 事故简介

2016 年 7 月 30 日 7 点左右，南昌市某小区 6 栋 1 单元 203 室发生一起天然气爆燃事故，造成业主烧伤，203 室厨房玻璃的一块被炸破，阳台防盗窗一块移位，厨房顶棚少量松动，厨房围裙烧坏，厨房洗菜篓、装米桶烧坏、厨房燃气灶一只脚烧坏，燃气软管多处烧黑，厨房橱柜门部分烧黑、松动。

2. 事故经过及救援情况

2016 年 7 月 28 日，南昌市某小区 6 栋 1 单元 203 室，户主熊某爱人喻某的姐姐喻某带领 4 个儿女在家做客，喻某为招待客人，买了一些速冻水饺并交代姐姐早上煮水饺吃，自己下楼再买一些早点招待客人。

7 月 30 日 7 点左右，喻某在厨房用铁锅装了大半锅水，点着了燃气灶便走出厨房到客厅给小儿子喂奶，约 10min 后，喻某叫女儿黄某去厨房看一下水烧开了没有，黄某到厨房，打开锅看了水后到客厅告诉妈妈说水还没有烧开，但在冒泡泡，妈妈说在冒泡泡就快烧开了，你到冰箱里去把饺子拿到厨房等水烧开了再把饺子下到锅里。黄某将饺子拿出来走到厨房，刚将饺子放到灶台上，就听到"呼"的一声厨房发生爆炸。喻某吓得赶快抱着手中的儿子并牵着旁边一个小孩往卧室里跑，其他三个小孩也跟着往卧室跑，喻某放下儿子后立即跑到厨房，用浸湿的湿衣服将厨房的余火扑灭，后马上将女儿黄某拉出来到卫生间打开水龙头不停地用水冲淋女儿，并抱住女儿说：崽呀不要怕，"菩萨保佑"。

听到爆炸声后，户主熊某、喻某和邻居也赶到现场，熊某立即打110和120电话报警求救。约十多分钟后110民警和120救护车先后来到现场，民警开始调查取证，120救护车立即将黄某送往南昌大学第一附属医院救治。之后，县直机关有关部门和镇政府及县燃气公司负责人也相继赶赴现场开展调查取证工作。

3. 事故原因

（1）通过了解伤者伤势及现场破坏情况，符合燃气爆燃特点。

（2）现场存在天然气和液化石油气两种气源。液化石油气已长期不用，气瓶完好，瓶内余气较多且无连接管和灶具，瓶阀关闭、无泄漏。可排除液化石油气引发事故的可能。

（3）现场及相关检查情况

1）事故发生后，南昌县燃气有限公司派人对现场燃气单元立管（包含该户表前、表后阀门、户内表具在内）进行了测试，无泄漏。

2）用户燃气灶经江西省产品质量监督检测院检测，气密性符合国家标准规定的要求（检验报告编号：赣质检R16W67067）。

3）天然气连接软盘未进行痕检。软盘接头已拆过（做气密性检验）。

4）现场燃气灶底部右边外侧塑料支脚有烧灼痕迹、软管中部有烧熏痕迹。厨房水池下塑料制品烧毁明显。燃气灶右下侧厨柜内液化气瓶外包装塑料物及柜内塑料物有过火和高温熔融痕迹。

5）现场厨房门玻璃炸裂。

（4）南昌县燃气有限公司西山门站加臭记录表明天然气加臭符合标准要求。

（5）有户内燃气设施安全检查情况表（日期 2015-10-5），但未见业主签名、客户联未交与客户。安全检查员未入户检查（见询问笔录）。

4. 事故防范措施建议

（1）燃气用户要加强安全用气知识的学习，用气前要检查室内燃气设施是否漏气，提高自我保护意识，防止类似事故的发生。

（2）南昌县燃气有限公司要严格执行《城镇燃气管理条例》规定对燃气经营者的职责要求，严格履行法律法规规定的责任，对公司存在的不足之处立即整改到位，防止燃气安全事故的再次发生。

（3）南昌县燃气管理所要加大对燃气经营单位的监管检查力度，及时发现和督促经营单位整改安全隐患，对拒不整改的单位要及时向县政府和县城建局汇报，并告知相关职能部门。以便形成合力，确保全县燃气安全。

3.2.13　河北省唐山市"11·1"天然气爆燃事故

1. 事故简介

2016 年 11 月 1 日 13 时 04 分 23 秒，曹妃甸区某小区二期 211 号楼 3 单元 603 室，发生一起天然气爆燃事故，造成 1 人受伤，总经济损失约 180 余万元。

2. 基本情况

（1）事故楼房情况

小区二期是经原唐海县发改局、国土资源局、住房和城乡规划建设局等部门批准，由唐山某房地产开发有限公司开发建设，北京某建筑工程有限公司设计，玉田县某建筑工程有限公司施工，玉田某管理有限公司进行监理。该小区 211 号楼 3 单元 603 室系李某购置，2014 年 6 月 12 日交付使用。

（2）事故人员情况

1）基本信息。李某，女，事故发生前居住曹妃甸区某小区二期 211 号楼 3 单元 603 室，离异。

2）受伤情况。李某身体 20％烧伤，盆骨、大腿、手臂多处骨折，因脑挫伤引发脑水肿昏迷。

（3）燃气设施情况

小区二期 211 号楼 3 单元 603 室所使用天然气入户工程由唐山某房地产开发有限公司唐海分公司建设，中国市政总院设计，秦皇岛市某公司，唐山市某监理公司负责工程监理，该户燃气表出厂编号 03000754，2016 年 1 月 16 日进行带表室内试压，签订《安全供应、使用燃气协议书》（无签订时间），2016 年 8 月 15 日进行入户检查，2016 年 8 月 31 日李某第一次购气 50m³。

（4）事故现场情况

事故现场为小区二期 211 号楼，坐落于青年城小区二期北部，东临小区院墙，南侧为小区院内，西临 210 号楼，北临北环路。211 号楼 3 单元 1 层至 10 层，以及南向对面 206 号楼，均有不同程度破坏。211 号楼 3 单元 603 室所在层各住户南向玻璃全部损坏，北向窗大部损坏，顶板吊顶脱落，户门扭曲变形，玻璃粉碎，过道内管道井破损严重。303、403、503、703、803、903、1003 室南侧外窗局部破损，以 603 为中心破损程度分别向上、下依次递减，3 单元南侧地面散落大量碎玻璃，并在绿化带中发现一变形洗菜盆。

211 号楼 3 单元 6 层受损较严重，603 室入户门变形脱落（为闭锁状态）、卧室门向外倒地，卧室门上部受损严重，卧室顶部烟熏痕迹较重，客厅东墙墙面向内凹陷，厨房玻璃门破损且向厨房内散落，所有窗户向南侧散落。

3. 事故调查及检测鉴定情况

调查组通过聘请专家现场勘察，委托权威机构进行检测鉴定，共出具检测、鉴定报告（意见、情况说明）6 份（内容附后）：

（1）区住建局邀请河北省燃气行业专家库内 3 位专家进行事故现场鉴定，于 2016 年 11 月 2 日出具《关于唐山市曹妃甸区某小区二期 211 号楼 3 门 603 室爆炸燃烧事故的燃气专家意见》。

（2）区市场监督管理局委托唐山市特种设备监督检验所专业人员对受损电梯进行勘查，于 2016 年 11 月 3 日出具《关于曹妃甸区某小区 211 楼 3 门电梯现场目击情况说明》。

（3）区公安局垦区治安分局经过全面调查取证，于 2016 年 11 月 3 日出具《垦区治安分局关于"11·1"某小区爆炸事件的调查报告》。

（4）消防大队联合火调技术专家两次对事故现场勘验，于 2016 年 11 月 4 日出具《关于"11·1"某小区 211 号楼 3 单元 603 室天然气爆燃事故有关调查情况》。

（5）区安监局委托国家燃气用具质量监督检验中心对灶具及软管进行了检测，于 2016 年 11 月 9 日出具《国家燃气用具质量监督检验中心产品质量检验报告》。

（6）区住建局委托唐山某建筑工程司法鉴定中心对事故楼体进行检测、鉴定，于 2016 年 11 月 13 日出具《唐山某建筑工程司法鉴定中心关于唐山市曹妃甸区某小区 211 号楼爆炸事件对主体结构安全影响的质量鉴定意见》。

4. 事故调查认定

（1）此次事故初步判定为燃气泄漏引发爆燃。

（2）爆炸冲击波流向说明爆炸中心现场为 211 号楼 3 单元 603 室，爆炸点为卧室。

（3）爆炸现场痕迹状况与燃气爆燃相一致。

（4）厨房燃气灶与燃气软管连接处脱落，造成大量天然气泄漏。

综上所述，曹妃甸区"11·1"某小区天然气爆燃事故，系业主使用不当，造成燃气灶胶管脱落，导致天然气大量泄漏，遇明火引起爆炸燃烧的非生产安全责任事故。

5. 经济损失及评估情况

（1）事故调查涉及检测、鉴定等费用 93082 元；

（2）事故楼体电梯检测、修复费用 275900 元；

（3）事故楼体及附属设施修复费用 813331.78 元；

（4）伤员救治费用 120000 元；

（5）受灾群众安置费用 510000 元。

共计各类费用及损失 1812313.78 元。

6. 事故定性

曹妃甸区"11·1"某小区天然气爆燃事故，认定系业主使用不当，造成燃气灶胶管脱落，导致天然气大量泄漏，遇明火引起爆炸燃烧的非生产安全责任事故。

3.2.14　广东省深圳市"12·18"中毒和窒息死亡事故

1. 事故简介

2016 年 12 月 18 日 12 时 30 分许，位于深圳市坪山区某社区老围村 4-3 号的卡迪娜造型理发店（以下统称"理发店"）发生一起员工中毒和窒息死亡事故，造成一人死亡。

2. 事故经过

2016 年 12 月 18 日中午，理发店正在营业，陈某、华某（死者，陈某的表弟，店员）及黄某（店员）3 人在给客人剪发洗头。12 时 05 分许，华某拿着手机进入卫生间，大约 5min 后，陈某和黄某等人在客厅听到卫生间里传出有手机掉在地上的声音，并且听到有物体碰门的声音。于是，黄某就敲了一下卫生间的门，但华某没有反应。过了约 15min 之后，黄某又去敲门，但是华某还是没有反应。这时大家就怀疑出事了，就赶紧打华某的电话，结果手机没人接听，最后大家就找人用锯子将卫生间的门打开，打开后发现华某晕倒在地上，手机掉在地上。黄某和陈某马上进去把华某抬出来并进行人工呼吸，同时拨打了120 急救电话。120 急救人员到达现场后证实华某已无生命体征。

3. 事故原因及性质

事故调查组通过现场勘查、调查询问和取证分析，查明事故原因如下：

（1）死亡原因

2016 年 12 月 29 日，经深圳市坪山区公安司法鉴定中心出具的检验鉴定报告结论：华某符合因一氧化碳中毒死亡的特征。

（2）直接原因

1）热水器安装不符合规定。理发店将热水器安装在卫生间内，安装前未预留烟道孔将排烟管道伸出室外排出废气，而是直接将排烟管废气排在狭小卫生间内，违反了《家用燃气燃烧器具安装及验收规程》CJJ 12 第 4.7.2 条第一项关于烟道和通风道的布置应保证燃烧产物的有效排除的规定。

2）热水器使用场所不具备安全条件。安装热水器的卫生间面积约 $2m^2$，空间狭窄，室内无窗及换气设施，不具备安全使用燃气热水器的条件，违反了《家用燃气燃烧器具安装及验收规程》CJJ 12—2013 第 4.1.1 条关于燃具应安装在通风良好有排气条件的非居住房间内、第 4.1.2 设置在地上密闭房间时应设置机械通风、燃气浓度检测报警等安全设施的规定，以及违反了《城镇燃气管理条例》（国务院令 583 号）第 28 条第五项关于不得在不具备安全条件的场所使用燃气的规定。

（3）间接原因

1）未经专门培训考核，无证安装热水器。家具店经营者戴某从事热水器的销售，未接受过热水器安装方面的专门培训考核，不具备相关安装资格，违反了《燃气燃烧器具安装维修管理规定》、《深圳市燃气条例》的相关规定。由于其缺乏专门培训，安全防范意识薄弱，是在客户的要求授意下，没有坚持正确的安装方式，没有按照热水器厂家《安装使用说明书》的要求将排烟管伸出室外进行安装。

2）缺乏安全教育培训，安全防范意识淡薄。理发店未组织开展本店员工安全教育培训，致使员工陈斌安全防范意识淡薄，缺乏安全使用燃气相关知识，为贪图方便，未按热水器厂家《安装使用说明书》的要求委托合格的专业技工进行安装，而直接要求热水器销售者自行安装。在安装过程中，对热水器排烟管道未伸出室外的问题置之不理并坚持错误安装，留下事故隐患。

3）缺乏隐患排查治理，未及时消除事故隐患。理发店未组织开展本店隐患排查治理工作，未能及时发现并消除该店卫生间不具备安全使用燃气热水器条件的事故隐患，最终导致事故发生。

（4）事故性质

经查，"12·18"中毒和窒息死亡事故是一起因违规安装热水器、安全使用燃气意识淡薄及安全管理不到位而导致的一般生产安全责任事故。

4. 事故防范措施建议

（1）包括"三小"场所在内的各类经营店的经营负责人和员工要重视安全管理和加强安全培训教育工作，提高员工安全防范意识，落实安全生产主体责任，杜绝未按照国家有关工程建设标准和违反各类安全生产法律法规规定行为的发生。

（2）针对热水器使用过程中所造成的伤亡事故，各用户在购买热水器时严格按照说明书的要求进行安装和使用，及时联系当地燃气公司进行安全咨询，委托专业人员上门安装，加强日常安全检查和保养工作，对各种故障和安全隐患问题要及时检查和消除。

（3）街道、社区应加强对燃气安全使用的巡查检查工作，要求业主、经营者加强经营场所的安全管理工作，对发现的各类违规作业行为和燃气使用安全隐患要及时予以督促整改；对于不配合不认真整改的，要及时移交有关部门采取执法手段予以查处；同时，要加强对该两名安全巡查员业务知识的培训。

（4）加强对居民安全使用热水器和燃气进行广泛的安全宣传教育，提高广大市民的安全使用燃气的意识，加强对辖区安全巡查员和出租屋网格员等人员检查燃气安全隐患知识的业务指导，落实行业的监管职责，加强对燃气安全的监管工作；对基层社区、街道移交的燃气等领域违法违规的安全问题要及时进行处理。

3.2.15　广东省佛山市"1·18"燃气爆炸事故

1. 事故简介

2017 年 1 月 18 日上午约 9 时 11 分，佛山市顺德区北滘镇某小区 5 座 702 号（下称"事发单位"）发生爆炸事故，造成一死一伤（死者为事发单位住户，送院抢救无效死亡；1 人轻伤已治愈），366 户房屋受损（其中受损严重和较为严重的 52 户，受损较轻的 314 户）。

2. 事故原因

（1）事故发生地点分析。

爆炸发生在事发单位内：根据爆炸后的现场情况，与事发单位相邻的两套住宅五座 701 号和六座 701 号房内墙部分倒塌，倒塌的方向均由事发单位向其他房间倒塌，事发单位靠天井侧的外墙大部分跌落在一楼天井内，事发单位靠阳台方向的大部分墙体飞出跌落室外地面。根据这些现象和特征，结合公安、消防的勘验资料，可以确认爆炸是在事发单位发生，并影响到其他房屋，离事发单位约 60m 外的房屋也受爆炸冲击波影响。

（2）液化石油气泄漏点认定。

根据公安消防部门爆炸后第一时间的现场勘验笔录，燃气表前阀门显示为开启状态，该阀门手柄与管道成约 60°角相交；进燃气灶具的燃气阀门开关显示为开，燃气灶有熄火保护装置，与之连接的燃气胶管基本完好，两侧炉头开关旋钮处于关闭状态；一层公共浴室燃气管道，未连接燃气具，阀门处于关闭状态；经广东省特种设备检测研究院、佛山市质量计量监督检测中心分别检测，与二层公共浴室燃气热水器相连，爆炸发生后，该燃气胶管在离热水器进气口约 50cm 处拉断，经国家燃气用具产品质量监督检测中心对燃气热水器鉴定检验，质量合格，在正常使用状态下不漏气；二层主卧室燃气阀门旋钮与阀芯断开，经广东省特种设备检测研究院检测，该阀门处于完全开启状态。

综合上述泄漏点分析，这个完全开启的燃气阀门就是液化石油气泄漏点。燃气阀门后没有连接胶管和燃气具，也没有进行封堵，很容易因误操作而开启，从而导致燃气泄漏。

（3）液化石油气泄漏量分析。

根据事发单位燃气 IC 卡充值记录，2016 年充值两次，最后一次 2016 年 5 月 7 日充值 31m³，2017 年 1 月 18 日爆炸发生后该读卡数还剩余 2.6m³。据笔录，事发单位只是阶段性有人居住，平时使用液化石油气较少，有太阳能热水器，不用燃气热水器，只使用燃气灶。事发单位容积约 600m³，根据液化石油气爆炸极限浓度 1.5%～9.5%（体积浓度）计算，泄漏的液化石油气应在 9m³ 以上。根据笔录，2017 年 1 月 17 日 20 时 30 分左右，张某的同学王某与王某的姐姐王某到在事发单位拿此前遗留的衣服，王某笔录显示"看到当时厨房内在用明火煮食，应该是用燃气炉在煮食，客厅拉着窗帘"。由此证明，1 月 17 日晚上煮食前，开启了燃气表前阀，此时二层主卧室浴室燃气阀门处于开启状态，但泄漏的液化石油气没有扩散至一层或未达到爆炸极限，燃气灶煮食的明火没有引发爆炸。根据 1 月 17 日 20 时 30 分左右使用燃气的时间开始计算，至 1 月 18 日 9 时 11 分，二层主卧室浴室燃气阀门泄漏时间至少在 12h 以上，液化石油气的泄漏量达到甚至高于 9m³，整个室内空间可燃气体浓度处于爆炸极限范围。

根据某标准技术服务（上海）有限公司对事发小区瓶组间的液化石油气进行全组分分析表明，液化石油气有限公司 2017 年 1 月 17 日供应的液化石油气中四氢噻吩（加臭剂）的含量少于 0.1mg/m³，甲硫醇和乙硫醇含量之和小于 0.3mg/m³ 不符合《液化石油气》GB 11174 中第 4.1 条和《城镇燃气设计规范》GB 50028 中第 3.2 要求（条文解释液化石油气加臭剂含量不宜小于 50mg/m³），也不符合《城镇燃气加臭技术规程》CJJ/T 148 第 3.1.4 条要求。液化石油气加臭量不足或没有加臭，人的嗅觉不能及时发现燃气泄漏，未能及时警示用户采取安全应对措施。

（4）事故原因分析。

1）符合气体爆炸特征。爆炸事故发生后，顺德公安部门排除了 TNT 爆炸。根据爆炸现场的墙体倒塌、楼板开裂变形、门窗飞脱及变形、玻璃破碎并向室外飞散、室内物品翻转及位移、离事发单位约 60m 外的房屋玻璃破碎、现场有明显的爆炸冲击波和着火燃烧等现象，爆炸现场符合可燃气体爆炸的特征。

2）点火源分析。根据张某的血迹走向（从一层厨房到阳台），爆炸的点火源可能是张某在一层使用燃气灶打火时的火源或电气开关动作时的电火花等。点火源引起可燃气体爆炸，引爆后瞬间导致一层二层空间内的液化石油气与空气的混合气体同时爆炸。

3. 事故防范措施建议

（1）加强安全宣传力度、客户掌握安全使用燃气常识。

（2）燃气企业应当指导燃气用户安全用气、节约用气，并对燃气设施定期进行安全检查。发现隐患，并及时协助用户消除隐患。

（3）燃气企业应当向燃气用户持续、稳定、安全供应符合国家质量标准的燃气，并建立健全燃气质量检测制度。

（4）燃气企业应定期检测管网内加臭剂的浓度，做好记录。

（5）相关政府部门应按照国家法律法规和标准规范的要求，以及特许经营协议等，履行监管职责，要求燃气公司定期提交燃气质量报告文件，相关政府部门也可以定期或不定期对燃气质量（包括加臭）进行抽样检测。

3.2.16　湖北省十堰市"5·12"一般燃气爆炸事故

1. 事故简介

2017 年 5 月 12 日 16 时 40 分左右，十堰某城市燃气公司在对某理发店进行天然气（新用户）入户点火调试作业时，发生一起其他爆炸事故，导致6人不同程度受伤（其中一人因多器官功能障碍综合征，于2017年5月25日经救治无效死亡）。

2. 事故经过

2017年5月10日下午17：20分，十堰某城市燃气公司生产运营部收到安全监察部移交车城西路红卫"谭二拉面店"、"蔡明伟热干面店"、"艺朗理发店"等小微商业用户的验收资料；根据公司工作要求，生产运营部制定了小微商用户管网碰头作业计划表，定于2017年5月12日下午14：00对车城西路红卫街办天然气中压支线停气，由工程管理部组织施工单位进行管道碰头作业；同时将管网碰头作业计划表传送至安全监察部、工程管理部、客户服务部。

2017年5月11日上午，生产运营部在安全监察部调度中心办理了管道作业检修工作票，做好了停气作业的准备工作。

2017年5月12日下午14点，生产运营部管网维护大队作业人员按照计划，对车城西路红卫街办天然气中压支线进行停气降压操作，经确认支线管道内余气放散完毕后，现场通知工程管理部组织管道碰头作业，15：50分，施工单位碰头作业完成；管网维护大队作业人员恢复该支线供气，并对碰头点进行检漏，合格后对新增中压管道进行天然气置换，确认新增RX/150调压器运行压力正常。16：20分，生产运营部完成管道碰头作业，工程完工后移交至客户服务部。

2017年5月12日下午客户服务部根据工作计划，安排"艺朗发型"、"贵常馄饨"、"谭二拉面"、"勇帆手擀面"4家小微商进行点火工作。16：20时左右，作业人员朱某、张某对张湾区艺朗理发店进行天然气置换，在口头告知在场的店主及一名店员置换过程中店内不能出现明火、不能使用电器及手机后，开始进行置换作业。16时30分许，在置换过程中，有顾客进店洗头，叶某打开热水龙头后，液化气热水器点火工作，室内置换产生的天然气遇火发生爆炸，造成现场6人不同程度受伤。其中一名伤者朱某，于 5 月 24 日 14 时 15 分因救治无效死亡；3 名伤者王某、夏某、张某经救治现已分别康复出院，另外 2 名伤者已完成植皮手术，正在接受康复治疗。

3. 事故原因及性质

（1）直接原因

燃气公司客户服务部维修大队工人朱某、张某在对张湾区艺朗理发店进行天然气通气直接置换时，违反操作规程〔《城镇燃气设施运行、维护和抢修安全技术规程》CJJ 51 第六章生产作业 "6.2 置换与放散" 规定："6.2.4 置换作业时，应根据管道情况和现场条件确定放散点数量与位置，管道末端应设置临时放散管，在放散管上应设置控制阀门和检测取样阀门"。第六章生产作业 "6.2 置换与放散" 规定："6.2.3 置换放散时，作业现场应有专人负责监控压力及进行浓度检测"。〕，未设置临时放散管，导致室内天然气聚集到达爆炸极限，遇热水器启动时产生的明火发生爆炸，是导致事故发生直接原因。

（2）间接原因

1）作业现场安全管理不到位。燃气公司未按相关规范要求组织人员进行燃气点火置换作业，对点火置换作业现场监督管理不到位，未有效督促现场作业人员严格遵守执行法规、标准及安全技术操作规程，未对员工使用可燃气体检测仪对现场燃气检测情况进行监督管理，作业现场未采取封闭管理措施，对无关人员进行隔离；未指派专门的管理人员负责现场安全，检查落实各项安全措施；未对相关方安全管理范围与职责进行明确界定。现场未张贴《通气通知》，未履行书面安全告知、提醒的责任和义务。

2）安全生产操作规程未落实。燃气公司作业人员朱某、张某在对张湾区某理发店天然气通气直接置换作业时，违章操作，违反《城镇燃气设施运行、维护和抢修安全技术规程》CJJ 51 第六章生产作业 "6.1 一般规定、第六章生产作业 "6.2 置换与放散 6.2.4" 规定、第六章生产作业 "6.2 置换与放散 6.2.3" 规定和燃气公司《通气点火技术指引》第十六条第 4 款的规定燃气公司《通气点火技术指引》第十六条第 4 款 "将胶管的一端连接在灶前阀,另一端伸到室外,打开球阀进行户内置换,置换所排放的气体必须引到室外。置换合格后,关闭阀门",通气作业现场未配置检测仪器,未安排人员对作业现场进行浓度检测,置换作业时管道末端未设置临时放散管,置换所排放的气体直接排放在室内,导致室内天然气集聚达到爆炸极限遇明火发生爆炸。

3) 隐患排查制度未落实。燃气公司违反《安全生产法》第三十八条 [《安全生产法》第三十八条:生产经营单位应当建立健全生产安全事故隐患排查治理制度,采取技术、管理措施,及时发现并消除事故隐患。事故隐患排查治理情况应当如实记录,并向从业人员通报。] 的规定。在置换作业前未对张湾区艺朗理发店现场使用液化气热水器存在双气源(作业现场存在液化气和天然气两种气源)等安全隐患进行全面排查,未发现未采取技术、管理措施对通气点火作业现场进行封闭隔离并消除这一事故隐患。

4) 安全教育培训不到位。燃气公司违反《安全生产法》第二十五条。

《安全生产法》第二十五条第一款:生产经营单位应当对从业人员进行安全生产教育和培训,保证从业人员具备必要的安全生产知识,熟悉有关的安全生产规章制度和安全操作规程,掌握本岗位的安全操作技能,了解事故应急处理措施,知悉自身在安全生产方面的权利和义务。未经安全生产教育和培训合格的从业人员,不得上岗作业。

未将班组关于检测仪器的使用和置换放散时,作业现场应有专人负责监控压力及进行浓度检测的安全操作规程纳入教育培训内容,未保障作业人员熟悉置换作业安全操作规程,掌握本岗位的安全操作技能,了解事故应急处理措施,从业人员安全生产教育和培训考核不同程度存在流于形式问题。

5) 安全责任未落实。燃气公司违反《安全生产法》第十九条。

《安全生产法》第十九条　生产经营单位的安全生产责任制应当明确各岗位的责任人员、责任范围和考核标准等内容。

生产经营单位应当建立相应的机制，加强对安全生产责任制落实情况的监督考核，保证安全生产责任制的落实。

未严格落实安全生产责任体系，安全生产管理监督、检查、考核不到位，未发现并制止事发现场作业人员习惯性违章操作的行为；未明确置换作业现场各岗位安全责任人员、责任范围；部门安全管理人员履行职责不到位，检查督促作业人员落实各项安全措施不到位，作业人员未严格执行操作规程；燃气管道（户外）项目竣工验收情况未报燃气主管部门备案。

6）行业监管不到位。燃气主管部门，没有认真履行燃气安全监管职责，未单独制定 2017 年度执法检查计划，落实燃气经营重点单位日常监督检查工作不力，监督检查不彻底、有盲区。

（3）事故性质

经调查认定，燃气公司"5·12"一般燃气爆炸事故是一起生产安全责任事故。

4. 事故防范措施建议

（1）燃气经营企业应严格落实企业主体责任。

1）燃气经营企业要深刻吸取事故教训，立即停止所有天然气安装项目施工作业，进行全面隐患排查整治，整改不到位严禁复工。同时要牢固树立"红线"意识，按照"管业务必须管安全、管生产经营必须管安全"、"五落实五到位"的要求，认真落实安全生产责任制，明确公司各层级安全生产岗位职责，层层压实安全生产责任制，做到各环节、各岗位安全生产责任到位、安全管理到位。

2）进一步加强从业人员安全生产教育培训，完善各项规章制度和操作规程。要将《城镇燃气设施运行、维护和抢修安全技术规程》CJJ 51 中相关规定纳入教育培训考核内容，严禁培训不合格的人员上岗作业。要严格执行相关标准规范，完善公司规章制度和操作规程，把在通气点火作业流程中，作业现场应有专人负责监控压力及进行浓度检测作为现场安全确认的必备内容。

3）根据国家安监总局《安全生产培训管理办法》第十二条第一款规定，责令燃气公司主要负责人和安全生产管理人员从新参加安全培训。安全培训并考核合格的人员及数量与企业经营规模相适应，最低人数应符合《住房和城乡建设部关于印发〈燃气经营许可管理办法〉和〈燃气经营企业从业人员专业培训考核管理办法〉的通知》（建城［2014］167号）的要求。

（2）落实属地及城镇燃气行业主管部门的安全监管职责，加强对燃气经营企业的安全监管。各级政府及燃气行业主管部门要按照"管行业必须管安全、管业务必须管安全、管生产经营必须管安全"和"谁主管谁负责"、"谁许可谁负责"、"谁发证谁负责"以及"一岗双责"的有关原则和要求，切实落实属地及有关行业部门的安全监管责任，加大执法和监督检查力度，进一步加强城镇燃气行业的安全监管工作。对危险性生产经营行为要严把市场准入和行政许可关，强化"三同时"审查和竣工验收，加强源头管控；要充分利用隐患排查"两化"系统，实现企业监管全覆盖；要加强对企业的日常监督检查，督促企业整改隐患和问题。

（3）强化城镇燃气安全专项整治。城镇燃气行业主管部门要认真贯彻省市安委会关于加强安全生产工作的有关精神，进一步加强城镇燃气行业安全管理工作，强化城镇燃气安全专项整治。要按照"全覆盖、零容忍、严执法、重实效"的总要求，采取切实有效的措施，全面深入排查安全生产隐患，努力使安全检查活动和隐患排查治理工作制度化，杜绝此类事故的再次发生。

3.3 经验教训

随着城市燃气事业的不断发展，燃气居民用户数日益增加，燃气用气事故也时有发生，给居民的生命和财产带来损失，有的还会严重威胁公共安全，从以上这些燃气用气事故中可以得出以下教训：

（1）居民用户，特别是出租房房客安全用气知识匮乏，燃气具放置不当、使用不规范。目前，燃气公司为用户提供免费安检服务，以两年为一周期对燃气灶具进行安全检查。同时，还与社区、物业、学校联手，通过"安全用气进社区"、"小手牵大手"等活动走进居民，增进居民用气的知晓度，提高用户安全用气的意识，规范灶具使用。

（2）现行的燃气法规使燃气企业左右为难，处于用气安全责任的风口，比如：燃气具（包括燃气报警设备）市场的开放的，但是其安全管理职能却强加于既无行政执法权、有无设备所有权的燃气供应企业，尤其是承担社会责任的国有燃气供应企业，因发生事故所造成的后果则由燃气供应企业"垄断"，在天然气置换时，面对用户不愿意淘汰的非安全型或已过判废年限的燃气器具，燃气供应企业又陷入两难的境地，若安排改装恐知法犯法，若不予置换又恐怕引发（群体）社会事件。为防止非安全型或已过判废年限的燃气器具经过改装后出现更大的安全隐患，政府应当有所作为，在天然气转化过程中对非安全型燃气具进行限制改装。同时，通过堵疏结合的方法，组织燃气器具厂商、燃气供应企业推荐优惠更新办法，鼓励用户淘汰非安全型或已过判废年限的燃气器具。

（3）在燃气企业根据法律规定对居民用户开展免费安检过程中经常遇到进门难。甚至不让进门的情况；面对检查出的隐患用户往往不愿意整改，而不幸发生用气事故，用户甚至当地政府则千方百计将责任推给燃气企业（为了和谐社会）。面对以上情况，燃气企业只能通过下发整改通知书，请物业，居委会到场作证等方式，降低不确定性风险。

第4章 高危作业典型事故案例

4.1 概述

随着中国经济的快速发展，燃气工程建设项目不断出现，施工作业安全问题日益显现，尤其是高危作业施工事故的频发给施工人员和社会带来了难以估量的损失，高危作业施工安全问题日益受到重视，通过高危作业典型事故案例反思、风险分析、违章作业现象、事故原因与教训、应遵守的操作规范和具体防范措施等进行详细讲解，告诫人们只有时刻增强安全意识，做好各项安全防护措施，才能避免意外事故的发生。

4.2 典型事故案例分析

4.2.1 江苏省南通市"6·16"LNG储罐钢筋网片倒塌模板坠落事故

1. 事故简介

2009年6月16日7时50分，江苏南通LNG项目接收站工程1号储罐区发生钢筋网片倒塌、模板坠落事故，造成8人死亡，15人受伤，其中3人重伤。

2. 事故经过

2009年6月16日6时30分，由上海某公司承建的液化天然气储罐开始施工，继续进行箍筋绑扎作业，并于7时30分左右开始在第九层钢筋网片处进行高空吊装作业，用塔吊吊装网片箍筋，当时现场施工人员为91人，其中85人为上海某公司雇佣的南京某劳务公司职工，6 人为内罐施工做准备工作的其他公司员工。另有 160 名员工位于储罐外 200m 处集中进行安全喊话，未进入施工现场。

7 时 56 分，位于西北角 4 号扶壁柱附近内壁钢筋网片突然向罐内倾倒，带动其余网片沿周长从两侧依次向罐内连续倒塌，垮塌拉力同时将部分位于第 8 层的操作平台带落，正在施工的人员坠落在罐内，造成 2 人当场死亡，6 人送医院后经抢救无效死亡，15 人受伤。

3. 事故原因

（1）直接原因

1）位于第 9 号、10 号、11 号浇筑段的内侧网片呈独立悬臂状超高安装，内外侧网片间缺少有效拉结，设置在钢筋网两侧的吊拉带夹角过小，而导致相互支持稳定作用较弱；

2）工人安装网片内金属波纹管，擅自局部解除吊拉带，且在钢筋网上有挂架和作业工人，导致超高超重网片在不对称荷载作用下，局部平面外失稳引发连续倒塌。

（2）间接原因

1）在内外钢筋网片之间为方便放置波纹管，内外层网片连接拉钩设置过少；

2）该层网筋规格加大，网片顶部又有搭接接长钢筋，中部有横向加密筋，造成头重脚轻，加大了网片的不稳定性；

3）内圈网片由于拉带和拉接筋安装不足，横向稳定性差，容易在外力干扰下失稳，向内倾覆；

4）施工单位对 9.3m 高的钢筋网片的危险性认识不足，所编制的该层钢筋施工方案没有提出有效的安全措施，作业指导书中虽然提出了绑系拉带要求，但具体操作方法不明确；

5）施工单位施工作业组织不严密，对作业前安全分析不到位，在钢筋网上设有挂架和作业工人作业，造成网片受力不匀，重心偏移；

6）施工单位安全管理不严格，擅自对局部解开拉带，造成安全防护设施失效，导致网片失稳；

7）总承包单位未就 9.3m 高的特殊钢筋网片安装施工方案提出具体的施工安全技术措施要求；

8）监理单位虽对超高钢筋网片的施工方案进行了审查，但也对 9.3m 高的钢筋网片的危险性认识不足，未作专项要求。

4. 事故防范措施建议

（1）针对内侧网片呈独立悬臂状超高安装的情况，重新制定施工安全措施，每个网片安装三个与网片等高的 H 型钢支撑柱，增加有效拉结，重新设置钢筋网两侧的吊拉带，增加数量并增大夹角，整体提高网片稳定性；

（2）加强施工作业管理，杜绝 2 人以上作业人员同时直接在钢筋网片的同侧作业，杜绝施工机具或设施直接用力在钢筋网片上，严禁网片受力重心偏移，确保超高超重网片载荷对称；

（3）重新进行风险识别，采取控制措施。施工单位重新按施工工序进行风险识别，编制风险控制计划，制定风险控制措施，修订储罐钢筋施工方案，补充了有效的安全措施，明确绑系拉带要求，制定了详细的实施方法，并由总承包单位、监理单位和建设单位对风险控制计划进行审核批准；

（4）组织施工单位开展作业前安全分析工作。所有现场施工作业人员在作业前必须针对作业内容进行安全分析，根据分析出来的安全风险落实安全措施，施工负责人要检查安全措施落实情况，总承包单位和监理单位抽查作业前安全分析工作落实情况，对未进行安全分析就作业的责任领导和责任人进行处罚，确保安全措施到位；

（5）施工组织进行合理安排，严格落实安全验收工作。由总承包单位统一调度施工活动，对无法避免的交差作业采取有效安全措施。在网片安装时，尽量减少现场人员数量。网片安装时先安装 H 型钢支撑柱，将网片固定在支撑柱上，内外层网片连接拉钩要全部完全绑扎，由总承包单位和监理单位确认合格后方可进行下一步作业；

（6）加强对施工方案的审查管理。施工单位要对各项施工方案进行重新审查，特别是对安全措施的有效性进行审查。施工单位要对施工中的风险控制措施进行讨论和确认，要征求相关专业技术人员的意见，确保制定有效的安全措施。在方案的审批上，施工单位组织总承包单位、监理单位对方案进行审批，由相关专业人员对安全措施的有效性进行核实；

（7）加强对施工作业人员的安全教育。总承包单位要加大对作业人员的入场安全教育管理力度，严格执行入场安全教育制度，施工单位对作业人员重新进行一次安全教育，严格落实现场作业人员安全技术交底工作。监理单位加强安全教育的监督检查工作，执行建设单位关于现场的安全教育要求，提高作业人员安全意识；

（8）总承包加大对施工单位的监督管理力度。对施工单位的施工组织安排、进度、质量和安全措施落实情况全面监督检查，要求合理安排施工进度，严格施工质量，确保安全措施到位。加大对施工现场违章行为处罚力度，杜绝现场员工违章行为。加大对施工单位隐患排查力度，发现隐患立即消除，必要时要停止作业，杜绝现场存在重大事故隐患；

（9）总承包单位要组织相关分包商加强对大直径、大容量的液化气储罐施工工艺、施工组织方面的研究，深入发现在施工中存在的安全风险，有针对性的制定施工安全措施和安全管理方法，提高大型液化气储罐的施工安全管理水平和标准；

（10）组织相关专业人员对独立悬臂状超高网片安装的安全可行性进行论证，从根源上杜绝类似事故发生。

4.2.2　广东省广州市"7·8"天然气管网二期工程线路六标段顶管工作井突沉事故

1. 事故简介

2013 年 7 月 8 日下午 17 时 15 分，在广东省天然气管网二期工程线路某标段顶管工程的工地，发生了一起顶管工作井突沉事故，导致现场 1 名施工人员死亡。

2. 事故经过

2013 年 7 月 8 日约 8 时 30 分，工作井已下沉至地下 7.5m 深度，约 17 时，杨某（死者）、李某等 5 名施工人员在已下沉稳定超过 8h 的工作井周边平整泥土，并观测工作井是否有下沉偏位。当时，作业人员杨某位于北侧井壁外的地面上（据现场作业人员称杨某距井外壁约 2m 左右），另一名作业人员位于杨某对侧（即工作井南侧，工作井南侧约 0.8m 处有拉森钢板桩保护原水管线）。观测结束后，杨某等人正在收拾现场施工器具时，工作井突然瞬间整体下沉约 2m，工作井东侧、北侧的泥土快速向井内涌入。杨某被泥土推入井内的淤泥中，短时间内淹没仅余一只手臂，现场其余 4 名施工人员立即组织施救并调集工地值班挖掘机清理泥土实施救援。

3. 事故原因及性质

（1）事故原因

1）直接原因

经调查分析和专家论证，造成本起事故的直接原因是事故作业点场地的地质条件复杂，淤泥层厚度大、含水量高、承载力低，在天气、水文等自然条件因素影响下，使得土体含水量增大、强度降低，工作井侧壁摩阻力下降，工作井的受力平衡被打破，最终导致了工作井瞬间下沉事故的发生。

2）间接原因

工作井项目实施前，施工单位虽然按规定进行了地质勘查、工程设计和施工组织设计，也具备类似工程的施工经验，在南沙地区已经施工完成了 4 个同类型的工作井，但施工单位对南沙地区深厚淤泥层的工程性质认识不足，使得对施工过程中工作井的突沉风险评估不足，是造成本起事故的间接原因。

经查阅有关法律法规和建设规范，及咨询有关工程建设方面的专家，在法律法规和建设规范中无强制要求"对工作井施工必须进行突沉风险评估"的规定。

3）主要原因

复杂地质条件和不利天气影响是导致这起事故发生的主要原因。

（2）事故性质

经调查分析，这起事故主要是受复杂地质条件和不利天气影响，导致工程土层承载力下降和工作井突然下沉而引发的事故；建设项目的地质勘测、工程设计和施工组织均按规定进行，有关工作井突沉风险评估不足的问题，在法律法规和建设规范方面未作明确规定，属施工单位对南沙地质工程性质认识不足的局限性影响而未预测到突沉风险，因此，事故调查组认定为这是一起意外事故。

4. 事故防范措施建议

（1）油建公司在南沙区类似工程要立即停工，组织全体职工召开事故现场分析会，认真分析事故原因，深刻反省事故教训，同时组织技术人员对在建的类似工程的地质勘探、工程设计、施工作业等每个环节的技术防范措施执行是否到位进行排查，切实保障安全。

（2）依据《广东省安全生产条例》第十四条的规定，油建公司必须委托符合资质要求的安全评价中介机构，对南沙区内管线施工作业现场的安全生产情况进行现状安全评估，全面查找事故隐患，并根据评价结论落实各项安全措施。

（3）油建公司在重新编制施工方案时，要充分考虑当地土质环境和气候条件，进行突沉方面的风险评估，在工程设计、工程计算中要预留足够安全冗余度，减低外部因素对工程质量、安全施工的影响。

（4）建设单位、监理单位要加强对施工单位的工程设计、施工组织、现场作业的审核把关，加强与南沙区建设行政主管部门的技术咨询，督促施工单位严格落实有关安全管理制度和技术防范措施。

（5）区建设局、区城管局等职能部门和各镇街要认真吸取事故教训，举一反三，根据南沙地质特点和天气情况，发布安全预警信息，督促南沙新区的建设项目认真做好安全防范工作。

4.2.3 河北省石家庄市"10·18"土方坍塌事故

1. 事故简介

2013 年 10 月 18 日 15 时 30 分许，石家庄某市政工程有限公司在石家庄某燃气有限公司某街区中压天然气工程施工过程中，发生土方坍塌事故，造成 2 人死亡，直接经济损失约 150 万元。

2. 事故经过

2013 年 10 月 18 日 7 时许，石家庄某市政公司某街区中压天然气工程现场负责人李某，安排 6 名工人对剩余 10 余米管道沟进行人工开挖作业，至 15 时 30 分左右，管道沟开挖长度约 10m，宽约 0.7m，深约 1.4m，地面之上堆有垃圾土高约 1.0m，总计垂直高度约 2.4m，新开挖的管道沟南侧土方突然坍塌，将正在作业的刘某、冯某 2 人掩埋。

3. 事故原因和性质

（1）直接原因。

施工现场作业人员违反《建筑基坑支护技术规程》JGJ 120—2012 的有关规定，未进行放坡或支护，在沟两侧近边沿堆土，造成边坡坍塌，是导致该起事故发生的直接原因。

（2）间接原因。

1）石家庄某市政公司不具备施工的资质和资格。该公司未按照《建设工程安全生产管理条例》（国务院令第 393 号）第 20 条之规定，依法取得相应等级的资质证书，承揽市政基础设施工程建设项目，不具备市政基础设施工程建设施工资质。

2）石家庄某市政公司对作业人员安全培训不到位。该公司在天然气管道沟挖掘过程中，当机械作业无法进行，剩余十几米需人工作业时，临时从劳务市场招用人员，未经安全教育和培训便安排人员上岗作业，因工人安全意识淡薄，不具备土方作业安全常识，在施工作业过程中没有认识到现场存在的事故隐患，造成事故发生。

3）石家庄某市政公司安全管理制度不落实。该工程在机械作业无法进行后处于停工状态，复工时未经监理方许可，擅自组织复工，造成作业过程中缺乏有效的安全监管；作业前现场负责人未认真进行安全技术交底，致使作业人员违反安全管理规定，开挖过程中不进行放坡或支护，在沟两侧近边沿堆放大量土方，致使土体结构受力失衡，南侧大面积坍塌。

4）石家庄某市政公司安全管理存在漏洞。在管道沟挖掘作业过程中，李某作为现场负责人，未认真履行安全管理职责，早晨开工安排完工作便离开现场，直到下午 2 点多才返回工地，造成施工现场无人监管、工人违规作业，返回后对现场存在的事故隐患未组织人员及时排除、视而不见，造成事故发生。

5）燃气公司工程项目管理不严格。在组织某街区中压天然气工程施工过程中，认为此项目只是一个标的额 5 万元左右的小工程、工程施工简单、市政公司又是一家多年合作单位，在施工单位资质审核、施工现场管理等各方面都未严格把关，以致把工程项目承包给了不具备施工资质和施工素质的单位及人员，导致事故发生。

（3）事故性质。

这是一起因施工单位违规施工、违章操作、安全生产管理不到位而引发的生产安全责任事故。

4. 事故防范措施建议

（1）责令燃气公司将石家庄某市政公司清出石家庄某燃气有限公司某街区中压天然气工程。严格按照工程招标程序，重新选择具备资质的施工单位完成该工程剩余施工项目。

（2）燃气公司要严格工程项目招投标管理，严格审查工程项目施工单位资质条件和人员资格，加强对各施工现场的安全管控，防止事故发生。

4.2.4 江苏省苏州市"4·1"中压天然气管道碰通工程工地中毒和窒息事故

1. 事故简介

2014年4月1日4时25分左右，由江苏某建设工程集团有限公司承接的某公路中压天然气管道碰通工程工地（位于吴中区友新路与吴中大道交叉口东南角）发生一起气体窒息事故，造成2人死亡，直接经济损失310万元；在施救过程中，1名救援人员因窒息受伤，在入院治疗观察期间，病情趋于好转。4月9日，该员工的病情突然恶化，经医院抢救无效，于20时25分死亡。

2. 事故经过

2014年3月27日，施工单位江苏某建设工程集团有限公司将管线碰通施工方案交由建设单位燃气公司审核；3月28日，燃气公司组织公司安全部、工程部、运营部和施工单位对施工方案进行论证，参加论证的有燃气公司安全部经理项某、工程部副经理杨某和施工员董某、运营部倪某、施工单位代表杨某。燃气公司对论证情况做了会议纪要，并填报《管道危险作业项目审批表》，由公司工程部提出申请，经运营部、安全部和公司分管领导沈某层层审批通过。

2014年3月31日22时前，施工单位安排人员到现场进行碰通施工的准备工作，派至施工现场的人员有10人，分别是：项目施工员杨某、施工班组长张某、焊工王某和杨某，其他施工人员杨某、杨某、王某、王某、季某和张某。当时，在施工现场的还有项目负责人宋某，但在22时后相关人员未见其在现场。为保障施工方案的有效实施，燃气公司由副总经理沈某带队，公司安全部项某、工程部杨某和董某、运营部倪某在施工作业前到现场进行了巡查，并于22时前回到碰通点。

施工现场共有3个作业点，其中：一个为焊接碰通点，在兴昂路和苏震桃公路交岔处，也是主要作业点；其他两个作业点分别在田上江路与兴昂路交岔处、吴中大道和友新路交岔处（事故发生点），这两个点的施工作业是在井下开关阀门、装拆盲板和充氮气置换天然气。张某、杨某、季某和王某在焊接碰通点，杨某、王某和张某在田上江路点，王某、杨某和杨某在友新路点。王某和杨某应在各自作业点开启放散阀充氮气置换天然气后，去碰通点进行焊接。

　　按照施工方案，3 月 31 日 22 时开始碰通施工，先关闭碰通点上游老管道的三个阀门，接着关闭了管道下游各天然气用户的阀门。22 时 20 分左右，在碰通点的老管道上，开启放散阀将管道内的天然气放空。22 时 50 分左右，天然气放空结束。田上江路点和友新路点在关闭的阀门后各安装一块盲板，田上江路点、友新路点盲板分别由杨某、王某安装。盲板装好后，23 时 20 分左右，在友新路点、田上江路点开启放散阀，通入氮气置换管道内的天然气后，杨某、王某各自前往碰通点。

　　4 月 1 日零时 50 分左右，氮气置换天然气完毕，碰通点开始进行新、老管道碰通作业。张某负责切割打磨管道，杨某、王某轮流焊接。

　　3 时 40 分左右，碰通点焊接作业完成，杨某和张某一同先后到田上江路点、友新路点抽盲板。在友新路点，张某下井操作，杨某现下井配合，杨某平在地面负责打手电筒照明。4 时 10 分左右，张某林、杨某现回到地面。张某指示杨某现、杨某平有异常情况要及时汇报，不要私自下井。之后，杨某和张某离开友新路点回碰通点。路上，张某电话通知田上江路点的王某通氮气给管道检漏。按要求，田上江路点和友新路点的作业人员须用肥皂水刷在法兰上检漏。

　　4 时 15 分左右，张某和杨某回到碰通点。因为未接到两个作业点检漏不正常的情况汇报，张某和杨某认为作业点检漏合格，张某就电话通知田某江路点开启关闭的天然气阀门。4 时 25 分左右，杨某因手机电不足，安排在碰通点的王某打电话通知杨某平开启关闭的天然气阀门，电话无人接听。随即，杨某和王某开车赶去友新路点查看。

到友新路点后，杨某停车；王某赶到井口发现杨某现、杨某平躺在井里，就直接下井救人，并在井下将杨某抱托到井口。杨某停好车后赶到井口，将杨某平抱上地面进行现场急救，王某则又去救杨某现。2min后，杨某到井口准备接杨某现时，发现王某也倒在井里，呼吸急促，不能说话。杨某立即电话通知在碰通点的燃气公司的杨某，请她带人救援，并电话报120急救中心。

5min后，燃气公司的杨某、董某，施工单位的张某和杨某4人一同赶到友新路点事故现场。张某屏住呼吸下井，先后将王某和杨某托抱给井口地面上的救援人员。5时5分左右，3辆救护车先后赶到，将3人送至医院抢救。杨某平和杨某现经抢救无效死亡，王某经抢救恢复了意识并住院观察。

自入院至4月5日，王某每天8时左右到医院高压氧舱治疗1.5h。期间，王某生命体征平稳，恢复较好。6日，医院未安排王某使用高压氧舱治疗；当天晚上，王某开始发烧，病情加重。9日20时25左右，经抢救无效死亡。

3. 事故原因及性质

（1）直接原因

1）友新路点的燃气管道法兰在盲板抽取复位时未安装到位，田上江路点的天然气阀门开启后，管道带压，管道内的氮气从友新路点的法兰空隙处泄漏至友新路点的阀门井内，井内窒息性气体聚积，造成空气氧含量严重不足。

2）杨某平、杨某现安全意识淡薄，在受限空间作业，未按规定佩戴防护面具、未系安全绳，并在未开启通风设备的情况下，盲目冒险下井作业，导致窒息。

（2）间接原因

1）江苏某建设工程集团有限公司未认真落实安全生产主体责任，对施工人员安全培训教育不到位；未对施工作业进行安全技术交底，制订的碰通工程施工方案无安全防护和应急处置措施内容；作业现场安全监管不到位，友新路点作业现场未配备发电机，通风设备无法正常开启，井下作业未能保持良好通风环境。

2）燃气公司未制定和落实承包商安全管理制度，对承包商安全生产工作管理不到位；工程发包后，对施工单位安全管理人员资质审核、碰通工程施工方案审核不到位，对作业现场安全监管不到位。

3）有关行政主管单位和燃气行业管理部门安全监管不到位。

（3）事故性质

经认真调查分析，事故调查组认定，该事故是一起施工单位安全防护措施缺失、作业现场安全管理松懈，施工人员盲目下井冒险作业，建设单位施工现场安全监管不到位导致的生产安全责任事故。

4. 事故防范措施建议

（1）燃气公司和施工单位认真落实安全生产主体责任，加强全员安全生产培训教育，建立和完善安全生产基础管理台账；建立健全企业安全生产责任制，建立和完善安全生产各项规章制度和操作规程；组织开展事故隐患自查自纠，加强施工现场安全管理，全面落实企业安全生产主体责任。

（2）建议行业主管部门组织开展城镇燃气安全专项大检查，对查出的各类问题进行通报，并明确整改要求、整改责任单位和整改时限。

（3）建议苏州市住建局、吴中区政府及相关部门进一步加大燃气管道施工安全监管力度，通报该起事故原因及查处情况，杜绝类似事故的再次发生。

4.2.5   山东省东营市"4·28"液化气球罐内操作平台较大坍塌事故

1. 事故简介

2014 年 4 月 28 日 7：05 分，胜利油建工程有限公司在地处东营市东营区的山东某仓储有限公司球形罐区施工工地，对

5000m³ 液化气球罐（编号 V0105）进行现场制造（组焊）作业时，发生球罐内操作平台坍塌事故，共造成 5 人死亡，6 人受伤，直接济损失 540 万元。

2. 事故经过

完成 V0105 球罐现场制造的支腿预制、定位块焊接、组队工序施工后，于 2014 年 3 月 15 至 17 日搭设 V0105 球罐内外操作平台，搭设人员系现场施工队长李某军联系郑某亮，郑某亮从劳务市场找来 8 名无相应特种作业操作资质的人员搭设的，经勘验该球罐内操作平台不符合《建筑施工扣件式钢管脚手架安全技术规范》JGJ 130 要求。

3 月 23 日，球罐现场制造的调口工序施工完成，球罐外部焊接施工开始，4 月 25 日完成外部焊接施工作业。

因天气原因，球罐内部焊接施工作业推迟到 2014 年 4 月 28 日。28 日 6：45 分，现场施工队长李某军组织 12 名组焊人员，进入某仓储有限公司球形罐区施工工地 5000 m³ 液化气球罐（编号为 V0105）内部，登上罐内约 20m 高的操作平台进行球罐上极板焊接作业。

7：05 分，操作平台突然坍塌，作业面上 11 人瞬间坠落（当班共 12 人，其中 1 人因作业位置处于固定在球罐内壁上的临时工作平台，未受到伤害）。事故共造成 5 人死亡，6 人受伤。

3. 事故发生的原因和事故性质

（1）直接原因

违规搭设 V0105 球罐内操作平台，搭设技术不符合《建筑施工扣件式钢管脚手架安全技术规范》JGJ 130—2011 要求，内操作平台稳定性不能满足球罐内焊接作业的安全生产条件，导致操作平台整体失稳坍塌。

原因分析：

经现场勘查、调查取证、查阅资料、询问有关人员，并经综合分析认定：V0105 球罐内操作平台结构、搭设质量等方面存在严重问题，不能满足作业面焊接作业的安全条件。具体表现为：

一是内操作平台步距过大，经抽查约为 2.2～2.4m（技术规范规定脚手架底层步距不应大于 2m，其他不应大于 1.8m），纵横距为 1.9m（技术规范规定最大不应大于 1.3m）；

二是球罐内操作平台底部立杆无固定支撑点，局部未见扫地杆，部分扫地杆搭设不符合技术规范要求；

三是现场跳板固定形式为 14 号铁丝单股固定（参照技术规范规定，应使用 12 号铁丝双股固定）；

四是球罐内操作平台为多排井字架，缺少水平支撑系统，无一字撑或剪刀撑。

（2）间接原因

1）胜利油建公司及油建金属结构厂、项目部安全生产主体责任不落实，违规分包，现场安全措施落实不严格。

胜利油建公司违反《特种设备安全法》、《特种设备安全监察条例》（国务院 549 号令）及《球形罐施工规范》、《固定式压力容器安全技术监察规程》TSG 21 和《锅炉压力容器制造许可条件》等相关规定，将球罐组焊发包给不具备相应资质的公司，并于事后补办公司内部审批手续；对油建金属结构厂隐患排查治理工作，特别是对省市政府组织开展的安全生产资质检查专项行动落实不力，未发现无资质组焊单位施工，使用无资质安全生产管理、脚手架搭设人员等安全生产管理漏洞失察。

油建金属结构厂作为事故球罐制作、安装合同及施工的具体实施者，违规发包；允许无任何资质的李某施工队进行组焊施工；对隐患排查治理工作，特别是省市政府组织开展的安全生产资质检查专项行动落实不力；任命、使用无安全生产管理资质和能力的人员作为安全员，导致项目部安全管理存在大量漏洞；对现场项目部隐患排查治理落实不力，特别是无资质人员搭设组焊用操作平台、施工现场安全管理混乱，操作平台施工专项方案存在重大隐患、操作平台验收不严格、不具备安全生产条件投入使用等失察。现场项目部允许无任何资质的李某施工队进行组焊作业；允许无相应资质的施工人员进行操作平台搭设；提名、使用无相应资质安全生产管理人员；对操作平台搭设不使用专项方案、搭设不符合技术规范隐患排查治理不力；对操作平台验收不严格，在操作平台严重不符合技术规范、不能保证组焊施工人员安全的情况下，允许投入使用。

2）分包公司资质达不到相应要求承揽组焊施工工程，出借资质，违规转包。该公司在不具备相应资质的情况下，违反相关规定，承揽球罐组焊施工；在收取管理费后转包给无任何相应资质的顺庆公司；对承揽工程安全生产未作任何管理。

3）分包公司无任何相应资质承揽工程，违规转包。该公司在不具备任何相应资质的情况下，违反相关规定，承揽球罐组焊施工；赚取差价后转包给无任何资质的李某施工队；对承揽工程安全生产未作任何管理。

4）李某施工队违规施工，雇佣无资质架子工搭设操作平台，违规将不具备安全生产条件的操作平台投入使用。该施工队无任何资质承揽事故球罐组焊施工工程；雇佣无资质、无相应专业技术知识的架子工搭设操作平台；对操作平台施工无专项方案、不按照技术规范施工；李某不具备相应专业技术知识、对搭设的操作平台验收不严格、允许不符合技术规范要求的操作平台投入使用、违章指挥组焊施工人员进行施工。

5）山东某仓储有限公司未将发包的球罐制作、安装工程安全管理工作纳入统一管理，未与承包单位签订安全协议，对外来施工队伍安全生产管理混乱监督、管理不力，对胜利油建公司等单位违规分包转包、不具备相应资质的外来施工队伍违规施工失察。

6）监理公司未认真履行项目监理职责，监理工作存在不到位、不严格的现象。该公司对工程多次转包监理不到位、不严格，没有及时发现和处理；对球罐项目施工组织设计方案审查、审核不严格、不细致，在操作平台施工方案内容简单、不能满足规范搭设要求、存在重大安全隐患的情况下，通过球罐项目施工组织设计方案审查、审核；对不符合规范搭设的球罐内操作平台搭设工程不检查、不制止、不报告、不处理。

7）市、县质监部门行业监管责任落实不力，安全生产打非治违、生产经营单位资质专项检查工作存有死角。

① 东营区质量技术监督局，未认真按照有关法律法规履行辖区内特种设备安全监察职责，落实安全生产资质检查专项行动不到位，对辖区内无资质承揽工程、无资质施工监督不力，打非治违工作存有"死角"。

② 东营市质量技术监督局，作为胜利油建公司的安全生产监管部门，安排部署全市特种设备生产企业资质专项检查不到位，对特种设备行业安全生产管理监督检查、督导不到位，对无资质特种设备制造施工队伍打击不力，对特种设备监检工作不到位，监督检查不力，致使无资质施工队伍承揽特种设备制造施工工程。

8）市、县安监部门职能发挥不全面，督导有关部门落实行业监管不得力。

① 东营区安监局，督促企业落实安全生产主体责任不到位，对与油建公司未签订安全生产协议检查不细致；督促落实全区安全生产资质检查专项行动不到位，安全生产综合监管工作不到位。

② 东营市安全生产监督管理局。作为履行全市安全生产综合监督管理部门，协调指导行业主管部门抓安全工作措施不力。

9）地方人民政府属地管理责任落实不到位，指导督促安全生产工作不力，"打非治违"工作不彻底。东营区人民政府贯彻落实安全生产法律法规政策规定和上级部署要求不到位，未完全履行属地安全生产领导责任，组织辖区内开展安全生产大检查和资质检查专项行动不到位，未能督促有关部门依法履行安全生产监督管理职责。

（3）事故性质。

经调查认定，胜利油建工程有限公司液化气球罐内操作平台

185

"4·28"较大坍塌事故是一起生产安全责任事故。

4. 事故防范措施建议

（1）生产经营单位要依法经营，切实落实主体责任。

各生产经营单位要深刻吸取液化气球罐组焊内操作平台"4·28"较大坍塌事故的沉痛教训，依法生产经营，严格按照许可范围从事生产经营活动，不得出借资质，违规发包、承包和施工。要严格执行压力容器制造、安装的有关法规、标准规范，使用有相应资质的单位和施工人员依法依规施工。要建立健全隐患排查治理制度，落实企业主要负责人的隐患排查治理第一责任，实行谁检查、谁签字、谁负责，做到不打折扣、不留死角、不走过场。要深入开展安全生产资质检查专项行动，防止将工程、施工发包或雇佣无相应资质单位、队伍、人员；将外来施工队伍纳入本单位安全生产的统一管理，督促施工队伍落实安全生产主体责任。中央企业不管在什么地方，必须依法接受地方的属地监管、行业监管。

（2）主管部门管行业必须管安全，切实落实行业监管责任。

市、县两级质监等有关部门，坚持管行业必须管安全、管业务必须管安全、管生产经营必须管安全和"谁发证谁负责"的原则，把安全责任落实到领导、部门和岗位。要严格落实行业监管责任，依法依规，严管严抓。要继续深化省政府组织开展的安全生产资质检查专项行动，并建立长效机制，杜绝不具备相应资质生产经营单位特别是无资质单位的违规生产、施工。县区安监局要切实履行综合监管职能，积极协调、督促有关部门履行职责，为党委、政府当好"防火墙"，为全市经济社会建设营造良好的安全生产环境。

（3）县区政府要严格履行职责，切实落实属地管理责任。

各级政府及其有关市属开发区管委会，要牢固树立科学发展、安全发展理念，把安全生产纳入经济社会发展总体规划，建立健全"党政同责、一岗双责、齐抓共管"的安全生产责任体系。在发展区域经济、加快城乡建设的过程中，要始终坚持安全生产的高标准、严要求，在招商引资、上项目中不能降低安全标准，不能不按相关审批程序搞特事特办，不能违规"一路绿灯"。政府经济建设、企业生产经营与安全生产发生矛盾时，必须服从安全生产需要；所有项目、工程、设备设计、制造、建设、使用必须满足安全规定和条件。各级人民政府要加强本行政区域特种设备安全生产工作的领导，督促有关部门依法履行职责，对本行业连续发生较大事故的实行"一票否决"，防止类似事故发生。

（4）进一步明确职责，切实加强设备安装工程、特种设备制造安装工程领域的安全生产监管。

各级政府、安委会及住建、质监等有关部门，要认真按照《安全生产法》、《建筑法》、《特种设备安全法》及有关法律法规的要求，进一步明确各自对设备安装工程和特种设备制造安装工程领域的安全生产监管职责、责任主体，依法加强监管；要切实加强工程承发包的管理，防止不具备相关资质的单位违法承包；切实加强外来施工队伍的监管，防止类似事故发生。

4.2.6　湖北省黄石市4·29氮气窒息亡人事故

1. 事故简介

2014 年 4 月 29 日 17 点 30 分，中石油湖北某公司在黄石市某大道中压钢制燃气管道置换通气操作时，发生氮气窒息事故，造成 2 名员工死亡。

2. 事故经过

2014 年 4 月 25 日，公司维抢修队将某大道置换方案上报公司生产运营部，生产运营部现场勘探后，审核通过了该方案，主管副总经理批准后，确定置换时间为 4 月 29 日。

2014 年 4 月 27 日上午，安全总监吴某，维抢修队长张某，生产运营部经理聂某对现场作业人员进行了培训，对方案的各个环节进行了明确，对各组作业现场步骤进行了要求。

2014 年 4 月 29 日 8 时 50 分，副总经理于某组织生产运营部、质量安全环保部、工程技术部、维抢修队及施工单位的相关人员进行了交流。

9 时，对 20m 碰头管段氮气置换后，进行三通安装施工。

15 时 40 分，三通安装完毕，进行焊缝探伤检测，探伤检测合格。

16 时 10 分，现场 4 名操作工和一名安全员开始准备作业，按分工要求去往各自岗位。因注氮点无监护人员，安全员留在注氮点监护。注氮点按要求连接注氮装置，放散点的操作工卢某和李某在没有按置换方案安装临时放散装置的情况下入井打开放散阀。注氮人员卞某向放散人员确认是否可以注氮，放散点人员回复可以注氮，卞某电话请示维抢修队长张某是否注氮，维抢修队长在未核实现场情况下，同意注氮并下达指令。

17 时，开始注氮。17 时 30 分左右，巡检人员胡某从注氮点开始巡线，胡某发现放散点操作工卢某因未检测阀井气体浓度就直接下井操作而昏迷。监护人员李某发现卢某昏迷后，未戴任何防护工具，直接跳入井中施救。巡检人员胡某赶到井边协助李某往外拉卢某，而李某抱着卢某也昏迷在井中。胡某立即通知注氮点停止注氮，上报维抢修队长，并拨打了 120 急救电话。公司启动了应急预案，应急小组立即赶往现场，此时胡某向路人寻求救助，现场对卢某和李某进行心肺复苏施救。而后公司应急救援人员到达事故现场。

17 时 55 分，120 救护车抵达，将伤员送医院抢救。

18 时伤员被送达黄石市二医院进行抢救。然而医院多方努力后，于当晚宣布卢某、李某经抢救无效死亡。

3. 事故原因

（1）直接原因

放散人员未按置换方案操作，在末端阀井放散阀处安装放散设施，造成氮气在末端阀井内放散并聚集。作业人员进入阀井内操作时窒息昏迷，现场监护人员未佩戴防护用具入井盲目施救，造成两人氮气窒息死亡。

（2）间接原因

1）放散点处作业人员在未安装放散装置的情况下告知注氮人员注氮点具备注氮条件。

2）现场监管人员未按置换方案要求进行置换前作业条件的符合检查。

3）维抢修队队长置换作业前未到现场核实，在仅凭现场电话汇报认为置换作业条件具备的情况下，下达注氮置换作业指令。

4）作业人员安全意识淡薄，风险意识不强，对氮气引起窒息及死亡的风险认识不足。

5）现场置换人员迫于用户催促和供气时间的压力，盲目简化作业程序。

6）巡检监护人员对违章行为没有及时提醒和制止。

7）放散作业人员存在侥幸心理和麻痹思想。

（3）管理原因

1）投产作业的规定及要求落实不到位，"三违"行为没有得到有效扼制。

2）进入阀井作业属于有限空间作业，在实际执行中，进入有限空间作业许可执行不到位。

3）现场指挥组负责人员应在现场组织实施投产置换，但实际未在现场。

4）现场专职安全监督检查人员没有尽到职责。

4. 事故防范措施建议

（1）生产经营单位应加强员工的安全生产培训教育，增强其安全意识和自我保护意识，使作业人员了解掌握安全操作规程和规范的内容及要求，并自觉遵守。

（2）生产经营单位应加强作业过程中对安全操作规程执行情况的检查与监督，消除作业现场安全管理的空白，杜绝违章作业情况的发生。

4.2.7 四川省广安市"7·26"一般高处坠落事故

1. 事故简介

2014年7月26日18时许，川渝合作示范区某文化旅游园区某广场2号楼建筑工地发生一起死亡1人的一般高处坠落事故，造成直接经济损失50万元。

2. 事故经过

2014年7月26日，四川省某化工建设总公司在正某广场2号楼进行民用天然气安装作业，安装队队长吴某聘请临时工王某、刘某搬运施工材料，当日下午18时许，现场工人王某发现刘某在搬运材料过程中不慎从电梯井入口坠落至电梯井底部，后即报120急救中心，120急救人员赶到现场后确认刘某已经死亡。

3. 事故原因及性质

（1）事故原因

1）直接原因

房地产公司擅自拆除某广场2号楼电梯井的洞口防护、水平防护且未采取任何临边防护措施。

2）间接原因

① 房地产公司与某燃气事业部签订天然气安装合同后，没有进行安全技术交底；房地产公司安全管理制度不健全，安全生产责任制度不落实，项目部没有设专门的安全管理机构，现场安全管理人员没有经过专门的安全培训，无隐患排查制度及台账。

② 四川某化工建设总公司现场施工安全管理不到位，安装队队长吴某没有对新进临时工进行安全教育培训，安全管理制度不健全，安全责任制度不落实，未层层签订安全目标责任书。

③ 项目管理公司某广场项目总监詹某和专职监理员杨某没有到现场履职，现场监理员吴某被告知2号楼电梯井洞口防护和水平防护被拆除后没有发监理通知书给相关单位，只口头报告开发商，对日常监理排查出的隐患未督促相关单位整改到位；在业

主单位隐患未整改的情况下，未及时向负有安全监管职责的部门报告。

④ 燃气事业部没有对某广场项目现场的施工作业环境进行安全检查；将某广场项目的户内燃气安装劳务分包给四川某化工建设总公司时，只注重了施工单位的资质和专业技术人员的资质，疏于对施工现场的监督管理。

（2）事故性质

经调查认定，这是一起电梯口无洞口防护措施造成的一起一般高处坠落生产安全责任事故。

4. 事故防范措施建议

为深刻吸取事故教训，杜绝此类事故再次发生，广安市住建局、广安协兴园区管委会、房地产公司、四川某化工建设总公司、燃气事业部、项目管理公司等部门应采取以下措施：

（1）房地产公司要深刻吸取事故教训，进一步健全安全生产责任制，按照《四川省生产经营单位安全生产责任规定》（省政府216号令）建立健全安全生产各项管理制度及台账，层层签订目标责任书，完善安全教育培训和隐患排查治理制度，切实加强施工现场的安全管理，全面、深入、细致开展隐患排查，及时治理各类事故隐患，杜绝同类事故再次发生。

（2）四川某化工建设总公司要落实企业主体责任，建立健全安全生产管理制度，加强对员工的培训。加强现场的安全管理，对作业现场存在重大安全隐患的要停止作业，待隐患消除后方可作业。

（3）项目管理公司要落实企业主体责任，建立健全安全生产管理制度，层层签订目标责任书，要认真履行安全监理职责，加强对施工项目的现场监理，对施工过程中的每个环节一定要监理到位，并落实好签字验收制度，有效防范安全事故；要加大安全检查的力度，及时发现纠正存在的安全隐患；对安全隐患整改不到位的，要采取果断措施予以处理，绝不允许项目部带着问题和隐患进行施工作业。

（4）燃气事业部要层层落实本单位的安全生产责任制，加强对燃气安装现场作业现场的安全检查，加强对户内燃气安装单位四川某化工建设总公司的安全管理。

（5）广安市住建局要完善安全管理制度，落实"一岗双责"，要举一反三，进一步加强建筑领域的安全生产监督管理。要认真查找建筑工程安全生产工作中的薄弱环节和突出问题，强化监督检查，做到令行禁止，确保建筑行业的生产安全。

（6）园区管委会要加大对辖区内企业的日常监管力度，要认真学习贯彻落实安全生产法律法规特别是《建筑法》、《建设工程安全生产管理条例》等法律法规，进一步加大建筑施工安全的执法力度，对检查中发现的隐患要督促企业进行整改并对整改情况进行复查。

4.2.8 辽宁省大连市"10·31"燃气中毒事故

1. 事故简介

2014年10月31日11时48分左右，某公司员工在施工过程中发生燃气中毒事故，造成1名员工死亡，直接经济财产损失为67.5万元。

2. 事故经过

2014年10月30日，某公司某小区24号楼施工班组已经挖好了4条管沟，为第二天的施工做好了准备工作。管沟为南北走向并排，事故沟槽宽约50cm左右、长约5m，沟槽浅处60～70cm，深处有1m左右。

2014年10月31日早6时左右，某公司班组长马某吃完早饭后到施工现场进行了巡视，早7时左右，班组长马某见燃气公司刘某（甲方现场施工员）还未到施工现场对4条进户管线进行燃气主管线与支管线的分离工作（以下简称掐气作业），为了赶工程进度，班组长马某就擅自组织施工班组人员对管线进行掐气作业，自西向东先后对4条管线进行了掐气作业，掐气作业主要以冯某为主，于某、任某配合，马某自己进行量尺、下料、管线焊接工作。

　　小区 24 号楼施工班组共计 7 人，其中班组长马某为焊工，冯某为管工，任某、于某、王某和牟某为力工，仇某负责做饭。10 月 31 日的分工情况是：班组长马某为焊工，主要对管道焊接进行预制；冯某为管工，主要工作是进行管道量尺、下料及管线安装；事故当天主要由冯某进行掐气作业，于某、任某作为力工，配合班组长马某和冯某工作；王某和牟某为一组，进行沟槽开挖和填埋工作。在掐气作业完成后，按照事先安排好的分工，开始自西向东依次对 4 条管线进行施工作业。施工作业内容主要有：部分老旧管线的拆除、拆除管线后重新量尺、下料、管线焊接和管线安装工作。

　　10 月 31 日上午 11 时 10 分左右，仇某做好了午饭，施工人员陆续回来吃饭，整个上午班组长马某、冯某、任某和于某 4 人（另外 2 人在另一个区域内进行沟槽开挖工作）共同完成了第 1 条管线的安装、碰头工作，尚未进行供气；第 2 条管线完成了安装、碰头尚未进行供气；第 3 条管线完成了安装工作，尚未进行碰头、供气作业；第 4 条管线尚未开始施工。午饭过后，班长马某准备外出采购施工工具，走出帐篷的时候看到任某在帐篷外抽烟，班组长马某向任某询问第 2 条管沟和第 3 条管沟的施工进度如何，任某回答已经干得差不多了，班组长马某就安排任某下午找冯某他们帮忙，对第 3 条管线进行碰头作业，然后就外出采购工具了。冯某和于某吃完饭回到施工现场，对第 1 条沟槽内管线进行打压测试（于某在室内，冯某在室外）。

　　2014 年 10 月 31 日上午 11 时 48 分左右，于某施工过程中感到口渴，外出买水，在经过第 3 条沟槽的时候，发现任某蹲在管沟中，面朝燃气主管线，并且听见"滋滋"冒气声。于某自觉有些异常，随即憋了一口气进入第 3 条管沟中，将任某拖拽离开燃气主管线，并大声呼叫其他现场施工人员，随后冯某、仇某、王某、牟某 4 人闻声来到事故发生地点，5 人一起将任某抬到道路对面的草坪上，期间于某拨打了 120 急救中心电话，冯某也拨打了班组长马某的电话（中国移动通信详单显示时间为11时52分48秒），进行事故情况汇报。在等待救护车到来期间，冯某进入事故沟槽内将漏气点进行了堵漏处理。

根据班组长马某自述，他询问了冯某事故现场的相关事宜，得知在场5人已将昏迷的任某抬到通风处，并拨打了120急救电话。随后，班组长马某马上返回事故现场，并给公司本项目专职安全员张某打电话汇报具体情况。班组长马某返回施工现场时，120急救中心人员也赶到了现场，医护人员在现场对任某进行了简单的急救处置，随后送往大连医科大学附属某医院进行抢救。10月31日下午13时左右，医院下达了《死亡通知书》，宣告任某为一氧化碳中毒死亡。

3. 事故原因及性质

经事故调查组认真、细致的调查询问，及检查相关文件材料，认定事故原因及性质如下：

（1）事故直接原因

施工班组人员任某违章作业，在没有告知他人的情况下，违章进行管线碰头作业过程中，吸入过量一氧化碳导致中毒死亡。

（2）事故间接原因

1）建设集团公司

某建设集团公司作为施工单位，安全生产主体责任不落实，安全意识淡薄，本项目两个施工工地同时组织施工，但只安排了一名专职安全员，不能做到作业施工全程监护；安全教育培训不到位，班组日常安全教育还只停留在口头教育，没有形成安全教育记录；应急救援处置不当，虽然制定了燃气中毒应急救援预案，也组织过演练，但参与应急救援演练人员仅停留在公司领导层面，未组织现场施工人员进行演练培训，未组织现场施工人员学习应急救援知识；公司对本项目进行了安全风险辨识，但没有针对辨识出的风险因素制定有针对性的安全防范措施。施工班组班长为了赶工程进度，违规违章指挥施工人员对管线进行掐气、碰头作业，致使施工人员在违章作业时中毒死亡。

2）燃气集团有限公司管网分公司

管网分公司在本项目中负责燃气支线掐气、碰头的带气作业，相关人员未按照《城镇燃气管理条例》履行带气作业的专门职责，未按照施工合同规定组织进入现场施工人员进行安全教育培训；人员配备不足，两个施工现场只配备了一名现场安全员，不能对施工现场进行全程监护，现场施工员还负责两个施工现场燃气管线的掐气、碰头作业，不能专职履行现场施工员职责，不能做到沟下作业、沟上监护，下管时专人指挥。

3）建设工程管理有限公司

建设工程管理有限公司作为 2000 个燃气进户支线改造工程的监理单位，负责对 2000 个燃气进户线改造施工的全过程进行监理，相关人员违规对两个施工现场同时进行监理，事故发生当天未对该项目施工现场进行监理，未能按规定履行监理职责。

（3）事故性质

经调查认定，"10·31"燃气中毒事故是一起生产安全责任事故。

4. 事故防范措施建议

本起燃气中毒事故造成 1 人死亡，教训深刻、惨痛，事故的发生直接反映出两个单位在安全管理方面的漏洞和安全教育培训的缺失，存在着严重违规违章指挥、作业行为，没有认真落实企业安全生产主体责任。为认真吸取事故教训，举一反三，防止同类事故重复发生，建议采取以下防范措施：

（1）燃气经营单位和项目施工单位要牢固树立法律意识、红线意识

燃气经营单位和施工单位要深刻吸取此起事故教训，切实落实"管业务必须管安全、管生产经营必须管安全"的原则，把安全责任落实到领导、部门和岗位，谁踩红线谁就要承担后果和责任。

（2）燃气经营单位和项目施工单位要切实落实企业主体责任

燃气集团有限公司管网分公司和建设集团有限公司要认真吸取事故教训，切实落实企业安全生产主体责任。一是要针对本次事故暴露出的人员配备不足问题，立即加强人员配备，要符合规定要求，每个施工工地都要有专职安全员与现场施工员，坚决避免现场监护空白、盲区；二是要针对此次事故中存在的违规违章指挥、作业行为，认真落实企业安全管理规章制度和操作规程，加强施工现场安全管理，坚决杜绝违规违章指挥、作业的再次发生；三是要以新修订的《安全生产法》为契机，尽快完善企业的安全管理规章制度、操作规程和安全生产责任制，要切实做到"有岗有责，一岗双责"，杜绝出现责任空白问题；四是要加强对施工人员的安全教育培训和应急救援知识培训工作，此次事故暴露出现场施工人员对于应急救援知识掌握不足的问题，不能在第一时间对伤者进行救护，最终导致了悲剧的发生，施工单位要加强对一线施工工人的应急救援演练工作，使其了解、掌握应急救援知识，避免同类事故再次发生。

4.2.9 山东省青岛市"8·27"管沟塌方事故

1. 事故简介

2015年8月27日17时许，青岛某公司在组织对其承包的位于城阳区某地一期燃气管道安装施工过程中，一段管沟的土方突然塌方，将正在沟内实施清理作业的工人张某自颈部以下埋压，后经抢救无效死亡，直接经济损失62.02万元。

2. 事故经过

综合事故询问及现场勘验情况，查明以下事故经过：8月23日，青岛某公司组织施工队对城阳区某地一期燃气配套工程实施开工作业（该燃气配套工程自7月10日已停工）。27日，施工队对该工程一期15～17号楼西侧一南高北低地面进行管沟开挖、管道铺设施工。在施工过程中，施工队使用小型挖掘机自南向北进行管沟开挖，挖出的土方堆在沟沿东侧1.5m外，施工队班组长黄某带领3名管道工对挖好的管沟进行管道安装。

下午 15 时许，土建工程方的大型挖掘机驾驶员周某操作大型挖掘机开始作业，将管沟东侧挖出的土方装车清理出现场，并进行场地平整。

下午 16 时许，小型挖掘机将该处管沟挖掘至 40 余米处时自身油管破裂，遂停止作业，驶离工地进行维修，大型挖掘机则继续进行土方清理和场地平整。16 时 30 许，大挖掘机将管沟北部、中部东侧的场地清理、平整完成后，来到管沟南端东侧一处地面继续平整场地，17 时许，大挖掘机停止作业开到坡上进行加油。为保证管道敷设质量，班组长黄某在挖掘机驶离后，组织张某等 3 名工人对大型挖掘机回转斗臂作业时掉落于管沟内的落土及杂物进行清理。在用铁锹清理过程中，张某作业位置的东侧管沟壁突然塌方，并露出里面的古力井砖壁，张某自颈部以下被塌落土方埋压。

3. 事故原因和性质

（1）直接原因

施工单位实施管沟开挖未采取放坡或支护措施。事故位置管沟深度为 2.2m，宽度为 0.8m，青岛某公司未按照《城镇燃气输配工程施工及验收规范》CJJ 33 要求在管沟开挖过程中实施放坡处理或采取支护措施，受管沟壁上部及古力井侧的回填土质因素影响，形成土方塌方，此为引发事故的直接原因。

（2）间接原因

施工现场安全、技术管理缺失。7 月 10 日，该燃气配套安装工程已停止施工；8 月 23 日，施工承包单位青岛某公司在未告知并征得建设单位、监理单位同意的情况下，擅自组织开工，由于现场缺乏有效监督管理，施工队伍违反管道施工技术规范进行管沟开挖，最终导致事故发生。

（3）事故性质

综合事故现场勘验、资料查阅、技术分析、调查询问等情况，认定该事故是一起因安全管理缺失、违反施工技术规范而导致的一般生产安全责任事故。

4. 事故防范措施建议

（1）青岛某公司要深刻吸取事故教训，加强工程管理，依规依程序进行施工，及时排查消除各类事故隐患，并强化对从业人员的安全教育培训，坚决杜绝违规施工、冒险作业等问题，严防类似事故的再发生。

（2）青岛市某工程建设监理公司要以此事故为警，认真履行工程监理职责，加强对停工工地的调度管控，严防擅自开工建设行为的发生。

（3）区城市管理局、街道办事处及区城建规划、行政执法等部门要认真吸取本次事故教训，加强对全区在建工程范围内市政、燃气等配套工程施工的安全监管，建立完善相关审核审批、备案监管等工作机制，对未经审核审批或备案的工程项目，要依法予以严厉打击，全面落实各项监管防控措施，严防漏查、失管、失控等现象和问题。

4.2.10　新疆库车县"5·31"窒息死亡事故

1. 事故简介

2016 年 5 月 31 日 19 时 18 分许，位于新疆库车县某宾馆门前库车县某燃气有限责任公司门站至金石沥青燃气管线第 48 号阀井内，发生一起由甘肃某安装有限公司安装队（以下简称："安装队"）在进行燃气管线封堵施工作业时，管线内燃气泄漏，致使在阀井内的施工作业人员窒息昏迷，阀井外监护的燃气公司工作人员盲目施救而引发的窒息死亡事故。事故导致一人死亡、两人受伤，直接经济损失 125 万元。

2. 事故经过及救援情况

2016 年 5 月 31 日 18 时左右，白某驾车将在东城停车场挂警示牌的高某和马某接至长宁路与幸福路交汇处东北侧 50 号阀井处，白某安排马某到阀井里去关闭阀门。19 时左右，3 人又到长安路与幸福路交汇处东北侧，关闭了 5 号阀井内的阀门。关闭后白某电话通知安装队杨某，告知 5min 后可以施工了。通知完后，白某驾车带领马某、高某两人来到事故发生的 48 号阀井施工现场。

18 时 54 分许，安装队杨某驾驶皮卡车带领高某、吾某两人到达某宾馆门前的 48 号阀井处，开始时做施工前的准备工作。19 时 14 分许，白某、高某、马某等人赶到事故现场，吾某、高某下井施工作业，期间高某上井透气。19 时 18 分许，站在阀井旁的白某等人听到井内响声异常，就呼叫吾某，没有回音，白某就下井施救，他下去后，将吾某扶到井口，井上人将已经昏迷的吾某拉出井口，阀井外人员见白某没有上来，呼叫也没有应答，随后高某、高某等人先后下去救人，下去后都没有回应。最后马某下去救人，下到井内，马某感觉到头晕无力，就停止救援，伸手让杨某把他拉上来，上来之后，喘息稍定，于 19 时 25 分拨打了"119"和"120"报警并请求救援。19 时 32 分许，消防大队救援人员和巡逻民警赶到现场，展开疏散群众、封锁路口等救援工作。19 时 33 分，消防战士佩戴正压式空气呼吸器下井将 3 人救出，19 时 40 分县人民医院"120"急救车赶到，经简单抢救后，将伤者送往医院救治。在进行救援的同时，事故阀井处有天然气加臭剂味道，使用天然气检测仪，显示不断有天然气从 48 号阀井内散逸，燃气公司副总经理魏某安排工程建设部经理付某确认阀门关闭和放散情况。19 时 50 分左右，在确认管线阀门关闭后，在和兴嘉和园小区调压箱处，付某等人打开放散管，强制放散了 5min，感觉再无天然气放散后关闭放散回到事故阀井处。再次检测，显示天然气浓度逐渐降低至无检测散逸数值。

救援结束，县安监局、公安局刑警大队等单位对现场进行了勘验取证至 6 月 1 日凌晨 1 时许结束，凌晨 3 时 40 分左右，事故阀井封堵结束，燃气管线气体置换完成后恢复供气。

3. 事故原因和性质

（1）事故直接原因

白某操作错误，忽视安全，没有佩戴使用隔离式呼吸护具冒险进入散发天然气的有限空间危险场所阀井内施救，是引发事故发生的直接原因。

（2）间接原因

1）甘肃某安装有限公司库车安装队安全管理极其混乱。甘肃某安装有限公司对安装队从业人员安全教育培训无记录，安全生产管理无记录；对从业人员没有签订劳动合同并缴纳工伤保险，所有从业人员均没有做到安全生产教育培训合格后持证上岗，没有开展有限空间作业场所危险因素辨识并制定相应方案；没有为从业人员配备有限空间作业防护器具和检测仪器；没有建立健全安全生产责任制度和安全生产教育培训制度及制定安全生产规章制度和操作规程；安装队负责人石某、许某均没有取得相应执业资格或者培训合格证；没有设立安全生产管理机构或配备专职安全生产管理人员；没有向施工作业人员作出详细施工说明和要求，并签字确认。没有开展有限空间作业专项教育培训并配备必要的劳动防护用具。

2）燃气公司制定城区中压停气联头实施方案有待健全完善，部分程序要求不具有可操作性；公司安全管理制度和检修封堵及有限空间作业危害性辨识、管理有待加强，抢险抢修管理制度第四大项，应更改为："捡漏应佩戴使用正压式空气呼吸器或者隔离式呼吸器及使用防爆灯具"，在审批进入有限空间作业许可证时，对 48 号阀井内危险因素辨识不足，没有将作业人员佩戴使用隔离式空气呼吸器作为强制条件。

（3）事故性质

事故调查组经调查认定，这是一起安全生产责任事故。

4. 事故防范措施和整改建议

（1）甘肃某安装有限公司要加强对安装队从业人员的安全教育与培训。重点突出在管道带压、危险环境施工教育和培训，使每个员工都能熟悉了解本岗位危害因素和防护技能知识，提高从业人员的安全意识和自我保护能力；严格按照《城镇燃气行业防尘防毒技术规范》AQ 4226 标准为从业人员配备燃气工程现场施工检测仪器及隔离式空气呼吸器。

（2）甘肃某安装有限公司要从此次事故中认真吸取教训，举一反三，公司要立即安排项目委托人或者项目施工负责人及安全管理人员参加安全生产教育培训，具备从事安全生产管理基本能力。完善生产安全事故隐患排查治理制度并书面记录隐患排查治理情况，杜绝各类事故的发生。

（3）燃气公司要根据《中华人民共和国安全生产法》第四十六条规定，加强对施工队伍的管理，定期对其进行安全检查。

（4）县住建局要加强对燃气企业的管理力度，严格落实"管行业必须管安全"、"管生产必须管安全"的要求。

（5）县质监局要加强对城市内燃气管线定期检验检测工作的管理力度，督促燃气管线运营、使用单位对管线定期检查、检测。

4.3　经验教训

从以上的事故案例可以再次看出，事故的发生绝不是偶然、孤立的，每起事故的发生都与人、机、物、环境这几大因素有关，其中人员的违章指挥、违章操作和违反劳动纪律是引发事故的主要原因。从这些事故中可以得出以下教训：

（1）对施工人员，我们不能从自身的角度去要求他们，必须从最基本的方面开始，通过多种形式对其进行技术、安全、文明施工、规范操作等多方面培训、教育，增强其燃气施工的知识，提高安全意识，使其懂得保护自己和保护他人。

（2）在开展高危作业前，要对作业环境进行危害因素辨识、分析和评估，并制定切实可行的安全防范措施，确保作业风险可控，对作业人员做好安全教育和安全技术交底，并对作业现场进行全面检查，确保安全防范措施到位，安全装置灵敏可靠。

（3）高危作业人员进行作业时，应加强现场监护，随时检测作业场所有毒有害气体变化情况。同时作业人员应佩戴必要的防护装备。危险作业时，严格按照操作规程进行操作。现场安全管理人员对作业现场的各种情况进行及时协调，发现事故隐患及时采取措施进行紧急排除，确保操作规程的遵守和安全措施的落实。

第 5 章　其他典型事故案例

5.1　概述

近年来，我国城镇燃气火灾爆炸事故频发，给人民群众的生命和财产安全造成重大的损失，严重影响了人们正常生产生活秩序，有关管网运行、场站、客户端事故、工程施工高危作业的事故已经在第1章、第2章、第3章和第4章进行了介绍。本章讲述液化石油气、槽车泄漏、非法探矿等发生的事故。

5.2　典型事故案例分析

5.2.1　山西省介休市"3·29"重大煤气中毒事故

1. 事故简介

2011年3月29日11时30分许，北京某科技有限责任公司（以下简称北京某公司）、太原某公司工人，在对山西某集团公司电业分公司（以下简称某电业公司，内部称电厂）2×25MW 发电机组9号燃气锅炉进行节能改造和锅炉维修改造交叉作业中，发生一氧化碳中毒事故，造成10人死亡，7人受伤，直接经济损失697万元。

2. 事故经过

2011年3月29日7时50分许，早班安全员测定炉内煤气值数为34ppm（安全值数为24ppm）。8时10分许，北京某公司施工人员办理受限空间作业票后进入9号锅炉炉内作业。随后，作业人员在炉内上端测定煤气值数为54ppm。上午11时30分许，当班安全员李某（事故中死亡）在巡查到 9 号锅炉 8m 平台的施工现场时，发现锅炉"人孔"处有一名北京某公司工人爬了出来，并晕倒，于是立即喊人救援。闻讯赶到现场的二车间副主任武某开始组织救援，同时在 8 号炉 4m 平台工作的司炉工孙某听讯后赶到现场，武某便安排孙某到控制室叫人救援，自己跑去向厂长报告。孙某到 7 号机控制室后，向锅炉二车间主任任某和当班班长报告 9 号锅炉出事了，两人立即赶往现场。同时，车间主任任某让孙某通知正在就餐的员工前去救援。两人到达现场后，看到"人孔"外躺着一个人，而"人孔"却被炉膛内的 3 名北京某工人堵住。车间主任一边打电话向厂长赵某报告，一边组织在场人员施救。先后有 5 名员工从炉膛 12m 高的北侧"高过人孔"进入炉膛施救（其中 4 名员工系未经安排自行进入）。

电业公司负责人赵某接到报告后，马上用手机通知了电厂副厂长张某和集团公司安委会主任段某，并于 11 时 40 分许赶到事故现场。看到车间主任和副厂长张某等人已开始组织施救，并已救出 3 名施工人员，便跑到 9 号锅炉 8m 平台。看到 9 号锅炉水封区域地面有水，立即安排人员给 9 号锅炉水封加水，检查引风机挡板是否在开启状态，调集电厂安全防护器具，通知其他车间员工到现场救援。至 11 时 50 分许，救援人员先后从炉膛内救出 6 人（含本厂施救人员三名：李某、耿某、降某）。12 时 10 分，北京某公司现场负责人核对人数时，仍有两名作业人员在炉膛内，救援人员再次进入炉膛搜索，将两名作业人员救出。至 12 时 20 分许，经核对确认作业人员和施救人员全部救出。其中，死亡 10 人，受伤 7 人。

3. 事故原因

（1）直接原因

煤气持续进入炉前管道自炉膛周围断口处向外泄漏，在炉膛负压作用下，被吸入炉内，并在较短的时间聚集，造成炉内施工人员及施救人员一氧化碳中毒，是导致事故发生的直接原因。

（2）主要原因

电业公司企业安全主体责任不落实，施工期间未按照进入受限空间作业许可要求，采取安全可靠的隔断装置，阻止一氧化碳进入密闭空间，是事故发生的主要原因。

该公司在安全生产和施工作业中存在的主要问题是：①在同时实施节能工程和锅炉改造两个项目交叉作业中，未制定安全有效的防范措施；②在现场监护人员发现阀门错装、测定炉内一氧化碳浓度超标等重大安全隐患后，未及时查找原因，排除事故隐患，未有效制止作业人员进入炉内作业；③事故发生后施救措施不当，现场人员在自行施救中发生本公司3人中毒死亡的次生灾害；④2×25MW机组目前尚未竣工验收，未取得发电类业务许可证，属于无证机组；⑤电业公司安全生产管理机构不健全，岗位责任制、职工安全培训等项制度不落实，现场监护人员安全意识、自我防护意识淡薄；⑥项目签约把关不严，与不具备施工资质的北京某公司签订工程合同。

太原某公司在阀门安装中未按照"当阀门与管道以法兰或螺纹方式连接时，阀门应在关闭状态下安装"的规定，阀门安装后未作检查，导致9号锅炉2号（东北角）调节阀泄漏。施工中该公司未安排施工现场安全管理人员，未制定人工燃气管路作业安全措施，这也是事故发生的一个主要原因。

北京某公司不具备施工资质，作业人员在得知炉内煤气超标后，未要求甲方排除安全隐患；且在进入炉内作业发现煤气超标的情况下，未及时撤出炉内作业人员，这也是事故发生的主要原因之一。

（3）重要原因

集团电厂项目指挥部提供电厂设计人工燃气参数存在误差，在高炉煤气气源增加后，未及时改造电厂煤气管网、管道、水封等系统，导致管网压力设计与高炉煤气压力不匹配。这是事故发生的重要原因之一。

晋中市经贸委、介休市政府及经贸、安监等职能部门在2009 年电力行业专项整治中，工作不落实，执法不严格；且2010 年以来在深化专项整治工作中，对集团自备电厂及其使用人工燃气缺乏日常监管，存在监管上的盲区，这也是事故发生的重要原因。

4. 事故防范措施建议

针对此次事故暴露出的问题，提出如下建议：

（1）要强化对电力行业特别是对自备电厂的安全监管。事故调查组在调查中发现，电力行业企业安全监管尤其在市县一级存在职责不明确的问题。因此，建议：要把安全生产监管责任落实到监管部门、分管领导、具体监管人员。省、市、县要进一步按照分级、属地管理的原则，对已取得相应《电力业务许可证》或已通过并网安全性评价后从事发电业务的企业（单位），发证或许可部门负责安全生产监督管理工作；县级以上经济综合主管部门负责其余从事电力业务的企业（单位）的安全生产监督管理工作；各级安监部门依法对电力行业企业进行综合监管。从而消除电力行业安全监管盲区，强化安全监管责任，避免相互扯皮，确保电力行业安全生产。

（2）要强化企业安全生产主体责任落实。电力行业企业，特别是设有自备电厂的企业，要统筹安排部署对冶炼、焦化、电力、人工燃气及其管网的安全管理工作，严格执行安全生产法律法规和标准规程，认真落实《企业法定代表人安全生产承诺书》，层层签订《安全生产目标责任书》。充实完善安全生产管理机构，配齐配强安全监管人员，落实安全生产管理制度，强化对从业人员教育培训，增强自我保护意识。

（3）要强化安全专项整治和隐患排查治理。要把消除重大安全隐患、防大事故作为各行业专项整治工作的重中之重，对各级检查中发现的问题要一一登记在册，并跟踪督查整改落实情况，做到问题不解决不撒手，隐患不消除不罢休。集团公司要对高炉人工燃气管网压力与电厂管道设计不匹配、号 7、号 8 号机组证照不全等问题进行彻底整改，真正消除安全隐患。

（4）要强化企业生产现场安全管理。严格落实企业领导干部现场带班等制度，及时现场解决安全生产中遇到的突出问题，坚持不安全不生产，杜绝违章指挥、违章作业、违反劳动纪律的现象发生，全面提高现场工作应对和处置突发事件的能力。

（5）要完善企业应急救援预案并强化应急演练。要完善和充实各种有针对性的应急预案，建立完善企业安全生产预警机制，强化应急演练，做好应急值守等工作，防止在危害因素不明或防护措施不完善的情况下冒险作业和盲目施救，提高应急处置能力，确保施救工作快速、有效、科学、安全。

5.2.2　陕西省西安市"11·14"液化石油气泄漏爆炸重大事故

1. 事故简介

2011 年 11 月 14 日 7 时 37 分，位于西安市高新技术产业开发区的某大厦 1 号楼一层的个体餐饮商铺，因钢瓶液化气发生泄漏引发爆炸事故，造成 11 人死亡、31 人受伤，12 间商铺（约1500m²）及 53 台车辆不同程度受损，直接经济损失约 990万元。

2. 事故经过

事发前一天（2011 年 11 月 13 日）中午 11 时许，液化气非法经营者郑某指派聘用人员王某、张某驾驶金杯面包车向位于西安市某大厦 1 号楼一层的个体餐饮商铺配送 2 个容量为 50kg 的液化气钢瓶（检验编号分别为 2 号、3 号）。运达后，王某将钢瓶放置于该店库房内并将 3 号钢瓶的气相阀与连接燃气软管的调压器进行了安装。安装完成后，王某以在 3 号钢瓶阀口连接处未闻到液化气味为判断依据，向店长刘某表示可以安全使用，刘某随即签字验收开始使用。22 时 30 分，该店员工关闭营业厅大门，结束当天营业。

2011 年 11 月 14 日 7 时 02 分，餐饮店员工王某打开店门，随手打开电灯进入厨房操作间，并接通加热电炉开关。7 时 20 分，王某打开大厅南侧防盗门（营业厅后门），发现门外公共通道及库房门口有大量雾状气体聚集并伴有浓烈、刺鼻的液化气味便立即返回，慌乱中没有关闭防盗门，致使泄漏的液化气向店内急剧扩散。当王某返回至店内大厅中央时，遇见同店员工张某（已在事故中死亡），告知其液化气发生泄漏并让其尽快撤离。随后，王某走出店外，向路边行人询问液化气泄漏处置方法并用手机拨打 110、119 报警，同时向物业公司保安人员报告液化气泄漏情况。7 时 37 分发生爆炸。由于事故发生地段处于城市人员密集区，发生时间又正值上班高峰期，爆炸冲击波造成过往行人及在附近公交车站候车人员重大伤亡。

3. 事故原因

（1）事故直接原因

餐饮店违法使用的 3 号钢瓶液相阀未完全关闭，致使钢瓶内液化气发生泄漏，且泄漏地点处于封闭状态，泄漏液化气与空气混合后，大量聚集于库房及通道内，员工王某打开防盗门后，泄漏气体迅速从库房及通道向店内操作间扩散，达到爆炸极限，遇电灯、加热电炉等电器火源，引发爆炸，是导致事故发生的直接原因。

（2）事故间接原因

1）有关企业及个人安全责任不落实，安全意识淡薄，非法经营、违法使用液化气。

2）有关监管部门及工作人员履行职责不到位，致使液化气经营和使用环节监管缺失。

（3）事故性质

经调查认定，这是一起因有关经营单位及个人安全责任不落实、安全意识淡薄，非法经营和违法使用钢瓶液化气，有关部门及工作人员安全监管缺失、职责履行不到位而导致的重大责任事故。

4. 事故防范措施建议

（1）建议立即组织开展城镇燃气行业专项整治。针对西安市"11·14"事故暴露出的问题，建议以市政府名义，由燃气行业监管部门牵头，联合公安、消防、质监、工商、安监等部门立即组织开展城镇燃气行业专项整顿，对天然气和液化石油气设施设备进行一次安全检查检测，对不合格的钢瓶等城镇燃气设施设备强制报废销毁，对非法违法经营城镇燃气的单位和个人依法取缔，同时建立起互通共享的城镇燃气行业管理台账资料，做到城镇燃气安全的受控、可控。

（2）建立城镇燃气管理部门联席会议制度。鉴于城镇燃气监管部门较多的实际，建议建立各燃气重点市、区（县）两级城镇燃气管理联席会议制度，燃气行业监管部门为联席会议召集单位，发改、公安、交通运输、环保、质监、广电、安全监管、工商等部门为联席会议成员单位，定期研究解决辖区城镇燃气管理问题，切实形成监管合力。

（3）燃气行政主管部门要认真汲取事故教训，严格履行燃气市场监管职责，深入开展隐患排查治理行动，严厉打击非法充装、储存、经营燃气行为，加强对燃气使用环节的安全检查，严肃查处在高层建筑、人员密集场所违法使用钢瓶液化气的行为。同时，整合、充实全市燃气执法力量，加强与各地区、各部门的联合执法，进一步完善燃气监管体制，形成"横向到边，纵向到底"的燃气市场监管网络。

（4）燃气经营企业要严格遵守国家、省、市关于燃气经营、安全管理的法律法规及行业标准，依法严格落实企业主体责任，健全完善安全管理制度和事故应急救援预案，定期开展安全演练，加强对燃气从业人员的教育培训，配备必要的安全防护设备，并自觉接受有关部门的监督检查。严格禁止向超过检验期限、报废及标识不清、来历不明的钢瓶进行液化气充装，共同维护燃气市场的良好经营秩序，确保用气安全。

（5）加大城镇燃气安全科普力度。建议由城镇燃气管理部门牵头组织制作城镇燃气安全使用等科普节目，通过广播电视公益广告、报刊杂志等媒体渠道及政府网站、燃气经营单位平台，加大对广大城镇燃气使用者的宣传教育，提高全社会城镇燃气安全使用水平，提高全民安全意识和自防自救能力。

5.2.3 江苏省苏州市"6·11"重大液化石油气爆炸事故

1. 事故经过

2013年6月11日7时26分，苏州某公司综合办公楼发生液化石油气泄漏爆炸事故，造成11人死亡，9人受伤入院救治，其中1名伤员伤势严重，经抢救无效于6月20日死亡，直接经济损失1833万元。

2. 事故原因和性质

（1）直接原因

包某进入可燃气体浓度达到爆炸极限范围的厨房后处置不当，触动电器开关产生引爆源引起爆炸。

事故的主要原因：包某未遵守《职工食堂管理制度》有关安全用气的规定，致使大锅灶灶头意外熄火后长时间泄漏；值班运行工范某违反《运行工岗位责任制》规定，6月10日下班时，未按规定关闭通向生活辅助区锅炉房和厨房供气管道的阀门，导致厨房液化石油气连续泄漏。

造成重大人员伤亡的重要原因：事发时正处于职工集中上班时间，职工进入综合办公楼更衣和办公。而综合办公楼建筑形式为砖混结构，爆炸产生的冲击波破坏了房屋的承重结构，导致综合办公楼坍塌。

（2）间接原因

1）燃气安全使用培训教育不到位。食堂负责人忽视燃气安全使用规定，疏忽大意，夜间长时间无人值守蒸煮食物。

2）安全管理制度不落实。储罐场对食堂有值班巡查制度，但未得到认真落实。储罐场运行工违反操作规程，未按规定关闭管道阀门，无人及时监督检查和制止。

3）储罐场安全管理存在盲区。储罐场负责人及安全管理人员未认真履行安全管理职责，忽视对食堂安全管理工作，未定期检查食堂安全管理工作情况，及时发现安全隐患和事故苗头。

4）有关行政主管单位和燃气行业管理部门安全监管不到位。

（3）事故性质。

经调查认定，苏州燃气集团有限责任公司液化气经销分公司横山储罐场生活区综合办公楼"6·11"重大液化石油气爆炸事故是一起安全生产责任事故。

3. 事故防范措施建议

（1）切实加强企业安全生产主体责任的落实。燃气生产经营单位要从根本上强化安全意识，真正落实企业安全生产法定代表人责任制，坚持"安全第一、预防为主、综合治理"的方针，建立健全安全管理机构和安全责任体系，健全完善燃气生产经营单位安全管理制度和操作规程，并严格贯彻执行，严格监督检查。要加强设备养护维修，进一步落实燃气经营单位安全生产主体责任，坚决防止各类事故发生。

（2）切实加强生活辅助区隐患排查治理。在强化生产区安全管理的同时，要加大燃气行业生活辅助区隐患排查，要将事故隐患排查治理工作与建立长效管理机制相结合，进一步健全完善隐患排查治理工作机制。认真建立隐患排查台账，全面开展自查自纠活动。对一般事故隐患，要立即组织整改落实，对重大事故隐患，要及时主动上报。对危险性较大的工程项目，要加大隐患排查力度，全面排查治理各类生产安全隐患，做到早发现、早报告、早排除，全力维护安全稳定，确保燃气行业安全生产。同时，要进一步完善事故应急救援预案，加强应急演练，提高应对突发事故的能力。

（3）广泛开展宣教活动，提高全民安全意识。燃气安全使用常识的宣传是一项长期工作。许多用气单位、职工和广大人民群众对燃气的危险性认识不足，普及安全使用燃气常识十分重要。

各级行业管理部门和燃气企业要充分利用广播、电视、报纸等新闻媒介，采取文艺宣传、课外辅导、科普教育、知识竞赛、发放安全手册等多种方式宣传燃气安全使用常识。推广使用燃气安全报警系统，提高燃气安全技防能力。加大燃气安全宣传和行业技能培训，通过典型案例分析，多渠道进行安全用气宣传，全面提高燃气经营者、管理者、监管人员、从业人员和广大人民群众的安全意识，提高燃气行业从业人员技能水平和广大人民群众安全用气能力。

（4）加大监管执法力度，严打违法违规行为。苏州市政府及主管部门、相关企业和其他相关部门要切实落实燃气的安全监管职责，进一步健全并层层落实安全生产责任制。燃气行业管理部门要健全燃气安全管理体系，从基层基础抓起，培养企业安全观念和安全意识，树立良好的安全至上风气，督促企业把安全责任落实到每个岗位、每个员工，切实做好燃气行业的安全管理工作。要对全市燃气领域进行一次全面安全隐患排查整治，同时督促企业定期自查。对燃气企业操作不规范、制度不落实，消防设施不完善、设备设施维护不力等现场存在的安全隐患进行突击检查，要加大执法力度，严格处罚，及时消除安全隐患，杜绝同类事故的发生。

5.2.4 广东省东莞市"3·3"燃气爆炸较大生产安全事故

1. 事故简介

2014 年 3 月 3 日，东莞市莞城街道旗峰路中石化某分公司内部员工饭堂因煤气泄漏引起爆炸，已造成 5 人死亡（1 人为院前死亡，4 人经抢救无效死亡），28 人受伤。

2. 事故经过

2014 年 3 月 3 日 11 时 28 分左右，中石化某分公司液化石油气供应商东莞市某燃气有限公司员工郑某、梁某（送气工）及郑某（司机）将 2 个 50kg 钢瓶送达该公司员工饭堂杂物房内东南角的气瓶间。在饭堂沈某（小厨）确认后，由郑某将右侧钢瓶换下。郑某自述："这个厨师（沈某）说完后，我就把要换的液化气瓶上的输气管（管道）中一个开关阀门关了（钢瓶通过调压器、软管连接输气管道的球阀），接着，我就把液化气房（即气瓶间）内要更换的液化气瓶上的减压阀（即调压器）拆下来，放在另一个在用的液化气瓶（1 号钢瓶，由事故调查组对事故现场的液化气瓶进行编号），然后，我把已经搬进来的一瓶气（2 号钢瓶）接上了那个拆下来的减压阀。接上后，我打开液化气瓶开关，用鼻子闻了一下，没闻到漏气，我又把液化气瓶开关关上。"同在现场的梁某亦称："当我把新的液化气瓶（4 号钢瓶）搬到杂物房，看见郑某已经把液化气瓶换好（装的过程没看见）。看见郑某打开液化气瓶阀门（角阀）用鼻子闻有没有液化气泄漏。然后，和郑某就离开了厨房"。并按沈某的要求，将另 1 个备用钢瓶（4 号钢瓶）放置在气瓶间外后离开。

此后，饭堂厨工黄某进入杂物房拿纸巾，没有闻到液化气味道。

在 11 时 40 分左右，该公司饭堂凌某（大厨）炒完主菜后，让沈某继续在大炒炉炒菜，自己打开小炒炉给领导炒菜，发现炉火比平时大很多，大炒炉的火焰也是很大，经调小火焰后继续炒菜。

12 时饭堂开饭，员工进入饭堂用餐，沈某去大厅维持秩序，凌某一人留在厨房。

凌某炒完菜，看了一下墙上的挂钟是 12 时 5 分左右。然后，像平常一样关闭鼓风机和炉头阀门，打开杂物房的门准备去关闭液化气阀门，闻到有燃气味。他立即用双手关闭了 1、2 号钢瓶的角阀，随即用左手关闭管道总阀，并用右手关 3 号钢瓶角阀，刚拧了 1 圈，爆炸就发生了。

此时约 12 时 10 分，一声巨响，凌某受伤从厨房跑了出来，在小餐厅看见公司吴某书记，就告诉他发生燃气爆炸，赶快报警，并告知还有一个钢瓶（3 号钢瓶）阀门未关好。

3. 事故原因及性质

为进一步查明事故的原因、性质和类型，事故调查组进行了大量的调查询问取证工作，对爆炸现场进行详细的内外围反复勘查，收集和掌握了大量的第一手材料，查清了事故原因和性质。

（1）事故原因分析

根据事故现场勘查、事故现场测试和国家燃气用具产品质量监督检验中心（佛山）对送检设备的检验报告及技术分析，事故调查组认定：该起事故是由于职工饭堂杂物房内的一个钢瓶调压器老化失效，致使液化石油气短时间大量泄漏。泄漏的液化石油气扩散到空间相对狭小、密闭，且无通风和无泄漏报警设施的杂物房内，较快地达到了爆炸极限范围（体积比为 1.5%～9.5%），遇杂物房内的冰柜压缩机启动或停止产生电火花发生爆炸。爆炸的威力将隔墙振飞，撞击至人不同部位引至伤亡。

（2）相关责任单位、人员履行职责情况

1）燃气使用安全管理不到位，没有严格按照规定使用燃气。对办公楼的燃气安全管理不到位，没有制定厨具设备检查保养方面的管理制度，没有组织编写、建档、培训、演练公司本部及其内部员工饭堂的应急救援预案，没有对饭堂工作人员进行安全教育和考核，没有按照建筑工程消防设计审核意见书的要求，餐厅内的厨房使用可燃气体为燃料时应采用管道供气。对调压器等燃气设备维护保养不到位，调压器自 2006 年使用至今没有检查更换，超出规定使用年限，同时在不具备安全条件的场所使用、储存瓶装燃气，违反《城镇燃气管理条例》（国务院令第 583 号）第二十八条等有关规定。中石化东莞分公司对事故的发生负有责任。

2）东莞市某燃气有限公司对其分支机构城区供应站的管理不到位，没有严格执行有关安全措施。事发当天，东莞市某燃气公司城区供应站派了 3 名人员前往饭堂的厨房更换气瓶，违规使用电梯运送燃气瓶，3 名送气人员当中，负责搬运的梁某和郑某两人均未经过培训，没有取得相关从业资格证，违反《城镇燃气管理条例》（国务院令第 583 号）第十五条第四项"企业的主要负责人、安全生产管理人员以及运行、维护和抢修人员经专业培训并考核合格"和《燃气服务导则》5.7.1"燃气经营企业的服务人员，应按国家规定取得相应的从业资格，并进行岗位培训"的规定。同时，东莞市某燃气公司在饭堂储气间设计不符合要求的情况下，未要求其整改并给予供气，未按要求对燃气用户的燃气设备进行安全检查，对中石化东莞分公司内部员工饭堂使用的调压器等燃气设备超出规定使用年限未督促更换，违反《城镇燃气管理条例》（国务院令第 583 号）第十七条"燃气经营者应当向燃气用户持续、稳定、安全供应符合国家质量标准的燃气，指导燃气用户安全用气、节约用气，并对燃气设施定期进行安全检查"和《燃气服务导则》5.11.1"燃气经营企业应按照相关法规的规定组织对用户燃气设施的安全检查"的规定。东莞市某燃气有限公司对事故的发生负有责任。

3）区公用事业服务中心作为莞城街道办事处所属副科级事业单位，负责辖区燃气供应站的选址及其安全消防设施，牵头负责辖区餐饮场所燃气安全隐患排查、督促整改等工作任务。但对东莞市某燃气有限公司城区供应站的日常监管工作不到位，安全检查不够认真负责。莞城公用事业服务中心对某燃气有限公司城区供应站部分工作人员没有取得相关从业资格证失察，对督促落实定期安全检查燃气设施等工作不到位，没有督促落实燃气经营企业采取有效措施消除安全隐患。根据 2013 年 4 月市安全生产委员会办公室下发的《关于印发东莞市深入开展餐饮场所燃气安全专项治理督查工作方案的通知》（东安办〔2013〕32 号），莞城区公用事业服务中心制定了《莞城区餐饮场所燃气安全隐患排查工作方案》，要对辖区内所有餐饮场所以及涉及燃气应用的场所进行全面的安全检查，而莞城区公用事业服务中心在专项整治工作中并没有对饭堂进行检查，存在监管不力、工作不认真负责的情况。

4）市燃气协会培训发证工作不够完善，部分燃气从业人员得不到及时培训。从 2012 年 10 月起，市燃气协会承担为燃气行业从业人员进行上岗培训发证的职责。市燃气协会组织培训发证工作不够规范，对莞城区公用事业服务中心等单位在 2013 年初上报的培训人员名单未能及时组织开展培训，对造成东城兴华燃气公司城区供应站部分送气工无证上岗具有一定工作不到位的责任。

（3）事故性质

经事故调查组调查认定：东莞市"3·3"燃气爆炸较大事故是一起燃气安全管理不到位，存在重大安全隐患导致的生产安全事故。

4. 事故防范措施建议

（1）加强组织领导，进一步落实安全生产责任制。

这次事故的发生反映出当前一些餐饮场所以及涉及燃气使用的单位管理不到位，没有严格按照《城镇燃气管理条例》、《广东省燃气管理条例》和《国务院安委会关于深入开展餐饮场所安全专项治理的通知》（安委〔2013〕1 号）等规定的要求进行管理，对燃气使用的安全工作不够重视，对燃气使用的安全隐患没有落实整改措施。各镇、街要从全面落实科学发展观、构建和谐社会的高度，认真履行属地监管责任，提高对燃气使用安全的宣传力度，将燃气安全监管纳入日常重要工作计划，坚持预防为主的方针，按照政府统一领导、部门依法监管、单位全面负责、公民积极参与的原则，进一步完善燃气安全属地监管、行业监管和综合监管体系，切实落实好安全生产责任制。

（2）认真履行职责，防止燃气监管工作存在真空地带。

"3·3"事故的发生，反映出莞城公用事业服务中心对辖区内的燃气企业以及餐饮场所、涉及燃气使用的场所的监管不到位，没有严格落实市政府部署的燃气隐患排查工作。各有关部门要履行好法律法规赋予的监管职责，要将燃气安全监督检查工作规范化、制度化，要通过燃气安全检查，纠正燃气供应、使用中的不规范行为，消除燃气安全隐患，对有严重安全隐患的单位要坚决查处，防止类似事故的发生。燃气管理部门要加强对燃气企业的安全监督管理，督促企业认真贯彻执行燃气管理的有关法规和燃气安全技术规范，履行对燃气用户安全检查、安全服务的责任。公安消防部门要依法做好消防监督工作，依照消防监督检查有关规定，对燃气企业和燃气使用单位遵守消防法规和技术标准的情况进行监督检查，查处消防违法行为。安全监管部门对经有关部门确定，在燃气使用方面存在重大隐患的餐饮场所，依法责令其停产停业或者立即停止使用供用气设施、设备。质监部门要根据《国家质检总局关于开展液化石油气质量安全专项整治行动的通知》（国质检监函〔2014〕15 号）文件精神，严厉打击在液化石油气中掺混"二甲醚"等质量违法行为和充装超期未检或应报废气瓶、翻新报废气瓶等违法行为，促进液化石油气气瓶充装、检验单位主动落实质量安全主体责任，建立长效监管机制，进一步规范我市液化石油气充装、检验行为，预防和减少液化石油气气瓶安全事故的发生。

（3）落实燃气企业安全主体责任，加大燃气行业从业人员培训力度。各镇街（园区）和燃气管理部门要进一步督促燃气企业依法从事燃气生产经营活动，认真履行安全生产主体责任，特别是隐患排查治理、安全事故防范和安全突发事件先期处置主体责任，对排查出的重大安全隐患要指定企业负责人牵头督办，登记造册，限期整改，确保燃气符合国家质量安全标准要求，并落实教育培训、隐患治理、应急救援等安全措施，配备专职安全生产管理人员，加大安全生产投入，改善安全生产条件，不断提升安全保障能力。同时加大燃气行业从业人员培训力度，发放燃气安全知识的资料，提高燃气操作人员的安全意识，防范事故发生。

（4）提高宣传力度，普及燃气使用的安全知识。燃气使用面广，与人民群众的日常生活息息相关。各镇街（园区）要在电视、报刊、墙报、网络等新闻媒体上宣传燃气的安全使用注意事项，教育广大市民正确识别燃气使用过程中的危险因素，在更换燃气瓶时要严格按照正确的操作规程进行操作，掌握解决常见问题的技能。同时，各镇街（园区）要组织属地相关管理部门联同村（居）委会，形成齐抓共管的合力，深入村（居）社区、工业区、建筑工地、出租屋等居民用气终端，宣传安全用气常识，督促居民用户积极参与排查整改事故隐患，切实提高全社会安全使用燃气的水平。

5.2.5　福建省厦门市"9·19"较大燃气爆炸事故

1. 事故简介

2014年9月19日11时26分左右，厦门市某瓦罐煨汤馆发生一起燃气泄漏爆炸事故，造成5人死亡、18人受伤，直接经济损失890余万元。

2. 事故经过

2014年9月19日8时30分左右，位于厦门市某地的家乡瓦罐煨汤馆（店主张某）开门营业。11时20分左右，张某发现后门附近液化气味较重，疑有液化石油气泄漏，即打电话给送气工叶某过来处理，其妹妹张某即去通知旁边店面关闭火源。11时26分左右，店内突然发生爆炸。爆炸造成5人死亡，18人不同程度受伤。爆炸冲击波将该店门窗玻璃击碎，二层部分楼板混凝土冲击变形，相邻店面隔墙冲倒和门窗玻璃击碎，店面后侧的福园公寓物业办公室、通道吊顶被损毁；距事发地21m远的对面建筑（国泰大厦）部分门窗玻璃、空调外机防护板被损坏。

3. 事故发生的原因及性质

（1）直接原因

液化石油气钢瓶使用安装不正确，操作人员错将本应连接在液化石油气钢瓶（YSP118-Ⅱ型）气相阀上的减压阀连接在液相瓶阀上，且减压阀安装连接不到位，导致瓶阀开启时液化石油气以液相状态大量泄漏并迅速汽化，与空气混合形成爆炸性气体，达到爆炸极限后遇电器开关、空调、电风扇等点火源，引发爆炸。

（2）间接原因

有关单位及个人安全责任不落实，安全意识淡薄，非法经营、违法使用液化石油气；有关监管部门及工作人员履行安全监管职责不够到位，致使液化石油气经营和使用环节安全监管存在漏洞。

1）家乡瓦罐馆经营者安全意识淡薄，未建立安全管理制度，安全责任不落实，对店内员工安全教育培训不到位，在不符合安全规范的场所使用液化石油气钢瓶，未指定专人负责液化气使用管理，致使液化石油气瓶安装使用失当，导致液化气泄漏，引发爆炸。这是造成事故的主要原因。

2）液化气供应站未严格落实相关安全管理制度，对客户管理及钢瓶管理失控；长期向不具备燃气运输资质、未取得送气工证的叶某提供经营性气源；未对送气工进行安全管理教育，向没有汽化装置的用户提供"YSP118-Ⅱ"型气、液双相双阀钢瓶，致使发生接口连接错误，导致液化石油气泄漏引发爆炸。这是事故发生的重要原因。

3）物业公司及其管理处未能认真履行安全管理职责，对福园公寓餐饮店存在的违法占用、封堵消防疏散通道，违法使用燃气钢瓶的事故隐患督促整改不到位，造成安全管理漏洞。这是事故发生的重要原因。

4）按照国务院《城镇燃气管理条例》、《福建省燃气管理条例》、《公安部消防监督检查规定》、《福建省公安派出所消防监督检查规定》、《厦门市消防管理若干规定》等法律法规以及《湖里区人民政府关于进一步深化湖里区消防安全"网格化"管理工作的通知》规定要求，福园物业公司、江头街道、吕厝社区、江头公安派出所等单位负责对该店的日常消防安全监管；市政、经贸、质监、交通、安监、城管、环保、工商、消防等部门按其各自职能对燃气管理实施监督工作。为了加强餐饮企业燃气使用安全管理，2012 年 12 月，市、区两级政府安委会根据全国的统一部署，下发了《关于印发深入开展小型餐饮场所燃气安全专项治理检查方案的通知》，要求从 2012 年 12 月底至 2013 年 5 月底对全市范围内所有使用燃气的餐饮场所进行整治，并明确了辖区有关部门职责。经查，吕厝社区、江头公安派出所、江头街道办事处、湖里区市政园林局、市市政园林局等部门及有关工作人员组织餐饮企业燃气专项整治以及日常安全检查履行职责不够到位，对事发单位所在建筑消防疏散通道被占用，店家违规使用燃气钢瓶的情况检查、整改不到位，致使餐饮店面安全管理及液化石油气经营和使用环节监管存在漏洞，这也是事故发生的原因之一。

（3）事故性质。

经调查认定，"9·19" 较大燃气爆炸事故是一起生产安全责任事故。

4. 事故防范措施建议

为认真吸取事故教训，防范类似事故发生，提出 7 条整改措施及建议：（1）开展餐饮场所燃气安全大检查，组织专项整治；（2）健全燃气安全管理监管体系，理顺燃气安全管理监管职责；（3）加大燃气执法检查力度，严厉查处燃气行业违法行为；（4）认真落实燃气企业安全主体责任，实行谁供气谁负责；（5）加快管道燃气建设，鼓励用户使用管道燃气，压缩瓶装燃气使用空间，并推广应用燃气安全技术装置，主动防范燃气事故；（6）加大城镇燃气安全科普力度，提高全民安全意识和自防自救能力；（7）关于现场气瓶内液化石油气不达标问题，建议市市政园林局、城市管理行政执法局配合司法机关进行调查，依法予以查处。

5.2.6 福建省厦门市 "11·25" 较大燃气爆炸事故

1. 事故简介

2014 年 11 月 25 日 8 时 27 分左右，厦门市思明区某菜馆发生一起液化石油气泄漏爆炸事故，造成 4 人死亡、3 人受伤，4 间商铺不同程度受损，直接经济损失 26.6 万元。

2. 事故经过

2014 年 11 月 25 日 8 时 20 分左右，菜馆员工庞某、刘某夫妇两人打开菜馆厨房门后，庞某到分店（间隔 3 个店面）整理物资，刘某进入厨房做营业前准备。刘某在取菜进门的同时打开厨房电灯开关，然后洗米，将锅放置在灶台准备煮稀饭，在左手打开灶台燃气开关点火时，厨房突然发生爆炸。爆炸致使隔墙毁坏倒塌，飞溅的混凝土砖块致使邻近店面内的 2 人当场死亡，刘某本人严重烧伤。事故共造成 4 人死亡，3 人受伤，4 家商铺不同程度受损。

3. 事故发生的原因及性质

（1）直接原因

厨房内的液化石油气钢瓶与其汽化装置、配气管道处于开启联通状态，配气管道管件连接处发生泄漏，泄漏的液化石油气与空气混合，形成爆炸性混合物，遇点火源引发爆炸。

（2）间接原因

有关单位及个人安全责任不落实，安全意识淡薄，在不符合安全条件的场所使用液化气；有关监管部门及工作人员履行职责不到位，致使餐饮店安全管理及液化气经营和使用环节监管存在漏洞。

1）菜馆主体责任不落实，在非专用气瓶间设立液化气汽化装置，未设置燃气浓度报警器，未建立燃气安全操作规程和安全管理制度，未指定专人对用气设施设备的安全运行进行管理，未制定应急预案（应急处置方案），没有对员工进行必要的操作技能及安全常识培训，导致燃气泄漏而引发爆炸，这是造成事故的主要原因。

2）液化气供应站未严格落实安全管理制度，未建立健全客户档案，对 50kg 钢瓶的经营及管理不到位，未对送气工进行安全管理教育，在向客户提供气瓶时未严格确认用气环境，在不具备安全用气条件的情况下向菜馆配送 50kg 装 YSP-118 型液化石油气钢瓶、安装汽化装置，是造成事故发生的重要原因。

3）物业公司未能认真履行安全管理职责，对物业管理处未按《厦门市消防管理若干规定》认真履行消防安全职责，未对事发餐馆履行消防安全职责状况进行检查的情况，未检查、未发现，没有督促物业管理处及时整改存在问题，也没有将存在的安全隐患及时上报有关部门督促处理，致使安全隐患未能及时消除，造成安全管理漏洞。这是事故发生的重要原因。

4）按照《城镇燃气管理条例》、《厦门市消防管理若干规定》、《厦门市人民政府关于进一步加强城市消防安全工作的实施意见》（厦府〔2011〕52 号）的规定，对菜馆的日常安全监管由其所在的街道、社区、物业公司具体负责；区经贸、环保、质监、建设、城管、卫生和开元公安派出所（受区消防大队委托）等部门，按其各自职能对燃气管理实施监管。经查，社区、街道办事处、区建设局、市市政园林局等有关监管部门及有关工作人员履行职责不够到位，未严格按照《国务院安委会关于深入开展餐饮场所燃气安全专项治理的通知》（安委〔2013〕1 号）的要求认真组织实施餐饮场所燃气安全专项整治工作，尤其是"9·19"较大燃气爆炸事故发生后，市政府部署了对全市餐饮场所燃气安全进行专项整治，辖区有关部门未及时对川菜馆进行检查，该店存在的事故隐患未及时得到消除。这也是事故发生的原因之一。

（3）事故性质

经调查认定，思明区某菜馆"11·25"较大燃气爆炸事故是一起生产安全责任事故。

4. 事故防范措施建议建议

为认真吸取事故教训，防范类似事故发生，提出四条整改措施及建议：

（1）认真组织开展城镇燃气行业专项整治。在部署开展全市餐饮场所燃气安全专项检查基础上，围绕经营、运输、使用、安装维修等环节，对全市燃气市场进行全面整治，强化源头管理，进一步规范燃气市场秩序。

（2）督促燃气经营企业严格落实安全生产主体责任，强化源头管理，提升安全管理基础。

（3）依法明确市、区两级燃气行政管理部门的安全监管职责和各有关部门的监管职责，理顺监管关系，完善燃气安全管理监管体系。

（4）加强燃气安全使用知识的宣传教育，提高全民安全意识和自防自救能力。

5.2.7　广东省潮州市湘桥区某饮食店"6·3"燃气爆炸火灾事故

1. 事故简介

2016 年 6 月 3 日 20 时 16 分左右，位于潮州市人民广场东侧的 C 某饮食店发生燃气泄漏爆炸并引发火灾，过火面积约 8m²，无人员伤亡，直接经济损失人民币 20.655 万元。

2. 事故经过

2016 年 6 月 3 日 20 时左右，该饮食店厨师王某在气瓶间更换液化石油气瓶时，因操作不当引起燃气泄漏。王某不能处置，遂大声叫唤厨师长黄某。此时，离气瓶间较近的另一厨师史某随手拿了一块抹布迅速上前帮忙，用抹布捂住泄漏口试图关闭阀门，但因泄漏的液化石油气喷出的气流很大，抹布被冲开，泄漏燃气温度急速下降并迅速汽化，导致其双手被冻僵，无法继续操作。这时燃气继续向外喷出。黄某进来见事态严重，马上叫其他厨师把厨房内燃气炉的明火全部关掉并疏散员工，同时用报话机向总经理郑某报告气瓶间发生燃气泄漏，无法解决，要求立即疏散人群。郑某接报后立即用报话机通知员工疏散人群，安排顾客有序离开。领班陈某听到后立即用店内广播通知顾客离开，同时组织员工有序疏散，店内 69 名顾客和 61 名员工全部安全撤离。期间饮食店采购人员许某听到疏散指令后独自赶到气瓶间尝试排除险情，未果，也迅速撤离。郑某在撤离同时打电话向 119 报警。20 时 16 分左右，一气瓶发生爆炸，随后又有两个气瓶发生爆炸并引发火灾。

3. 事故原因和事故性质

（1）事故原因

1）直接原因：饮食店厨师王某在西关饮食店内更换液化石油气瓶时，由于操作不当，造成燃气泄漏进而引发爆炸造成火灾。

2）间接原因：饮食店安全生产主体责任不落实，安全意识淡薄，未对员工进行燃气使用培训，气瓶间管理人员职责不清，责任不落实，气瓶进出库台账登记管理混乱。

（2）事故性质

经调查认定，饮食店"6·3"燃气爆炸火灾事故是一起由于餐饮场所安全生产责任制不落实，员工操作不当导致的一般生产安全责任事故。

4. 事故防范措施建议

（1）严格落实企业安全生产主体责任

饮食店要深刻吸取此次事故教训，严格落实企业安全生产主体责任，集中开展安全生产大检查，认真排查事故隐患，堵住安全管理漏洞，完善安全管理措施，加强员工安全教育培训，尤其要加强燃气作业人员的上岗前安全教育和操作技能培训，制定应急救援预案。

（2）加大政府监督管理力度

1）消防部门要加大餐饮场所消防安全排查整治力度，进一步检查餐饮场所防火、防爆、防泄漏等安全措施落实情况。督促餐饮场所落实技术防范措施，保持消防设施、器材完好有效；督促餐饮场所履行自身消防安全管理职责，提高负责人、管理人员和员工的消防安全知识和应急技能。

2）建设部门要成立专门的检查小组开展燃气安全大检查。重点检查液化气储配站、加气站、燃气供应站（点）的安全生产责任制是否落实到位，责任是否落实到人；积极开展隐患排查治理和打非治违工作，消除事故隐患。督促燃气经营者指导燃气用户安全用气。

3）各街道（镇）要进一步落实属地管理责任，切实加强对辖区餐饮行业的安全监管，督促各餐饮场所严格落实安全生产管理制度和操作规程，确保生产安全。

（3）广泛开展燃气安全宣传教育活动

消防、建设、安监等相关职能部门及各街道、镇要切实加大力燃气安全宣传教育力度，一方面要充分利用报刊、广播、电视、网络、手机微信、微博等媒体以及户外宣传栏、电子滚动显示屏等各种载体，通过开辟安全专栏、编发安全简报、公益短信等形式，广泛开展燃气安全宣传教育，普及燃气法律、法规和燃气安全常识，营造全社会关注燃气安全浓厚氛围；另一方面要通过经常性组织开展燃气安全进企业、进社区、进校园等安全宣传活动、开展燃气安全应急演练等，增强广大群众安全防范意识和应急自救能力。

5.2.8 江苏省南京市鼓楼区某餐厅"6·23"液化石油气爆炸事故

1. 事故简介

2016 年 6 月 23 日凌晨 3 时 08 分，位于鼓楼区某餐厅发生液化气泄漏爆炸，事故造成 22 人受轻微伤，直接经济损失约为628.321 万元。

2. 事故发生的经过及救援情况

2016 年 6 月 13 日，和会街某店长官某联系了方某，要求其清洗厨房的油烟机。6 月 22 日 17 时 30 分，方某来到和会街店长官某以 1000 元谈好清洗价格。当晚 21 时许，方某带鲍某、吴某到现场准备作业，当时餐厅还有店长官某及林某（老板鞠某的亲戚）。方某等 3 人先将厨房外的净化器拆卸后搬运至厨房，打开液化气的钢瓶阀，点燃灶头烧开水，进行清洗油烟机及净化器。清洗完毕后，大约 24 时，方某等 3 人结账离开，随后官某和林某关闭店内电源锁门离开（冰箱电源未关）。6 月 23 日 3 时 08 分，发生爆炸事故。事故造成 22 人轻微伤，相连房屋受损，停放路边的部分车辆受损。

事故发生后，110 及 119 接报后迅速到现场，及时疏散当地居民，将伤员送医院救治，市委主要领导作出批示，要求迅速查明原因，安抚受灾居民；区主要领导第一时间在现场组织应急救援，及时召开协调会，成立现场处置指挥部，由分管副区长任总指挥，下设事故调查组、综合执法组、善后理赔组等，各小组在区领导的要求下，加班加点工作，目前事故善后工作正在有序推进。

3. 事故发生的原因及事故性质

（1）事故发生的原因

1）直接原因

油烟机清洗操作人员作业时打开的灶具阀门熄火后未关闭严密，作业完成后，未关闭全部液化石油气钢瓶的阀门和汇流器上的阀门，导致其中一台液化石油气钢瓶的阀门和汇流器上的阀门处于开启状态，残余的液化石油气沿管线经灶具泄漏到后厨房，逐步挥发扩散后达到爆炸极限，遇电冰箱或热水器内继电器动作时产生的电火花引起闪爆，转而成为爆轰。

2）间接原因

① 储气间设置不规范。储气间内未设置燃气浓度检测报警器；储气间通风不畅（停电后，排风扇处于不工作状态）；储气间对厨房开有门。

② 饭店安全生产主体责任不落实。安全生产制度不健全；未及时排除存在的安全隐患，安全责任不落实，员工教育培训不到位。

③ 液化气供气单位未与燃气用户建立供气用气合同关系，未明确双方权利义务，未书面告知，未建立健全用户档案。

④ 中央门街道组织检查不到位，区住建局对地坪向下开挖的隐患整治力度不强。

（2）事故性质

经事故调查组综合分析认定这是一起油烟机清洗作业人员违规操作；和会街某店安全主体责任不落实而导致的一般生产安全责任事故。

4. 事故防范措施建议

（1）区政府须进一步明确监管部门的责任，严格落实各安全生产责任制，形成行业监管与属地监管相结合，确保监管不留死角。

（2）严格责任追究。要以落实餐饮场所安全生产主体责任为主线，针对餐饮场所的特点，从开展岗位达标入手，提高从业人员的安全意识和操作技能，规范作业行为，减少和杜绝"三违"现象，全面提升餐饮场所现场安全管理水平。

（3）加强燃气安全使用管理。依据公安消防和燃气、餐饮行业及安全生产等有关法律法规、标准规范的规定，对存在燃气使用安全隐患的场所，责令整改；一时难以整改的，采取停产停业整顿措施，消除安全隐患。

（4）燃气主管部门要督促燃气经营企业对燃气用户进行安全隐患排查，告知安全操作规程，对不符合用气条件的燃气用户必须停止供气。

（5）在全社会积极开展安全用气宣传教育，坚决防止麻痹松懈情绪，坚决堵塞各种漏洞。

5.2.9　广东省东莞市某镇"4·23"一般液化石油气爆燃事故

1. 事故简介

2017 年 4 月 23 日 19 时许，东莞市某镇某停车场发生一起液化石油气爆燃事故，造成 1 人死亡，5 人受伤，直接经济损失 230 余万元。

2. 事故经过

2017 年 4 月 23 日 17 时许，李某亮与李某平驱车到某停车场内的非法液化石油气装卸点。18 时许，李某亮接到程某电话，商定交易情况。18 时 47 分，程某驾驶液化石油气汽车槽罐车驶入停车场内，停放在该装卸点右侧敞口工棚处。停车后，程某打开驾驶员侧阀门箱，李某亮拿工具拆除铅封，李某根、李某亮拿起自制的简易装卸工具（由 DN50 装卸金属软管和带有 11 个倒气位的汇流排组成），李某根将 DN50 装卸金属软管卡式快速接头一头连接该槽罐车装卸阀门；李某亮将 4 只来路不明的YSP118-Ⅱ钢瓶（俗称双头瓶，现场其护罩上能见到"百福"商标等字样）通过小规格金属软管接到另一头的汇流排上，开始快速将槽罐车液化石油气卸装至气瓶。李某平、戴某、程某、吴某在槽罐车周围观看卸气作业。连接好槽罐车倒气装置后，李某根离开槽罐车去招呼其他来充气的客人，李某亮在槽罐车左侧工棚内约 1.5m 处进行大瓶倒小瓶的倒气作业。

18 时 55 分，程某驾驶的槽罐车在卸气 2～3min 后，非法装卸点棚内气瓶区突然起火。程某全身着火，在就地打滚扑灭身上火焰后，迅速赶到槽罐车处，关闭装卸阀门，撤掉卸气快速接头，发动槽罐车掉头驶离事故停车场。程某将该槽罐车驾驶至离停车场约 1km 处路边停好，将槽罐车原卸气口铅封装回原处，打电话通知朋友替自己把该槽罐车开走，随后自行前往望牛墩医院救治，后转院到东莞市人民医院治疗；李某根、李某亮、李某、吴某、戴某均不同程度受伤，李某根驾车逃逸，其余 4 人前往康华医院救治。

事故发生后 33min 内，事故液化石油气装卸点连续发生共约 16 次的剧烈爆炸。事故工棚严重损害并坍塌，过火面积约 400m²，附近 3 辆槽罐车被不同程度烧毁。

3. 事故原因及性质

（1）事故原因

1）事故直接原因

在不具备安全生产条件的情况下，李某根、李某亮等人采用极端危险操作方式装卸液化石油气是导致事故发生的直接原因。

2）事故间接原因

涉事液化石油气装卸点不具备液化石油气装卸、销售资质，未组织对从业人员进行安全生产教育培训；相关从业人员不具备必要的安全生产知识，不熟悉液化石油气作业常识，对有关的安全生产规章制度和安全操作规程了解不足，不具备本岗位安全操作技能，是造成事故发生的间接原因。

（2）事故性质

经调查认定，东莞市某镇"4·23"一般液化石油气爆燃事故是一起漠视安全生产采用极端危险作业方式进行液化石油气装卸、倒气作业而引发的一般生产安全责任事故。

4. 事故防范措施建议

（1）进一步强化"黑气"专项治理。该镇"4·23"爆炸事故造成了1死5伤的严重后果，社会影响较大，事故的发生暴露了当地政府和有关政府部门安全隐患排查不到位、"打非治违"工作力度不够，事故单位燃气安全意识淡薄等问题。镇委镇政府要提高对打"四黑"专项整治工作重要性和紧迫性认识，强化燃气安全管理监督，建立、健全"打非治违"长效机制，明确各职能单位工作责任，强化有关职能部门联合执法，形成齐抓共管的局面。城管部门、质监部门、公安部门、交通运输部门等职能部门要进一步理顺工作关系，加强协作配合，主动履职，对行政执法中发现的涉嫌犯罪的违法行为依法移交公安司法机关，加强两法衔接，严惩违法犯罪行为，彻底排除治理"黑气"安全隐患。

（2）进一步加强落实燃气安全"网格化"管理。完善镇村联动机制，各村委要落实属地管理责任，主要负责人要带头落实，两委干部要积极部署，明确落实末端网格安全管理员职责，确保责任清晰、运行高效、管控到位，特别是要把隐藏在闹市的水店、出租屋、僵尸车等场所纳入网格排查和管理，充分发挥村在"打非治违"工作中的基础巡查、举报作用，打好"黑气"专项治理攻坚战。

（3）加强危险化学品运输安全监控。一是督促危险化学品生产、储存、经营企业建立装货前车辆、人员、罐体及单据等查验制度，严把新装卸关，加强日常安全监管。二是督促市内危运企业充分利用动态监控平台，在所属危运车辆运行期间加强监控，采取措施严防危运车辆驾驶员、押运员在运输过程中监守自盗。三是健全危险化学品运输安全监管责任体系，严厉打击各类危险化学品运输违法违规行为。

（4）进一步加强燃气安全宣传教育。一要在电视、报刊、墙报、网络等新闻媒体上对"黑燃气"爆炸事故进行报道，深入剖析事故原因及其中的教训，教育广大群众提高燃气使用安全意识，牢固树立燃气使用安全观念。二要落实相关负有隐患巡查责任人员责任，提高发现燃气安全隐患问题的能力，加大对存在燃气安全隐患的整治力度。三要畅通"黑燃气"举报途径，发动群众积极举报经营"黑燃气"的违法犯罪线索，借助群众力量与"黑燃气"违法行为作斗争。四要进一步督促各生产经营单位落实燃气运输、装卸、使用安全培训工作，使从业人员熟悉本单位、本岗位的危险性，掌握燃气事故应急处置的基本技能，学会报警、辨别疏散路线和安全出口，掌握自救逃生的基本技巧，确实提高燃气事故应急处置及自救逃生的本领。

5.2.10 黑龙江省大庆市"6·13"一般燃气爆燃事故

1. 事故简介

2017 年 6 月 13 日 13 时左右，大庆市某小吃部发生燃气泄漏爆燃事故，造成 14 人受伤，直接经济损失 50 余万元。

2. 事故经过

2017 年 6 月 13 日 13 时左右，处于营业中的大庆市某小吃部正在进行更换天然气气瓶工作，送罐人刘万新进行换罐装卸作业，把店里储罐间的空罐换成满罐，在推入第 3 个满罐时，燃气发生泄漏，未及时处置，遇明火瞬间发生爆燃，爆燃冲击波将店里门窗击碎，相邻店面门窗和楼上一些住户门窗被损毁，除其本人烧伤 50% 外，另有 13 人不同程度受伤，停放在店外的 6 台车辆也受到不同程度损坏。

3. 事故原因及性质

（1）事故原因

1）事故直接原因

小吃部储罐间压缩天然气泄漏，遇明火引起爆燃。

2）事故间接原因

① 小吃部经营者安全意识淡薄，使用新设备，未采取有效的安全防护措施；现场管理缺失，未及时发现重大安全隐患；消防安全制度落实不到位；未对操作维护人员进行燃气安全知识和操作技能的培训；在不符合安全规范的场所使用未经许可的天然气钢瓶；且未及时发现天然气泄漏，引发爆燃，这是造成事故的主要原因。

② 瓶装燃气经营者刘某，未经许可非法经营瓶装燃气；未对小吃部的燃气设施定期进行安全检查；未及时发现营业场所内压缩天然气泄漏，未及时消除隐患，这是事故发生的重要原因。

③ 大庆某经贸有限公司未依法取得燃气管理部门核发的燃气经营许可证等相关审批手续，非法从事瓶装燃气经营活动，这是事故发生的重要原因。

④ 大庆市某燃气公司经营范围是车用天然气，但该公司向车用气瓶以外的其他气瓶充装天然气；在明知大庆某经贸公司未依法取得燃气管理部门核发的燃气经营许可证的情况下，仍然向该公司提供用于经营的燃气，这是事故发生的重要原因。

（2）事故性质

按照《中华人民共和国安全生产法》、《生产安全事故报告和调查处理条例》等相关法律法规，经调查认定，小吃部"6·13"燃气爆燃事故为一般生产安全责任事故。

4. 事故防范措施建议

为认真吸取事故教训，防范类似事故发生，提出 7 条整改措施及建议：

（1）开展餐饮场所燃气安全大检查，组织专项整治；

（2）加大消防安全检查力度，督促各餐饮行业要落实消防安全责任制，制定本单位的消防安全制度、消防安全操作规程，制定灭火和应急疏散预案；

（3）健全燃气安全管理监管体系，理顺燃气安全管理监管职责；

（4）加大燃气执法检查力度，严厉查处燃气行业违法行为；

（5）认真落实燃气企业安全主体责任，实行谁供气谁负责；

（6）加快管道燃气建设，鼓励用户使用管道燃气，压缩瓶装燃气使用空间，并推广应用燃气安全技术装置，主动防范燃气事故；

（7）加大城镇燃气安全科普力度，提高全民安全意识和自防自救能力。

5.2.11　山东省临沂市"6·5"罐车泄漏重大爆炸着火事故

1. 事故简介

2017年6月5日凌晨1时左右，临沂市某石化有限公司储运部装卸区的一辆液化石油气运输罐车在卸车作业过程中发生液化气泄漏，引起重大爆炸着火事故，造成10人死亡，9人受伤，直接经济损失4468万元。

2. 事故经过

2017年6月5日0时58分，临沂某物流有限公司驾驶员唐某驾驶液化气运输罐车经过长途奔波、连续作业后，驾车驶入临沂某石化有限公司并停在10号卸车位准备卸车。

唐某下车后先后将10号装卸臂气相、液相快接管口与车辆卸车口连接，并打开气相阀门对罐体进行加压，车辆罐体压力从0.6MPa上升至0.8MPa以上。0时59分10秒，唐某打开罐体液相阀门一半时，液相连接管口突然脱开，大量液化气喷出并急剧汽化扩散。正在值班的某石化有限公司韩某等现场作业人员未能有效处置，致使液化气泄漏长达2分10秒钟，很快与空气形成爆炸性混合气体，遇到点火源发生爆炸，造成事故车及其他车辆罐体相继爆炸，罐体残骸、飞火等飞溅物接连导致1000m³ 液化气球罐区、异辛烷罐区、废弃槽罐车、厂内管廊、控制室、值班室、化验室等区域先后起火燃烧。现场 10 名人员撤离不及时，当场遇难，9 名人员受伤。

3. 事故原因

（1）直接原因

肇事罐车驾驶员长途奔波、连续作业，在午夜进行液化气卸车作业时，没有严格执行卸车规程，出现严重操作失误，致使快接接口与罐车液相卸料管未能可靠连接，在开启罐车液相球阀瞬间发生脱离，造成罐体内液化气大量泄漏。现场人员未能有效处置，泄漏后的液化气急剧汽化，迅速扩散，与空气形成爆炸性混合气体达到爆炸极限，遇点火源发生爆炸燃烧。液化气泄漏区域的持续燃烧，先后导致泄漏车辆罐体、装卸区内停放的其他运输车辆罐体发生爆炸。爆炸使车体、罐体分解，罐体残骸等飞溅物击中周边设施、物料管廊、液化气球罐、异辛烷储罐等，致使 2 个液化气球罐发生泄漏燃烧，2 个异辛烷储罐发生燃烧爆炸。

据调查事故车辆行驶的 GPS 记录，肇事罐车驾驶员唐某驾驶车辆，从 6 月 3 日 17 时到 6 月 4 日 23 时 37 分，近 32h 只休息 4h，期间等候装卸车 2h50min，其余 24h 均在驾车行驶和装卸车作业。押运员陈某没有驾驶证，行驶过程都是唐某在驾驶车辆。6 月 5 日凌晨 0 时 57 分，车辆抵达某石化有限公司后，唐某安排陈某回家休息，自己实施卸车作业。在极度疲惫状态下，操作出现严重失误，装卸臂快接口两个定位锁止扳把没有闭合，致使快接接口与罐车液相卸料管未能可靠连接。

据分析，引发第一次爆炸可能的点火源是石化有限公司生产值班室内在用的非防爆电器产生的电火花。

（2）间接原因

1. 物流有限公司未落实安全生产主体责任。

（1）超许可违规经营。违规将河南省某货物运输有限公司所属 40 辆危化品运输罐车纳入日常管理，成为实际控制单位，安全生产实际管理职责严重缺失。

（2）日常安全管理混乱。该公司安全检查和隐患排查治理不彻底、不深入，安全教育培训流于形式，从业人员安全意识差，该公司所属驾驶员唐某（肇事罐车驾驶员）装卸操作技能差，实际管理的河南牌照道路运输车辆违规使用未经批准的停车场。

（3）疲劳驾驶失管失察。对实际管理的河南牌照道路运输车辆未进行动态监控，对所属驾驶员唐某驾驶该公司实际管理的车辆的疲劳驾驶行为未能及时发现和纠正，导致所属驾驶员唐某在长期奔波、连续作业且未得到充分休息的情况下，卸车出现严重操作失误。

（4）事故应急管理不到位。未按规定制定有针对性的应急处置预案，未定期组织从业人员开展应急救援演练，对驾驶员应急处置教育培训不到位。致使该公司所属驾驶员唐某出现泄漏险情时未采取正确的应急处置措施，直接导致事故发生并造成本人死亡；致使该公司管理的其余 3 名驾驶员在事故现场应急处置能力缺失、出现泄漏险情时未正确处置及时撤离，造成该 3 名驾驶员全部死亡。

（5）装卸环节安全管理缺失。对装卸安全管理重视程度不够，装卸安全教育培训不到位，未依法配备道路危险货物运输装卸管理人员，肇事罐车卸载过程中无装卸管理人员现场指挥或监控。

2. 石化有限公司未落实安全生产主体责任。

（1）安全生产风险分级管控和隐患排查治理主体责任不落实。企业安全生产意识淡薄，对安全生产工作不重视。未依法落实安全生产物质资金、安全管理、应急救援等保障责任，安全生产责任落实流于形式；未认真落实安全生产风险分级管控和隐患排查治理工作，对企业存在的安全风险特别是卸车区叠加风险辨识、评估不全面，风险管控措施不落实；从业人员素质低，化工专业技能不足，安全管理水平低，安全管理能力不能适应高危行业需要。

（2）特种设备安全管理混乱。企业未依法取得移动式压力容器充装资质和工业产品生产许可资质违法违规生产经营。储运区压力容器、压力管道等特种设备管理和操作人员不具备相应资格和能力，32 人中仅有 3 人取得特种设备作业人员资格证，不能满足正常操作需要；事发当班操作工韩某未取得相关资质，无证上岗，不具备相应特种设备安全技术知识和操作技能，未能及时发现和纠正司机的误操作行为。特种设备充装质量保证体系不健全，特种设备维护保养、检验检测不及时；未严格执行安全技术操作规程，卸载前未停车静置 10min，对快装接口与罐车液相卸料管连接可靠性检查不到位，对流体装卸臂快装接口定位锁止部件经常性损坏更换维护不及时。

（3）危化品装卸管理不到位。连续 24h 组织作业，10 余辆罐车同时进入装卸现场，超负荷进行装卸作业，装卸区安全风险偏高，且未采取有效的管控措施；液化气装卸操作规程不完善，液化气卸载过程中没有具备资格的装卸管理人员现场指挥或监控。

（4）工程项目违法建设。该公司一期 8 万 t/年液化气深加工建设项目、二期 20 万 t/年液化气深加工建设项目和三期 4 万 t/年废酸回收建设项目在未取得规划许可、消防设计审核、环境影响评价审批、建筑工程施工许可等必须的项目审批手续之前，擅自开工建设并使用非法施工队伍，未批先建，逃避行政监管。

（5）事故应急管理不到位。未依法建立专门应急救援组织，应急装备、器材和物资配备不足，预案编制不规范，针对性和实用性差，未根据装卸区风险特点开展应急演练，应急教育培训不到位，实战处置能力不高。出现泄漏险情时，现场人员未能及时关闭泄漏罐车紧急切断阀和球阀，未及时组织人员撤离，致使泄漏持续 2 分多钟直至遇到点火源发生爆燃，造成重大人员伤亡。

5.3　经验教训

以上事故暴露出的问题无外乎：一是部分餐饮企业安全生产主体责任不落实，安全管理规章制度不健全，现场安全管理混乱。二是安全投入不到位，营业场所现场防火、防爆、防泄漏等安全设备设施不完善，隐患排查治理不及时。三是安全教育培训不到位，从业人员缺乏安全意识，安全技能较差，违章作业严重。四是部分地区属地监管不到位，对餐饮场所燃气使用安全工作重视不够，打击和取缔非法违法生产经营行为措施不力。

对上述种种现象，为深刻吸取事故教训，进一步加强餐饮场所安全管理工作，严防类似事故发生，现提出如下意见和建议：

（1）高度重视餐饮场所安全管理工作。餐饮场所面广量大、规模小，安全生产条件普遍较差，同时餐饮场所人员密集，一旦发生事故，不但造成严重的人员伤亡和财产损失，而且社会影响大。因此，强化餐饮场所安全工作显得十分重要，相关单位要进一步增强责任意识，牢固树立"没有安全、一切归零"的理念。坚守安全红线，把牢安全底线，按照"党政同责、一岗双责、分级负责"和"管行业必须管安全、管业务必须管安全、管经营必须管安全"的要求，进一步抓好餐饮场所安全管理工作。

（2）强化属地和部门安全监管，落实企业主体责任。相关单位要按照《20130130 国务院安委会关于深入开展餐饮场所燃气安全专项治理的通知》（安委〔2013〕1 号）要求认真履职，强化餐饮场所安全管理工作。当地政府要落实属地监管责任，坚持"守土有责"，强化燃气使用企业的安全生产管理。燃气行业主管部门要切实履行部门监管职责，建立健全工作机制，落实安全责任制，推动燃气安全监管规范化。各餐饮企业和业主要切实健全完善安全生产规章制度，严格执行燃气管理的有关法规和安全技术规范，进一步规范燃气使用和生产经营行为。

（3）认真部署并扎实开展餐饮场所安全大检查。相关单位要针对上述几起事故中暴露出的问题，结合当前正在开展的打非治违专项行动，对市场临街店铺及相关餐饮场所燃气使用单位开展检查，全面排查治理安全隐患，做到不留死角、不留盲区、不走过场。对于检查中发现的问题和隐患，要采取"零容忍"的态度，立即进行整改，达不到安全生产经营条件的，要果断采取停产停业整顿措施，直至关闭取缔。要通过检查，坚决取缔淘汰一批非法违法生产经营和不具备基本安全生产条件的餐饮场所，有效防范和坚决遏制事故发生。

（4）加强培训，不断提高从业人员安全意识和安全技能。相关单位要充分利用广播、电视、报纸等传统媒体和微信、微博、互联网等新媒体，宣传普及燃气事故预防及应急自救常识，不断提高社会公众的安全意识，提高逃生自救技能。燃气管理部门要督促供气企业开展"配送气赠送燃气安全使用知识宣传"活动，强化对餐饮场所员工的安全知识教育，切实提高餐饮场所员工燃气使用安全操作技能和知识水平。相关餐饮企业要以事故案例为教训，开展全员警示教育，开展事故应急预案演练，提高从业人员应急处置和自救互救能力。

（5）强化事故应急处置和调查处理工作。相关单位要严格按照"救人第一"原则，及时采取措施，科学有效做好餐饮场所燃气泄漏事故的应急处置工作，谨防事故扩大。同时，要严格按照"四不放过"和"科学严谨、依法依规、实事求是、注重实效"的原则，认真开展事故调查工作，严肃处理事故责任单位和有关责任人员。不能因为事故损失小，就忽视、轻视事故防范和调查处理工作，对发生的所有餐饮场所燃气泄漏事故都要按规定调查处理，并依法依规追究责任。

第6章　燃气事故报告、调查与分析

6.1　事故报告

事故报告应当及时、准确、完整,任何单位和个人对事故不得迟报、漏报、谎报或者瞒报。单位和个人不得阻碍和干涉对事故的报告和依法调查处理。事故发生后,及时、准确、完整地报告事故,对于及时、有效地组织事故救援,减少事故损失,顺利开展事故调查具有非常重要的意义。

1. 事故报告的基本内容

事故报告应包含以下几方面内容。

(1) 事故发生单位的概况。

事故发生单位概况应当包括:单位的全称、所处地理位置、所有制形式和隶属关系、生产经营范围和规模、持有各类证照的情况、单位负责人的基本情况以及近期的生产经营状况等。当然,这些只是一般性要求,对于不同行业的企业,报告的内容应该根据实际情况看来确定,但应当以全面、简洁为原则。

(2) 事故发生的时间、地点以及事故现场情况。

报告事故发生的时间应当具体,并尽量精准到分钟。报告事故发生的地点要准确,除事故发生的中心地点外,还应当报告事故所波及的区域。报告事故现场的情况应当全面,不仅应当报告事故发生后的现场情况,还应当尽量报告事故前的现场情况,以便于前后比较、分析事故原因。

(3) 事故的简要经过。

事故简要经过是对事故全过程的简要叙述。核心要求在于"全"和"简","全"是要求全过程描述,"简"是简单明了。需要强调的是，对事故经过的描述应当特别注意事故发生前作业场所有关人员和设备设施的一些细节，因为这些细节可能就是引发事故的重要原因。

（4）事故已经造成或者可能造成的伤亡人数（包括下落不明的人数）和初步估计的直接经济损失。

对于人员伤亡情况的报告，应当遵守实事求是的原则。不进行无根据的猜测，更不能隐瞒实际伤亡人数；对可能造成的伤亡人数，要根据事故单位当班记录，尽可能准确报告，对直接经济损失的初步估算，主要指事故所导致的建筑物的毁损、生产设备设施和仪器仪表的损坏等。

（5）已经采取的措施。

已经采取的措施主要是指事故现场有关人员、事故单位责任人、已经接到事故报告的安全生产管理部门为减少损失、防止事故扩大和便于事故调查所采取的应急救援和现场保护等具体措施。

（6）其他应当报告的情况。

报告事故应当包括内容的兜底条款。对于其他应当报告的情况，根据实际情况具体确定。需要特别指出的是，条例制定时考虑到事故原因往往需要进一步调查后才能确定，为谨慎起见，没有将其列入应当报告的事项。但是，对于能够初步判定事故原因的，还是应当精准报告。

（7）事故发生后的补报。

《生产安全事故报告和调查处理条例》第十三条规定：事故报告后出现新情况的，应当及时补报。自事故发生之日起30日内，事故造成的伤亡人数发生变化的，应当及时补报。道路交通事故、火灾事故自发生之日起7日内，事故造成的伤亡人数发生变化的，应当及时补报。

2. 事故报告时限

《生产安全事故报告和调查处理条例》第九条规定：事故发生后，事故现场有关人员应当立即向本单位负责人报告；单位负责人接到报告后，应当于1h内向事故发生地县级以上人民政府安全生产监督管理部门和负有安全生产监督管理职责的有关部门报告。

情况紧急时，事故现场有关人员可以直接向事故发生地县级以上人民政府安全生产监督管理部门和负有安全生产监督管理职责的有关部门报告。

《生产安全事故报告和调查处理条例》第十条规定：安全生产监督管理部门和负有安全生产监督管理职责的有关部门接到事故报告后，应当依照下列规定上报事故情况，并通知公安机关、劳动保障行政部门、工会和人民检察院：

（1）特别重大事故、重大事故逐级上报至国务院安全生产监督管理部门和负有安全生产监督管理职责的有关部门；

（2）较大事故逐级上报至省、自治区、直辖市人民政府安全生产监督管理部门和负有安全生产监督管理职责的有关部门；

（3）一般事故上报至设区的市级人民政府安全生产监督管理部门和负有安全生产监督管理职责的有关部门。

安全生产监督管理部门和负有安全生产监督管理职责的有关部门依照前款规定上报事故情况，应当同时报告本级人民政府。国务院安全生产监督管理部门和负有安全生产监督管理职责的有关部门以及省级人民政府接到发生特别重大事故、重大事故的报告后，应当立即报告国务院。

必要时，安全生产监督管理部门和负有安全生产监督管理职责的有关部门可以越级上报事故情况。

《生产安全事故报告和调查处理条例》第十一条规定：安全生产监督管理部门和负有安全生产监督管理职责的有关部门逐级上报事故情况，每级上报的时间不得超过 2h。

6.2 事故调查的管辖权与事故调查的基本原则

1. 事故调查的管辖权

《生产安全事故报告和调查处理条例》第十九条规定：

（1）特别重大事故由国务院或者国务院授权有关部门组织事

故调查组进行调查。

（2）重大事故、较大事故、一般事故分别由事故发生地省级人民政府、设区的市级人民政府、县级人民政府负责调查。

（3）省级人民政府、设区的市级人民政府、县级人民政府可以直接组织事故调查组进行调查，也可以授权或者委托有关部门组织事故调查组进行调查。

（4）未造成人员伤亡的一般事故，县级人民政府也可以委托事故发生单位组织事故调查组进行调查。

《生产安全事故报告和调查处理条例》第二十条规定：上级人民政府认为必要时，可以调查由下级人民政府负责调查的事故。

自事故发生之日起 30 日内（道路交通事故、火灾事故自发生之日起 7 日内），因事故伤亡人数变化导致事故等级发生变化，依照本条例规定应当由上级人民政府负责调查的，上级人民政府可以另行组织事故调查组进行调查。

《生产安全事故报告和调查处理条例》第二十一条规定：特别重大事故以下等级事故，事故发生地与事故发生单位不在同一个县级以上行政区域的，由事故发生地人民政府负责调查，事故发生单位所在地人民政府应当派人参加。

2. 事故调查的基本原则

事故调查处理是一项比较复杂的工作，涉及方方面面的关系，同时又具有很强的科学性和技术性。要搞好事故调查处理工作，必须有正确的原则作指导。

（1）实事求是的原则。

事故调查工作必须坚持实事求是，克服主观主义，做到客观、公正。

1）必须全面、彻底查清生产安全事故的原因，不得夸大事故事实或者缩小事故事实，更不得弄虚作假；

2）在认定事故性质、分析事故责任时一定要从实际出发，要在查明事故原因的基础上，根据实际情况明确事故责任；

3）在提出对事故责任者的处理意见时，一定要实事求是，不得从主观出发，不能感情用事，要坚持以事实为依据，以法律为准绳，要根据事故责任划分，按照法律法规和国家有关规定对事故责任人提出处理意见；

4）总结事故教训、落实事故整改措施要实事求是，总结教训要准确、全面，落实整改措施要坚决、彻底。

（2）尊重科学的原则

生产安全事故调查工作具有很强的科学性和技术性，特别是事故原因的调查，往往需要作很多技术上的分析和研究，利用很多技术手段，如进行技术鉴定或试验等。尊重科学，一是要有科学的态度，不主观臆想，不轻易下结论，防止个人意识主导，杜绝心理偏好，努力做到客观、公正；二是要特别注意充分发挥专家和技术人员的作用，把对事故原因的查明，事故责任的分析、认定建立在科学的基础上。

6.3　事故调查组

1. 事故调查组的构成及机构设置

（1）事故调查组的构成

《生产安全事故报告和调查处理条例》第二十二条规定：事故调查组的组成应当遵循精简、效能的原则。

根据事故的具体情况，事故调查组由有关人民政府、安全生产监督管理部门、负有安全生产监督管理职责的有关部门、监察机关、公安机关以及工会派人组成，并应当邀请人民检察院派人参加。事故调查组可以聘请有关专家参与调查。

《生产安全事故报告和调查处理条例》第二十三条规定：故调查组成员应当具有事故调查所需要的知识和专长，并与所调查的事故没有直接利害关系。

（2）事故调查组机构的设置

事故调查组的内部机构一般为：设事故调查小组长1名；根

据事故具体情况和事故等级，设副组长 1 名至 3 名，一般等级事故可只设组长 1 名；重大、特别重大事故在调查时，可设置具体的工作领导小组，负责某一方面的具体调查工作。

（3）在实践中应注意的问题

事故调查组组成时，有关部门、单位中所调查的事故有直接利害关系的人员应当主动回避，不应参加事故调查工作

事故调查组组成时，发现被推荐为事故调查组成员的人选与所调查的事故有直接利害关系的，组织事故调查的人民政府或者有关部门应当将该成员给予调整。

事故调查组组成以后，有关部门、单位发现其成员与所调查的单位有直接利害关系的，事故调查组应将该成员给予更换或停止其事故调查工作。

2. 事故调查组长的确定

《生产安全事故报告和调查处理条例》第二十四条规定：事故调查组组长由负责事故调查的人民政府指定。由政府授权有关部门组织事故调查组进行事故调查的，其事故调查组组长可以由有关人民政府指定，也可以由授权组织事故调查组的有关部门指定。事故调查组组长主持事故调查组工作，具体职责是：全过程领导事故调查工作；主持事故调查会议，确定事故调查组各小组职责和事故调查组成员的分工；协调事故调查工作中的重大问题，对事故调查中的分歧意见做出决策等。

3. 事故调查履行的职责

《生产安全事故报告和调查处理条例》第二十五条规定：事故调查组履行下列职责：

（1）查明事故发生的经过、原因、人员伤亡情况及直接经济损失。

1）查明事故发生的经过

① 事故发生前，事故单位生产作业状况；

② 事故发生的具体时间、地点；

③ 事故现场状况及事故现场保护情况；

④ 事故发生后采取的应急处置措施情况；

⑤ 事故报告经过；

⑥ 事故抢救及事故救援情况；

⑦ 事故的善后处理情况；

⑧ 其他与事故发生经过有关的情况。

2）查明事故发生的原因

① 事故发生的直接原因；

② 事故发生的间接原因；

③ 事故发生的其他原因。

3）查明事故发生的人员伤亡

① 事故发生前，事故发生单位作业人员分布情况；

② 事故发生时人员涉险情况；

③ 事故当场人员伤亡情况及人员失踪情况；

④ 事故抢救过程中人员伤亡情况；

⑤ 最终伤亡情况；

⑥ 其他与事故发生有关的人员伤亡情况。

4）查明事故发生的直接经济损失

① 人身伤亡所支出的费用。包括医疗费用（含护理费）、丧葬及抚恤费用、补助及救济费用和误工费等。

② 善后处理费用。包括处理事故的事务性费用、现场抢救费用、清理现场费用、事故罚款和赔偿费用。

③ 财产损失费用。包括固定资产损失和流动资产损失。

（2）认定事故的性质和事故责任分析。

通过事故调查分析，对事故的性质要有明确结论。其中对认定为自然事故（非责任事故或者不可抗拒的事故）的可不再认定或者追究事故责任人；对认定为责任事故的，要按照责任大小和承担责任的不同分别认定下列事故责任：

1）直接责任者，即其行为与事故发生有直接责任的人员，如违章作业人员。

2）主要责任者，即对事故发生负有主要责任的人员，如违章指挥者。

3）领导责任者，即对事故发生负有领导责任的人员。

（3）提出对事故责任者的处理建议；

通过事故调查分析，在认定事故的性质和事故责任的基础上，提出对事故责任者的处理建议。对事故责任者的处理建议一般包括以下内容：

1）对事故责任者的行政处分、纪律处分建议；

2）对事故责任者的行政处罚建议；

3）对事故责任者追究刑事责任的建议；

4）对事故责任者追究民事责任的建议。

（4）总结事故教训，提出防范和整改措施。

通过事故调查分析，在查明事故原因和事故单位在安全生产管理上存在的问题及漏洞，认定事故性质和事故责任的基础上，要认真总结事故教训，要针对安全生产管理、安全投入、安全条件等方面存在的不足和漏洞，查找事故根源。

1）总结事故教训

① 事故发生单位应该吸取的教训；

② 事故发生单位主要负责人应该吸取的教训；

③ 事故发生单位有关主管人员和有关职能部门应该吸取的教训；

④ 从业人员应该吸取的教训；

⑤ 政府及其有关主管部门应该吸取的教训：

⑥ 相关生产经营单位应该吸取的教训；

⑦ 社会公众应该吸取的教训。

2）提出防范和整改措施

防范和整改措施是在事故调查分析的基础上针对事故发生单位在安全生产方面的薄弱环节、漏洞、隐患等提出的，要具备以下性质：针对性，可操作性，普遍适用性，时效性。

3）提交事故调查报告

事故调查报告是在事故调查组全面履行职责的前提下由事故

调查组做出的。这是事故调查最核心的任务，是其工作成果的集中体现。

事故调查报告在事故调查组组长的主持下完成，事故调查报告的内容应当符合《生产安全事故报告和调查处理条例》第十三条的规定，并在规定的提交事故调查报告的时限内提出。

（5）事故调查报告应当附具有关证据材料。

事故调查组成员在事故调查报告上的签名。

1）事故调查报告附具的有关证据材料是事故调查报告的重要部分，应作为事故调查报告的附件一并提交。提出这项要求是为了增强事故调查报告的科学性、证明力、公信力。

2）事故调查报告附具的有关证据材料应当具有真实性，并作为事故调查报告的附件予以详细登记，必要时有关当事人及获得该证据材料的事故调查组成员应当在证据材料上签名。

3）事故调查组成员在事故调查报告上的签名页是事故调查报告的必备内容，没有事故调查组成员签名的事故调查报告，可以不予批复。签名应当由事故调查组成员本人签署，特殊情况下由他人代签，要注明本人同意。事故调查中的不同意见在签名时可一并说明。

4. 事故调查组的行为规范

《生产安全事故报告和调查处理条例》第二十八条规定：事故调查组成员在事故调查工作中应当诚信公正、恪尽职守，遵守事故调查组的纪律，保守事故调查的秘密。

未经事故调查组组长允许，事故调查组成员不得擅自发布有关事故的信息。

6.4 事故调查处理的任务及当地政府部门及相关部门的职责

1. 事故调查的任务

根据《生产安全事故报告和调查处理条例》的规定，事故调查处理的主要任务和内容包括以下几个方面。

（1）及时、准确地查清事故经过、事故原因和事故损失

查清事故发生的经过和事故原因，是事故调查处理的首要任务和内容，也是进行下一步工作的基础。事故原因有可能是自然原因，即所谓"天灾"，也有可能是人为原因，即所谓"人祸"，更多情况下则是责任原因和人为原因共同造成的，即所谓"三分天灾，七分人祸"。无任什么原因，都要给以查明。事故损失主要包括事故造成的人身伤亡和直接经济损失。这是确定事故等级的依据。查清事故经过、事故原因和事故损失、重在及时、准确，不能久查不清或者含含糊糊，似是而非。

（2）查明事故性质，认定事故责任

事故性质是指事故是人为事故还是自然事故，是意外事故还是责任事故。查明事故性质是认定事故责任的基础和前提。如果事故纯属自然事故或者意外事故，则不需要认定事故责任。如果是人为事故和责任事故，就应当查明哪些人员对事故负有责任，并确定其责任程序。事故责任有直接责任，也有间接责任；有主要责任、次要责任。此外，对政府及其有关部门的负责人来说，还有一个领导责任的问题。

（3）总结事故教训，提出整改措施

安全生产工作的根本方针是安全第一、预防为主、综合治理。通过查明事故经过和事故原因，发现安全生产管理工作的漏洞，从事故中总结血的经验教训，并提出整改措施，防止今后类似事故再次发生，这是事故调查处理的重要任务和内容之一，也是事故调查处理的最根本目的。

（4）对事故责任者依法追究责任

生产安全事故责任追究制度是我国安全生产领域的一项基本制度。《安全生产法》明确规定，国家实行生产安全事故责任追究制度。结合对事故责任的认定，对事故责任人分别提出不同的处理建议，使有关责任者受到合理的处理，包括给以党纪处分、行政处分或者建议追究相应的刑事责任。这对于增强有关人员的

责任心，预防事故再次发生，具有重要意义。

以上规定较好的体现了事故调查处理的"四不放过"原则，即事故原因未查清不放过；责任人员未受到处理不放过；事故责任人和周围群众没有受到教育不放过；事故制定的切实可行的整改措施未落实不放过。

2. 当地政府部门及相关部门的职责

根据《生产安全事故报告和调查处理条例》第五条的规定：县级以上人民政府应当依照本条例的规定，严格履行职责，及时、准确地完成事故调查处理工作。

事故发生地有关地方人民政府应当支持、配合上级人民政府或者有关部门的事故调查处理工作，并提供必要的便利条件。

（1）县级以上人民政府在事故调查处理中的职责

根据《生产安全事故报告和调查处理条例》第五条的规定：县级以上人民政府应当依照本条例的规定，严格履行职责，及时、准确地完成事故调查处理工作。县级以上人民政府包括县级人民政府本身、设区的市级人民政府、省级人民政府以及中央人民政府也就是国务院。根据本条例规定，在事故调查处理中，县级以上人民政府的主要职责有两项：

1）负责组织事故调查。

对事故调查处理，本条例坚持了"政府领导、分级负责"的原则。除法律、行政法规或者国务院另外有规定外，事故按照不同的级别，分别由县级以上人民政府或者授权的部门组织事故调查组进行调查。这与其说是一项权利，不如说是一项义务或者职责。无论是直接组织事故调查还是授权有关部门组织事故调查组进行调查，组织事故调查的职责都是属于县级以上各级人民政府。有关人民政府在接到事故报告后，应当按照本条例的规定，及时开展事故调查工作。有关人民政府还应当指定事故调查组组长，负责领导事故调查组的工作。在事故调查中，有关人民政府应当加强指导，确保事故调查组能够在规定期限内，顺利完成事故调查，提出事故调查报告。

2）及时作出事故批复。

事故调查组向负责组织事故调查的有关人民政府提出事故调查报告后，事故调查工作即告结束。有关人民政府应当按照条例规定的期限，及时作出批复，并督促有关单位、机关落实事故批复，包括对生产经营单位的行政处罚，对事故责任人的追究以及整改措施的落实等。在批复中，有关人民政府要严格把关，特别是要保证对事故责任人的追究做到严肃、公正、合法。

（2）事故发生地有关人民政府配合事故调查处理的职责

有关地方人民政府包括乡镇人民政府、县级人民政府、设区的市级人民政府和省级人民政府。无论是上级人民政府直接组织事故调查组进行事故调查，还是有关部门受政府委托组织事故调查组进行事故调查，事故发生地有关人民政府都应当给予支持、配合。事故发生地有关人民政府配合事故调查处理工作，通常有以下几个方面：

1）按照上级人民政府或者有关部门的要求，及时指定人员参加事故调查组。

2）采取有效措施保护事故现场，防止破坏现场、销毁证据等行为发生，对需要采取强制措施的事故责任人员及时控制，防止其逃匿或者转移资金、财产等。

3）为事故调查组提供调查所需的有关情况信息，包括事故发生单位及其有关人员的情况和信息、有关部门的监管情况和监管信息等。

4）协助做好事故伤亡人员的赔偿、家属安抚等工作，确保当地社会秩序稳定。

5）根据上级人民政府依法作出的事故批复，落实或者督促有关部门落实对事故发生单位及其有关部门人员的行政处罚，对事故责任人员予以处分，督促有关部门对事故发生单位落实整改措施的情况进行监督检查。此外，事故发生地有关人民政府还应当为上级人民政府或者有关部门的事故调查处理提供必要的便利条件，包括交通、办公场所等。为事故调查处理创造有利的环境。

（3）参加事故调查处理的部门和单位应当互相配合

事故调查处理，关键是要做到客观、公正、高效。依照本条例的规定，事故调查组是由多个部门和单位共同派人组成的。因此，要顺利地开展工作，提高事故调查处理的效率，参加事故调查处理的有关部门就必须要有全局意识、大局意识和高度的工作责任心，互相配合，严格履行各自的职责，不能互相扯皮，互相推诿。

6.5　事故调查的基本步骤

1. 事故调查的取证

事故发生后，在进行事故调查的过程中，事故调查取证是完成事故调查过程的非常重要的一个环节。如何进行事故调查的取证，在国家的法规标准中都给出了相应的方法和技术手段。

事故调查的取证主要从以下几个方面人手。

（1）事故现场处理

为保证事故调查、取证客观公正地进行，在事故发生后，对事故现场要进行保护。事故现场的处理至少应当做到：

1）事故发生后，应救护受伤害者，采取措施制止事故蔓延扩大。

2）认真保护事故现场，凡与事故有关的物体、痕迹、状态，不得破坏。

3）为抢救受伤害者需要移动现场某些物体时，必须做好现场标志。

4）保护事故现场区域，不要破坏现场，除非还有危险存在；准备必需的草图梗概和图片；仔细记录或进行拍照、录像并保持记录的准确性。

（2）事故有关无证的收集

通常收集的物证应包括：

1）现场物证包括：破损部件、碎片、残留物、致害物位置等；

2）在现场搜集到的所有物件均应贴上标签，注明地点、时间、管理者；

3）所有物件应保持原样，不准冲洗擦拭；

4）对健康有危害的物品，应采取不损坏原始证据的安全防护措施；

5）对事故的描述，以及估计的破坏程度；

6）正常的运转程序；

7）事故发生地点、地图（地方与总图）；

8）证据列表以及事故发生前的事件。

（3）事故材料收集

事故材料的收集应包括两方面内容。

1）与事故鉴别、记录有关的材料

① 发生事故的单位、地点、时间。

② 受害人和肇事者的姓名、性别、年龄、文化程度、职业、技术等级、工龄、本工种工龄、支付工资的形式。

③ 受害人和肇事者的技术状况、接受安全教育情况。

④ 出事当天，受害人和肇事者什么时间开始工作、工作内容、工作量、作业程序、操作时的动作（或位置）。

⑤ 受害人和肇事者过去的事故记录。

2）事故发生的有关事实

① 事故发生前设备、设施等的性能和质量状况。

② 使用的材料，必要时进行物理性能或化学性能实验与分析。

③ 有关设计和工艺方面的技术文件、工作指令和规章制度方面的资料及执行情况。

④ 关于工作环境方面的状况，包括照明、湿度、温度、通风、声响、色彩度、道路、工作面情况以及工作环境中的有毒、

有害物质取样分析记录。

⑤ 个人防护措施状况，应注意它的有效性、质量、使用范围。

⑥ 出事前受害人和肇事者的健康状况。

⑦ 其他可能与事故致因有关的细节或因素。

（4）事故认证材料收集记录

当事故发生后，应尽快寻找证人，搜集证据，同时要与在事故发生之前曾在现场的人员，以及那些在事故发生之后立即赶到事故现场的人员进行交谈。要保证每一次交谈记录的准确性。

询访见证人、目击者和当班人员时，应采用谈话的方式，不应采用审问方式。同时，必须寻找见证人，他们可提供与事故调查有关的各方面的信息，包括事故现场状态、周围环境情况及人为因素。

（5）事故现场摄影及事故现场图绘制

1）事故现场摄影、拍照

在收集事故现场的资料时，可能要通过对事故现场进行摄像或者拍照来获得更清楚的信息。

① 显示事故现场和受害者原始存息地的所有照片。

② 可能被清除或被践踏的痕迹：如刹车痕迹、地面和建筑物的伤痕，火灾爆炸引起的伤害等要及时拍照。

③ 事故发生现场全貌。

④ 利用摄影或录像，以提供比较完善的信息内容。

2）绘制事故现场图

对事故地点经过全面地初步研究拍照之后，调查工作的一项重要任务是绘制事故现场图。当采取简单方案时，通过测量某检查点与主要事故现场之间的距离和方位，绘制事故位置图。

① 确定事故发生地点坐标、伤亡人员的位置；

② 确定涉及事故的设备各构件散落的位置并做出标记，测定各构件在该地区的位置；

③ 查看、测出和分析事故发生时留在地面上的痕迹。

④ 必要时，绘制现场剖面图。绘制图的形式，可以是事故现场示意图、流程图、受害者位置图等等。

2. 事故调查的分析

事故调查完毕要进行合理、科学的分析，分析的基本程序和内容如下。

（1）整理和阅读调查材料。

（2）材料分析。

材料分析是对受害者的受伤部位、受伤性质、起因物、致害物、伤害方式、不安全状态、不安全行为等进行分析、讨论和确认。

（3）事故直接原因分析。

事故直接原因分析是对人的不安全行为和物的不安全状态进行分析。

（4）事故间接原因分析。

主要是对事故发生起间接作用的管理因素的分析。

（5）事故责任分析及处理。

事故责任分析是在查明事故的原因后，应分清事故的责任，使企业领导和职工从中吸取教训，改进工作；事故责任分析中，应通过调查事故的直接原因和间接原因分析，确定事故的直接责任者和领导责任者及主要责任者，并根据事故后果对事故责任者提出处理意见。

1）因下述原因造成事故，应首先追究领导者的责任。

① 工人没按规定进行安全教育和技术培训，或未经工种考试合格就上岗操作。

② 缺乏安全技术操作规程或规程不健全。

③ 安全措施、安全信号、安全标志、安全用具、个体防护用品缺乏或有缺陷。

④ 设备严重失修或超负荷运转。

⑤ 对事故熟视无睹，不采取措施，或挪用安全技术措施经费，致使重复发生同类事故。

⑥ 对现场工作缺乏检查或指导错误。

2）下述原因造成的事故，应追究肇事者或有关人员责任。

① 违章指挥、违章作业、违反劳动纪律。

② 违反安全生产责任制，玩忽职守。

③ 擅自开动机器设备，擅自更改、拆除、毁坏、挪用安全装置和设备。

3）事故责任者或者其他人员，凡有下列情形之一者，应从重处罚。

① 毁灭、伪造证据、破坏、伪造事故现场，干扰调查工作或者嫁祸于人的；

② 利用职权隐瞒事故，虚报情况，或者故意拖延报告的；

③ 多次不管理，违反规章制度，或者强令工人冒险作业的；

④ 对批评、制止违章行为，如实反映事故情况的人员进行打击报复的。

事故分析和责任者的处理如果不能取得一致意见时，劳动行政部门有权提出结论性意见；如果仍有不同意见，应当报上级劳动行政部门和有关部门处理；仍不能达成一致意见的，报同级人民政府裁决，但是不得超过事故处理工作结案时限。伤亡事故处理结案时间一般不超过 90 天，特殊情况不得超过 180 天。伤亡事故处理结案后，应当公开宣布处理结果，并将有关资料整理存档，以备查考。

3. 伤亡事故结案归档

事故资料归档是伤亡事故处理的最后一个环节。各种事故资料作为事故的原始记录，不仅是进行事故复查的最主要的依据，也是进行工伤保险待遇享受资格认定的重要依据，还是对职工进行安全教育的最生动的教材，更是制定或完善安全生产规章制度、改进安全管理和安全技术，以及科研工作的重要的参考资料。因而，建立必要的事故结案制度，认真保存好事故档案，并发挥其应有的作用，是企业事故管理工作的重要内容之一。

事故处理结案后，应归档的事故资料如下：

（1）职工伤亡事故登记表。

（2）职工死亡、重伤事故调查报告书及批复。

（3）现场调查记录、图纸、照片。

（4）技术鉴定和试验报告。

（5）物证、人证材料。

（6）直接经济损失和间接经济损失材料。

（7）事故责任者的自述材料。

（8）医疗部门对伤亡人员的诊断书。

（9）发生事故时的工艺条件、操作情况和设计资料。

6.6 事故原因分析

对一起事故的原因分析，通常有两个层次，即直接原因和间接原因。直接原因通常是一种或多种不安全行为、不安全状态或两者共同作用的结果。间接原因可追踪于管理措施及决策的缺陷，或者环境的因素。分析事故时，应从直接原因入手，逐步深入到间接原因，从而掌握事故的全部原因。在事故原因分析时通常要明确以下内容：

（1）在事故发生之前存在什么样的征兆；

（2）不正常的状态是在哪儿发生的；

（3）在什么时候首先注意到不正常的状态；

（4）不正常状态是如何发生的；

（5）事故为什么会发生；

（6）事件发生的可能顺序以及可能的原因（直接原因、间接原因）；

（7）分析可选择的事件发生顺序。

1. 事故原因分析的基本步骤

在进行事故调查原因分析时，通常按照以下步骤进行分析。

（1）整理和阅读调查材料

（2）分析伤害方式

按以下 7 项内容进行分析

1）受伤部位；

2）受伤性质；

3）起因物；

4）致害物：

5）伤害方式；

6）不安全状态：

7）不安全行为。

（3）确定事故的直接原因

直接原因主要从两个方面来考虑：能量源和危险物质。

（4）确定事故的间接原因

间接原因也是从两个方面来考虑，即人的不安全行为和物的不安全状态。

2. 事故直接原因的分析

在国标《企业职工伤亡事故调查分析规则》GB 6442 中规定，属于下列情况者为直接原因：

（1）机械、物质或环境的不安全状态。

（2）人的不安全行为。

不安全的状态和不安全的行为在国标《企业职工伤亡事故分类标准》GB 6441 中有规定，具体如下。

1）机械、物质或环境的不安全状态

① 防护、保险、信号等装置缺乏或有缺陷

a. 无防护：

（a）无防护罩；

（b）无安全保险装置；

（c）无报警装置；

（d）无安全标志；

（e）无护栏或护栏损坏；

（f）（电气）未接地；

（g）绝缘不良；

（h）局扇无消声系统、噪声大；

（i）危房内作业；

（j）未安装防止"跑车"的挡车器或挡车栏；

（k）其他。

b. 防护不当：

（a）防护罩未在适当位置；

（b）防护装置调整不当；

（c）坑道掘进、隧道开凿支撑不当；

（d）防爆装置不当；

（e）采伐、集材作业安全距离不够；

（f）放炮作业隐蔽所有缺陷；

（g）电气装置带电部分裸露；

（h）其他。

② 设备、设施、工具、附件有缺陷：

a. 设计不当，结构不合安全要求；

（a）通道门遮挡视线；

（b）制动装置有缺欠；

（c）安全间距不够；

（d）拦车网有缺欠；

（e）工件有锋利毛刺、毛边；

（f）设施上有锋利倒棱；

（g）其他。

b. 强度不够：

（a）机械强度不够；

（b）绝缘强度不够；

（c）起吊重物的绳索不合安全要求；

（d）其他。

c. 设备在非正常状态下运行：

（a）设备带"病"运转；

（b）超负荷运转；

（c）其他。

d. 维修、调整不良：

（a）设备失修；

（b）地面不平；

（c）保养不当、设备失灵；

（d）其他。

③ 个人防护用品用具——防护服、手套、护目镜及面罩、呼吸器官护具、听力护具、安全带、安全帽、安全鞋等缺少或有缺陷。

a. 无个人防护用品、用具。

b. 所用的防护用品、用具不符合安全要求。

④ 生产（施工）场地环境不良。

a. 照明光线不良：

（a）照度不足；

（b）作业场地烟雾尘弥漫视物不清；

（c）光线过强。

b. 通风不良：

（a）无通风；

（b）通风系统效率低；

（c）风流短路；

（d）停电停风时放炮作业；

（e）瓦斯排放未达到安全浓度放炮作业；

（f）瓦斯超限；

（g）其他。

c. 作业场所狭窄。

d. 作业场地杂乱。

（a）工具、制品、材料堆放不安全；

（b）采伐时，未开"安全道"；

（c）迎门树、坐殿树、搭挂树未作处理；

（d）其他。

e. 交通线路的配置不安全。

f. 操作工序设计或配置不安全。

g. 地面滑。

（a）地面有油或其他液体。

（b）冰雪覆盖。

（c）地面有其他易滑物。

h. 储存方法不安全。

i. 环境温度、湿度不当。

2）人的不安全状态

① 操作错误，忽视安全，忽视警告。

a. 未经许可开动、关停、移动机器；

b. 开动、关停机器时未给信号；

c. 开关未锁紧，造成意外转动、通电或泄漏等；

d. 忘记关闭设备；

e. 忽视警告标志、警告信号；

f. 操作错误（指按钮、阀门、扳手、把柄等的操作）；

g. 奔跑作业；

h. 供料或送料速度过快；

i. 机械超速运转；

j. 违章驾驶机动车；

k. 酒后作业；

l. 客货混载；

m. 冲压机作业时，手伸进冲压模；

n. 工件紧固不牢；

o. 用压缩空气吹铁屑；

p. 其他。

② 造成安全装置失效。

a. 拆除了安全装置；

b. 安全装置堵塞，失掉了作用；

c. 调整的错误造成安全装置失效；

d. 其他。

③ 使用不安全设备。

a. 临时使用不牢固的设施；

b. 使用无安全装置的设备；

c. 其他。

④ 手代替工具操作。

a. 用手代替手动工具；

b. 用手清除切屑；

c. 不用夹具固定、用手拿工件进行机加工。

⑤ 物体（指成品、半成品、材料、工具、切屑和生产用品等）存放不当。

⑥ 冒险进入危险场所。

a. 冒险进入涵洞；

b. 接近漏料处（无安全设施）；

c. 采伐、集材、运材、装车时，未离危险区；

d. 未经安全监察人员允许进入油罐或井中；

e. 未"敲帮问顶"开始作业；

f. 冒进信号；

g. 调车场超速上下车；

h. 易燃易爆场合明火；

i. 私自搭乘矿车；

j. 在绞车道行走；

k. 未及时瞭望。

⑦ 攀、坐不安全位置（如平台护栏、汽车挡板、吊车吊钩）。

⑧ 在起吊物下作业、停留。

⑨ 机器运转时加油、修理、检查、调整、焊接、清扫等工作。

⑩ 有分散注意力行为。

⑪ 在必须使用个人防护用品用具的作业或场合中，忽视其使用。

a. 未戴护目镜或面罩；

b. 未戴防护手套；

c. 未穿安全鞋；

d. 未戴安全帽；

e. 未佩戴呼吸护具；

f. 未佩戴安全带；

g. 未戴工作帽；

h. 其他。

⑫ 不安全装束。

a. 在有旋转零部件的设备旁作业穿过肥大服装；

b. 操纵带有旋转零部件的设备时戴手套；

c. 其他。

⑬ 对易燃、易爆等危险物品处理错误。

3. 事故间接原因的分析

在《企业职工伤亡事故调查分析规则》中规定，属下列情况者为间接原因：

（1）技术和设计上有缺陷：工业构件、建筑物、机械设备、仪器仪表、工艺过程、操作方法、维修检验等的设计、施工和材料使用存在问题；

（2）教育培训不够、未经培训、缺乏或不懂安全操作技术知识；

（3）劳动组织不合理；

（4）对现场工作缺乏检查或指导错误；

（5）没有安全操作规程或不健全；

（6）没有或不认真实施事故防范措施，对事故隐患整改不力；

（7）其他。

6.7　事故责任的划分

1. 生产安全事故认定

根据《关于生产安全事故认定若干意见问题的函》事故责任

认定的原则及相关事故责任认定如下。

（1）生产安全事故的认定原则

1）严格依法认定、适度从严的原则；

2）从实际出发，适应我国当前安全管理的体制机制，事故认定范围不宜作大的调整；

3）有利于保护事故伤亡人员及其亲属的合法权益，维护社会稳定；

4）有利于加强安全生产监管职责的落实，消灭监管"盲点"，促进安全生产形势的稳定好转。

（2）生产经营单位和生产经营活动的认定

《安全生产法》所称的生产经营单位，是指从事生产活动或者经营活动的基本单元，既包括企业法人，也包括不具有企业法人资格的经营单位、个人合伙组织、个体工商户和自然人等其他生产经营主体；既包括合法的基本单元，也包括非法的基本单元。

《安全生产法》和《生产安全事故报告和调查处理条例》所称的生产经营活动，既包括合法的生产经营活动，也包括违法违规的生产经营活动。

综上，生产经营单位在生产经营活动中发生的造成人身伤亡或者直接经济损失的事故，属于生产安全事故。

国家机关、事业单位、人民团体发生的事故的报告和调查处理，参照《生产安全事故报告和调查处理条例》的规定执行。

（3）关于非法生产经营造成事故的认定

1）无证照或者证照不全的生产经营单位擅自从事生产经营活动，发生造成人身伤亡或者直接经济损失的事故，属于生产安全事故。

2）个人私自从事生产经营活动（包括小作坊、小窝点、小坑口等），发生造成人身伤亡或者直接经济损失的事故，属于生产安全事故。

3）个人非法进入已经关闭、废弃的矿井进行采挖或者盗窃设备设施过程中发生造成人身伤亡或者直接经济损失的事故，应按生产安全事故进行报告。其中由公安机关作为刑事或者治安管理案件处理的，侦查结案后须有同级公安机关出具相关证明，可从生产安全事故中剔除。

（4）关于自然灾害引发事故的认定

1）由不能预见或者不能抗拒的自然灾害（包括洪水、泥石流、雷击、地震、雪崩、台风、海啸和龙卷风等）直接造成的事故，属于自然灾害。

2）在能够预见或者能够防范可能发生的自然灾害的情况下，因生产经营单位防范措施不落实、应急救援预案或者防范救援措施不力，由自然灾害引发造成人身伤亡或者直接经济损失的事故，属于生产安全事故。

（5）关于公安机关立案侦查事故的认定

事故发生后，公安机关依照刑法和刑事诉讼法的规定，对事故发生单位及其相关人员立案侦查的，其中：在结案后认定事故性质属于刑事案件或者治安管理案件的，应由公安机关出具证明，按照公共安全事件处理；在结案后认定不属于刑事案件或者治安管理案件的，包括因事故相关单位、人员涉嫌构成犯罪或者治安管理违法行为，给予立案侦查或者给予治安管理处罚的，均属于生产安全事故。

（6）关于救援人员在事故救援中造成人身伤亡事故的认定

专业救护队救援人员、生产经营单位所属非专业救援人员或者其他公民参加事故抢险救灾造成人身伤亡的事故，属于生产安全事故。

（7）事故处理中的责任认定

1）不立即组织抢救。发生事故以后，认为问题不大，不组织抢救。或在事故抢险中，不严谨，不严密，盲目指挥，造成事故扩大的。

2）在事故调查期间，擅离职守。在工作中有意见，装病在家，不配合事故调查。或虽然发生了事故，但还有其他重要的工作要处理，于是就让他人去处理事故，自己处理其他事情，结果造成自己的职责履行不到位的情形。

（8）瞒报、谎报、迟报、漏报的认定

《〈生产安全事故报告和调查处理条例〉罚款处罚暂行规定》对迟报、漏报、谎报和瞒报，依照下列情形认定：

1）报告事故的时间超过规定时限的，属于迟报；

2）因过失对应当上报的事故或者事故发生的时间、地点、类别、伤亡人数、直接经济损失等内容遗漏未报的，属于漏报；

3）故意不如实报告事故发生的时间、地点、类别、伤亡人数、直接经济损失等有关内容的，属于谎报；

4）故意隐瞒已经发生的事故，并经有关部门查证属实的，属于瞒报。

故意瞒报有关事故，经有关部门查证属实的属于瞒报。对事故瞒报的界定有下面两种情况：

一是生产经营活动中的事故超过 30 天，或道路交通事故、火灾事故超过 7 天，再报告的事故，都被认定为瞒报。

二是超过事故报告时限，经有关部门举报后查实，也被认定为瞒报。

（9）其他违法行为的认定

1）伪造或者故意破坏事故现场。《安全生产法》第八十条明确规定：单位负责人接到事故报告后，应当迅速采取有效措施，组织抢救，防止事故扩大，减少人员伤亡和财产损失，并按照国家有关规定立即如实报告当地负有安全生产监督管理职责的部门，不得隐瞒不报、谎报或者迟报，不得故意破坏事故现场、毁灭有关证据。

2）转移、隐匿资金、财产，或者销毁有关证据、资料。《生产安全事故和调查处理条例》第十六条明确规定：事故发生后，有关单位和人员应当妥善保护事故现场以及相关证据，任何单位和个人不得破坏事故现场、毁灭相关证据。

事故发生单位及其有关人员为了逃避罚款的处罚和应承担的

经济补偿责任，在事故发生后及事故调查处理期间，将资金或者财产转移、隐匿，导致在事故责任追究中，对其实施罚款的行政处罚难以落实，对事故受害者或者其家属的经济补偿不能实现，均属于转移、隐匿资金、财产，或者销毁有关证据、资料。

3）拒绝接受调查或者拒绝提供有关情况和资料。《生产安全事故和调查处理条例》第二十六条规定：事故调查组有权向有关单位和个人了解与事故有关的情况，并要求其提供相关文件、资料，有关单位和个人不得拒绝。事故发生单位的负责人和有关人员在事故调查期间不得擅离职守，并应当随时接受事故调查组的询问，如实提供有关情况。

4）在事故调查中作伪证或者指使他人作伪证。事故发生单位及其有关部门人员为了开脱责任，故意作伪证或者指使他人作伪证，严重干扰、阻碍事故调查的正常开展，甚至使事故调查误入歧途的行为均属于在事故调查中故意作伪证或者指使他人作伪证的行为。

5）事故发生后面逃匿。即事故发生单位的主要负责人、直接负责的主管人员和其他直接责任人为了逃避行政处罚甚至刑事追究，事故发生后能逃匿的行为。《生产安全事故和调查处理条例》第十七条规定：犯罪嫌疑人逃匿的，公安机关应当迅速追捕归案。

2. 生产安全事故责任划分

安全生产事故的原因分析：分析安全生产事故时，首先从直接原因入手，逐步深入到间接原因，从而掌握事故的全部原因。然后分清主次，进行性质认定和责任划分。

（1）事故性质的分类

按照事故性质可分为非责任事故、责任事故

1）非责任事故主要包括自然灾害事故和因人门对某种事物的规律性尚未认识，目前的科学技术水平尚无法预防和避免的事故等。

2）责任事故是指人们在进行有目的的活动中，由于人为的因素，如违章操作、违章指挥、违反劳动纪律、管理缺陷、生产作业条件恶劣、设计缺陷、设备保养不良等原因造成的事故。此类事故是可以预防的。

（2）责任事故分类

为了准确的实行处罚，必须依据客观事实分清事故责任。

1）直接责任者。

指其行为与事故的发生有直接关系的人员。

2）主要责任者。

3）领导责任者。

3. 法律法规有关生产安全责任认定的具体规定

（1）政府及其领导干部安全生产责任追究的主要规定

1）《宪法》第四十一条

第四十一条　中华人民共和国公民对于任何国家机关和国家工作人员，有提出批评和建议的权利；对于任何国家机关和国家工作人员的违法失职行为，有向有关国家机关提出申诉、控告或者检举的权利，但是不得捏造或者歪曲事实进行诬告陷害。

对于公民的申诉、控告或者检举，有关国家机关必须查清事实，负责处理。任何人不得压制和打击报复。

2）《安全生产法》第八十七条、第八十八条、第一百零七条

第八十七条　负有安全生产监督管理职责的部门的工作人员，有下列行为之一的，给予降级或者撤职的处分；构成犯罪的，依照刑法有关规定追究刑事责任：

① 对不符合法定安全生产条件的涉及安全生产的事项予以批准或者验收通过的；

② 发现未依法取得批准、验收的单位擅自从事有关活动或者接到举报后不予取缔或者不依法予以处理的；

③ 对已经依法取得批准的单位不履行监督管理职责，发现其不再具备安全生产条件而不撤销原批准或者发现安全生产违法行为不予查处的；

④ 在监督检查中发现重大事故隐患，不依法及时处理的。

负有安全生产监督管理职责的部门的工作人员有前款规定以外的滥用职权、玩忽职守、徇私舞弊行为的，依法给予处分；构成犯罪的，依照刑法有关规定追究刑事责任。

第八十八条　负有安全生产监督管理职责的部门，要求被审查、验收的单位购买其指定的安全设备、器材或者其他产品的，在对安全生产事项的审查、验收中收取费用的，由其上级机关或者监察机关责令改正，责令退还收取的费用；情节严重的，对直接负责的主管人员和其他直接责任人员依法给予处分。

第一百零七条　有关地方人民政府、负有安全生产监督管理职责的部门，对生产安全事故隐瞒不报、谎报或者迟报的，对直接负责的主管人员和其他直接责任人员依法给予处分；构成犯罪的，依照刑法有关规定追究刑事责任。

3）《国务院关于特大安全事故行政责任追究的规定》第二条、第十一条、第十二条、第十四条、第十五条、第十六条、第二十条

第二条　地方人民政府主要领导人和政府有关部门正职负责人对下列特大安全事故的防范、发生，依照法律、行政法规和本规定的规定有失职、渎职情形或者负有领导责任的，依照本规定给予行政处分；构成玩忽职守罪或者其他罪的，依法追究刑事责任：

① 特大火灾事故；

② 特大交通安全事故；

③ 特大建筑质量安全事故；

④ 民用爆炸物品和化学危险品特大安全事故；

⑤ 煤矿和其他矿山特大安全事故；

⑥ 锅炉、压力容器、压力管道和特种设备特大安全事故；

⑦ 其他特大安全事故。

地方人民政府和政府有关部门对特大安全事故的防范、发生直接负责的主管人员和其他直接责任人员，比照本规定给予行政处分；构成玩忽职守罪或者其他罪的，依法追究刑事责任。

特大安全事故肇事单位和个人的刑事处罚、行政处罚和民事责任，依照有关法律、法规和规章的规定执行。

第十一条 依法对涉及安全生产事项负责行政审批（包括批准、核准、许可、注册、认证、颁发证照、竣工验收等，下同）的政府部门或者机构，必须严格依照法律、法规和规章规定的安全条件和程序进行审查；不符合法律、法规和规章规定的安全条件的，不得批准；不符合法律、法规和规章规定的安全条件，弄虚作假，骗取批准或者勾结串通行政审批工作人员取得批准的，负责行政审批的政府部门或者机构除必须立即撤销原批准外，应当对弄虚作假骗取批准或者勾结串通行政审批工作人员的当事人依法给予行政处罚；构成行贿罪或者其他罪的，依法追究刑事责任。

负责行政审批的政府部门或者机构违反前款规定，对不符合法律、法规和规章规定的安全条件予以批准的，对部门或者机构的正职负责人，根据情节轻重，给予降级、撤职直至开除公职的行政处分；与当事人勾结串通的，应当开除公职；构成受贿罪、玩忽职守罪或者其他罪的，依法追究刑事责任。

第十二条 对依照本规定第十一条第一款的规定取得批准的单位和个人，负责行政审批的政府部门或者机构必须对其实施严格监督检查；发现其不再具备安全条件的，必须立即撤销原批准。

负责行政审批的政府部门或者机构违反前款规定，不对取得批准的单位和个人实施严格监督检查，或者发现其不再具备安全条件而不立即撤销原批准的，对部门或者机构的正职负责人，根据情节轻重，给予降级或者撤职的行政处分；构成受贿罪、玩忽职守罪或者其他罪的，依法追究刑事责任。

第十四条 市（地、州）、县（市、区）人民政府依照本规定应当履行职责而未履行，或者未按照规定的职责和程序履行，本地区发生特大安全事故的，对政府主要领导人，根据情节轻重，给予降级或者撤职的行政处分；构成玩忽职守罪的，依法追究刑事责任。

负责行政审批的政府部门或者机构、负责安全监督管理的政府有关部门，未依照本规定履行职责，发生特大安全事故的，对部门或者机构的正职负责人，根据情节轻重，给予撤职或者开除公职的行政处分；构成玩忽职守罪或者其他罪的，依法追究刑事责任。

第十五条　发生特大安全事故，社会影响特别恶劣或者性质特别严重的，由国务院对负有领导责任的省长、自治区主席、直辖市市长和国务院有关部门正职负责人给予行政处分。

第十六条　特大安全事故发生后，有关县（市、区）、市（地、州）和省、自治区、直辖市人民政府及政府有关部门应当按照国家规定的程序和时限立即上报，不得隐瞒不报、谎报或者拖延报告，并应当配合、协助事故调查，不得以任何方式阻碍、干涉事故调查。

特大安全事故发生后，有关地方人民政府及政府有关部门违反前款规定的，对政府主要领导人和政府部门正职负责人给予降级的行政处分。

第二十条　地方人民政府或者政府部门阻挠、干涉对特大安全事故有关责任人员追究行政责任的，对该地方人民政府主要领导人或者政府部门正职负责人，根据情节轻重，给予降级或者撤职的行政处分。

4)《生产安全事故报告和调查处理条例》第三十九条

第三十九条　有关地方人民政府、安全生产监督管理部门和负有安全生产监督管理职责的有关部门有下列行为之一的，对直接负责的主管人员和其他直接责任人员依法给予处分；构成犯罪的，依法追究刑事责任：

① 不立即组织事故抢救的；

② 迟报、漏报、谎报或者瞒报事故的；

③ 阻碍、干涉事故调查工作的；

④ 在事故调查中作伪证或者指使他人作伪证的。

（2）中介机构责任追究的主要规定

1）《安全生产法》第八十九条

第八十九条　承担安全评价、认证、检测、检验工作的机构，出具虚假证明的，没收违法所得；违法所得在十万元以上的，并处违法所得二倍以上五倍以下的罚款；没有违法所得或者违法所得不足十万元的，单处或者并处十万元以上二十万元以下的罚款；对其直接负责的主管人员和其他直接责任人员处二万元以上五万元以下的罚款；给他人造成损害的，与生产经营单位承担连带赔偿责任；构成犯罪的，依照刑法有关规定追究刑事责任。

对有前款违法行为的机构，吊销其相应资质。

2）《职业病防治法》第八十一条

第八十一条　职业病诊断鉴定委员会组成人员收受职业病诊断争议当事人的财物或者其他好处的，给予警告，没收收受的财物，可以并处三千元以上五万元以下的罚款，取消其担任职业病诊断鉴定委员会组成人员的资格，并从省、自治区、直辖市人民政府卫生行政部门设立的专家库中予以除名。

3）《特种设备安全法》第九十三条

第九十三条　违反本法规定，特种设备检验、检测机构及其检验、检测人员有下列行为之一的，责令改正，对机构处五万元以上二十万元以下罚款，对直接负责的主管人员和其他直接责任人员处五千元以上五万元以下罚款；情节严重的，吊销机构资质和有关人员的资格：

① 未经核准或者超出核准范围、使用未取得相应资格的人员从事检验、检测的；

② 未按照安全技术规范的要求进行检验、检测的；

③ 出具虚假的检验、检测结果和鉴定结论或者检验、检测结果和鉴定结论严重失实的；

④ 发现特种设备存在严重事故隐患，未及时告知相关单位，并立即向负责特种设备安全监督管理的部门报告的；

⑤ 泄漏检验、检测过程中知悉的商业秘密的；

⑥ 从事有关特种设备的生产、经营活动的；

⑦ 推荐或者监制、监销特种设备的；

⑧ 利用检验工作故意刁难相关单位的。

违反本法规定，特种设备检验、检测机构的检验、检测人员同时在两个以上检验、检测机构中执业的，处五千元以上五万元以下罚款；情节严重的，吊销其资格。

4）《特种设备安全监察条例》第九十二条

第九十二条 特种设备检验检测机构，有下列情形之一的，由特种设备安全监督管理部门处二万元以上十万元以下罚款；情节严重的，撤销其检验检测资格：

① 聘用未经特种设备安全监督管理部门组织考核合格并取得检验检测人员证书的人员，从事相关检验检测工作的；

② 在进行特种设备检验检测中，发现严重事故隐患或者能耗严重超标，未及时告知特种设备使用单位，并立即向特种设备安全监督管理部门报告的。

（3）生产经营单位及负责人安全生产责任追究的主要规定

1）《安全生产法》第九十条～第一百零八条、第一百一十一条

第九十条 生产经营单位的决策机构、主要负责人或者个人经营的投资人不依照本法规定保证安全生产所必需的资金投入，致使生产经营单位不具备安全生产条件的，责令限期改正，提供必需的资金；逾期未改正的，责令生产经营单位停产停业整顿。

有前款违法行为，导致发生生产安全事故的，对生产经营单位的主要负责人给予撤职处分，对个人经营的投资人处二万元以上二十万元以下的罚款；构成犯罪的，依照刑法有关规定追究刑事责任。

第九十一条 生产经营单位的主要负责人未履行本法规定的安全生产管理职责的，责令限期改正；逾期未改正的，处二万元以上五万元以下的罚款，责令生产经营单位停产停业整顿。

生产经营单位的主要负责人有前款违法行为，导致发生生产安全事故的，给予撤职处分；构成犯罪的，依照刑法有关规定追究刑事责任。

生产经营单位的主要负责人依照前款规定受刑事处罚或者撤职处分的，自刑罚执行完毕或者受处分之日起，五年内不得担任任何生产经营单位的主要负责人；对重大、特别重大生产安全事故负有责任的，终身不得担任本行业生产经营单位的主要负责人。

第九十二条 生产经营单位的主要负责人未履行本法规定的安全生产管理职责，导致发生生产安全事故的，由安全生产监督管理部门依照下列规定处以罚款：

① 发生一般事故的，处上一年年收入百分之三十的罚款；

② 发生较大事故的，处上一年年收入百分之四十的罚款；

③ 发生重大事故的，处上一年年收入百分之六十的罚款；

④ 发生特别重大事故的，处上一年年收入百分之八十的罚款。

第九十三条 生产经营单位的安全生产管理人员未履行本法规定的安全生产管理职责的，责令限期改正；导致发生生产安全事故的，暂停或者撤销其与安全生产有关的资格；构成犯罪的，依照刑法有关规定追究刑事责任。

第九十四条 生产经营单位有下列行为之一的，责令限期改正，可以处五万元以下的罚款；逾期未改正的，责令停产停业整顿，并处五万元以上十万元以下的罚款，对其直接负责的主管人员和其他直接责任人员处一万元以上二万元以下的罚款：

① 未按照规定设置安全生产管理机构或者配备安全生产管理人员的；

② 危险物品的生产、经营、储存单位以及矿山、金属冶炼、建筑施工、道路运输单位的主要负责人和安全生产管理人员未按照规定经考核合格的；

③ 未按照规定对从业人员、被派遣劳动者、实习学生进行

安全生产教育和培训，或者未按照规定如实告知有关的安全生产事项的；

④ 未如实记录安全生产教育和培训情况的；

⑤ 未将事故隐患排查治理情况如实记录或者未向从业人员通报的；

⑥ 未按照规定制定生产安全事故应急救援预案或者未定期组织演练的；

⑦ 特种作业人员未按照规定经专门的安全作业培训并取得相应资格，上岗作业的。

第九十五条 生产经营单位有下列行为之一的，责令停止建设或者停产停业整顿，限期改正；逾期未改正的，处五十万元以上一百万元以下的罚款，对其直接负责的主管人员和其他直接责任人员处二万元以上五万元以下的罚款；构成犯罪的，依照刑法有关规定追究刑事责任：

① 未按照规定对矿山、金属冶炼建设项目或者用于生产、储存、装卸危险物品的建设项目进行安全评价的；

② 矿山、金属冶炼建设项目或者用于生产、储存、装卸危险物品的建设项目没有安全设施设计或者安全设施设计未按照规定报经有关部门审查同意的；

③ 矿山、金属冶炼建设项目或者用于生产、储存、装卸危险物品的建设项目的施工单位未按照批准的安全设施设计施工的；

④ 矿山、金属冶炼建设项目或者用于生产、储存危险物品的建设项目竣工投入生产或者使用前，安全设施未经验收合格的。

第九十六条 生产经营单位有下列行为之一的，责令限期改正，可以处五万元以下的罚款；逾期未改正的，处五万元以上二十万元以下的罚款，对其直接负责的主管人员和其他直接责任人员处一万元以上二万元以下的罚款；情节严重的，责令停产停业整顿；构成犯罪的，依照刑法有关规定追究刑事责任：

① 未在有较大危险因素的生产经营场所和有关设施、设备上设置明显的安全警示标志的；

② 安全设备的安装、使用、检测、改造和报废不符合国家标准或者行业标准的；

③ 未对安全设备进行经常性维护、保养和定期检测的；

④ 未为从业人员提供符合国家标准或者行业标准的劳动防护用品的；

⑤ 危险物品的容器、运输工具，以及涉及人身安全、危险性较大的海洋石油开采特种设备和矿山井下特种设备未经具有专业资质的机构检测、检验合格，取得安全使用证或者安全标志，投入使用的；

⑥ 使用应当淘汰的危及生产安全的工艺、设备的。

第九十七条　未经依法批准，擅自生产、经营、运输、储存、使用危险物品或者处置废弃危险物品的，依照有关危险物品安全管理的法律、行政法规的规定予以处罚；构成犯罪的，依照刑法有关规定追究刑事责任。

第九十八条　生产经营单位有下列行为之一的，责令限期改正，可以处十万元以下的罚款；逾期未改正的，责令停产停业整顿，并处十万元以上二十万元以下的罚款，对其直接负责的主管人员和其他直接责任人员处二万元以上五万元以下的罚款；构成犯罪的，依照刑法有关规定追究刑事责任：

① 生产、经营、运输、储存、使用危险物品或者处置废弃危险物品，未建立专门安全管理制度、未采取可靠的安全措施的；

② 对重大危险源未登记建档，或者未进行评估、监控，或者未制定应急预案的；

③ 进行爆破、吊装以及国务院安全生产监督管理部门会同国务院有关部门规定的其他危险作业，未安排专门人员进行现场安全管理的；

④ 未建立事故隐患排查治理制度的。

第九十九条　生产经营单位未采取措施消除事故隐患的,责令立即消除或者限期消除;生产经营单位拒不执行的,责令停产停业整顿,并处十万元以上五十万元以下的罚款,对其直接负责的主管人员和其他直接责任人员处二万元以上五万元以下的罚款。

第一百条　生产经营单位将生产经营项目、场所、设备发包或者出租给不具备安全生产条件或者相应资质的单位或者个人的,责令限期改正,没收违法所得;违法所得十万元以上的,并处违法所得二倍以上五倍以下的罚款;没有违法所得或者违法所得不足十万元的,单处或者并处十万元以上二十万元以下的罚款;对其直接负责的主管人员和其他直接责任人员处一万元以上二万元以下的罚款;导致发生生产安全事故给他人造成损害的,与承包方、承租方承担连带赔偿责任。

生产经营单位未与承包单位、承租单位签订专门的安全生产管理协议或者未在承包合同、租赁合同中明确各自的安全生产管理职责,或者未对承包单位、承租单位的安全生产统一协调、管理的,责令限期改正,可以处五万元以下的罚款,对其直接负责的主管人员和其他直接责任人员可以处一万元以下的罚款;逾期未改正的,责令停产停业整顿。

第一百零一条　两个以上生产经营单位在同一作业区域内进行可能危及对方安全生产的生产经营活动,未签订安全生产管理协议或者未指定专职安全生产管理人员进行安全检查与协调的,责令限期改正,可以处五万元以下的罚款,对其直接负责的主管人员和其他直接责任人员可以处一万元以下的罚款;逾期未改正的,责令停产停业。

第一百零二条　生产经营单位有下列行为之一的,责令限期改正,可以处五万元以下的罚款,对其直接负责的主管人员和其他直接责任人员可以处一万元以下的罚款;逾期未改正的,责令停产停业整顿;构成犯罪的,依照刑法有关规定追究刑事责任:

① 生产、经营、储存、使用危险物品的车间、商店、仓库

与员工宿舍在同一座建筑内，或者与员工宿舍的距离不符合安全要求的；

②生产经营场所和员工宿舍未设有符合紧急疏散需要、标志明显、保持畅通的出口，或者锁闭、封堵生产经营场所或者员工宿舍出口的。

第一百零三条　生产经营单位与从业人员订立协议，免除或者减轻其对从业人员因生产安全事故伤亡依法应承担的责任的，该协议无效；对生产经营单位的主要负责人、个人经营的投资人处二万元以上十万元以下的罚款。

第一百零四条　生产经营单位的从业人员不服从管理，违反安全生产规章制度或者操作规程的，由生产经营单位给予批评教育，依照有关规章制度给予处分；构成犯罪的，依照刑法有关规定追究刑事责任。

第一百零五条　违反本法规定，生产经营单位拒绝、阻碍负有安全生产监督管理职责的部门依法实施监督检查的，责令改正；拒不改正的，处二万元以上二十万元以下的罚款；对其直接负责的主管人员和其他直接责任人员处一万元以上二万元以下的罚款；构成犯罪的，依照刑法有关规定追究刑事责任。

第一百零六条　生产经营单位的主要负责人在本单位发生生产安全事故时，不立即组织抢救或者在事故调查处理期间擅离职守或者逃匿的，给予降级、撤职的处分，并由安全生产监督管理部门处上一年年收入百分之六十至百分之一百的罚款；对逃匿的处十五日以下拘留；构成犯罪的，依照刑法有关规定追究刑事责任。

生产经营单位的主要负责人对生产安全事故隐瞒不报、谎报或者迟报的，依照前款规定处罚。

第一百零七条　有关地方人民政府、负有安全生产监督管理职责的部门，对生产安全事故隐瞒不报、谎报或者迟报的，对直接负责的主管人员和其他直接责任人员依法给予处分；构成犯罪的，依照刑法有关规定追究刑事责任。

第一百零八条　生产经营单位不具备本法和其他有关法律、行政法规和国家标准或者行业标准规定的安全生产条件，经停产停业整顿仍不具备安全生产条件的，予以关闭；有关部门应当依法吊销其有关证照。

第一百一十一条　生产经营单位发生生产安全事故造成人员伤亡、他人财产损失的，应当依法承担赔偿责任；拒不承担或者其负责人逃匿的，由人民法院依法强制执行。

生产安全事故的责任人未依法承担赔偿责任，经人民法院依法采取执行措施后，仍不能对受害人给予足额赔偿的，应当继续履行赔偿义务；受害人发现责任人有其他财产的，可以随时请求人民法院执行。

2)《生产安全事故报告和调查处理条例》第三十七条、第三十八条

第三十七条　事故发生单位对事故发生负有责任的，依照下列规定处以罚款：

① 发生一般事故的，处十万元以上二十万元以下的罚款；

② 发生较大事故的，处二十万元以上五十万元以下的罚款；

③ 发生重大事故的，处五十万元以上二百万元以下的罚款；

④ 发生特别重大事故的，处二百万元以上五百万元以下的罚款。

第三十八条　事故发生单位主要负责人未依法履行安全生产管理职责，导致事故发生的，依照下列规定处以罚款；属于国家工作人员的，并依法给予处分；构成犯罪的，依法追究刑事责任：

① 发生一般事故的，处上一年年收入 30% 的罚款；

② 发生较大事故的，处上一年年收入 40% 的罚款；

③ 发生重大事故的，处上一年年收入 60% 的罚款；

④ 发生特别重大事故的，处上一年年收入 80% 的罚款。

（4）从业人员安全生产责任追究的主要规定

1)《安全生产法》第一百零四条

第一百零四条　生产经营单位的从业人员不服从管理，违反安全生产规章制度或者操作规程的，由生产经营单位给予批评教育，依照有关规章制度给予处分；构成犯罪的，依照刑法有关规定追究刑事责任。

2)《生产安全事故报告和调查处理条例》第三十六条

第三十六条　事故发生单位及其有关人员有下列行为之一的，对事故发生单位处一百万元以上五百万元以下的罚款；对主要负责人、直接负责的主管人员和其他直接责任人员处上一年收入60%～100%的罚款；属于国家工作人员的，并依法给予处分；构成违反治安管理行为的，由公安机关依法给予治安管理处罚；构成犯罪的，依法追究刑事责任：

① 谎报或者瞒报事故的；

② 伪造或者故意破坏事故现场的；

③ 转移、隐匿资金、财产，或者销毁有关证据、资料的；

④ 拒绝接受调查或者拒绝提供有关情况和资料的；

⑤ 在事故调查中作伪证或者指使他人作伪证的；

⑥ 事故发生后逃匿的。

4. 事故责任处罚权限的界定

《生产安全事故罚款处罚规定（试行）》第六条对事故发生单位及其有关责任人员处以罚款的行政处罚，依照下列规定决定：

（1）对发生特别重大事故的单位及其有关责任人员罚款的行政处罚，由国家安全生产监督管理总局决定；

（2）对发生重大事故的单位及其有关责任人员罚款的行政处罚，由省级人民政府安全生产监督管理部门决定；

（3）对发生较大事故的单位及其有关责任人员罚款的行政处罚，由设区的市级人民政府安全生产监督管理部门决定；

（4）对发生一般事故的单位及其有关责任人员罚款的行政处罚，由县级人民政府安全生产监督管理部门决定。

上级安全生产监督管理部门可以指定下一级安全生产监督管理部门对事故发生单位及其有关责任人员实施行政处罚。

5. 事故责任

（1）经济责任

罚款。罚款是行政处罚的一种。受处罚对象一是事故发生的生产经营单位的主要负责人，即指有限责任公司、股份有限公司的董事长或者总经理或者个人经营的投资人，其他生产经营单位的厂长、经理、局长、矿长（含实际控制人）等人员。二是发生生产安全事故的经营单位。

（2）行政责任

1）行政处分。事故发生单位的主要负责人、直接负责的主管人员和其他直接责任人员属于国家工作人员。除对其进行行政处罚外，还应当依照有关法律、行政法规规定的处罚种类及程序对其进行处分。如警告、记过、记大过、降级、撤职、开除等。

2）受行政处分、有处分期限的规定：①警告，6个月；②记过，12个月；③记大过，18个月；④降级、撤职，24个月。

3）责令停产停业整顿、责令停产停业、责令停止建设、责令停止施工。

4）暂扣或者吊销有关许可证，暂停或者撤销有关执业资格、岗位证书。

5）关闭。

6）拘留。

7）安全生产法律、行政法规规定的其他行政处罚。

（3）治安处罚

《治安管理处罚法》第六十条规定：伪造、隐匿、毁灭证据或者提供虚假证言、谎报案情，影响行政执法机关依法办案的行为可以构成违反治安管理的行为。本条例规定的六种违法行为中，伪造或者破坏事故现场可能构成提供伪造或者毁灭证据、材料属于毁灭证据的行为。根据《治安管理处罚法》第六十条规定，处五日以上十日以下拘留，并处二百元以上五百元以下罚款。

（4）刑事责任

刑事责任是国家法律的规定犯罪行为所应承担的法律后果。

《刑法》：

第一百三十四条 在生产、作业中违反有关安全管理的规定，因而发生重大伤亡事故或者造成其他严重后果的，处三年以下有期徒刑或者拘役；情节特别恶劣的，处三年以上七年以下有期徒刑。

强令他人违章冒险作业，因而发生重大伤亡事故或者造成其他严重后果的，处五年以下有期徒刑或者拘役；情节特别恶劣的，处五年以上有期徒刑。【重大责任事故罪；强令违章冒险作业罪】

第一百三十五条 安全生产设施或者安全生产条件不符合国家规定，因而发生重大伤亡事故或者造成其他严重后果的，对直接负责的主管人员和其他直接责任人员，处三年以下有期徒刑或者拘役；情节特别恶劣的，处三年以上七年以下有期徒刑。

第一百三十五条之一 举办大型群众性活动违反安全管理规定，因而发生重大伤亡事故或者造成其他严重后果的，对直接负责的主管人员和其他直接责任人员，处三年以下有期徒刑或者拘役；情节特别恶劣的，处三年以上七年以下有期徒刑。【重大劳动安全事故罪；大型群众性活动重大安全事故罪】

第一百三十六条 违反爆炸性、易燃性、放射性、毒害性、腐蚀性物品的管理规定，在生产、储存、运输、使用中发生重大事故，造成严重后果的，处三年以下有期徒刑或者拘役；后果特别严重的，处三年以上七年以下有期徒刑。【危险物品肇事罪】

第一百三十七条 建设单位、设计单位、施工单位、工程监理单位违反国家规定，降低工程质量标准，造成重大安全事故的，对直接责任人员，处五年以下有期徒刑或者拘役，并处罚金；后果特别严重的，处五年以上十年以下有期徒刑，并处罚金。【工程重大安全事故罪】

第一百三十八条 明知校舍或者教育教学设施有危险，而不采取措施或者不及时报告，致使发生重大伤亡事故的，对直接责任人员，处三年以下有期徒刑或者拘役；后果特别严重的，处三年以上七年以下有期徒刑。【教育设施重大安全事故罪】

第一百三十九条　违反消防管理法规，经消防监督机构通知采取改正措施而拒绝执行，造成严重后果的，对直接责任人员，处三年以下有期徒刑或者拘役；后果特别严重的，处三年以上七年以下有期徒刑。

第一百三十九条之一　在安全事故发生后，负有报告职责的人员不报或者谎报事故情况，贻误事故抢救，情节严重的，处三年以下有期徒刑或者拘役；情节特别严重的，处三年以上七年以下有期徒刑。【消防责任事故罪；不报、谎报安全事故罪】

6. 事故处理中加重处罚和依法从重处罚

（1）事故处理中加重处罚的几种行为

1）不立即组织事故抢救的；

2）迟报或者漏报事故的；

3）在事故调查处理期间擅离职守的

4）谎报或者瞒报事故的；

5）伪造或者故意破坏事故现场的；

6）转移、隐匿资金、财产，或者销毁有关证据、资料的；

7）拒绝接受调查或者拒绝提供有关情况和资料的；

8）在事故调查中作伪证或者指使他人作伪证的；

9）事故发生后逃匿的。有上述情况之一的要加重处罚。

（2）事故处理中依法从重处罚的几种情形

最高人民法院印发《关于进一步加强危害生产安全刑事案件审判工作的意见》的通知（法发〔2011〕20 号）规定，相关犯罪中，具有以下情形之一的，依法从重处罚：

1）国家工作人员违反规定投资入股生产经营企业，构成危害生产安全犯罪的；

2）贪污贿赂行为与事故发生存在关联性的；

3）国家工作人员的职务犯罪与事故存在直接因果关系的；

4）以行贿方式逃避安全生产监督管理，或者非法、违法生产、作业的；

5）生产安全事故发生后，负有报告职责的国家工作人员不报或者谎报事故情况，贻误事故抢救，尚未构成不报、谎报安全事故罪的；

6）事故发生后，采取转移、藏匿、毁灭遇难人员尸体，或者毁灭、伪造、隐藏影响事故调查的证据，或者转移财产，逃避责任的；

7）曾因安全生产设施或者安全生产条件不符合国家规定，被监督管理部门处罚或责令改正，一年内再次违规生产致使发生重大生产安全事故的。

最高人民法院 2013 年 6 月 12 日发出《关于加强危害生产安全刑事案件审判工作的通知》，要求各级人民法院依照最高人民法院 2011 年 12 月 30 日《关于进一步加强危害生产安全刑事案件审判工作的意见》的规定，正确适用刑罚，确保裁判法律效果和社会效果相统一。

1）依法从严惩处危害生产安全犯罪，对重大、敏感的危害生产安全刑事案件，可按刑事诉讼法的规定实行提级管辖。

2）对"打非治违"活动中发现的非法违法重特大事故案件，及事故背后的失职渎职及权钱交易、徇私枉法、包庇纵容等腐败行为，要坚决依法从严惩处。

3）造成重大伤亡事故或者其他严重后果，同时具有非法、违法生产，发现安全隐患不排除，无基本劳动安全保障，事故发生后不积极抢救人员等情形，可以认定为"情节特别恶劣"，坚决依法按照"情节特别恶劣"法定幅度量刑。

4）强令他人违章冒险作业行为，发生重大伤亡事故或者造成其他严重后果，要依法按强令违章冒险作业罪定罪处罚。

5）贪污贿赂行为与事故发生有关联性，职务犯罪与事故发生有直接因果关系，以行贿方式逃避安全生产监督管理，事故发生后负有报告责任的国家工作人员不报或者谎报，要坚决依法从重处罚。

具有上述情形的案件和数罪并罚案件，原则上不适用缓刑。对服刑人员的减刑、假释，应当从严掌握。

7. 重大伤亡事故或者其他严重后果、情节特别恶劣、情节严重和情节特别严重的界定

（1）重大伤亡事故或者其他严重后果

发生矿山生产安全事故，具有下列情形之一的，应当认定为《刑法》第一百三十四条、第一百三十五条规定的"重大伤亡事故或者其他严重后果"：

1）造成死亡一人以上，或者重伤三人以上的；

2）造成直接经济损失一百万元以上的；

3）造成其他严重后果的情形。

（2）情节特别恶劣

"重大伤亡事故或者其他严重后果"，同时具有下列情形之一的，也可以认定为《刑法》第一百三十四条、第一百三十五条规定的"情节特别恶劣"：

1）非法、违法生产的；

2）无基本劳动安全设施或未向生产、作业人员提供必要的劳动防护用品，生产、作业人员劳动安全无保障的；

3）曾因安全生产设施或者安全生产条件不符合国家规定，被监督管理部门处罚或责令改正，一年内再次违规生产致使发生重大生产安全事故的；

4）关闭、故意破坏必要安全警示设备的；

5）已发现事故隐患，未采取有效措施，导致发生重大事故的；

6）事故发生后不积极抢救人员，或者毁灭、伪造、隐藏影响事故调查的证据，或者转移财产逃避责任的；

7）其他特别恶劣的情节。

具有下列情形之一的，当认定为《刑法》第一百三十四条、第一百三十五条规定的"情节特别恶劣"：

1）造成死亡三人以上，或者重伤十人以上的；

2）造成直接经济损失三百万以上的；

3）其他特别恶劣的情节。

（3）情节严重

在矿山生产安全事故发生后，负有报告职责的人员不报或者谎报事故情况，贻误事故抢救，具有下列情形之一的，应当认定为《刑法》第一百三十九条第二款规定"情节严重"：

1）导致事故后果扩大，增加死亡一人以上，或者增加重伤三人以上，或者增加直接经济损失一百万元以上的；

2）实施下列行为之一，致使不能及时有效开展事故抢救的：

① 决定不报、谎报事故情况或者指使、串通有关人员不报、谎报事故情况的；

② 在事故抢救期间擅离职守或者逃匿的；

③ 伪造、破坏事故现场、或者转移、藏匿、毁灭遇难人员尸体，或者转移、藏匿受伤人员的；

④ 毁灭、伪造、隐匿与事故有关的图纸、记录、计算机数据等资料以及其他证据的；

⑤ 其他严重的情节。

（4）情节特别严重

具有下列情形之一的，应当认定为《刑法》第一百三十九条第二款规定"情节特别严重"：

1）导致事故后果扩大，增加死亡三人以上，或者增加重伤十人以上，或者增加直接经济损失三百万元以上的；

2）采用暴力、胁迫、命令等方式阻止他人报告事故情况导致事故后果扩大的；

3）其他特别严重的情节。

8. 依法从宽处罚的情形

对于事故发生后，积极施救，努力挽回事故损失，有效避免损失扩大，积极配合调查，赔偿受害人损失的，可依法从宽处罚。

6.8　事故调查报告

1. 事故报告提交时限

根据《生产安全事故报告和调查处理条例》第二十九条的规定：事故调查组应当自事故发生之日起六十日内提交事故调查报告；特殊情况下，经负责事故调查的人民政府批准，提交事故调查报告的期限可以适当延长，但延长的期限最长不超过 60 日。

2. 事故调查报告的主要内容

（1）事故发生单位概况；

（2）事故发生经过和事故救援情况；

（3）事故造成的人员伤亡和直接经济损失；

（4）事故发生的原因和事故性质；

（5）事故责任的认定以及对事故责任者的处理建议；

（6）事故防范措施建议。

事故调查报告应当附具有关证据材料。事故调查组成员应当在事故调查报告上签名。

3. 事故性质认定程序

对涉及重大责任事故、一般性责任事故、自然事故等其他类似事故性质的认定，参照《生产安全事故报告和调查处理条例》有关规定，按照下列程序认定：

（1）造成三人以下死亡，或者十人以下重伤，或者一千万元以下直接经济损失的事故，由县级人民政府初步认定，报设区的市人民政府确认。

（2）造成三人以上十人以下死亡，或者十人以上五十人以下重伤，或者一千万元以上五千万元以下直接经济损失的事故，由市级人民政府初步认定，报省级人民政府确认。

（3）造成十人以上三十人以下死亡，或者五十人以上一百人以下重伤，或者五千万元以上一亿元以下直接经济损失的事故；由省级人民政府初步认定，报国家安监总局确认。

（4）造成三十人以上死亡，或者一百人以上重伤（包括急性工业中毒，下同），或者一亿元以上直接经济损失的事故，由国家安监总局初步认定，报国务院确认。

（5）已由公安机关立案侦查的事故，按生产安全事故进行报告。侦查结案后认定属于刑事案件或者治安管理案件的，凭公安机关出具的结案证明，按公共安全事件处理。

6.9　事故责任的落实

根据《生产安全事故报告和调查处理条例》第三十二条规定：

重大事故、较大事故、一般事故，负责事故调查的人民政府应当自收到事故调查报告之日起十五日内做出批复；特别重大事故，三十日内做出批复，特殊情况下，批复时间可以适当延长，但延长的时间最长不超过三十日。

有关机关应当按照人民政府的批复，依照法律、行政法规规定的权限和程序，对事故发生单位和有关人员进行行政处罚，对负有事故责任的国家工作人员进行处分。

事故发生单位应当按照负责事故调查的人民政府的批复，对本单位负有事故责任的人员进行处理。

负有事故责任的人员涉嫌犯罪的，依法追究刑事责任。

《生产安全事故报告和调查处理条例》第三十三条规定：

事故发生单位应当认真吸取事故教训，落实防范和整改措施，防止事故再次发生。防范和整改措施的落实情况应当接受工会和职工的监督。

安全生产监督管理部门和负有安全生产监督管理职责的有关部门应当对事故发生单位落实防范和整改措施的情况进行监督检查。

《生产安全事故报告和调查处理条例》第三十四条规定：

事故处理的情况由负责事故调查的人民政府或者其授权的有

关部门、机构向社会公布，依法应当保密的除外。

6.10　预防燃气事故的安全管理措施

工伤事故的发生是由许多相互联系相互作用的因素共同作业的结果，引起事故的原因是多方面的。事故往往在人们意想不到的场合和时间发生，并且事故从发生到结束往往速度很快，允许人们反应的时间极短。由于上述种种原因，人们一直在努力探求事故发生的原因及其预测、预防措施，以尽量减少和避免事故的发生。

1. 安全法制措施

安全法制措施是利用法律的强制性，通过建立、健全劳动安全卫生法律、法规，约束人们的行为；通过劳动安全卫生监督、监察，保证法律、法规的有效实施，从而达到预防事故发生的目的。

安全法制措施主要通过以下几方面实施。

（1）完善城镇燃气法规政策

1）适时调整修订有关法律法规

明确城镇燃气管理、安全监管、执法监察等主管部门、强化法无授权不可为的约束机制，构成主体明确、职责清楚、程序规范、部门协调一致的城镇燃气监管法律法规体系。

2）加快现有地方法规的修订

加快现有地方法规与《城镇燃气管理条例》等上位法存在的不一致处，保证法律法规保持统一严肃性。

3）加强法律行政法规的衔接性

修订或者取缔与现有法律、行政法规冲突的部门规章。国务院尽快依据有关法律法规，明确城镇燃气和天然气基础设施的关系，明确城市门站的概念和范围，规范天然气输送、城镇燃气的监管主体、监管职责的内容。

（2）明确政府部门监管职能和责任

从当前的实际情况看，实现城镇燃气的安全监管，需要明确各方安全监管职责，建立部门分工明确、权责清晰、监管有力、依法行使职权的燃气安全监督管理体系。

1）明确安监、燃气管理部门的燃气安全监管内容；

2）建立权力、职责、责任对等的分工管理体制，明确各类监管主体的安全责任；

3）健全完善燃气安全综合执法监察体制。

2. 安全技术措施

安全技术措施是预防事故发生的首选措施，通过工程项目和技术改进，可实现本质安全化。由于生产现状、技术水平及资金的影响，使工程技术措施的应用和水平受到限制；又由于不同的生产过程具有不同的原理和工艺，因此无法采用统一的技术措施。积极推进安全管理科技进步，主要做好以下几点：

（1）建立完善城镇燃气行业标准体系

（2）积极推广使用安全、节能、环保的新技术、新工艺和新产品

（3）采用高科技手段实施燃气管线风险防控、排查和治理

（4）推动信息技术在燃气行业广泛应用

（5）利用物联网技术，打造数字化燃气

（6）建立燃气安全监控系统平台

（7）建立居民户内安全技术防范体系

（8）发展城镇燃气检测评价技术

3. 安全管理措施

安全管理是通过制定和监督实施有关安全法令、规程、规范、标准和规章制度等，规范人们在生产活动中的行为准则，使劳动保护工作有法可依，有章可循，用法律手段保护员工在劳动中的安全和健康。安全管理措施是通过对安全工作的计划、组织、控制和实施实现安全目标，它是实现安全生产重要的、日常的、基本的措施，主要有以下两个方面：

（1）落实企业安全主体责任和管理制度

　　燃气行业属于公用事业，燃气企业承担工程建设主体、设施运行主体的责任，同时还承担居民安全用气培训指导，用气设施维护抢险职责，责任重大。建议从法律和制度层面，强化燃气企业安全管理制度，加强人员培训教育，强化责任落实，确保企业尽职尽责，保障安全。

　　1）建设安全责任

　　① 燃气工程建设单位履行法定建设单位责任和燃气建设程序。依法办理工程项目的安全审查、规划选址、立项备案、安全评价、施工许可、质量监督、验收备案等手续。

　　② 燃气企业应向建设单位提供施工现场及毗邻区域内地下燃气管线资料，按照《城镇燃气管理条例》规定履行管道保护责任。

　　2）经营安全责任

　　① 依法办理燃气经营许可证。遵守《安全生产法》、《城镇燃气管理条例》和其他有关安全生产的法律、法规，完善加强经营条件，加强安全生产管理，建立健全生产责任制，明确安全管理基本原则，制定安全生产规章制度和操作规程。

　　② 健全完善企业安全生产组织架构。依法设立安全机构，充实安全管理力量，加强员工职业技能教育培训，保证资源合理配置，落实安全职责。

　　③ 燃气企业应逐步建立"EHS管理体系"、"安全生产标准化"等安全管理体系，并定期对体系运行的适宜性、充分性、有效性组织评审，实现持续改进，提供燃气企业安全管理的系统化、标准化、规范化。

　　④ 燃气企业应制定生产计划，落实各项措施，确保所辖区内燃气生产平衡。特别是制定管道燃气气源应急保障性预案，确保燃气供应正常稳定。

　　3）设施维护安全责任

　　① 制定设施巡检维护规程并组织实施。燃气企业应按照相关法律、法规、标准、制度对燃气管道及设施（包括储备站、调压站、计量站、阀门井等设施）进行管理、巡查和维护保养，标

准不全或者没有国家标准的，要制定企业标准，确保燃气管道及设施保持其正常性能、发挥其特定功能，保证整个燃气管网的正常供气。

② 燃气企业应按相关法律法规、标准制定燃气设施大、中、小修及保养制度，并严格按要求实施。

③ 燃气企业可引进国际先进的燃气泄漏检测技术设备，提高燃气设施的运行管理质量，借鉴国外成功经验，逐步采用燃气用户安全技术管理手段。

4）应急处置安全责任

① 燃气企业应根据企业设施和危险情况，组织制定本企业应急预案体系，定期修订。

② 燃气企业应按照应急预案的要求，建立应急救援体系，加强应急救援队伍建设，配备装备，按需调整优化应急网点资源，定期开展应急演练活动。

③ 燃气企业应及时处置各类燃气报警信息，在规定的时间内进行应急处置。

④ 燃气企业应建立健全应急抢险联动机制，依托公安、消防、等社会救援力量，处理好专业处置和社会救援的关系。

5）安全用气宣传教育责任

① 普及燃气安全常识。燃气企业应开展用气安全管理工作，通过印制发放安全用手册，利用各种渠道、媒介加强用气安全宣传。

② 实施用气安全检查。燃气企业应做好所辖范围内用户安检工作，对于安全隐患应及时告知用户，并协助用户消除安全隐患。

（2）提高燃气安全意识的落实责任、强化燃气安全宣传教育

1）各级政府加大舆论媒体宣传力度

2）开展燃气安全教学教育

3）完善燃气职业技能鉴定体系

4）依法强化燃气企业对广大居民安全用气知识的培训指导

5）加强、突出行业自律管理

第 7 章　燃气应急救援预案的编制

随着社会经济的发展，城镇燃气应用越来越广泛，燃气事故的种类也呈现出多样化，又以燃气泄漏而引发火灾、爆炸和中毒事故多发。尤其这些事故都具有普遍性、突发性、不可预见性、影响范围大、后果严重和次生灾害严重等特点，对人的生命和财产安全带来了直接威胁，严重的还会危及社会公共安全。因此，正确编制燃气泄漏事件紧急应对方案，采用应急救援技术、装备及自动化控制和完善应急联动预案显得尤其突出和迫在眉睫。

7.1　应急预案的基本结构

应急救援预案是根据预测危险源，危险目标可能发生事故的类别、危害程度，而制定的事故应急救援方案。一般的应急预案，其基本结构可采用"1+4"的结构模式，即一个基本预案加上功能（职能）设置、特殊风险管理、应急标准化操作程序和保障支持系统 4 个分预案。

1. 基本预案

基本预案也称"领导预案"，是应急反应组织结构和政策方针的综述，还包括应急行动的总体思路和法律依据，指定和确认各部门在应急预案中的责任与行动内容。其主要内容包括最高行政领导承诺、发布令、基本方针政策、主要分工职责、任务与目标、基本应急程序等。基本预案一般是对公众发布的文件。

2. 应急功能设置

该预案应紧紧围绕应急工作中主要功能而编制，明确执行该预案的各部门和负责人的具体任务。

应急功能设置分预案中要明确从应急准备到应急恢复全过程

的每一个应急活动中，各相关部门应承担的责任和目标，每个单位的应急功能要以分类条目和单位——功能矩阵表来表示，还要以部门之间签署的协议书来具体落实。

应急需要多少功能？一般来说，依风险的水平和可能导致的事故类型而不同，但作为一般意义上，应具有一些基本应急功能，其核心的功能包括：接警与通知、指挥与控制、警报与紧急公告、通信、事态监测与评估、警戒与管制、人群疏散、人群安置、医疗与卫生、公共关系、应急人员安全、消防与抢险、泄漏物控制、现场恢复等。

3. 特殊风险管理

特殊风险管理是基于重大突发公共安全事件风险辨识、评价和分析的基础上，针对每一特殊风险中的应急活动，明确其相应的主要负责部门、有支持部门及其相应承担的职责和功能，并为该类风险的专项应急预案的制订提出特殊风险管理要求和指导。

4. 应急标准化操作程序

应急标准化操作程序是按照在基本预案中的应急功能设置，各应急功能的主要责任部门必须制定相应的标准操作程序为组织或者个人履行应急预案中规定的职责和任务提供详细指导。

5. 保障支持系统

主要包括应急救援的有关支持保障系统的描述及有关的附图表，如危险分析附件、通信联络附件、法律法规附件等。

7.2 燃气专项应急预案编制要点

燃气专项应急救援预案是针对可能发生的紧急事件所需的应急准备和应急响应应当而制定的指导性文件，其核心内容主要如下。

1. 事故风险分析

（1）不利因素分析

按照发生的原因，事故分为随机事故、人为事故、自然事故

3 大类，引发天然气管线及站场事故的不利因素主要有以下几个方面：

1）管道防腐层破损导致外壁被腐蚀穿孔，引起天然气泄漏。

2）安全附件未定期检验，阀门失修，发生内漏或外漏情况；设备本身损坏导致大量泄漏，引发火灾或爆炸。

3）偷盗等违法犯罪行为或其他施工对高压管线及站场设备造成破坏。

4）站内生产设备集中，压力容器多，在生产过程中可能发生误操作。

5）自然灾害（台风、山体滑坡、潮汐、雷击、地震等）造成燃气设施损坏。

（2）事故危害

天然气管线或站场发生事故后，若不能及时、妥善地处理，可能造成以下危害：

1）引起火灾或爆炸，造成人员伤亡和财产损失，甚至可能次生、衍生其他重大公共危害事件，具有连锁性、复杂性和放大性的特点。

2）大范围居民和工商用户供气中断。若天然气发生严重泄漏，可能受周围地形影响，不能被迅速稀释，而在泄漏点周围区域积聚，导致该区域的含氧量降低，造成人员缺氧窒息。

3）若发生严重事故，必须马上封锁交通，紧急疏散居民，影响城市交通的正常秩序，扰乱居民的正常生活。

4）事故地点附近产生巨大噪声，影响城市环境及居民居住的舒适度。

2. 事故分级

（1）事故的等级

事故的等级可划分为一般、较大、重大和特别重大 4 个等级。燃气企业应按照这 4 个事故等级，根据燃气事故的具体情况（有无伤亡、有无财产损失、是否影响供气等）制定相应的处理预案。

（2）事故响应等级

按照分级管理、分级响应、基层先行、逐级抬升的处理模式，各级单位应根据职责范围，正确处理突发事故。

1）基本响应程序

突发事故发生的所在基层单位作为第一响应责任单位。首先以基层班组或生产管理部门为主体，在保证人员安全的前提下，按照事故处置措施和办法立即展开处置工作，同时还要展开警戒、疏散、控制现场以及救护等工作，并在极短的时间内（要求在 20min 内）向上级领导或相关部门报告事故情况。

上级部门接到报告后，应立即作出分析，按照事故的级别，组织有关人员赶赴事故现场。现场指挥部考虑事故紧急救援的需要，可启动应急救援行动小组。

2）分级响应程序

一般事故由基层单位按照有关的事故应急处理分项或专项预案处置，并按照事故上报和处理规定上报备案。较大事故由基层单位按照相应的分项预案处理，并报公司主管部门及政府应急中心协调处理。重大事故、特别重大事故由主管单位报总公司，经总公司领导批准后启动突发事故总预案，上报市级相关部门。

3）扩大应急响应程序

因突发事故进一步扩大，或者突发事故次生或衍生出其他事故，仅依靠事故企业的应急救援能力很难控制事态的发展，则有必要向市应急中心报告或联系相关单位协助开展救援工作。对事故的控制，应充分利用两个资源。第一，企业资源，充分利用企业的专业技术和经验；第二，社会资源，一旦事故升级或较难控制，就是要依靠公共设施、公安消防等力量与企业联合行动进行救援，要注意的是预案中的联系方式应包括以上有关单位及联系人的信息。

3. 应急指挥机构及职责

应急救援组织机构负责组织协调应急救援的工作，总指挥由公司负责人担任，负责应急救援的全面工作。

（1）应急指挥部

应急指挥部指挥应急抢险和救援，发布和解除应急救援命令、信号，向上级汇报和分析事故发展趋势，组织事故调查和事后恢复与重建等工作。

1）综合协调与评估组：组织紧急抢修，保持与现场的联络，获取险情的第一手资料，预估事态的发展，提供相关咨询。

2）物资保障组：提供抢修所需的设备材料，负责抢修人员供给的调拨管理。

3）其他相关部门：组织本单位员工参加重大应急救援工作。

（2）现场指挥部

现场指挥部负责组织指挥抢险队伍实施具体抢险行动。现场指挥部负责人由公司负责人担任或临时委派，其主要职责：根据现场情况，制定事故现场处理的具体措施，组织协调各专业组工作，及时向总指挥汇报现场情况，全面指挥救援人员实施行动。为了确保抢修人员有效开展工作，各级指挥及抢修人员须佩戴相应的标志。

1）抢险组：关闭相关设备或有关阀门，对泄漏进行控制，采取应急措施，对发生事故的管段、设备进行抢修维护作业。

2）警戒组：在相关范围内设立警戒线，维持现场秩序，疏散车辆，引导救援车辆和人员到达指定位置。

3）报警组：负责事故现场的对外联系，通知联防单位，防止险情向周边地区扩展。

4）消防组：准备灭火器，熄灭警戒区内一切火源，负责消防水补给。

5）抢救疏散组：负责现场人员和器材物资的抢救和人员疏散，组织抢救伤员。

6）后勤组：组织车辆和人员将所需物资运抵现场，确保现场通信畅通，保证抢修所需物资发放到有关人员手中。

（3）应急指挥中心

应急指挥中心应设置在燃气企业，所有天然气管线、站场的报警信息应传递至应急指挥中心。指挥中心在接警后，及相关的人员须向指挥中心报告，确认事故等级，等级确认后立即进入"前期处置"阶段。前期处置由发生事故单位与指挥中心进行，相关人员应赶赴现场处置。指挥中心可通过企业的调度中心控制事故管道、站场相应阀门的启闭，调整气量平衡和停止事故管线供气。发生事故单位应根据指挥中心的指令负责控制阀门启闭、降压放散、现场疏散警戒工作，并尽快投入事故抢险救援工作。若无法做到气量平衡而导致影响部分区域供气，指挥中心应立即通知受影响区域的供气单位。

指挥中心总指挥应根据现场指挥部提供的事故资料开展工作，评估事故的严重性，启动公司的应急预案并向上级主管部门、公安消防部门及其他相关部门请求支援；调派公司内部的资源应对事故；若事故升级，启动高级别的事故预案，并考虑向媒体提供相关信息；确定对事故造成停气的解决方案，做出事后恢复与重建的安排；保持与现场指挥的联系，评估是否需要执法部门的协助。

4. 处置程序

（1）处置流程

燃气企业的相关人员应根据抢险小组的职责范围执行事故应急处理程序，应急处置流程见图 7.2-1。

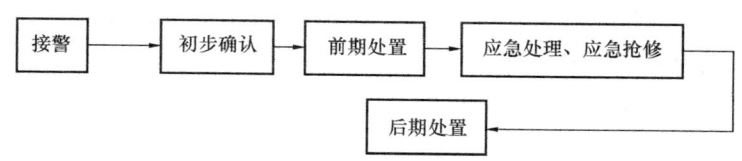

图 7.2-1　应急处置流程

1）接警：自接到报警信息起至完成应急预案启动记录单止。

2）初步确认：自完成应急预案启动记录单起至完成事故现场报告止。

3）前期处置：自事故确认起至应急抢修方案批准实施止。

4）应急处理、应急抢修：自应急抢修方案批准实施起至应急处理完毕止。

5）后期处置：自应急处理完毕后现场清理起至完成事故调查报告止。

（2）后期处置

1）现场清理

在应急预案中明确规定公司职能部门应认真履行职责，对现场进行清理登记，清理登记报告中应包括事故造成的人员伤亡、财产损失、用户停气损失、输配管线设施损坏的情况。

2）撤警

确认现场无隐患、无天然气泄漏的情况下，经应急指挥中心同意后方可撤警。

3）事故调查、上报

应根据国家、地方政府有关规定，结合企业的实际情况，制定事故报告和处理程序的安全管理制度。在燃气事故应急预案的编制工作中，也应参照该制度，对企业各类燃气事故进行等级划分或分类。事故处理完毕后，公司应组织调查小组对事故进行调查，内容包括事故发生的主要原因、类别、性质、责任、教训、防范措施以及抢险工作的成效等。

4）公共信息的发布

① 在预案中规定对外公布事故信息的负责人作为新闻发言人，负责接受媒体的采访，新闻发言人应解释事发经过及相关问题等。

② 事故发生后，通过公司网站或客户服务电话，向受影响的用户解释停气原因。

③ 事故信息公布后，企业负责人还应及时与政府主管部门、政府应急抢险中心联系，解释事件经过、处理进展情况以及采取的应急措施。

④ 经过事故调查，上报后，须根据事故发生原因对员工进行安全教育，对工作程序进行改进，修改、完善有关规定，整理

总结报告。

5. 编制应急预案应注意的其他问题

（1）保障措施

1）统筹应急处理需要的物资、人员、资金，在人员安排中，除应有一定数量的抢险救援队伍外，还应成立专家组，建立决策专家信息数据库。

2）建立通信和信息保障，筹建信息报警平台，确保通信畅通。

3）建立工程抢险装备保障。建立工程抢险装备数据库，明确装备的类型、数量、功能和储存地点，以及仓库保管人员的联系电话，并建立相应的维护、保养制度。

4）建立应急保障队伍，组建各类事故应急队伍，根据需要提高配置装备的水平并组织教育培训工作，提升应急队伍的实战能力。

（2）预案管理

1）所有负责执行事故应急预案的人员必须接受相关内容的培训。

2）在应急预案中承担应急职能的人员应与岗位职位相当，熟悉相关应急程序的实施内容和方式，发生燃气事故时，可迅速、妥当地应变。

3）预案应发放至所涉及的人员，建立预案的发放制度。

（3）预案的演练

1）预案演习可考虑联合演习的模式，参与演习的人员包括公安人员、邻近油气库的人员、居民等，加强各方面沟通合作的意识。在完成预案的演习后，有关部门须填写演习记录，并对演习进行评估。

2）演习评估主要包括以下几个方面：①预案的整体效能和对生产范围的覆盖面；②报警中心信息传递的速度，当值人员的应变反应能力；③修正预案的不足之处，确保能够应对重大、特别重大的事故，尽力将事故损失减低至最小，并以最快速度恢复供气；④通过定期演习，提高全体员工面对突发事故的能力和自信心及专业水平。

3）预案的演习频率按事故的等级确定，重大和特别重大事故的演习每年一次，一般事故每季度一次。事故类别包括：火警、停气、泄漏等。

（4）预案的修正更新

应急预案和相关实施程序要每年审查，以保证符合法律法规和实际工作的需要，至少每年修正一次。各级单位对预案涉及人员的工作岗位、联系方式的变动要及时更新，预案的修正更新由公司的安全技术部负责。一个完整的预案还应包括以下内容：天然气高压输配系统示意图、中压天然气地下管网分布示意图、应急通信录、事故现场报告单、应急预案启动记录单、抢险应急设备清单、紧急事件评定标准、抢险车辆清单等。

7.3　应急预案编制的基本步骤

1. 应急预案编制工作组

企业可结合本单位部门职能和分工，成立以单位主要负责人（或分管负责人）为组长，单位相关部门人员参加的应急预案编制工作组，明确工作职责和任务分工，制定工作计划，组织开展应急预案编制工作。

2. 收集资料

应急预案编制工作组应收集与预案编制工作相关的法律法规、技术标准、应急预案、国内外同行业企业事故资料，同时收集本单位安全生产相关技术资料、周边环境影响、应急资源等有关资料。

3. 风险评估

主要内容包括：

（1）分析生产经营单位存在的危险因素，确定事故危险源；

（2）分析可能发生的事故类型及后果，并指出可能产生的次生、衍生事故；

（3）评估事故的危害程度和影响范围，提出风险防控措施。

4. 应急能力评估

在全面调查和客观分析生产经营单位应急队伍、装备、物资等应急资源状况基础上开展应急能力评估，并依据评估结果，完善应急保障措施。

5. 应急预案编制

针对可能发生的事故，按照有关规定和要求编制应急预案。应急预案编制过程中，应注重全体人员的参与和培训，使所有与事故有关人员均掌握危险源的危险性、应急处置方案和技能。应急预案应充分利用社会应急资源，与地方政府预案、上级主管单位以及相关部门的预案相衔接。

6. 应急预案评审

应急预案编制完成后，生产经营单位应组织评审。评审分为内部评审和外部评审，内部评审由生产经营单位主要负责人组织有关部门和人员进行。外部评审由生产经营单位组织外部有关专家和人员进行评审。应急预案评审合格后，由生产经营单位主要负责人（或分管负责人）签发实施，并进行备案管理。

相 关 附 录

附录1 法律篇

附录 1.1 《安全生产法》

中华人民共和国主席令

第十三号

　　《全国人民代表大会常务委员会关于修改〈中华人民共和国安全生产法〉的决定》已由中华人民共和国第十二届全国人民代表大会常务委员会第十次会议于 2014 年 8 月 31 日通过，现予公布，自 2014 年 12 月 1 日起施行。

中华人民共和国主席　习近平

2014 年 8 月 31 日

中华人民共和国安全生产法

第一章　总　　则

　　第一条　为了加强安全生产工作，防止和减少生产安全事故，保障人民群众生命和财产安全，促进经济社会持续健康发展，制定本法。

　　第二条　在中华人民共和国领域内从事生产经营活动的单位

（以下统称生产经营单位）的安全生产，适用本法；有关法律、行政法规对消防安全和道路交通安全、铁路交通安全、水上交通安全、民用航空安全以及核与辐射安全、特种设备安全另有规定的，适用其规定。

第三条　安全生产工作应当以人为本，坚持安全发展，坚持安全第一、预防为主、综合治理的方针，强化和落实生产经营单位的主体责任，建立生产经营单位负责、职工参与、政府监管、行业自律和社会监督的机制。

第四条　生产经营单位必须遵守本法和其他有关安全生产的法律、法规，加强安全生产管理，建立、健全安全生产责任制和安全生产规章制度，改善安全生产条件，推进安全生产标准化建设，提高安全生产水平，确保安全生产。

第五条　生产经营单位的主要负责人对本单位的安全生产工作全面负责。

第六条　生产经营单位的从业人员有依法获得安全生产保障的权利，并应当依法履行安全生产方面的义务。

第七条　工会依法对安全生产工作进行监督。

生产经营单位的工会依法组织职工参加本单位安全生产工作的民主管理和民主监督，维护职工在安全生产方面的合法权益。生产经营单位制定或者修改有关安全生产的规章制度，应当听取工会的意见。

第八条　国务院和县级以上地方各级人民政府应当根据国民经济和社会发展规划制定安全生产规划，并组织实施。安全生产规划应当与城乡规划相衔接。

国务院和县级以上地方各级人民政府应当加强对安全生产工作的领导，支持、督促各有关部门依法履行安全生产监督管理职责，建立健全安全生产工作协调机制，及时协调、解决安全生产监督管理中存在的重大问题。

乡、镇人民政府以及街道办事处、开发区管理机构等地方人民政府的派出机关应当按照职责，加强对本行政区域内生产经营单位安全生产状况的监督检查，协助上级人民政府有关部门依法履行安全生产监督管理职责。

第九条　国务院安全生产监督管理部门依照本法，对全国安全生产工作实施综合监督管理；县级以上地方各级人民政府安全生产监督管理部门依照本法，对本行政区域内安全生产工作实施综合监督管理。

国务院有关部门依照本法和其他有关法律、行政法规的规定，在各自的职责范围内对有关行业、领域的安全生产工作实施监督管理；县级以上地方各级人民政府有关部门依照本法和其他有关法律、法规的规定，在各自的职责范围内对有关行业、领域的安全生产工作实施监督管理。

安全生产监督管理部门和对有关行业、领域的安全生产工作实施监督管理的部门，统称负有安全生产监督管理职责的部门。

第十条　国务院有关部门应当按照保障安全生产的要求，依法及时制定有关的国家标准或者行业标准，并根据科技进步和经济发展适时修订。

生产经营单位必须执行依法制定的保障安全生产的国家标准或者行业标准。

第十一条　各级人民政府及其有关部门应当采取多种形式，加强对有关安全生产的法律、法规和安全生产知识的宣传，增强全社会的安全生产意识。

第十二条　有关协会组织依照法律、行政法规和章程，为生产经营单位提供安全生产方面的信息、培训等服务，发挥自律作用，促进生产经营单位加强安全生产管理。

第十三条　依法设立的为安全生产提供技术、管理服务的机构，依照法律、行政法规和执业准则，接受生产经营单位的委托为其安全生产工作提供技术、管理服务。

生产经营单位委托前款规定的机构提供安全生产技术、管理服务的，保证安全生产的责任仍由本单位负责。

第十四条　国家实行生产安全事故责任追究制度，依照本法和有关法律、法规的规定，追究生产安全事故责任人员的法律责任。

第十五条 国家鼓励和支持安全生产科学技术研究和安全生产先进技术的推广应用，提高安全生产水平。

第十六条 国家对在改善安全生产条件、防止生产安全事故、参加抢险救护等方面取得显著成绩的单位和个人，给予奖励。

第二章 生产经营单位的安全生产保障

第十七条 生产经营单位应当具备本法和有关法律、行政法规和国家标准或者行业标准规定的安全生产条件；不具备安全生产条件的，不得从事生产经营活动。

第十八条 生产经营单位的主要负责人对本单位安全生产工作负有下列职责：

（一）建立、健全本单位安全生产责任制；

（二）组织制定本单位安全生产规章制度和操作规程；

（三）组织制定并实施本单位安全生产教育和培训计划；

（四）保证本单位安全生产投入的有效实施；

（五）督促、检查本单位的安全生产工作，及时消除生产安全事故隐患；

（六）组织制定并实施本单位的生产安全事故应急救援预案；

（七）及时、如实报告生产安全事故。

第十九条 生产经营单位的安全生产责任制应当明确各岗位的责任人员、责任范围和考核标准等内容。

生产经营单位应当建立相应的机制，加强对安全生产责任制落实情况的监督考核，保证安全生产责任制的落实。

第二十条 生产经营单位应当具备的安全生产条件所必需的资金投入，由生产经营单位的决策机构、主要负责人或者个人经营的投资人予以保证，并对由于安全生产所必需的资金投入不足导致的后果承担责任。

有关生产经营单位应当按照规定提取和使用安全生产费用，专门用于改善安全生产条件。安全生产费用在成本中据实列支。安全生产费用提取、使用和监督管理的具体办法由国务院财政部门会同国务院安全生产监督管理部门征求国务院有关部门意见后制定。

第二十一条 矿山、金属冶炼、建筑施工、道路运输单位和危险物品的生产、经营、储存单位，应当设置安全生产管理机构或者配备专职安全生产管理人员。

前款规定以外的其他生产经营单位，从业人员超过一百人的，应当设置安全生产管理机构或者配备专职安全生产管理人员；从业人员在一百人以下的，应当配备专职或者兼职的安全生产管理人员。

第二十二条 生产经营单位的安全生产管理机构以及安全生产管理人员履行下列职责：

（一）组织或者参与拟订本单位安全生产规章制度、操作规程和生产安全事故应急救援预案；

（二）组织或者参与本单位安全生产教育和培训，如实记录安全生产教育和培训情况；

（三）督促落实本单位重大危险源的安全管理措施；

（四）组织或者参与本单位应急救援演练；

（五）检查本单位的安全生产状况，及时排查生产安全事故隐患，提出改进安全生产管理的建议；

（六）制止和纠正违章指挥、强令冒险作业、违反操作规程的行为；

（七）督促落实本单位安全生产整改措施。

第二十三条 生产经营单位的安全生产管理机构以及安全生产管理人员应当恪尽职守，依法履行职责。

生产经营单位作出涉及安全生产的经营决策，应当听取安全生产管理机构以及安全生产管理人员的意见。

生产经营单位不得因安全生产管理人员依法履行职责而降低

其工资、福利等待遇或者解除与其订立的劳动合同。

危险物品的生产、储存单位以及矿山、金属冶炼单位的安全生产管理人员的任免，应当告知主管的负有安全生产监督管理职责的部门。

第二十四条 生产经营单位的主要负责人和安全生产管理人员必须具备与本单位所从事的生产经营活动相应的安全生产知识和管理能力。

危险物品的生产、经营、储存单位以及矿山、金属冶炼、建筑施工、道路运输单位的主要负责人和安全生产管理人员，应当由主管的负有安全生产监督管理职责的部门对其安全生产知识和管理能力考核合格。考核不得收费。

危险物品的生产、储存单位以及矿山、金属冶炼单位应当有注册安全工程师从事安全生产管理工作。鼓励其他生产经营单位聘用注册安全工程师从事安全生产管理工作。注册安全工程师按专业分类管理，具体办法由国务院人力资源和社会保障部门、国务院安全生产监督管理部门会同国务院有关部门制定。

第二十五条 生产经营单位应当对从业人员进行安全生产教育和培训，保证从业人员具备必要的安全生产知识，熟悉有关的安全生产规章制度和安全操作规程，掌握本岗位的安全操作技能，了解事故应急处理措施，知悉自身在安全生产方面的权利和义务。未经安全生产教育和培训合格的从业人员，不得上岗作业。

生产经营单位使用被派遣劳动者的，应当将被派遣劳动者纳入本单位从业人员统一管理，对被派遣劳动者进行岗位安全操作规程和安全操作技能的教育和培训。劳务派遣单位应当对被派遣劳动者进行必要的安全生产教育和培训。

生产经营单位接收中等职业学校、高等学校学生实习的，应当对实习学生进行相应的安全生产教育和培训，提供必要的劳动防护用品。学校应当协助生产经营单位对实习学生进行安全生产教育和培训。

生产经营单位应当建立安全生产教育和培训档案，如实记录安全生产教育和培训的时间、内容、参加人员以及考核结果等情况。

第二十六条 生产经营单位采用新工艺、新技术、新材料或者使用新设备，必须了解、掌握其安全技术特性，采取有效的安全防护措施，并对从业人员进行专门的安全生产教育和培训。

第二十七条 生产经营单位的特种作业人员必须按照国家有关规定经专门的安全作业培训，取得相应资格，方可上岗作业。

特种作业人员的范围由国务院安全生产监督管理部门会同国务院有关部门确定。

第二十八条 生产经营单位新建、改建、扩建工程项目（以下统称建设项目）的安全设施，必须与主体工程同时设计、同时施工、同时投入生产和使用。安全设施投资应当纳入建设项目概算。

第二十九条 矿山、金属冶炼建设项目和用于生产、储存、装卸危险物品的建设项目，应当按照国家有关规定进行安全评价。

第三十条 建设项目安全设施的设计人、设计单位应当对安全设施设计负责。

矿山、金属冶炼建设项目和用于生产、储存、装卸危险物品的建设项目的安全设施设计应当按照国家有关规定报经有关部门审查，审查部门及其负责审查的人员对审查结果负责。

第三十一条 矿山、金属冶炼建设项目和用于生产、储存、装卸危险物品的建设项目的施工单位必须按照批准的安全设施设计施工，并对安全设施的工程质量负责。

矿山、金属冶炼建设项目和用于生产、储存危险物品的建设项目竣工投入生产或者使用前，应当由建设单位负责组织对安全设施进行验收；验收合格后，方可投入生产和使用。安全生产监督管理部门应当加强对建设单位验收活动和验收结果的监督核查。

第三十二条 生产经营单位应当在有较大危险因素的生产经营场所和有关设施、设备上，设置明显的安全警示标志。

第三十三条 安全设备的设计、制造、安装、使用、检测、维修、改造和报废，应当符合国家标准或者行业标准。

生产经营单位必须对安全设备进行经常性维护、保养，并定期检测，保证正常运转。维护、保养、检测应当做好记录，并由有关人员签字。

第三十四条 生产经营单位使用的危险物品的容器、运输工具，以及涉及人身安全、危险性较大的海洋石油开采特种设备和矿山井下特种设备，必须按照国家有关规定，由专业生产单位生产，并经具有专业资质的检测、检验机构检测、检验合格，取得安全使用证或者安全标志，方可投入使用。检测、检验机构对检测、检验结果负责。

第三十五条 国家对严重危及生产安全的工艺、设备实行淘汰制度，具体目录由国务院安全生产监督管理部门会同国务院有关部门制定并公布。法律、行政法规对目录的制定另有规定的，适用其规定。

省、自治区、直辖市人民政府可以根据本地区实际情况制定并公布具体目录，对前款规定以外的危及生产安全的工艺、设备予以淘汰。

生产经营单位不得使用应当淘汰的危及生产安全的工艺、设备。

第三十六条 生产、经营、运输、储存、使用危险物品或者处置废弃危险物品的，由有关主管部门依照有关法律、法规的规定和国家标准或者行业标准审批并实施监督管理。

生产经营单位生产、经营、运输、储存、使用危险物品或者处置废弃危险物品，必须执行有关法律、法规和国家标准或者行业标准，建立专门的安全管理制度，采取可靠的安全措施，接受有关主管部门依法实施的监督管理。

第三十七条 生产经营单位对重大危险源应当登记建档，进行定期检测、评估、监控，并制定应急预案，告知从业人员和相关人员在紧急情况下应当采取的应急措施。

生产经营单位应当按照国家有关规定将本单位重大危险源及有关安全措施、应急措施报有关地方人民政府安全生产监督管理部门和有关部门备案。

第三十八条 生产经营单位应当建立、健全生产安全事故隐患排查治理制度，采取技术、管理措施，及时发现并消除事故隐患。事故隐患排查治理情况应当如实记录，并向从业人员通报。

县级以上地方各级人民政府负有安全生产监督管理职责的部门应当建立、健全重大事故隐患治理督办制度，督促生产经营单位消除重大事故隐患。

第三十九条 生产、经营、储存、使用危险物品的车间、商店、仓库不得与员工宿舍在同一座建筑物内，并应当与员工宿舍保持安全距离。

生产经营场所和员工宿舍应当设有符合紧急疏散要求、标志明显、保持畅通的出口。禁止锁闭、封堵生产经营场所或者员工宿舍的出口。

第四十条 生产经营单位进行爆破、吊装以及国务院安全生产监督管理部门会同国务院有关部门规定的其他危险作业，应当安排专门人员进行现场安全管理，确保操作规程的遵守和安全措施的落实。

第四十一条 生产经营单位应当教育和督促从业人员严格执行本单位的安全生产规章制度和安全操作规程；并向从业人员如实告知作业场所和工作岗位存在的危险因素、防范措施以及事故应急措施。

第四十二条 生产经营单位必须为从业人员提供符合国家标准或者行业标准的劳动防护用品，并监督、教育从业人员按照使用规则佩戴、使用。

第四十三条 生产经营单位的安全生产管理人员应当根据本单位的生产经营特点，对安全生产状况进行经常性检查；对检查中发现的安全问题，应当立即处理；不能处理的，应当及时报告本单位有关负责人，有关负责人应当及时处理。检查及处理情况应当如实记录在案。

生产经营单位的安全生产管理人员在检查中发现重大事故隐患，依照前款规定向本单位有关负责人报告，有关负责人不及时处理的，安全生产管理人员可以向主管的负有安全生产监督管理职责的部门报告，接到报告的部门应当依法及时处理。

第四十四条 生产经营单位应当安排用于配备劳动防护用品、进行安全生产培训的经费。

第四十五条 两个以上生产经营单位在同一作业区域内进行生产经营活动，可能危及对方生产安全的，应当签订安全生产管理协议，明确各自的安全生产管理职责和应当采取的安全措施，并指定专职安全生产管理人员进行安全检查与协调。

第四十六条 生产经营单位不得将生产经营项目、场所、设备发包或者出租给不具备安全生产条件或者相应资质的单位或者个人。

生产经营项目、场所发包或者出租给其他单位的，生产经营单位应当与承包单位、承租单位签订专门的安全生产管理协议，或者在承包合同、租赁合同中约定各自的安全生产管理职责；生产经营单位对承包单位、承租单位的安全生产工作统一协调、管理，定期进行安全检查，发现安全问题的，应当及时督促整改。

第四十七条 生产经营单位发生生产安全事故时，单位的主要负责人应当立即组织抢救，并不得在事故调查处理期间擅离职守。

第四十八条 生产经营单位必须依法参加工伤保险，为从业人员缴纳保险费。

国家鼓励生产经营单位投保安全生产责任保险。

第三章 从业人员的安全生产权利义务

第四十九条 生产经营单位与从业人员订立的劳动合同，应当载明有关保障从业人员劳动安全、防止职业危害的事项，以及依法为从业人员办理工伤保险的事项。

生产经营单位不得以任何形式与从业人员订立协议，免除或者减轻其对从业人员因生产安全事故伤亡依法应承担的责任。

第五十条　生产经营单位的从业人员有权了解其作业场所和工作岗位存在的危险因素、防范措施及事故应急措施，有权对本单位的安全生产工作提出建议。

第五十一条　从业人员有权对本单位安全生产工作中存在的问题提出批评、检举、控告；有权拒绝违章指挥和强令冒险作业。

生产经营单位不得因从业人员对本单位安全生产工作提出批评、检举、控告或者拒绝违章指挥、强令冒险作业而降低其工资、福利等待遇或者解除与其订立的劳动合同。

第五十二条　从业人员发现直接危及人身安全的紧急情况时，有权停止作业或者在采取可能的应急措施后撤离作业场所。

生产经营单位不得因从业人员在前款紧急情况下停止作业或者采取紧急撤离措施而降低其工资、福利等待遇或者解除与其订立的劳动合同。

第五十三条　因生产安全事故受到损害的从业人员，除依法享有工伤保险外，依照有关民事法律尚有获得赔偿的权利的，有权向本单位提出赔偿要求。

第五十四条　从业人员在作业过程中，应当严格遵守本单位的安全生产规章制度和操作规程，服从管理，正确佩戴和使用劳动防护用品。

第五十五条　从业人员应当接受安全生产教育和培训，掌握本职工作所需的安全生产知识，提高安全生产技能，增强事故预防和应急处理能力。

第五十六条　从业人员发现事故隐患或者其他不安全因素，应当立即向现场安全生产管理人员或者本单位负责人报告；接到报告的人员应当及时予以处理。

第五十七条 工会有权对建设项目的安全设施与主体工程同时设计、同时施工、同时投入生产和使用进行监督，提出意见。

工会对生产经营单位违反安全生产法律、法规，侵犯从业人员合法权益的行为，有权要求纠正；发现生产经营单位违章指挥、强令冒险作业或者发现事故隐患时，有权提出解决的建议，生产经营单位应当及时研究答复；发现危及从业人员生命安全的情况时，有权向生产经营单位建议组织从业人员撤离危险场所，生产经营单位必须立即作出处理。

工会有权依法参加事故调查，向有关部门提出处理意见，并要求追究有关人员的责任。

第五十八条 生产经营单位使用被派遣劳动者的，被派遣劳动者享有本法规定的从业人员的权利，并应当履行本法规定的从业人员的义务。

第四章　安全生产的监督管理

第五十九条 县级以上地方各级人民政府应当根据本行政区域内的安全生产状况，组织有关部门按照职责分工，对本行政区域内容易发生重大生产安全事故的生产经营单位进行严格检查。

安全生产监督管理部门应当按照分类分级监督管理的要求，制定安全生产年度监督检查计划，并按照年度监督检查计划进行监督检查，发现事故隐患，应当及时处理。

第六十条 负有安全生产监督管理职责的部门依照有关法律、法规的规定，对涉及安全生产的事项需要审查批准（包括批准、核准、许可、注册、认证、颁发证照等，下同）或者验收的，必须严格依照有关法律、法规和国家标准或者行业标准规定的安全生产条件和程序进行审查；不符合有关法律、法规和国家标准或者行业标准规定的安全生产条件的，不得批准或者验收通过。对未依法取得批准或者验收合格的单位擅自从事有关活动的，负责行政审批的部门发现或者接到举报后应当立即予以取缔，并依法予以处理。对已经依法取得批准的单位，负责行政审批的部门发现其不再具备安全生产条件的，应当撤销原批准。

第六十一条　负有安全生产监督管理职责的部门对涉及安全生产的事项进行审查、验收，不得收取费用；不得要求接受审查、验收的单位购买其指定品牌或者指定生产、销售单位的安全设备、器材或者其他产品。

第六十二条　安全生产监督管理部门和其他负有安全生产监督管理职责的部门依法开展安全生产行政执法工作，对生产经营单位执行有关安全生产的法律、法规和国家标准或者行业标准的情况进行监督检查，行使以下职权：

（一）进入生产经营单位进行检查，调阅有关资料，向有关单位和人员了解情况；

（二）对检查中发现的安全生产违法行为，当场予以纠正或者要求限期改正；对依法应当给予行政处罚的行为，依照本法和其他有关法律、行政法规的规定作出行政处罚决定；

（三）对检查中发现的事故隐患，应当责令立即排除；重大事故隐患排除前或者排除过程中无法保证安全的，应当责令从危险区域内撤出作业人员，责令暂时停产停业或者停止使用相关设施、设备；重大事故隐患排除后，经审查同意，方可恢复生产经营和使用；

（四）对有根据认为不符合保障安全生产的国家标准或者行业标准的设施、设备、器材以及违法生产、储存、使用、经营、运输的危险物品予以查封或者扣押，对违法生产、储存、使用、经营危险物品的作业场所予以查封，并依法作出处理决定。

监督检查不得影响被检查单位的正常生产经营活动。

第六十三条　生产经营单位对负有安全生产监督管理职责的部门的监督检查人员（以下统称安全生产监督检查人员）依法履行监督检查职责，应当予以配合，不得拒绝、阻挠。

第六十四条　安全生产监督检查人员应当忠于职守，坚持原则，秉公执法。

安全生产监督检查人员执行监督检查任务时，必须出示有效的监督执法证件；对涉及被检查单位的技术秘密和业务秘密，应当为其保密。

第六十五条 安全生产监督检查人员应当将检查的时间、地点、内容、发现的问题及其处理情况，作出书面记录，并由检查人员和被检查单位的负责人签字；被检查单位的负责人拒绝签字的，检查人员应当将情况记录在案，并向负有安全生产监督管理职责的部门报告。

第六十六条 负有安全生产监督管理职责的部门在监督检查中，应当互相配合，实行联合检查；确需分别进行检查的，应当互通情况，发现存在的安全问题应当由其他有关部门进行处理的，应当及时移送其他有关部门并形成记录备查，接受移送的部门应当及时进行处理。

第六十七条 负有安全生产监督管理职责的部门依法对存在重大事故隐患的生产经营单位作出停产停业、停止施工、停止使用相关设施或者设备的决定，生产经营单位应当依法执行，及时消除事故隐患。生产经营单位拒不执行，有发生生产安全事故的现实危险的，在保证安全的前提下，经本部门主要负责人批准，负有安全生产监督管理职责的部门可以采取通知有关单位停止供电、停止供应民用爆炸物品等措施，强制生产经营单位履行决定。通知应当采用书面形式，有关单位应当予以配合。

负有安全生产监督管理职责的部门依照前款规定采取停止供电措施，除有危及生产安全的紧急情形外，应当提前24h通知生产经营单位。生产经营单位依法履行行政决定、采取相应措施消除事故隐患的，负有安全生产监督管理职责的部门应当及时解除前款规定的措施。

第六十八条 监察机关依照行政监察法的规定，对负有安全生产监督管理职责的部门及其工作人员履行安全生产监督管理职责实施监察。

第六十九条 承担安全评价、认证、检测、检验的机构应当具备国家规定的资质条件，并对其作出的安全评价、认证、检测、检验的结果负责。

第七十条 负有安全生产监督管理职责的部门应当建立举报制度，公开举报电话、信箱或者电子邮件地址，受理有关安全生产的举报；受理的举报事项经调查核实后，应当形成书面材料；需要落实整改措施的，报经有关负责人签字并督促落实。

第七十一条 任何单位或者个人对事故隐患或者安全生产违法行为，均有权向负有安全生产监督管理职责的部门报告或者举报。

第七十二条 居民委员会、村民委员会发现其所在区域内的生产经营单位存在事故隐患或者安全生产违法行为时，应当向当地人民政府或者有关部门报告。

第七十三条 县级以上各级人民政府及其有关部门对报告重大事故隐患或者举报安全生产违法行为的有功人员，给予奖励。具体奖励办法由国务院安全生产监督管理部门会同国务院财政部门制定。

第七十四条 新闻、出版、广播、电影、电视等单位有进行安全生产公益宣传教育的义务，有对违反安全生产法律、法规的行为进行舆论监督的权利。

第七十五条 负有安全生产监督管理职责的部门应当建立安全生产违法行为信息库，如实记录生产经营单位的安全生产违法行为信息；对违法行为情节严重的生产经营单位，应当向社会公告，并通报行业主管部门、投资主管部门、国土资源主管部门、证券监督管理机构以及有关金融机构。

第五章 生产安全事故的应急救援与调查处理

第七十六条 国家加强生产安全事故应急能力建设，在重点行业、领域建立应急救援基地和应急救援队伍，鼓励生产经营单位和其他社会力量建立应急救援队伍，配备相应的应急救援装备和物资，提高应急救援的专业化水平。

国务院安全生产监督管理部门建立全国统一的生产安全事故

应急救援信息系统，国务院有关部门建立健全相关行业、领域的生产安全事故应急救援信息系统。

第七十七条　县级以上地方各级人民政府应当组织有关部门制定本行政区域内生产安全事故应急救援预案，建立应急救援体系。

第七十八条　生产经营单位应当制定本单位生产安全事故应急救援预案，与所在地县级以上地方人民政府组织制定的生产安全事故应急救援预案相衔接，并定期组织演练。

第七十九条　危险物品的生产、经营、储存单位以及矿山、金属冶炼、城市轨道交通运营、建筑施工单位应当建立应急救援组织；生产经营规模较小的，可以不建立应急救援组织，但应当指定兼职的应急救援人员。

危险物品的生产、经营、储存、运输单位以及矿山、金属冶炼、城市轨道交通运营、建筑施工单位应当配备必要的应急救援器材、设备和物资，并进行经常性维护、保养，保证正常运转。

第八十条　生产经营单位发生生产安全事故后，事故现场有关人员应当立即报告本单位负责人。

单位负责人接到事故报告后，应当迅速采取有效措施，组织抢救，防止事故扩大，减少人员伤亡和财产损失，并按照国家有关规定立即如实报告当地负有安全生产监督管理职责的部门，不得隐瞒不报、谎报或者迟报，不得故意破坏事故现场、毁灭有关证据。

第八十一条　负有安全生产监督管理职责的部门接到事故报告后，应当立即按照国家有关规定上报事故情况。负有安全生产监督管理职责的部门和有关地方人民政府对事故情况不得隐瞒不报、谎报或者迟报。

第八十二条　有关地方人民政府和负有安全生产监督管理职责的部门的负责人接到生产安全事故报告后，应当按照生产安全事故应急救援预案的要求立即赶到事故现场，组织事故抢救。

参与事故抢救的部门和单位应当服从统一指挥，加强协同联动，采取有效的应急救援措施，并根据事故救援的需要采取警戒、疏散等措施，防止事故扩大和次生灾害的发生，减少人员伤亡和财产损失。

事故抢救过程中应当采取必要措施，避免或者减少对环境造成的危害。

任何单位和个人都应当支持、配合事故抢救，并提供一切便利条件。

第八十三条 事故调查处理应当按照科学严谨、依法依规、实事求是、注重实效的原则，及时、准确地查清事故原因，查明事故性质和责任，总结事故教训，提出整改措施，并对事故责任者提出处理意见。事故调查报告应当依法及时向社会公布。事故调查和处理的具体办法由国务院制定。

事故发生单位应当及时全面落实整改措施，负有安全生产监督管理职责的部门应当加强监督检查。

第八十四条 生产经营单位发生生产安全事故，经调查确定为责任事故的，除了应当查明事故单位的责任并依法予以追究外，还应当查明对安全生产的有关事项负有审查批准和监督职责的行政部门的责任，对有失职、渎职行为的，依照本法第八十七条的规定追究法律责任。

第八十五条 任何单位和个人不得阻挠和干涉对事故的依法调查处理。

第八十六条 县级以上地方各级人民政府安全生产监督管理部门应当定期统计分析本行政区域内发生生产安全事故的情况，并定期向社会公布。

第六章 法 律 责 任

第八十七条 负有安全生产监督管理职责的部门的工作人员，有下列行为之一的，给予降级或者撤职的处分；构成犯罪的，依照刑法有关规定追究刑事责任：

（一）对不符合法定安全生产条件的涉及安全生产的事项予

以批准或者验收通过的；

（二）发现未依法取得批准、验收的单位擅自从事有关活动或者接到举报后不予取缔或者不依法予以处理的；

（三）对已经依法取得批准的单位不履行监督管理职责，发现其不再具备安全生产条件而不撤销原批准或者发现安全生产违法行为不予查处的；

（四）在监督检查中发现重大事故隐患，不依法及时处理的。

负有安全生产监督管理职责的部门的工作人员有前款规定以外的滥用职权、玩忽职守、徇私舞弊行为的，依法给予处分；构成犯罪的，依照刑法有关规定追究刑事责任。

第八十八条 负有安全生产监督管理职责的部门，要求被审查、验收的单位购买其指定的安全设备、器材或者其他产品的，在对安全生产事项的审查、验收中收取费用的，由其上级机关或者监察机关责令改正，责令退还收取的费用；情节严重的，对直接负责的主管人员和其他直接责任人员依法给予处分。

第八十九条 承担安全评价、认证、检测、检验工作的机构，出具虚假证明的，没收违法所得；违法所得在十万元以上的，并处违法所得二倍以上五倍以下的罚款；没有违法所得或者违法所得不足十万元的，单处或者并处十万元以上二十万元以下的罚款；对其直接负责的主管人员和其他直接责任人员处二万元以上五万元以下的罚款；给他人造成损害的，与生产经营单位承担连带赔偿责任；构成犯罪的，依照刑法有关规定追究刑事责任。

对有前款违法行为的机构，吊销其相应资质。

第九十条 生产经营单位的决策机构、主要负责人或者个人经营的投资人不依照本法规定保证安全生产所必需的资金投入，致使生产经营单位不具备安全生产条件的，责令限期改正，提供必需的资金；逾期未改正的，责令生产经营单位停产停业整顿。

有前款违法行为，导致发生生产安全事故的，对生产经营单位的主要负责人给予撤职处分，对个人经营的投资人处二万元以上二十万元以下的罚款；构成犯罪的，依照刑法有关规定追究刑事责任。

第九十一条　生产经营单位的主要负责人未履行本法规定的安全生产管理职责的，责令限期改正；逾期未改正的，处二万元以上五万元以下的罚款，责令生产经营单位停产停业整顿。

生产经营单位的主要负责人有前款违法行为，导致发生生产安全事故的，给予撤职处分；构成犯罪的，依照刑法有关规定追究刑事责任。

生产经营单位的主要负责人依照前款规定受刑事处罚或者撤职处分的，自刑罚执行完毕或者受处分之日起，五年内不得担任任何生产经营单位的主要负责人；对重大、特别重大生产安全事故负有责任的，终身不得担任本行业生产经营单位的主要负责人。

第九十二条　生产经营单位的主要负责人未履行本法规定的安全生产管理职责，导致发生生产安全事故的，由安全生产监督管理部门依照下列规定处以罚款：

（一）发生一般事故的，处上一年年收入百分之三十的罚款；

（二）发生较大事故的，处上一年年收入百分之四十的罚款；

（三）发生重大事故的，处上一年年收入百分之六十的罚款；

（四）发生特别重大事故的，处上一年年收入百分之八十的罚款。

第九十三条　生产经营单位的安全生产管理人员未履行本法规定的安全生产管理职责的，责令限期改正；导致发生生产安全事故的，暂停或者撤销其与安全生产有关的资格；构成犯罪的，依照刑法有关规定追究刑事责任。

第九十四条　生产经营单位有下列行为之一的，责令限期改正，可以处五万元以下的罚款；逾期未改正的，责令停产停业整顿，并处五万元以上十万元以下的罚款，对其直接负责的主管人员和其他直接责任人员处一万元以上二万元以下的罚款：

（一）未按照规定设置安全生产管理机构或者配备安全生产

管理人员的；

（二）危险物品的生产、经营、储存单位以及矿山、金属冶炼、建筑施工、道路运输单位的主要负责人和安全生产管理人员未按照规定经考核合格的；

（三）未按照规定对从业人员、被派遣劳动者、实习学生进行安全生产教育和培训，或者未按照规定如实告知有关的安全生产事项的；

（四）未如实记录安全生产教育和培训情况的；

（五）未将事故隐患排查治理情况如实记录或者未向从业人员通报的；

（六）未按照规定制定生产安全事故应急救援预案或者未定期组织演练的；

（七）特种作业人员未按照规定经专门的安全作业培训并取得相应资格，上岗作业的。

第九十五条 生产经营单位有下列行为之一的，责令停止建设或者停产停业整顿，限期改正；逾期未改正的，处五十万元以上一百万元以下的罚款，对其直接负责的主管人员和其他直接责任人员处二万元以上五万元以下的罚款；构成犯罪的，依照刑法有关规定追究刑事责任：

（一）未按照规定对矿山、金属冶炼建设项目或者用于生产、储存、装卸危险物品的建设项目进行安全评价的；

（二）矿山、金属冶炼建设项目或者用于生产、储存、装卸危险物品的建设项目没有安全设施设计或者安全设施设计未按照规定报经有关部门审查同意的；

（三）矿山、金属冶炼建设项目或者用于生产、储存、装卸危险物品的建设项目的施工单位未按照批准的安全设施设计施工的；

（四）矿山、金属冶炼建设项目或者用于生产、储存危险物品的建设项目竣工投入生产或者使用前，安全设施未经验收合格的。

第九十六条　生产经营单位有下列行为之一的，责令限期改正，可以处五万元以下的罚款；逾期未改正的，处五万元以上二十万元以下的罚款，对其直接负责的主管人员和其他直接责任人员处一万元以上二万元以下的罚款；情节严重的，责令停产停业整顿；构成犯罪的，依照刑法有关规定追究刑事责任：

（一）未在有较大危险因素的生产经营场所和有关设施、设备上设置明显的安全警示标志的；

（二）安全设备的安装、使用、检测、改造和报废不符合国家标准或者行业标准的；

（三）未对安全设备进行经常性维护、保养和定期检测的；

（四）未为从业人员提供符合国家标准或者行业标准的劳动防护用品的；

（五）危险物品的容器、运输工具，以及涉及人身安全、危险性较大的海洋石油开采特种设备和矿山井下特种设备未经具有专业资质的机构检测、检验合格，取得安全使用证或者安全标志，投入使用的；

（六）使用应当淘汰的危及生产安全的工艺、设备的。

第九十七条　未经依法批准，擅自生产、经营、运输、储存、使用危险物品或者处置废弃危险物品的，依照有关危险物品安全管理的法律、行政法规的规定予以处罚；构成犯罪的，依照刑法有关规定追究刑事责任。

第九十八条　生产经营单位有下列行为之一的，责令限期改正，可以处十万元以下的罚款；逾期未改正的，责令停产停业整顿，并处十万元以上二十万元以下的罚款，对其直接负责的主管人员和其他直接责任人员处二万元以上五万元以下的罚款；构成犯罪的，依照刑法有关规定追究刑事责任：

（一）生产、经营、运输、储存、使用危险物品或者处置废弃危险物品，未建立专门安全管理制度、未采取可靠的安全措施的；

（二）对重大危险源未登记建档，或者未进行评估、监控，或者未制定应急预案的；

（三）进行爆破、吊装以及国务院安全生产监督管理部门会同国务院有关部门规定的其他危险作业，未安排专门人员进行现场安全管理的；

（四）未建立事故隐患排查治理制度的。

第九十九条　生产经营单位未采取措施消除事故隐患的，责令立即消除或者限期消除；生产经营单位拒不执行的，责令停产停业整顿，并处十万元以上五十万元以下的罚款，对其直接负责的主管人员和其他直接责任人员处二万元以上五万元以下的罚款。

第一百条　生产经营单位将生产经营项目、场所、设备发包或者出租给不具备安全生产条件或者相应资质的单位或者个人的，责令限期改正，没收违法所得；违法所得十万元以上的，并处违法所得二倍以上五倍以下的罚款；没有违法所得或者违法所得不足十万元的，单处或者并处十万元以上二十万元以下的罚款；对其直接负责的主管人员和其他直接责任人员处一万元以上二万元以下的罚款；导致发生生产安全事故给他人造成损害的，与承包方、承租方承担连带赔偿责任。

生产经营单位未与承包单位、承租单位签订专门的安全生产管理协议或者未在承包合同、租赁合同中明确各自的安全生产管理职责，或者未对承包单位、承租单位的安全生产统一协调、管理的，责令限期改正，可以处五万元以下的罚款，对其直接负责的主管人员和其他直接责任人员可以处一万元以下的罚款；逾期未改正的，责令停产停业整顿。

第一百零一条　两个以上生产经营单位在同一作业区域内进行可能危及对方安全生产的生产经营活动，未签订安全生产管理协议或者未指定专职安全生产管理人员进行安全检查与协调的，责令限期改正，可以处五万元以下的罚款，对其直接负责的主管人员和其他直接责任人员可以处一万元以下的罚款；逾期未改正的，责令停产停业。

第一百零二条 生产经营单位有下列行为之一的，责令限期改正，可以处五万元以下的罚款，对其直接负责的主管人员和其他直接责任人员可以处一万元以下的罚款；逾期未改正的，责令停产停业整顿；构成犯罪的，依照刑法有关规定追究刑事责任：

（一）生产、经营、储存、使用危险物品的车间、商店、仓库与员工宿舍在同一座建筑内，或者与员工宿舍的距离不符合安全要求的；

（二）生产经营场所和员工宿舍未设有符合紧急疏散需要、标志明显、保持畅通的出口，或者锁闭、封堵生产经营场所或者员工宿舍出口的。

第一百零三条 生产经营单位与从业人员订立协议，免除或者减轻其对从业人员因生产安全事故伤亡依法应承担的责任的，该协议无效；对生产经营单位的主要负责人、个人经营的投资人处二万元以上十万元以下的罚款。

第一百零四条 生产经营单位的从业人员不服从管理，违反安全生产规章制度或者操作规程的，由生产经营单位给予批评教育，依照有关规章制度给予处分；构成犯罪的，依照刑法有关规定追究刑事责任。

第一百零五条 违反本法规定，生产经营单位拒绝、阻碍负有安全生产监督管理职责的部门依法实施监督检查的，责令改正；拒不改正的，处二万元以上二十万元以下的罚款；对其直接负责的主管人员和其他直接责任人员处一万元以上二万元以下的罚款；构成犯罪的，依照刑法有关规定追究刑事责任。

第一百零六条 生产经营单位的主要负责人在本单位发生生产安全事故时，不立即组织抢救或者在事故调查处理期间擅离职守或者逃匿的，给予降级、撤职的处分，并由安全生产监督管理部门处上一年年收入百分之六十至百分之一百的罚款；对逃匿的处十五日以下拘留；构成犯罪的，依照刑法有关规定追究刑事责任。

生产经营单位的主要负责人对生产安全事故隐瞒不报、谎报或者迟报的，依照前款规定处罚。

第一百零七条　有关地方人民政府、负有安全生产监督管理职责的部门，对生产安全事故隐瞒不报、谎报或者迟报的，对直接负责的主管人员和其他直接责任人员依法给予处分；构成犯罪的，依照刑法有关规定追究刑事责任。

第一百零八条　生产经营单位不具备本法和其他有关法律、行政法规和国家标准或者行业标准规定的安全生产条件，经停产停业整顿仍不具备安全生产条件的，予以关闭；有关部门应当依法吊销其有关证照。

第一百零九条　发生生产安全事故，对负有责任的生产经营单位除要求其依法承担相应的赔偿等责任外，由安全生产监督管理部门依照下列规定处以罚款：

（一）发生一般事故的，处二十万元以上五十万元以下的罚款；

（二）发生较大事故的，处五十万元以上一百万元以下的罚款；

（三）发生重大事故的，处一百万元以上五百万元以下的罚款；

（四）发生特别重大事故的，处五百万元以上一千万元以下的罚款；情节特别严重的，处一千万元以上二千万元以下的罚款。

第一百一十条　本法规定的行政处罚，由安全生产监督管理部门和其他负有安全生产监督管理职责的部门按照职责分工决定。予以关闭的行政处罚由负有安全生产监督管理职责的部门报请县级以上人民政府按照国务院规定的权限决定；给予拘留的行政处罚由公安机关依照治安管理处罚法的规定决定。

第一百一十一条　生产经营单位发生生产安全事故造成人员伤亡、他人财产损失的，应当依法承担赔偿责任；拒不承担或者其负责人逃匿的，由人民法院依法强制执行。

生产安全事故的责任人未依法承担赔偿责任，经人民法院依法采取执行措施后，仍不能对受害人给予足额赔偿的，应当继续履行赔偿义务；受害人发现责任人有其他财产的，可以随时请求人民法院执行。

第七章　附　　则

第一百一十二条　本法下列用语的含义：

危险物品，是指易燃易爆物品、危险化学品、放射性物品等能够危及人身安全和财产安全的物品。

重大危险源，是指长期地或者临时地生产、搬运、使用或者储存危险物品，且危险物品的数量等于或者超过临界量的单元（包括场所和设施）。

第一百一十三条　本法规定的生产安全一般事故、较大事故、重大事故、特别重大事故的划分标准由国务院规定。

国务院安全生产监督管理部门和其他负有安全生产监督管理职责的部门应当根据各自的职责分工，制定相关行业、领域重大事故隐患的判定标准。

第一百一十四条　本法自 2014 年 12 月 1 日起施行。

附录 1.2　《消防法》

中华人民共和国主席令
第六号

《中华人民共和国消防法》已由中华人民共和国第十一届全国人民代表大会常务委员会第五次会议于 2008 年 10 月 28 日修订通过，现将修订后的《中华人民共和国消防法》公布，自 2009 年 5 月 1 日起施行。

中华人民共和国主席　胡锦涛

2008 年 10 月 28 日

中华人民共和国消防法

(1998 年 4 月 29 日第九届全国人民代表大会常务委员会第二次会议通过 2008 年 10 月 28 日第十一届全国人民代表大会常务委员会第五次会议修订)

第一章 总 则

第一条 为了预防火灾和减少火灾危害，加强应急救援工作，保护人身、财产安全，维护公共安全，制定本法。

第二条 消防工作贯彻预防为主、防消结合的方针，按照政府统一领导、部门依法监管、单位全面负责、公民积极参与的原则，实行消防安全责任制，建立健全社会化的消防工作网络。

第三条 国务院领导全国的消防工作。地方各级人民政府负责本行政区域内的消防工作。

各级人民政府应当将消防工作纳入国民经济和社会发展计划，保障消防工作与经济社会发展相适应。

第四条 国务院公安部门对全国的消防工作实施监督管理。县级以上地方人民政府公安机关对本行政区域内的消防工作实施监督管理，并由本级人民政府公安机关消防机构负责实施。军事设施的消防工作，由其主管单位监督管理，公安机关消防机构协助；矿井地下部分、核电厂、海上石油天然气设施的消防工作，由其主管单位监督管理。

县级以上人民政府其他有关部门在各自的职责范围内，依照本法和其他相关法律、法规的规定做好消防工作。

法律、行政法规对森林、草原的消防工作另有规定的，从其规定。

第五条 任何单位和个人都有维护消防安全、保护消防设施、预防火灾、报告火警的义务。任何单位和成年人都有参加有组织的灭火工作的义务。

第六条 各级人民政府应当组织开展经常性的消防宣传教育，提高公民的消防安全意识。

机关、团体、企业、事业等单位，应当加强对本单位人员的消防宣传教育。

公安机关及其消防机构应当加强消防法律、法规的宣传，并督促、指导、协助有关单位做好消防宣传教育工作。

教育、人力资源行政主管部门和学校、有关职业培训机构应当将消防知识纳入教育、教学、培训的内容。

新闻、广播、电视等有关单位，应当有针对性地面向社会进行消防宣传教育。

工会、共产主义青年团、妇女联合会等团体应当结合各自工作对象的特点，组织开展消防宣传教育。

村民委员会、居民委员会应当协助人民政府以及公安机关等部门，加强消防宣传教育。

第七条 国家鼓励、支持消防科学研究和技术创新，推广使用先进的消防和应急救援技术、设备；鼓励、支持社会力量开展消防公益活动。

对在消防工作中有突出贡献的单位和个人，应当按照国家有关规定给予表彰和奖励。

第二章 火 灾 预 防

第八条 地方各级人民政府应当将包括消防安全布局、消防站、消防供水、消防通信、消防车通道、消防装备等内容的消防规划纳入城乡规划，并负责组织实施。

城乡消防安全布局不符合消防安全要求的，应当调整、完善；公共消防设施、消防装备不足或者不适应实际需要的，应当增建、改建、配置或者进行技术改造。

第九条 建设工程的消防设计、施工必须符合国家工程建设消防技术标准。建设、设计、施工、工程监理等单位依法对建设工程的消防设计、施工质量负责。

第十条　按照国家工程建设消防技术标准需要进行消防设计的建设工程，除本法第十一条另有规定的外，建设单位应当自依法取得施工许可之日起七个工作日内，将消防设计文件报公安机关消防机构备案，公安机关消防机构应当进行抽查。

第十一条　国务院公安部门规定的大型的人员密集场所和其他特殊建设工程，建设单位应当将消防设计文件报送公安机关消防机构审核。公安机关消防机构依法对审核的结果负责。

第十二条　依法应当经公安机关消防机构进行消防设计审核的建设工程，未经依法审核或者审核不合格的，负责审批该工程施工许可的部门不得给予施工许可，建设单位、施工单位不得施工；其他建设工程取得施工许可后经依法抽查不合格的，应当停止施工。

第十三条　按照国家工程建设消防技术标准需要进行消防设计的建设工程竣工，依照下列规定进行消防验收、备案：

（一）本法第十一条规定的建设工程，建设单位应当向公安机关消防机构申请消防验收；

（二）其他建设工程，建设单位在验收后应当报公安机关消防机构备案，公安机关消防机构应当进行抽查。

依法应当进行消防验收的建设工程，未经消防验收或者消防验收不合格的，禁止投入使用；其他建设工程经依法抽查不合格的，应当停止使用。

第十四条　建设工程消防设计审核、消防验收、备案和抽查的具体办法，由国务院公安部门规定。

第十五条　公众聚集场所在投入使用、营业前，建设单位或者使用单位应当向场所所在地的县级以上地方人民政府公安机关消防机构申请消防安全检查。

公安机关消防机构应当自受理申请之日起十个工作日内，根据消防技术标准和管理规定，对该场所进行消防安全检查。未经消防安全检查或者经检查不符合消防安全要求的，不得投入使用、营业。

第十六条　机关、团体、企业、事业等单位应当履行下列消防安全职责：

（一）落实消防安全责任制，制定本单位的消防安全制度、消防安全操作规程，制定灭火和应急疏散预案；

（二）按照国家标准、行业标准配置消防设施、器材，设置消防安全标志，并定期组织检验、维修，确保完好有效；

（三）对建筑消防设施每年至少进行一次全面检测，确保完好有效，检测记录应当完整准确，存档备查；

（四）保障疏散通道、安全出口、消防车通道畅通，保证防火防烟分区、防火间距符合消防技术标准；

（五）组织防火检查，及时消除火灾隐患；

（六）组织进行有针对性的消防演练；

（七）法律、法规规定的其他消防安全职责。

单位的主要负责人是本单位的消防安全责任人。

第十七条　县级以上地方人民政府公安机关消防机构应当将发生火灾可能性较大以及发生火灾可能造成重大的人身伤亡或者财产损失的单位，确定为本行政区域内的消防安全重点单位，并由公安机关报本级人民政府备案。

消防安全重点单位除应当履行本法第十六条规定的职责外，还应当履行下列消防安全职责：

（一）确定消防安全管理人，组织实施本单位的消防安全管理工作；

（二）建立消防档案，确定消防安全重点部位，设置防火标志，实行严格管理；

（三）实行每日防火巡查，并建立巡查记录；

（四）对职工进行岗前消防安全培训，定期组织消防安全培训和消防演练。

第十八条　同一建筑物由两个以上单位管理或者使用的，应当明确各方的消防安全责任，并确定责任人对共用的疏散通道、安全出口、建筑消防设施和消防车通道进行统一管理。

　　住宅区的物业服务企业应当对管理区域内的共用消防设施进行维护管理，提供消防安全防范服务。

　　第十九条　生产、储存、经营易燃易爆危险品的场所不得与居住场所设置在同一建筑物内，并应当与居住场所保持安全距离。

　　生产、储存、经营其他物品的场所与居住场所设置在同一建筑物内的，应当符合国家工程建设消防技术标准。

　　第二十条　举办大型群众性活动，承办人应当依法向公安机关申请安全许可，制定灭火和应急疏散预案并组织演练，明确消防安全责任分工，确定消防安全管理人员，保持消防设施和消防器材配置齐全、完好有效，保证疏散通道、安全出口、疏散指示标志、应急照明和消防车通道符合消防技术标准和管理规定。

　　第二十一条　禁止在具有火灾、爆炸危险的场所吸烟、使用明火。因施工等特殊情况需要使用明火作业的，应当按照规定事先办理审批手续，采取相应的消防安全措施；作业人员应当遵守消防安全规定。

　　进行电焊、气焊等具有火灾危险作业的人员和自动消防系统的操作人员，必须持证上岗，并遵守消防安全操作规程。

　　第二十二条　生产、储存、装卸易燃易爆危险品的工厂、仓库和专用车站、码头的设置，应当符合消防技术标准。易燃易爆气体和液体的充装站、供应站、调压站，应当设置在符合消防安全要求的位置，并符合防火防爆要求。

　　已经设置的生产、储存、装卸易燃易爆危险品的工厂、仓库和专用车站、码头，易燃易爆气体和液体的充装站、供应站、调压站，不再符合前款规定的，地方人民政府应当组织、协调有关部门、单位限期解决，消除安全隐患。

　　第二十三条　生产、储存、运输、销售、使用、销毁易燃易爆危险品，必须执行消防技术标准和管理规定。

　　进入生产、储存易燃易爆危险品的场所，必须执行消防安全规定。禁止非法携带易燃易爆危险品进入公共场所或者乘坐公共交通工具。

储存可燃物资仓库的管理，必须执行消防技术标准和管理规定。

第二十四条 消防产品必须符合国家标准；没有国家标准的，必须符合行业标准。禁止生产、销售或者使用不合格的消防产品以及国家明令淘汰的消防产品。

依法实行强制性产品认证的消防产品，由具有法定资质的认证机构按照国家标准、行业标准的强制性要求认证合格后，方可生产、销售、使用。实行强制性产品认证的消防产品目录，由国务院产品质量监督部门会同国务院公安部门制定并公布。

新研制的尚未制定国家标准、行业标准的消防产品，应当按照国务院产品质量监督部门会同国务院公安部门规定的办法，经技术鉴定符合消防安全要求的，方可生产、销售、使用。

依照本条规定经强制性产品认证合格或者技术鉴定合格的消防产品，国务院公安部门消防机构应当予以公布。

第二十五条 产品质量监督部门、工商行政管理部门、公安机关消防机构应当按照各自职责加强对消防产品质量的监督检查。

第二十六条 建筑构件、建筑材料和室内装修、装饰材料的防火性能必须符合国家标准；没有国家标准的，必须符合行业标准。

人员密集场所室内装修、装饰，应当按照消防技术标准的要求，使用不燃、难燃材料。

第二十七条 电器产品、燃气用具的产品标准，应当符合消防安全的要求。

电器产品、燃气用具的安装、使用及其线路、管路的设计、敷设、维护保养、检测，必须符合消防技术标准和管理规定。

第二十八条 任何单位、个人不得损坏、挪用或者擅自拆除、停用消防设施、器材，不得埋压、圈占、遮挡消火栓或者占用防火间距，不得占用、堵塞、封闭疏散通道、安全出口、消防车通道。人员密集场所的门窗不得设置影响逃生和灭火救援的障碍物。

第二十九条 负责公共消防设施维护管理的单位，应当保持消防供水、消防通信、消防车通道等公共消防设施的完好有效。在修建道路以及停电、停水、截断通信线路时有可能影响消防队灭火救援的，有关单位必须事先通知当地公安机关消防机构。

第三十条 地方各级人民政府应当加强对农村消防工作的领导，采取措施加强公共消防设施建设，组织建立和督促落实消防安全责任制。

第三十一条 在农业收获季节、森林和草原防火期间、重大节假日期间以及火灾多发季节，地方各级人民政府应当组织开展有针对性的消防宣传教育，采取防火措施，进行消防安全检查。

第三十二条 乡镇人民政府、城市街道办事处应当指导、支持和帮助村民委员会、居民委员会开展群众性的消防工作。村民委员会、居民委员会应当确定消防安全管理人，组织制定防火安全公约，进行防火安全检查。

第三十三条 国家鼓励、引导公众聚集场所和生产、储存、运输、销售易燃易爆危险品的企业投保火灾公众责任保险；鼓励保险公司承保火灾公众责任保险。

第三十四条 消防产品质量认证、消防设施检测、消防安全监测等消防技术服务机构和执业人员，应当依法获得相应的资质、资格；依照法律、行政法规、国家标准、行业标准和执业准则，接受委托提供消防技术服务，并对服务质量负责。

第三章 消防组织

第三十五条 各级人民政府应当加强消防组织建设，根据经济社会发展的需要，建立多种形式的消防组织，加强消防技术人才培养，增强火灾预防、扑救和应急救援的能力。

第三十六条 县级以上地方人民政府应当按照国家规定建立公安消防队、专职消防队，并按照国家标准配备消防装备，承担火灾扑救工作。

乡镇人民政府应当根据当地经济发展和消防工作的需要，建立专职消防队、志愿消防队，承担火灾扑救工作。

第三十七条 公安消防队、专职消防队按照国家规定承担重大灾害事故和其他以抢救人员生命为主的应急救援工作。

第三十八条 公安消防队、专职消防队应当充分发挥火灾扑救和应急救援专业力量的骨干作用；按照国家规定，组织实施专业技能训练，配备并维护保养装备器材，提高火灾扑救和应急救援的能力。

第三十九条 下列单位应当建立单位专职消防队，承担本单位的火灾扑救工作：

（一）大型核设施单位、大型发电厂、民用机场、主要港口；

（二）生产、储存易燃易爆危险品的大型企业；

（三）储备可燃的重要物资的大型仓库、基地；

（四）第一项、第二项、第三项规定以外的火灾危险性较大、距离公安消防队较远的其他大型企业；

（五）距离公安消防队较远、被列为全国重点文物保护单位的古建筑群的管理单位。

第四十条 专职消防队的建立，应当符合国家有关规定，并报当地公安机关消防机构验收。

专职消防队的队员依法享受社会保险和福利待遇。

第四十一条 机关、团体、企业、事业等单位以及村民委员会、居民委员会根据需要，建立志愿消防队等多种形式的消防组织，开展群众性自防自救工作。

第四十二条 公安机关消防机构应当对专职消防队、志愿消防队等消防组织进行业务指导；根据扑救火灾的需要，可以调动指挥专职消防队参加火灾扑救工作。

第四章 灭 火 救 援

第四十三条 县级以上地方人民政府应当组织有关部门针对

本行政区域内的火灾特点制定应急预案，建立应急反应和处置机制，为火灾扑救和应急救援工作提供人员、装备等保障。

第四十四条 任何人发现火灾都应当立即报警。任何单位、个人都应当无偿为报警提供便利，不得阻拦报警。严禁谎报火警。

人员密集场所发生火灾，该场所的现场工作人员应当立即组织、引导在场人员疏散。

任何单位发生火灾，必须立即组织力量扑救。邻近单位应当给予支援。

消防队接到火警，必须立即赶赴火灾现场，救助遇险人员，排除险情，扑灭火灾。

第四十五条 公安机关消防机构统一组织和指挥火灾现场扑救，应当优先保障遇险人员的生命安全。

火灾现场总指挥根据扑救火灾的需要，有权决定下列事项：

（一）使用各种水源；

（二）截断电力、可燃气体和可燃液体的输送，限制用火用电；

（三）划定警戒区，实行局部交通管制；

（四）利用临近建筑物和有关设施；

（五）为了抢救人员和重要物资，防止火势蔓延，拆除或者破损毗邻火灾现场的建筑物、构筑物或者设施等；

（六）调动供水、供电、供气、通信、医疗救护、交通运输、环境保护等有关单位协助灭火救援。

根据扑救火灾的紧急需要，有关地方人民政府应当组织人员、调集所需物资支援灭火。

第四十六条 公安消防队、专职消防队参加火灾以外的其他重大灾害事故的应急救援工作，由县级以上人民政府统一领导。

第四十七条 消防车、消防艇前往执行火灾扑救或者应急救援任务，在确保安全的前提下，不受行驶速度、行驶路线、行驶方向和指挥信号的限制，其他车辆、船舶以及行人应当让行，不得穿插超越；收费公路、桥梁免收车辆通行费。交通管理指挥人员应当保证消防车、消防艇迅速通行。

赶赴火灾现场或者应急救援现场的消防人员和调集的消防装备、物资，需要铁路、水路或者航空运输的，有关单位应当优先运输。

第四十八条 消防车、消防艇以及消防器材、装备和设施，不得用于与消防和应急救援工作无关的事项。

第四十九条 公安消防队、专职消防队扑救火灾、应急救援，不得收取任何费用。

单位专职消防队、志愿消防队参加扑救外单位火灾所损耗的燃料、灭火剂和器材、装备等，由火灾发生地的人民政府给予补偿。

第五十条 对因参加扑救火灾或者应急救援受伤、致残或者死亡的人员，按照国家有关规定给予医疗、抚恤。

第五十一条 公安机关消防机构有权根据需要封闭火灾现场，负责调查火灾原因，统计火灾损失。

火灾扑灭后，发生火灾的单位和相关人员应当按照公安机关消防机构的要求保护现场，接受事故调查，如实提供与火灾有关的情况。

公安机关消防机构根据火灾现场勘验、调查情况和有关的检验、鉴定意见，及时制作火灾事故认定书，作为处理火灾事故的证据。

第五章 监督检查

第五十二条 地方各级人民政府应当落实消防工作责任制，对本级人民政府有关部门履行消防安全职责的情况进行监督检查。

县级以上地方人民政府有关部门应当根据本系统的特点，有针对性地开展消防安全检查，及时督促整改火灾隐患。

第五十三条　公安机关消防机构应当对机关、团体、企业、事业等单位遵守消防法律、法规的情况依法进行监督检查。公安派出所可以负责日常消防监督检查、开展消防宣传教育，具体办法由国务院公安部门规定。

公安机关消防机构、公安派出所的工作人员进行消防监督检查，应当出示证件。

第五十四条　公安机关消防机构在消防监督检查中发现火灾隐患的，应当通知有关单位或者个人立即采取措施消除隐患；不及时消除隐患可能严重威胁公共安全的，公安机关消防机构应当依照规定对危险部位或者场所采取临时查封措施。

第五十五条　公安机关消防机构在消防监督检查中发现城乡消防安全布局、公共消防设施不符合消防安全要求，或者发现本地区存在影响公共安全的重大火灾隐患的，应当由公安机关书面报告本级人民政府。

接到报告的人民政府应当及时核实情况，组织或者责成有关部门、单位采取措施，予以整改。

第五十六条　公安机关消防机构及其工作人员应当按照法定的职权和程序进行消防设计审核、消防验收和消防安全检查，做到公正、严格、文明、高效。

公安机关消防机构及其工作人员进行消防设计审核、消防验收和消防安全检查等，不得收取费用，不得利用消防设计审核、消防验收和消防安全检查谋取利益。公安机关消防机构及其工作人员不得利用职务为用户、建设单位指定或者变相指定消防产品的品牌、销售单位或者消防技术服务机构、消防设施施工单位。

第五十七条　公安机关消防机构及其工作人员执行职务，应当自觉接受社会和公民的监督。

任何单位和个人都有权对公安机关消防机构及其工作人员在执法中的违法行为进行检举、控告。收到检举、控告的机关，应当按照职责及时查处。

第六章 法 律 责 任

第五十八条 违反本法规定，有下列行为之一的，责令停止施工、停止使用或者停产停业，并处三万元以上三十万元以下罚款：

（一）依法应当经公安机关消防机构进行消防设计审核的建设工程，未经依法审核或者审核不合格，擅自施工的；

（二）消防设计经公安机关消防机构依法抽查不合格，不停止施工的；

（三）依法应当进行消防验收的建设工程，未经消防验收或者消防验收不合格，擅自投入使用的；

（四）建设工程投入使用后经公安机关消防机构依法抽查不合格，不停止使用的；

（五）公众聚集场所未经消防安全检查或者经检查不符合消防安全要求，擅自投入使用、营业的。

建设单位未依照本法规定将消防设计文件报公安机关消防机构备案，或者在竣工后未依照本法规定报公安机关消防机构备案的，责令限期改正，处五千元以下罚款。

第五十九条 违反本法规定，有下列行为之一的，责令改正或者停止施工，并处一万元以上十万元以下罚款：

（一）建设单位要求建筑设计单位或者建筑施工企业降低消防技术标准设计、施工的；

（二）建筑设计单位不按照消防技术标准强制性要求进行消防设计的；

（三）建筑施工企业不按照消防设计文件和消防技术标准施工，降低消防施工质量的；

（四）工程监理单位与建设单位或者建筑施工企业串通，弄虚作假，降低消防施工质量的。

第六十条 单位违反本法规定，有下列行为之一的，责令改正，处五千元以上五万元以下罚款：

（一）消防设施、器材或者消防安全标志的配置、设置不符合国家标准、行业标准，或者未保持完好有效的；

（二）损坏、挪用或者擅自拆除、停用消防设施、器材的；

（三）占用、堵塞、封闭疏散通道、安全出口或者有其他妨碍安全疏散行为的；

（四）埋压、圈占、遮挡消火栓或者占用防火间距的；

（五）占用、堵塞、封闭消防车通道，妨碍消防车通行的；

（六）人员密集场所在门窗上设置影响逃生和灭火救援的障碍物的；

（七）对火灾隐患经公安机关消防机构通知后不及时采取措施消除的。

个人有前款第二项、第三项、第四项、第五项行为之一的，处警告或者五百元以下罚款。

有本条第一款第三项、第四项、第五项、第六项行为，经责令改正拒不改正的，强制执行，所需费用由违法行为人承担。

第六十一条 生产、储存、经营易燃易爆危险品的场所与居住场所设置在同一建筑物内，或者未与居住场所保持安全距离的，责令停产停业，并处五千元以上五万元以下罚款。

生产、储存、经营其他物品的场所与居住场所设置在同一建筑物内，不符合消防技术标准的，依照前款规定处罚。

第六十二条 有下列行为之一的，依照《中华人民共和国治安管理处罚法》的规定处罚：

（一）违反有关消防技术标准和管理规定生产、储存、运输、销售、使用、销毁易燃易爆危险品的；

（二）非法携带易燃易爆危险品进入公共场所或者乘坐公共交通工具的；

（三）谎报火警的；

（四）阻碍消防车、消防艇执行任务的；

（五）阻碍公安机关消防机构的工作人员依法执行职务的。

第六十三条 违反本法规定，有下列行为之一的，处警告或者五百元以下罚款；情节严重的，处五日以下拘留：

（一）违反消防安全规定进入生产、储存易燃易爆危险品场所的；

（二）违反规定使用明火作业或者在具有火灾、爆炸危险的场所吸烟、使用明火的。

第六十四条 违反本法规定，有下列行为之一，尚不构成犯罪的，处十日以上十五日以下拘留，可以并处五百元以下罚款；情节较轻的，处警告或者五百元以下罚款：

（一）指使或者强令他人违反消防安全规定，冒险作业的；

（二）过失引起火灾的；

（三）在火灾发生后阻拦报警，或者负有报告职责的人员不及时报警的；

（四）扰乱火灾现场秩序，或者拒不执行火灾现场指挥员指挥，影响灭火救援的；

（五）故意破坏或者伪造火灾现场的；

（六）擅自拆封或者使用被公安机关消防机构查封的场所、部位的。

第六十五条 违反本法规定，生产、销售不合格的消防产品或者国家明令淘汰的消防产品的，由产品质量监督部门或者工商行政管理部门依照《中华人民共和国产品质量法》的规定从重处罚。

人员密集场所使用不合格的消防产品或者国家明令淘汰的消防产品的，责令限期改正；逾期不改正的，处五千元以上五万元以下罚款，并对其直接负责的主管人员和其他直接责任人员处五百元以上二千元以下罚款；情节严重的，责令停产停业。

公安机关消防机构对于本条第二款规定的情形，除依法对使用者予以处罚外，应当将发现不合格的消防产品和国家明令淘汰的消防产品的情况通报产品质量监督部门、工商行政管理部门。产品质量监督部门、工商行政管理部门应当对生产者、销售者依法及时查处。

第六十六条 电器产品、燃气用具的安装、使用及其线路、管路的设计、敷设、维护保养、检测不符合消防技术标准和管理规定的，责令限期改正；逾期不改正的，责令停止使用，可以并处一千元以上五千元以下罚款。

第六十七条 机关、团体、企业、事业等单位违反本法第十六条、第十七条、第十八条、第二十一条第二款规定的，责令限期改正；逾期不改正的，对其直接负责的主管人员和其他直接责任人员依法给予处分或者给予警告处罚。

第六十八条 人员密集场所发生火灾，该场所的现场工作人员不履行组织、引导在场人员疏散的义务，情节严重，尚不构成犯罪的，处五日以上十日以下拘留。

第六十九条 消防产品质量认证、消防设施检测等消防技术服务机构出具虚假文件的，责令改正，处五万元以上十万元以下罚款，并对直接负责的主管人员和其他直接责任人员处一万元以上五万元以下罚款；有违法所得的，并处没收违法所得；给他人造成损失的，依法承担赔偿责任；情节严重的，由原许可机关依法责令停止执业或者吊销相应资质、资格。

前款规定的机构出具失实文件，给他人造成损失的，依法承担赔偿责任；造成重大损失的，由原许可机关依法责令停止执业或者吊销相应资质、资格。

第七十条 本法规定的行政处罚，除本法另有规定的外，由公安机关消防机构决定；其中拘留处罚由县级以上公安机关依照《中华人民共和国治安管理处罚法》的有关规定决定。

公安机关消防机构需要传唤消防安全违法行为人的，依照《中华人民共和国治安管理处罚法》的有关规定执行。

被责令停止施工、停止使用、停产停业的，应当在整改后向公安机关消防机构报告，经公安机关消防机构检查合格，方可恢复施工、使用、生产、经营。

当事人逾期不执行停产停业、停止使用、停止施工决定的，由作出决定的公安机关消防机构强制执行。

责令停产停业，对经济和社会生活影响较大的，由公安机关消防机构提出意见，并由公安机关报请本级人民政府依法决定。本级人民政府组织公安机关等部门实施。

第七十一条 公安机关消防机构的工作人员滥用职权、玩忽职守、徇私舞弊，有下列行为之一，尚不构成犯罪的，依法给予处分：

（一）对不符合消防安全要求的消防设计文件、建设工程、场所准予审核合格、消防验收合格、消防安全检查合格的；

（二）无故拖延消防设计审核、消防验收、消防安全检查，不在法定期限内履行职责的；

（三）发现火灾隐患不及时通知有关单位或者个人整改的；

（四）利用职务为用户、建设单位指定或者变相指定消防产品的品牌、销售单位或者消防技术服务机构、消防设施施工单位的；

（五）将消防车、消防艇以及消防器材、装备和设施用于与消防和应急救援无关的事项的；

（六）其他滥用职权、玩忽职守、徇私舞弊的行为。

建设、产品质量监督、工商行政管理等其他有关行政主管部门的工作人员在消防工作中滥用职权、玩忽职守、徇私舞弊，尚不构成犯罪的，依法给予处分。

第七十二条 违反本法规定，构成犯罪的，依法追究刑事责任。

第七章 附 则

第七十三条 本法下列用语的含义：

（一）消防设施，是指火灾自动报警系统、自动灭火系统、消火栓系统、防烟排烟系统以及应急广播和应急照明、安全疏散设施等。

（二）消防产品，是指专门用于火灾预防、灭火救援和火灾防护、避难、逃生的产品。

（三）公众聚集场所，是指宾馆、饭店、商场、集贸市场、客运车站候车室、客运码头候船厅、民用机场航站楼、体育场馆、会堂以及公共娱乐场所等。

（四）人员密集场所，是指公众聚集场所，医院的门诊楼、病房楼，学校的教学楼、图书馆、食堂和集体宿舍，养老院、福利院，托儿所，幼儿园，公共图书馆的阅览室，公共展览馆、博物馆的展示厅，劳动密集型企业的生产加工车间和员工集体宿舍，旅游、宗教活动场所等。

第七十四条 本法自 2009 年 5 月 1 日起施行。

附录 1.3 《特种设备安全法》

中华人民共和国主席令
第四号

《中华人民共和国特种设备安全法》已由中华人民共和国第十二届全国人民代表大会常务委员会第三次会议于 2013 年 6 月 29 日通过，现予公布，自 2014 年 1 月 1 日起施行。

中华人民共和国主席　习近平
2013 年 6 月 29 日

中华人民共和国特种设备安全法

第一章　总　则

第一条 为了加强特种设备安全工作，预防特种设备事故，保障人身和财产安全，促进经济社会发展，制定本法。

第二条 特种设备的生产（包括设计、制造、安装、改造、修理）、经营、使用、检验、检测和特种设备安全的监督管理，适用本法。

本法所称特种设备，是指对人身和财产安全有较大危险性的锅炉、压力容器（含气瓶）、压力管道、电梯、起重机械、客运索道、大型游乐设施、场（厂）内专用机动车辆，以及法律、行政法规规定适用本法的其他特种设备。

国家对特种设备实行目录管理。特种设备目录由国务院负责特种设备安全监督管理的部门制定，报国务院批准后执行。

第三条 特种设备安全工作应当坚持安全第一、预防为主、节能环保、综合治理的原则。

第四条 国家对特种设备的生产、经营、使用，实施分类的、全过程的安全监督管理。

第五条 国务院负责特种设备安全监督管理的部门对全国特种设备安全实施监督管理。县级以上地方各级人民政府负责特种设备安全监督管理的部门对本行政区域内特种设备安全实施监督管理。

第六条 国务院和地方各级人民政府应当加强对特种设备安全工作的领导，督促各有关部门依法履行监督管理职责。

县级以上地方各级人民政府应当建立协调机制，及时协调、解决特种设备安全监督管理中存在的问题。

第七条 特种设备生产、经营、使用单位应当遵守本法和其他有关法律、法规，建立、健全特种设备安全和节能责任制度，加强特种设备安全和节能管理，确保特种设备生产、经营、使用安全，符合节能要求。

第八条 特种设备生产、经营、使用、检验、检测应当遵守有关特种设备安全技术规范及相关标准。

特种设备安全技术规范由国务院负责特种设备安全监督管理的部门制定。

第九条 特种设备行业协会应当加强行业自律，推进行业诚信体系建设，提高特种设备安全管理水平。

第十条 国家支持有关特种设备安全的科学技术研究，鼓励先进技术和先进管理方法的推广应用，对做出突出贡献的单位和个人给予奖励。

第十一条 负责特种设备安全监督管理的部门应当加强特种设备安全宣传教育，普及特种设备安全知识，增强社会公众的特种设备安全意识。

第十二条 任何单位和个人有权向负责特种设备安全监督管理的部门和有关部门举报涉及特种设备安全的违法行为，接到举报的部门应当及时处理。

第二章 生产、经营、使用

第一节 一般规定

第十三条 特种设备生产、经营、使用单位及其主要负责人对其生产、经营、使用的特种设备安全负责。

特种设备生产、经营、使用单位应当按照国家有关规定配备特种设备安全管理人员、检测人员和作业人员，并对其进行必要的安全教育和技能培训。

第十四条 特种设备安全管理人员、检测人员和作业人员应当按照国家有关规定取得相应资格，方可从事相关工作。特种设备安全管理人员、检测人员和作业人员应当严格执行安全技术规范和管理制度，保证特种设备安全。

第十五条 特种设备生产、经营、使用单位对其生产、经营、使用的特种设备应当进行自行检测和维护保养，对国家规定实行检验的特种设备应当及时申报并接受检验。

第十六条 特种设备采用新材料、新技术、新工艺，与安全技术规范的要求不一致，或者安全技术规范未作要求、可能对安全性能有重大影响的，应当向国务院负责特种设备安全监督管理的部门申报，由国务院负责特种设备安全监督管理的部门及时委托安全技术咨询机构或者相关专业机构进行技术评审，评审结果经国务院负责特种设备安全监督管理的部门批准，方可投入生产、使用。

国务院负责特种设备安全监督管理的部门应当将允许使用的新材料、新技术、新工艺的有关技术要求，及时纳入安全技术规范。

第十七条 国家鼓励投保特种设备安全责任保险。

第二节　生　产

第十八条 国家按照分类监督管理的原则对特种设备生产实行许可制度。特种设备生产单位应当具备下列条件，并经负责特种设备安全监督管理的部门许可，方可从事生产活动：

（一）有与生产相适应的专业技术人员；

（二）有与生产相适应的设备、设施和工作场所；

（三）有健全的质量保证、安全管理和岗位责任等制度。

第十九条 特种设备生产单位应当保证特种设备生产符合安全技术规范及相关标准的要求，对其生产的特种设备的安全性能负责。不得生产不符合安全性能要求和能效指标以及国家明令淘汰的特种设备。

第二十条 锅炉、气瓶、氧舱、客运索道、大型游乐设施的设计文件，应当经负责特种设备安全监督管理的部门核准的检验机构鉴定，方可用于制造。

特种设备产品、部件或者试制的特种设备新产品、新部件以及特种设备采用的新材料，按照安全技术规范的要求需要通过型式试验进行安全性验证的，应当经负责特种设备安全监督管理的部门核准的检验机构进行型式试验。

第二十一条 特种设备出厂时，应当随附安全技术规范要求的设计文件、产品质量合格证明、安装及使用维护保养说明、监督检验证明等相关技术资料和文件，并在特种设备显著位置设置产品铭牌、安全警示标志及其说明。

第二十二条 电梯的安装、改造、修理，必须由电梯制造单位或者其委托的依照本法取得相应许可的单位进行。电梯制造单

345

位委托其他单位进行电梯安装、改造、修理的，应当对其安装、改造、修理进行安全指导和监控，并按照安全技术规范的要求进行校验和调试。电梯制造单位对电梯安全性能负责。

第二十三条 特种设备安装、改造、修理的施工单位应当在施工前将拟进行的特种设备安装、改造、修理情况书面告知直辖市或者设区的市级人民政府负责特种设备安全监督管理的部门。

第二十四条 特种设备安装、改造、修理竣工后，安装、改造、修理的施工单位应当在验收后三十日内将相关技术资料和文件移交特种设备使用单位。特种设备使用单位应当将其存入该特种设备的安全技术档案。

第二十五条 锅炉、压力容器、压力管道元件等特种设备的制造过程和锅炉、压力容器、压力管道、电梯、起重机械、客运索道、大型游乐设施的安装、改造、重大修理过程，应当经特种设备检验机构按照安全技术规范的要求进行监督检验；未经监督检验或者监督检验不合格的，不得出厂或者交付使用。

第二十六条 国家建立缺陷特种设备召回制度。因生产原因造成特种设备存在危及安全的同一性缺陷的，特种设备生产单位应当立即停止生产，主动召回。

国务院负责特种设备安全监督管理的部门发现特种设备存在应当召回而未召回的情形时，应当责令特种设备生产单位召回。

第三节 经 营

第二十七条 特种设备销售单位销售的特种设备，应当符合安全技术规范及相关标准的要求，其设计文件、产品质量合格证明、安装及使用维护保养说明、监督检验证明等相关技术资料和文件应当齐全。

特种设备销售单位应当建立特种设备检查验收和销售记录制度。

禁止销售未取得许可生产的特种设备，未经检验和检验不合格的特种设备，或者国家明令淘汰和已经报废的特种设备。

第二十八条 特种设备出租单位不得出租未取得许可生产的特种设备或者国家明令淘汰和已经报废的特种设备，以及未按照安全技术规范的要求进行维护保养和未经检验或者检验不合格的特种设备。

第二十九条 特种设备在出租期间的使用管理和维护保养义务由特种设备出租单位承担，法律另有规定或者当事人另有约定的除外。

第三十条 进口的特种设备应当符合我国安全技术规范的要求，并经检验合格；需要取得我国特种设备生产许可的，应当取得许可。

进口特种设备随附的技术资料和文件应当符合本法第二十一条的规定，其安装及使用维护保养说明、产品铭牌、安全警示标志及其说明应当采用中文。

特种设备的进出口检验，应当遵守有关进出口商品检验的法律、行政法规。

第三十一条 进口特种设备，应当向进口地负责特种设备安全监督管理的部门履行提前告知义务。

第四节 使 用

第三十二条 特种设备使用单位应当使用取得许可生产并经检验合格的特种设备。

禁止使用国家明令淘汰和已经报废的特种设备。

第三十三条 特种设备使用单位应当在特种设备投入使用前或者投入使用后三十日内，向负责特种设备安全监督管理的部门办理使用登记，取得使用登记证书。登记标志应当置于该特种设备的显著位置。

第三十四条 特种设备使用单位应当建立岗位责任、隐患治理、应急救援等安全管理制度，制定操作规程，保证特种设备安全运行。

第三十五条 特种设备使用单位应当建立特种设备安全技术

档案。安全技术档案应当包括以下内容：

（一）特种设备的设计文件、产品质量合格证明、安装及使用维护保养说明、监督检验证明等相关技术资料和文件；

（二）特种设备的定期检验和定期自行检查记录；

（三）特种设备的日常使用状况记录；

（四）特种设备及其附属仪器仪表的维护保养记录；

（五）特种设备的运行故障和事故记录。

第三十六条 电梯、客运索道、大型游乐设施等为公众提供服务的特种设备的运营使用单位，应当对特种设备的使用安全负责，设置特种设备安全管理机构或者配备专职的特种设备安全管理人员；其他特种设备使用单位，应当根据情况设置特种设备安全管理机构或者配备专职、兼职的特种设备安全管理人员。

第三十七条 特种设备的使用应当具有规定的安全距离、安全防护措施。

与特种设备安全相关的建筑物、附属设施，应当符合有关法律、行政法规的规定。

第三十八条 特种设备属于共有的，共有人可以委托物业服务单位或者其他管理人管理特种设备，受托人履行本法规定的特种设备使用单位的义务，承担相应责任。共有人未委托的，由共有人或者实际管理人履行管理义务，承担相应责任。

第三十九条 特种设备使用单位应当对其使用的特种设备进行经常性维护保养和定期自行检查，并作出记录。

特种设备使用单位应当对其使用的特种设备的安全附件、安全保护装置进行定期校验、检修，并作出记录。

第四十条 特种设备使用单位应当按照安全技术规范的要求，在检验合格有效期届满前一个月向特种设备检验机构提出定期检验要求。

特种设备检验机构接到定期检验要求后，应当按照安全技术规范的要求及时进行安全性能检验。特种设备使用单位应当将定期检验标志置于该特种设备的显著位置。

未经定期检验或者检验不合格的特种设备，不得继续使用。

第四十一条 特种设备安全管理人员应当对特种设备使用状况进行经常性检查，发现问题应当立即处理；情况紧急时，可以决定停止使用特种设备并及时报告本单位有关负责人。

特种设备作业人员在作业过程中发现事故隐患或者其他不安全因素，应当立即向特种设备安全管理人员和单位有关负责人报告；特种设备运行不正常时，特种设备作业人员应当按照操作规程采取有效措施保证安全。

第四十二条 特种设备出现故障或者发生异常情况，特种设备使用单位应当对其进行全面检查，消除事故隐患，方可继续使用。

第四十三条 客运索道、大型游乐设施在每日投入使用前，其运营使用单位应当进行试运行和例行安全检查，并对安全附件和安全保护装置进行检查确认。

电梯、客运索道、大型游乐设施的运营使用单位应当将电梯、客运索道、大型游乐设施的安全使用说明、安全注意事项和警示标志置于易为乘客注意的显著位置。

公众乘坐或者操作电梯、客运索道、大型游乐设施，应当遵守安全使用说明和安全注意事项的要求，服从有关工作人员的管理和指挥；遇有运行不正常时，应当按照安全指引，有序撤离。

第四十四条 锅炉使用单位应当按照安全技术规范的要求进行锅炉水（介）质处理，并接受特种设备检验机构的定期检验。

从事锅炉清洗，应当按照安全技术规范的要求进行，并接受特种设备检验机构的监督检验。

第四十五条 电梯的维护保养应当由电梯制造单位或者依照本法取得许可的安装、改造、修理单位进行。

电梯的维护保养单位应当在维护保养中严格执行安全技术规范的要求，保证其维护保养的电梯的安全性能，并负责落实现场安全防护措施，保证施工安全。

电梯的维护保养单位应当对其维护保养的电梯的安全性能负责；接到故障通知后，应当立即赶赴现场，并采取必要的应急救援措施。

第四十六条 电梯投入使用后，电梯制造单位应当对其制造的电梯的安全运行情况进行跟踪调查和了解，对电梯的维护保养单位或者使用单位在维护保养和安全运行方面存在的问题，提出改进建议，并提供必要的技术帮助；发现电梯存在严重事故隐患时，应当及时告知电梯使用单位，并向负责特种设备安全监督管理的部门报告。电梯制造单位对调查和了解的情况，应当作出记录。

第四十七条 特种设备进行改造、修理，按照规定需要变更使用登记的，应当办理变更登记，方可继续使用。

第四十八条 特种设备存在严重事故隐患，无改造、修理价值，或者达到安全技术规范规定的其他报废条件的，特种设备使用单位应当依法履行报废义务，采取必要措施消除该特种设备的使用功能，并向原登记的负责特种设备安全监督管理的部门办理使用登记证书注销手续。

前款规定报废条件以外的特种设备，达到设计使用年限可以继续使用的，应当按照安全技术规范的要求通过检验或者安全评估，并办理使用登记证书变更，方可继续使用。允许继续使用的，应当采取加强检验、检测和维护保养等措施，确保使用安全。

第四十九条 移动式压力容器、气瓶充装单位，应当具备下列条件，并经负责特种设备安全监督管理的部门许可，方可从事充装活动：

（一）有与充装和管理相适应的管理人员和技术人员；

（二）有与充装和管理相适应的充装设备、检测手段、场地厂房、器具、安全设施；

（三）有健全的充装管理制度、责任制度、处理措施。

充装单位应当建立充装前后的检查、记录制度，禁止对不符合安全技术规范要求的移动式压力容器和气瓶进行充装。

气瓶充装单位应当向气体使用者提供符合安全技术规范要求的气瓶，对气体使用者进行气瓶安全使用指导，并按照安全技术规范的要求办理气瓶使用登记，及时申报定期检验。

第三章　检验、检测

第五十条　从事本法规定的监督检验、定期检验的特种设备检验机构，以及为特种设备生产、经营、使用提供检测服务的特种设备检测机构，应当具备下列条件，并经负责特种设备安全监督管理的部门核准，方可从事检验、检测工作：

（一）有与检验、检测工作相适应的检验、检测人员；

（二）有与检验、检测工作相适应的检验、检测仪器和设备；

（三）有健全的检验、检测管理制度和责任制度。

第五十一条　特种设备检验、检测机构的检验、检测人员应当经考核，取得检验、检测人员资格，方可从事检验、检测工作。

特种设备检验、检测机构的检验、检测人员不得同时在两个以上检验、检测机构中执业；变更执业机构的，应当依法办理变更手续。

第五十二条　特种设备检验、检测工作应当遵守法律、行政法规的规定，并按照安全技术规范的要求进行。

特种设备检验、检测机构及其检验、检测人员应当依法为特种设备生产、经营、使用单位提供安全、可靠、便捷、诚信的检验、检测服务。

第五十三条　特种设备检验、检测机构及其检验、检测人员应当客观、公正、及时地出具检验、检测报告，并对检验、检测结果和鉴定结论负责。

特种设备检验、检测机构及其检验、检测人员在检验、检测中发现特种设备存在严重事故隐患时，应当及时告知相关单位，并立即向负责特种设备安全监督管理的部门报告。

负责特种设备安全监督管理的部门应当组织对特种设备检验、检测机构的检验、检测结果和鉴定结论进行监督抽查，但应当防止重复抽查。监督抽查结果应当向社会公布。

第五十四条 特种设备生产、经营、使用单位应当按照安全技术规范的要求向特种设备检验、检测机构及其检验、检测人员提供特种设备相关资料和必要的检验、检测条件，并对资料的真实性负责。

第五十五条 特种设备检验、检测机构及其检验、检测人员对检验、检测过程中知悉的商业秘密，负有保密义务。

特种设备检验、检测机构及其检验、检测人员不得从事有关特种设备的生产、经营活动，不得推荐或者监制、监销特种设备。

第五十六条 特种设备检验机构及其检验人员利用检验工作故意刁难特种设备生产、经营、使用单位的，特种设备生产、经营、使用单位有权向负责特种设备安全监督管理的部门投诉，接到投诉的部门应当及时进行调查处理。

第四章 监 督 管 理

第五十七条 负责特种设备安全监督管理的部门依照本法规定，对特种设备生产、经营、使用单位和检验、检测机构实施监督检查。

负责特种设备安全监督管理的部门应当对学校、幼儿园以及医院、车站、客运码头、商场、体育场馆、展览馆、公园等公众聚集场所的特种设备，实施重点安全监督检查。

第五十八条 负责特种设备安全监督管理的部门实施本法规定的许可工作，应当依照本法和其他有关法律、行政法规规定的条件和程序以及安全技术规范的要求进行审查；不符合规定的，不得许可。

第五十九条 负责特种设备安全监督管理的部门在办理本法规定的许可时，其受理、审查、许可的程序必须公开，并应当自受理申请之日起三十日内，作出许可或者不予许可的决定；不予许可的，应当书面向申请人说明理由。

第六十条　负责特种设备安全监督管理的部门对依法办理使用登记的特种设备应当建立完整的监督管理档案和信息查询系统；对达到报废条件的特种设备，应当及时督促特种设备使用单位依法履行报废义务。

第六十一条　负责特种设备安全监督管理的部门在依法履行监督检查职责时，可以行使下列职权：

（一）进入现场进行检查，向特种设备生产、经营、使用单位和检验、检测机构的主要负责人和其他有关人员调查、了解有关情况；

（二）根据举报或者取得的涉嫌违法证据，查阅、复制特种设备生产、经营、使用单位和检验、检测机构的有关合同、发票、账簿以及其他有关资料；

（三）对有证据表明不符合安全技术规范要求或者存在严重事故隐患的特种设备实施查封、扣押；

（四）对流入市场的达到报废条件或者已经报废的特种设备实施查封、扣押；

（五）对违反本法规定的行为作出行政处罚决定。

第六十二条　负责特种设备安全监督管理的部门在依法履行职责过程中，发现违反本法规定和安全技术规范要求的行为或者特种设备存在事故隐患时，应当以书面形式发出特种设备安全监察指令，责令有关单位及时采取措施予以改正或者消除事故隐患。紧急情况下要求有关单位采取紧急处置措施的，应当随后补发特种设备安全监察指令。

第六十三条　负责特种设备安全监督管理的部门在依法履行职责过程中，发现重大违法行为或者特种设备存在严重事故隐患时，应当责令有关单位立即停止违法行为、采取措施消除事故隐患，并及时向上级负责特种设备安全监督管理的部门报告。接到报告的负责特种设备安全监督管理的部门应当采取必要措施，及时予以处理。

对违法行为、严重事故隐患的处理需要当地人民政府和有关部门的支持、配合时，负责特种设备安全监督管理的部门应当报告当地人民政府，并通知其他有关部门。当地人民政府和其他有关部门应当采取必要措施，及时予以处理。

第六十四条 地方各级人民政府负责特种设备安全监督管理的部门不得要求已经依照本法规定在其他地方取得许可的特种设备生产单位重复取得许可，不得要求对已经依照本法规定在其他地方检验合格的特种设备重复进行检验。

第六十五条 负责特种设备安全监督管理的部门的安全监察人员应当熟悉相关法律、法规，具有相应的专业知识和工作经验，取得特种设备安全行政执法证件。

特种设备安全监察人员应当忠于职守、坚持原则、秉公执法。

负责特种设备安全监督管理的部门实施安全监督检查时，应当有二名以上特种设备安全监察人员参加，并出示有效的特种设备安全行政执法证件。

第六十六条 负责特种设备安全监督管理的部门对特种设备生产、经营、使用单位和检验、检测机构实施监督检查，应当对每次监督检查的内容、发现的问题及处理情况作出记录，并由参加监督检查的特种设备安全监察人员和被检查单位的有关负责人签字后归档。被检查单位的有关负责人拒绝签字的，特种设备安全监察人员应当将情况记录在案。

第六十七条 负责特种设备安全监督管理的部门及其工作人员不得推荐或者监制、监销特种设备；对履行职责过程中知悉的商业秘密负有保密义务。

第六十八条 国务院负责特种设备安全监督管理的部门和省、自治区、直辖市人民政府负责特种设备安全监督管理的部门应当定期向社会公布特种设备安全总体状况。

第五章　事故应急救援与调查处理

第六十九条　国务院负责特种设备安全监督管理的部门应当依法组织制定特种设备重特大事故应急预案，报国务院批准后纳入国家突发事件应急预案体系。

县级以上地方各级人民政府及其负责特种设备安全监督管理的部门应当依法组织制定本行政区域内特种设备事故应急预案，建立或者纳入相应的应急处置与救援体系。

特种设备使用单位应当制定特种设备事故应急专项预案，并定期进行应急演练。

第七十条　特种设备发生事故后，事故发生单位应当按照应急预案采取措施，组织抢救，防止事故扩大，减少人员伤亡和财产损失，保护事故现场和有关证据，并及时向事故发生地县级以上人民政府负责特种设备安全监督管理的部门和有关部门报告。

县级以上人民政府负责特种设备安全监督管理的部门接到事故报告，应当尽快核实情况，立即向本级人民政府报告，并按照规定逐级上报。必要时，负责特种设备安全监督管理的部门可以越级上报事故情况。对特别重大事故、重大事故，国务院负责特种设备安全监督管理的部门应当立即报告国务院并通报国务院安全生产监督管理部门等有关部门。

与事故相关的单位和人员不得迟报、谎报或者瞒报事故情况，不得隐匿、毁灭有关证据或者故意破坏事故现场。

第七十一条　事故发生地人民政府接到事故报告，应当依法启动应急预案，采取应急处置措施，组织应急救援。

第七十二条　特种设备发生特别重大事故，由国务院或者国务院授权有关部门组织事故调查组进行调查。

发生重大事故，由国务院负责特种设备安全监督管理的部门会同有关部门组织事故调查组进行调查。

发生较大事故，由省、自治区、直辖市人民政府负责特种设备安全监督管理的部门会同有关部门组织事故调查组进行调查。

发生一般事故，由设区的市级人民政府负责特种设备安全监督管理的部门会同有关部门组织事故调查组进行调查。

事故调查组应当依法、独立、公正开展调查，提出事故调查报告。

第七十三条 组织事故调查的部门应当将事故调查报告报本级人民政府，并报上一级人民政府负责特种设备安全监督管理的部门备案。有关部门和单位应当依照法律、行政法规的规定，追究事故责任单位和人员的责任。

事故责任单位应当依法落实整改措施，预防同类事故发生。事故造成损害的，事故责任单位应当依法承担赔偿责任。

第六章　法　律　责　任

第七十四条 违反本法规定，未经许可从事特种设备生产活动的，责令停止生产，没收违法制造的特种设备，处十万元以上五十万元以下罚款；有违法所得的，没收违法所得；已经实施安装、改造、修理的，责令恢复原状或者责令限期由取得许可的单位重新安装、改造、修理。

第七十五条 违反本法规定，特种设备的设计文件未经鉴定，擅自用于制造的，责令改正，没收违法制造的特种设备，处五万元以上五十万元以下罚款。

第七十六条 违反本法规定，未进行型式试验的，责令限期改正；逾期未改正的，处三万元以上三十万元以下罚款。

第七十七条 违反本法规定，特种设备出厂时，未按照安全技术规范的要求随附相关技术资料和文件的，责令限期改正；逾期未改正的，责令停止制造、销售，处二万元以上二十万元以下罚款；有违法所得的，没收违法所得。

第七十八条 违反本法规定，特种设备安装、改造、修理的施工单位在施工前未书面告知负责特种设备安全监督管理的部门即行施工的，或者在验收后三十日内未将相关技术资料和文件移交特种设备使用单位的，责令限期改正；逾期未改正的，处一万元以上十万元以下罚款。

第七十九条 违反本法规定，特种设备的制造、安装、改造、重大修理以及锅炉清洗过程，未经监督检验的，责令限期改正；逾期未改正的，处五万元以上二十万元以下罚款；有违法所得的，没收违法所得；情节严重的，吊销生产许可证。

第八十条 违反本法规定，电梯制造单位有下列情形之一的，责令限期改正；逾期未改正的，处一万元以上十万元以下罚款：

（一）未按照安全技术规范的要求对电梯进行校验、调试的；

（二）对电梯的安全运行情况进行跟踪调查和了解时，发现存在严重事故隐患，未及时告知电梯使用单位并向负责特种设备安全监督管理的部门报告的。

第八十一条 违反本法规定，特种设备生产单位有下列行为之一的，责令限期改正；逾期未改正的，责令停止生产，处五万元以上五十万元以下罚款；情节严重的，吊销生产许可证：

（一）不再具备生产条件、生产许可证已经过期或者超出许可范围生产的；

（二）明知特种设备存在同一性缺陷，未立即停止生产并召回的。

违反本法规定，特种设备生产单位生产、销售、交付国家明令淘汰的特种设备的，责令停止生产、销售，没收违法生产、销售、交付的特种设备，处三万元以上三十万元以下罚款；有违法所得的，没收违法所得。

特种设备生产单位涂改、倒卖、出租、出借生产许可证的，责令停止生产，处五万元以上五十万元以下罚款；情节严重的，吊销生产许可证。

第八十二条 违反本法规定，特种设备经营单位有下列行为之一的，责令停止经营，没收违法经营的特种设备，处三万元以上三十万元以下罚款；有违法所得的，没收违法所得：

（一）销售、出租未取得许可生产，未经检验或者检验不合格的特种设备的；

（二）销售、出租国家明令淘汰、已经报废的特种设备，或者未按照安全技术规范的要求进行维护保养的特种设备的。

违反本法规定，特种设备销售单位未建立检查验收和销售记录制度，或者进口特种设备未履行提前告知义务的，责令改正，处一万元以上十万元以下罚款。

特种设备生产单位销售、交付未经检验或者检验不合格的特种设备的，依照本条第一款规定处罚；情节严重的，吊销生产许可证。

第八十三条 违反本法规定，特种设备使用单位有下列行为之一的，责令限期改正；逾期未改正的，责令停止使用有关特种设备，处一万元以上十万元以下罚款：

（一）使用特种设备未按照规定办理使用登记的；

（二）未建立特种设备安全技术档案或者安全技术档案不符合规定要求，或者未依法设置使用登记标志、定期检验标志的；

（三）未对其使用的特种设备进行经常性维护保养和定期自行检查，或者未对其使用的特种设备的安全附件、安全保护装置进行定期校验、检修，并作出记录的；

（四）未按照安全技术规范的要求及时申报并接受检验的；

（五）未按照安全技术规范的要求进行锅炉水（介）质处理的；

（六）未制定特种设备事故应急专项预案的。

第八十四条 违反本法规定，特种设备使用单位有下列行为之一的，责令停止使用有关特种设备，处三万元以上三十万元以下罚款：

（一）使用未取得许可生产，未经检验或者检验不合格的特种设备，或者国家明令淘汰、已经报废的特种设备的；

（二）特种设备出现故障或者发生异常情况，未对其进行全面检查、消除事故隐患，继续使用的；

（三）特种设备存在严重事故隐患，无改造、修理价值，或者达到安全技术规范规定的其他报废条件，未依法履行报废义务，并办理使用登记证书注销手续的。

第八十五条　违反本法规定，移动式压力容器、气瓶充装单位有下列行为之一的，责令改正，处二万元以上二十万元以下罚款；情节严重的，吊销充装许可证：

（一）未按照规定实施充装前后的检查、记录制度的；

（二）对不符合安全技术规范要求的移动式压力容器和气瓶进行充装的。

违反本法规定，未经许可，擅自从事移动式压力容器或者气瓶充装活动的，予以取缔，没收违法充装的气瓶，处十万元以上五十万元以下罚款；有违法所得的，没收违法所得。

第八十六条　违反本法规定，特种设备生产、经营、使用单位有下列情形之一的，责令限期改正；逾期未改正的，责令停止使用有关特种设备或者停产停业整顿，处一万元以上五万元以下罚款：

（一）未配备具有相应资格的特种设备安全管理人员、检测人员和作业人员的；

（二）使用未取得相应资格的人员从事特种设备安全管理、检测和作业的；

（三）未对特种设备安全管理人员、检测人员和作业人员进行安全教育和技能培训的。

第八十七条　违反本法规定，电梯、客运索道、大型游乐设施的运营使用单位有下列情形之一的，责令限期改正；逾期未改正的，责令停止使用有关特种设备或者停产停业整顿，处二万元以上十万元以下罚款：

（一）未设置特种设备安全管理机构或者配备专职的特种设备安全管理人员的；

（二）客运索道、大型游乐设施每日投入使用前，未进行试运行和例行安全检查，未对安全附件和安全保护装置进行检查确认的；

（三）未将电梯、客运索道、大型游乐设施的安全使用说明、安全注意事项和警示标志置于易于为乘客注意的显著位置的。

第八十八条　违反本法规定，未经许可，擅自从事电梯维护保养的，责令停止违法行为，处一万元以上十万元以下罚款；有违法所得的，没收违法所得。

电梯的维护保养单位未按照本法规定以及安全技术规范的要求，进行电梯维护保养的，依照前款规定处罚。

第八十九条　发生特种设备事故，有下列情形之一的，对单位处五万元以上二十万元以下罚款；对主要负责人处一万元以上五万元以下罚款；主要负责人属于国家工作人员的，并依法给予处分：

（一）发生特种设备事故时，不立即组织抢救或者在事故调查处理期间擅离职守或者逃匿的；

（二）对特种设备事故迟报、谎报或者瞒报的。

第九十条　发生事故，对负有责任的单位除要求其依法承担相应的赔偿等责任外，依照下列规定处以罚款：

（一）发生一般事故，处十万元以上二十万元以下罚款；

（二）发生较大事故，处二十万元以上五十万元以下罚款；

（三）发生重大事故，处五十万元以上二百万元以下罚款。

第九十一条　对事故发生负有责任的单位的主要负责人未依法履行职责或者负有领导责任的，依照下列规定处以罚款；属于国家工作人员的，并依法给予处分：

（一）发生一般事故，处上一年年收入百分之三十的罚款；

（二）发生较大事故，处上一年年收入百分之四十的罚款；

（三）发生重大事故，处上一年年收入百分之六十的罚款。

第九十二条　违反本法规定，特种设备安全管理人员、检测人员和作业人员不履行岗位职责，违反操作规程和有关安全规章制度，造成事故的，吊销相关人员的资格。

第九十三条　违反本法规定，特种设备检验、检测机构及其检验、检测人员有下列行为之一的，责令改正，对机构处五万元以上二十万元以下罚款，对直接负责的主管人员和其他直接责任人员处五千元以上五万元以下罚款；情节严重的，吊销机构资质和有关人员的资格：

（一）未经核准或者超出核准范围、使用未取得相应资格的人员从事检验、检测的；

（二）未按照安全技术规范的要求进行检验、检测的；

（三）出具虚假的检验、检测结果和鉴定结论或者检验、检测结果和鉴定结论严重失实的；

（四）发现特种设备存在严重事故隐患，未及时告知相关单位，并立即向负责特种设备安全监督管理的部门报告的；

（五）泄漏检验、检测过程中知悉的商业秘密的；

（六）从事有关特种设备的生产、经营活动的；

（七）推荐或者监制、监销特种设备的；

（八）利用检验工作故意刁难相关单位的。

违反本法规定，特种设备检验、检测机构的检验、检测人员同时在两个以上检验、检测机构中执业的，处五千元以上五万元以下罚款；情节严重的，吊销其资格。

第九十四条 违反本法规定，负责特种设备安全监督管理的部门及其工作人员有下列行为之一的，由上级机关责令改正；对直接负责的主管人员和其他直接责任人员，依法给予处分：

（一）未依照法律、行政法规规定的条件、程序实施许可的；

（二）发现未经许可擅自从事特种设备的生产、使用或者检验、检测活动不予取缔或者不依法予以处理的；

（三）发现特种设备生产单位不再具备本法规定的条件而不吊销其许可证，或者发现特种设备生产、经营、使用违法行为不予查处的；

（四）发现特种设备检验、检测机构不再具备本法规定的条件而不撤销其核准，或者对其出具虚假的检验、检测结果和鉴定结论或者检验、检测结果和鉴定结论严重失实的行为不予查处的；

（五）发现违反本法规定和安全技术规范要求的行为或者特种设备存在事故隐患，不立即处理的；

（六）发现重大违法行为或者特种设备存在严重事故隐患，未及时向上级负责特种设备安全监督管理的部门报告，或者接到报告的负责特种设备安全监督管理的部门不立即处理的；

（七）要求已经依照本法规定在其他地方取得许可的特种设备生产单位重复取得许可，或者要求对已经依照本法规定在其他地方检验合格的特种设备重复进行检验的；

（八）推荐或者监制、监销特种设备的；

（九）泄漏履行职责过程中知悉的商业秘密的；

（十）接到特种设备事故报告未立即向本级人民政府报告，并按照规定上报的；

（十一）迟报、漏报、谎报或者瞒报事故的；

（十二）妨碍事故救援或者事故调查处理的；

（十三）其他滥用职权、玩忽职守、徇私舞弊的行为。

第九十五条 违反本法规定，特种设备生产、经营、使用单位或者检验、检测机构拒不接受负责特种设备安全监督管理的部门依法实施的监督检查的，责令限期改正；逾期未改正的，责令停产停业整顿，处二万元以上二十万元以下罚款。

特种设备生产、经营、使用单位擅自动用、调换、转移、损毁被查封、扣押的特种设备或者其主要部件的，责令改正，处五万元以上二十万元以下罚款；情节严重的，吊销生产许可证，注销特种设备使用登记证书。

第九十六条 违反本法规定，被依法吊销许可证的，自吊销许可证之日起三年内，负责特种设备安全监督管理的部门不予受理其新的许可申请。

第九十七条 违反本法规定，造成人身、财产损害的，依法承担民事责任。

违反本法规定，应当承担民事赔偿责任和缴纳罚款、罚金，其财产不足以同时支付时，先承担民事赔偿责任。

第九十八条　违反本法规定，构成违反治安管理行为的，依法给予治安管理处罚；构成犯罪的，依法追究刑事责任。

第七章　附　则

第九十九条　特种设备行政许可、检验的收费，依照法律、行政法规的规定执行。

第一百条　军事装备、核设施、航空航天器使用的特种设备安全的监督管理不适用本法。

铁路机车、海上设施和船舶、矿山井下使用的特种设备以及民用机场专用设备安全的监督管理，房屋建筑工地、市政工程工地用起重机械和场（厂）内专用机动车辆的安装、使用的监督管理，由有关部门依照本法和其他有关法律的规定实施。

第一百零一条　本法自 2014 年 1 月 1 日起施行。

附录 1.4　《刑法》修正案（六）

中华人民共和国主席令
第五十一号

《中华人民共和国刑法修正案（六）》已由中华人民共和国第十届全国人民代表大会常务委员会第二十二次会议于 2006 年 6 月 29 日通过，现予公布，自公布之日起施行。

中华人民共和国主席　胡锦涛
2006 年 6 月 29 日

《中华人民共和国刑法修正案（六）》有关安全生产事故的法律责任的条款

该法于 2006 年 6 月 29 日第十届全国人民代表大会常务委员

会第二十二次会议通过。

一、将刑法第一百三十四条修改为："在生产、作业中违反有关安全管理的规定，因而发生重大伤亡事故或者造成其他严重后果的，处三年以下有期徒刑或者拘役；情节特别恶劣的，处三年以上七年以下有期徒刑。

"强令他人违章冒险作业，因而发生重大伤亡事故或者造成其他严重后果的，处五年以下有期徒刑或者拘役；情节特别恶劣的，处五年以上有期徒刑。"

二、将刑法第一百三十五条修改为："安全生产设施或者安全生产条件不符合国家规定，因而发生重大伤亡事故或者造成其他严重后果的，对直接负责的主管人员和其他直接责任人员，处三年以下有期徒刑或者拘役；情节特别恶劣的，处三年以上七年以下有期徒刑。"

三、在刑法第一百三十五条后增加一条，作为第一百三十五条之一："举办大型群众性活动违反安全管理规定，因而发生重大伤亡事故或者造成其他严重后果的，对直接负责的主管人员和其他直接责任人员，处三年以下有期徒刑或者拘役；情节特别恶劣的，处三年以上七年以下有期徒刑。"

四、在刑法第一百三十九条后增加一条，作为第一百三十九条之一："在安全事故发生后，负有报告职责的人员不报或者谎报事故情况，贻误事故抢救，情节严重的，处三年以下有期徒刑或者拘役；情节特别严重的，处三年以上七年以下有期徒刑。"

五、本修正案自公布之日起施行。

附录1.5　《侵权责任法》（节录）

中华人民共和国主席令
第二十一号

《中华人民共和国侵权责任法》已由中华人民共和国第十一

届全国人民代表大会常务委员会第十二次会议于 2009 年 12 月 26 日通过，现予公布，自 2010 年 7 月 1 日起施行。

中华人民共和国主席　胡锦涛
2009 年 12 月 26 日

......

第六条　行为人因过错侵害他人民事权益，应当承担侵权责任。

根据法律规定推定行为人有过错，行为人不能证明自己没有过错的，应当承担侵权责任。

第七条　行为人损害他人民事权益，不论行为人有无过错，法律规定应当承担侵权责任的，依照其规定。

第八条　二人以上共同实施侵权行为，造成他人损害的，应当承担连带责任。

第九条　教唆、帮助他人实施侵权行为的，应当与行为人承担连带责任。

教唆、帮助无民事行为能力人、限制民事行为能力人实施侵权行为的，应当承担侵权责任；该无民事行为能力人、限制民事行为能力人的监护人未尽到监护责任的，应当承担相应的责任。

第十条　二人以上实施危及他人人身、财产安全的行为，其中一人或者数人的行为造成他人损害，能够确定具体侵权人的，由侵权人承担责任；不能确定具体侵权人的，行为人承担连带责任。

第十一条　二人以上分别实施侵权行为造成同一损害，每个人的侵权行为都足以造成全部损害的，行为人承担连带责任。

第十二条　二人以上分别实施侵权行为造成同一损害，能够确定责任大小的，各自承担相应的责任；难以确定责任大小的，平均承担赔偿责任。

第十三条　法律规定承担连带责任的，被侵权人有权请求部分或者全部连带责任人承担责任。

第十四条 连带责任人根据各自责任大小确定相应的赔偿数额；难以确定责任大小的，平均承担赔偿责任。

支付超出自己赔偿数额的连带责任人，有权向其他连带责任人追偿。

第十五条 承担侵权责任的方式主要有：

（一）停止侵害；

（二）排除妨碍；

（三）消除危险；

（四）返还财产；

（五）恢复原状；

（六）赔偿损失；

（七）赔礼道歉；

（八）消除影响、恢复名誉。

以上承担侵权责任的方式，可以单独适用，也可以合并适用。

第十六条 侵害他人造成人身损害的，应当赔偿医疗费、护理费、交通费等为治疗和康复支出的合理费用，以及因误工减少的收入。造成残疾的，还应当赔偿残疾生活辅助具费和残疾赔偿金。造成死亡的，还应当赔偿丧葬费和死亡赔偿金。

第十七条 因同一侵权行为造成多人死亡的，可以以相同数额确定死亡赔偿金。

第十八条 被侵权人死亡的，其近亲属有权请求侵权人承担侵权责任。被侵权人为单位，该单位分立、合并的，承继权利的单位有权请求侵权人承担侵权责任。

被侵权人死亡的，支付被侵权人医疗费、丧葬费等合理费用的人有权请求侵权人赔偿费用，但侵权人已支付该费用的除外。

第十九条 侵害他人财产的，财产损失按照损失发生时的市场价格或者其他方式计算。

第二十条 侵害他人人身权益造成财产损失的，按照被侵权人因此受到的损失赔偿；被侵权人的损失难以确定，侵权人因此获得利益的，按照其获得的利益赔偿；侵权人因此获得的利益难以确定，被侵权人和侵权人就赔偿数额协商不一致，向人民法院提起诉讼的，由人民法院根据实际情况确定赔偿数额。

第二十一条　侵权行为危及他人人身、财产安全的，被侵权人可以请求侵权人承担停止侵害、排除妨碍、消除危险等侵权责任。

第二十二条　侵害他人人身权益，造成他人严重精神损害的，被侵权人可以请求精神损害赔偿。

第二十三条　因防止、制止他人民事权益被侵害而使自己受到损害的，由侵权人承担责任。侵权人逃逸或者无力承担责任，被侵权人请求补偿的，受益人应当给予适当补偿。

第二十四条　受害人和行为人对损害的发生都没有过错的，可以根据实际情况，由双方分担损失。

第二十五条　损害发生后，当事人可以协商赔偿费用的支付方式。协商不一致的，赔偿费用应当一次性支付；一次性支付确有困难的，可以分期支付，但应当提供相应的担保。

第三章　不承担责任和减轻责任的情形

第二十六条　被侵权人对损害的发生也有过错的，可以减轻侵权人的责任。

第二十七条　损害是因受害人故意造成的，行为人不承担责任。

第二十八条　损害是因第三人造成的，第三人应当承担侵权责任。

第二十九条　因不可抗力造成他人损害的，不承担责任。法律另有规定的，依照其规定。

第三十条　因正当防卫造成损害的，不承担责任。正当防卫超过必要的限度，造成不应有的损害的，正当防卫人应当承担适当的责任。

第三十一条　因紧急避险造成损害的，由引起险情发生的人承担责任。如果危险是由自然原因引起的，紧急避险人不承担责任或者给予适当补偿。紧急避险采取措施不当或者超过必要的限度，造成不应有的损害的，紧急避险人应当承担适当的责任。

第四章　关于责任主体的特殊规定

第三十二条　无民事行为能力人、限制民事行为能力人造成他人损害的，由监护人承担侵权责任。监护人尽到监护责任的，可以减轻其侵权责任。

有财产的无民事行为能力人、限制民事行为能力人造成他人损害的，从本人财产中支付赔偿费用。不足部分，由监护人赔偿。

第三十三条　完全民事行为能力人对自己的行为暂时没有意识或者失去控制造成他人损害有过错的，应当承担侵权责任；没有过错的，根据行为人的经济状况对受害人适当补偿。

完全民事行为能力人因醉酒、滥用麻醉药品或者精神药品对自己的行为暂时没有意识或者失去控制造成他人损害的，应当承担侵权责任。

第三十四条　用人单位的工作人员因执行工作任务造成他人损害的，由用人单位承担侵权责任。

劳务派遣期间，被派遣的工作人员因执行工作任务造成他人损害的，由接受劳务派遣的用工单位承担侵权责任；劳务派遣单位有过错的，承担相应的补充责任。

第三十五条　个人之间形成劳务关系，提供劳务一方因劳务造成他人损害的，由接受劳务一方承担侵权责任。提供劳务一方因劳务自己受到损害的，根据双方各自的过错承担相应的责任。

第三十七条　宾馆、商场、银行、车站、娱乐场所等公共场所的管理人或者群众性活动的组织者，未尽到安全保障义务，造成他人损害的，应当承担侵权责任。

因第三人的行为造成他人损害的，由第三人承担侵权责任；管理人或者组织者未尽到安全保障义务的，承担相应的补充责任。

第三十八条 无民事行为能力人在幼儿园、学校或者其他教育机构学习、生活期间受到人身损害的，幼儿园、学校或者其他教育机构应当承担责任，但能够证明尽到教育、管理职责的，不承担责任。

第三十九条 限制民事行为能力人在学校或者其他教育机构学习、生活期间受到人身损害，学校或者其他教育机构未尽到教育、管理职责的，应当承担责任。

第四十条 无民事行为能力人或者限制民事行为能力人在幼儿园、学校或者其他教育机构学习、生活期间，受到幼儿园、学校或者其他教育机构以外的人员人身损害的，由侵权人承担侵权责任；幼儿园、学校或者其他教育机构未尽到管理职责的，承担相应的补充责任。

第五章　产　品　责　任

第四十一条 因产品存在缺陷造成他人损害的，生产者应当承担侵权责任。

第四十二条 因销售者的过错使产品存在缺陷，造成他人损害的，销售者应当承担侵权责任。

销售者不能指明缺陷产品的生产者也不能指明缺陷产品的供货者的，销售者应当承担侵权责任。

第四十三条 因产品存在缺陷造成损害的，被侵权人可以向产品的生产者请求赔偿，也可以向产品的销售者请求赔偿。

产品缺陷由生产者造成的，销售者赔偿后，有权向生产者追偿。

因销售者的过错使产品存在缺陷的，生产者赔偿后，有权向销售者追偿。

第四十四条 因运输者、仓储者等第三人的过错使产品存在缺陷，造成他人损害的，产品的生产者、销售者赔偿后，有权向第三人追偿。

第四十五条　因产品缺陷危及他人人身、财产安全的，被侵权人有权请求生产者、销售者承担排除妨碍、消除危险等侵权责任。

第四十六条　产品投入流通后发现存在缺陷的，生产者、销售者应当及时采取警示、召回等补救措施。未及时采取补救措施或者补救措施不力造成损害的，应当承担侵权责任。

第四十七条　明知产品存在缺陷仍然生产、销售，造成他人死亡或者健康严重损害的，被侵权人有权请求相应的惩罚性赔偿。

第六章　机动车交通事故责任

第四十八条　机动车发生交通事故造成损害的，依照道路交通安全法的有关规定承担赔偿责任。

第四十九条　因租赁、借用等情形机动车所有人与使用人不是同一人时，发生交通事故后属于该机动车一方责任的，由保险公司在机动车强制保险责任限额范围内予以赔偿。不足部分，由机动车使用人承担赔偿责任；机动车所有人对损害的发生有过错的，承担相应的赔偿责任。

第五十条　当事人之间已经以买卖等方式转让并交付机动车但未办理所有权转移登记，发生交通事故后属于该机动车一方责任的，由保险公司在机动车强制保险责任限额范围内予以赔偿。不足部分，由受让人承担赔偿责任。

第五十一条　以买卖等方式转让拼装或者已达到报废标准的机动车，发生交通事故造成损害的，由转让人和受让人承担连带责任。

第五十二条　盗窃、抢劫或者抢夺的机动车发生交通事故造成损害的，由盗窃人、抢劫人或者抢夺人承担赔偿责任。保险公司在机动车强制保险责任限额范围内垫付抢救费用的，有权向交通事故责任人追偿。

第五十三条　机动车驾驶人发生交通事故后逃逸，该机动车参加强制保险的，由保险公司在机动车强制保险责任限额范围内予以赔偿；机动车不明或者该机动车未参加强制保险，需要支付被侵权人人身伤亡的抢救、丧葬等费用的，由道路交通事故社会救助基金垫付。道路交通事故社会救助基金垫付后，其管理机构有权向交通事故责任人追偿。

第七章　医疗损害责任

第五十四条　患者在诊疗活动中受到损害，医疗机构及其医务人员有过错的，由医疗机构承担赔偿责任。

第五十五条　医务人员在诊疗活动中应当向患者说明病情和医疗措施。需要实施手术、特殊检查、特殊治疗的，医务人员应当及时向患者说明医疗风险、替代医疗方案等情况，并取得其书面同意；不宜向患者说明的，应当向患者的近亲属说明，并取得其书面同意。

医务人员未尽到前款义务，造成患者损害的，医疗机构应当承担赔偿责任。

第五十六条　因抢救生命垂危的患者等紧急情况，不能取得患者或者其近亲属意见的，经医疗机构负责人或者授权的负责人批准，可以立即实施相应的医疗措施。

第五十七条　医务人员在诊疗活动中未尽到与当时的医疗水平相应的诊疗义务，造成患者损害的，医疗机构应当承担赔偿责任。

第五十八条　患者有损害，因下列情形之一的，推定医疗机构有过错：

（一）违反法律、行政法规、规章以及其他有关诊疗规范的规定；

（二）隐匿或者拒绝提供与纠纷有关的病历资料；

（三）伪造、篡改或者销毁病历资料。

第五十九条　因药品、消毒药剂、医疗器械的缺陷，或者输入不合格的血液造成患者损害的，患者可以向生产者或者血液提供机构请求赔偿，也可以向医疗机构请求赔偿。患者向医疗机构请求赔偿的，医疗机构赔偿后，有权向负有责任的生产者或者血液提供机构追偿。

第六十条 患者有损害，因下列情形之一的，医疗机构不承担赔偿责任：

（一）患者或者其近亲属不配合医疗机构进行符合诊疗规范的诊疗；

（二）医务人员在抢救生命垂危的患者等紧急情况下已经尽到合理诊疗义务；

（三）限于当时的医疗水平难以诊疗。

前款第一项情形中，医疗机构及其医务人员也有过错的，应当承担相应的赔偿责任。

第六十一条 医疗机构及其医务人员应当按照规定填写并妥善保管住院志、医嘱单、检验报告、手术及麻醉记录、病理资料、护理记录、医疗费用等病历资料。

患者要求查阅、复制前款规定的病历资料的，医疗机构应当提供。

第六十二条 医疗机构及其医务人员应当对患者的隐私保密。泄漏患者隐私或者未经患者同意公开其病历资料，造成患者损害的，应当承担侵权责任。

第六十三条 医疗机构及其医务人员不得违反诊疗规范实施不必要的检查。

第六十四条 医疗机构及其医务人员的合法权益受法律保护。干扰医疗秩序，妨害医务人员工作、生活的，应当依法承担法律责任。

第八章 环 境 污 染 责 任

第六十五条 因污染环境造成损害的，污染者应当承担侵权责任。

第六十六条 因污染环境发生纠纷，污染者应当就法律规定的不承担责任或者减轻责任的情形及其行为与损害之间不存在因果关系承担举证责任。

第六十七条　两个以上污染者污染环境，污染者承担责任的大小，根据污染物的种类、排放量等因素确定。

第六十八条　因第三人的过错污染环境造成损害的，被侵权人可以向污染者请求赔偿，也可以向第三人请求赔偿。污染者赔偿后，有权向第三人追偿。

第九章　高 度 危 险 责 任

第六十九条　从事高度危险作业造成他人损害的，应当承担侵权责任。

第七十二条　占有或者使用易燃、易爆、剧毒、放射性等高度危险物造成他人损害的，占有人或者使用人应当承担侵权责任，但能够证明损害是因受害人故意或者不可抗力造成的，不承担责任。被侵权人对损害的发生有重大过失的，可以减轻占有人或者使用人的责任。

第七十三条　从事高空、高压、地下挖掘活动或者使用高速轨道运输工具造成他人损害的，经营者应当承担侵权责任，但能够证明损害是因受害人故意或者不可抗力造成的，不承担责任。被侵权人对损害的发生有过失的，可以减轻经营者的责任。

第七十四条　遗失、抛弃高度危险物造成他人损害的，由所有人承担侵权责任。所有人将高度危险物交由他人管理的，由管理人承担侵权责任；所有人有过错的，与管理人承担连带责任。

第七十五条　非法占有高度危险物造成他人损害的，由非法占有人承担侵权责任。所有人、管理人不能证明对防止他人非法占有尽到高度注意义务的，与非法占有人承担连带责任。

第七十六条　未经许可进入高度危险活动区域或者高度危险物存放区域受到损害，管理人已经采取安全措施并尽到警示义务的，可以减轻或者不承担责任。

第七十七条　承担高度危险责任，法律规定赔偿限额的，依照其规定。

第十章　饲养动物损害责任

第七十九条　违反管理规定，未对动物采取安全措施造成他人损害的，动物饲养人或者管理人应当承担侵权责任。

第十一章　物件损害责任

第八十五条　建筑物、构筑物或者其他设施及其搁置物、悬挂物发生脱落、坠落造成他人损害，所有人、管理人或者使用人不能证明自己没有过错的，应当承担侵权责任。所有人、管理人或者使用人赔偿后，有其他责任人的，有权向其他责任人追偿。

第八十六条　建筑物、构筑物或者其他设施倒塌造成他人损害的，由建设单位与施工单位承担连带责任。建设单位、施工单位赔偿后，有其他责任人的，有权向其他责任人追偿。

因其他责任人的原因，建筑物、构筑物或者其他设施倒塌造成他人损害的，由其他责任人承担侵权责任。

第八十七条　从建筑物中抛掷物品或者从建筑物上坠落的物品造成他人损害，难以确定具体侵权人的，除能够证明自己不是侵权人的外，由可能加害的建筑物使用人给予补偿。

第八十八条　堆放物倒塌造成他人损害，堆放人不能证明自己没有过错的，应当承担侵权责任。

第八十九条　在公共道路上堆放、倾倒、遗撒妨碍通行的物品造成他人损害的，有关单位或者个人应当承担侵权责任。

第九十条　因林木折断造成他人损害，林木的所有人或者管理人不能证明自己没有过错的，应当承担侵权责任。

第九十一条　在公共场所或者道路上挖坑、修缮安装地下设施等，没有设置明显标志和采取安全措施造成他人损害的，施工人应当承担侵权责任。

窨井等地下设施造成他人损害，管理人不能证明尽到管理职责的，应当承担侵权责任。

附录 1.6 《劳动法》（节录）

（1994 年 7 月 5 日第八届全国人民代表大会常务委员会第八次会议通过 根据 2009 年 8 月 27 日第十一届全国人民代表大会常务委员会第十次会议通过《关于修改部分法律的决定》修订）

......

第四十一条 用人单位由于生产经营需要，经与工会和劳动者协商后可以延长工作时间，一般每日不得超过 1 小时；因特殊原因需要延长工作时间的，在保障劳动者身体健康的条件下延长工作时间每日不得超过 3 小时，但是每月不得超过 36 小时。

第四十二条 有下列情形之一的，延长工作时间不受本法第四十一条规定的限制：

（一）发生自然灾害、事故或者因其他原因，威胁劳动者生命健康和财产安全，需要紧急处理的；

（二）生产设备、交通运输线路、公共设施发生故障，影响生产和公众利益，必须及时抢修的；

（三）法律、行政法规规定的其他情形。

第四十三条 用人单位不得违反本法规定延长劳动者的工作时间。

第四十四条 有下列情形之一的，用人单位应当按照下列标准支付高于劳动者正常工作时间工资的工资报酬：

（一）安排劳动者延长工作时间的，支付不低于工资的百分之一百五十的工资报酬；

（二）休息日安排劳动者工作又不能安排补休的，支付不低于工资的百分之二百的工资报酬；

（三）法定休假日安排劳动者工作的，支付不低于工资的百分之三百的工资报酬。

第四十五条 国家实行带薪年休假制度。

劳动者连续工作一年以上的，享受带薪年休假。具体办法由国务院规定。

第五十二条 用人单位必须建立、健全劳动安全卫生制度，严格执行国家劳动安全卫生规程和标准，对劳动者进行劳动安全卫生教育，防止劳动过程中的事故，减少职业危害。

第五十三条 劳动安全卫生设施必须符合国家规定的标准。

新建、改建、扩建工程的劳动安全卫生设施必须与主体工程同时设计、同时施工、同时投入生产和使用。

第五十四条 用人单位必须为劳动者提供符合国家规定的劳动安全卫生条件和必要的劳动防护用品，对从事有职业危害作业的劳动者应当定期进行健康检查。

第五十五条 从事特种作业的劳动者必须经过专门培训并取得特种作业资格。

第五十六条 劳动者在劳动过程中必须严格遵守安全操作规程。

劳动者对用人单位管理人员违章指挥、强令冒险作业，有权拒绝执行；对危害生命安全和身体健康的行为，有权提出批评、检举和控告。

第五十七条 国家建立伤亡事故和职业病统计报告和处理制度。县级以上各级人民政府劳动行政部门、有关部门和用人单位应当依法对劳动者在劳动过程中发生的伤亡事故和劳动者的职业病状况，进行统计、报告和处理。

女职工和未成年工特殊保护

第五十八条 国家对女职工和未成年工实行特殊劳动保护。未成年工是指年满十六周岁未满十八周岁的劳动者。

第五十九条 禁止安排女职工从事矿山井下、国家规定的第四级体力劳动强度的劳动和其他禁忌从事的劳动。

第六十条 不得安排女职工在经期从事高处、低温、冷水作业和国家规定的第三级体力劳动强度的劳动。

第六十一条 不得安排女职工在怀孕期间从事国家规定的第三级体力劳动强度的劳动和孕期禁忌从事的活动。对怀孕七个月以上的女职工，不得安排其延长工作时间和夜班劳动。

第六十二条　女职工生育享受不少于九十天的产假。

第六十三条　不得安排女职工在哺乳未满一周岁的婴儿期间从事国家规定的第三级体力劳动强度的劳动和哺乳期禁忌从事的其他劳动，不得安排其延长工作时间和夜班劳动。

第六十四条　不得安排未成年工从事矿山井下、有毒有害、国家规定的第四级体力劳动强度的劳动和其他禁忌从事的劳动。

第六十五条　用人单位应当对未成年工定期进行健康检查。

第九十二条　用人单位的劳动安全设施和劳动卫生条件不符合国家规定或者未向劳动者提供必要的劳动防护用品和劳动保护设施的，由劳动行政部门或者有关部门责令改正，可以处以罚款；情节严重的，提请县级以上人民政府决定责令停产整顿；对事故隐患不采取措施，致使发生重大事故，造成劳动者生命和财产损失的，对责任人员依照刑法有关规定追究刑事责任。

第九十三条　用人单位强令劳动者违章冒险作业，发生重大伤亡事故，造成严重后果的，对责任人员依法追究刑事责任。

第九十四条　用人单位非法招用未满十六周岁的未成年人的，由劳动行政部门责令改正，处以罚款；情节严重的，由工商行政管理部门吊销营业执照。

第九十五条　用人单位违反本法对女职工和未成年工的保护规定，侵害其合法权益的，由劳动行政部门责令改正，处以罚款；对女职工或者未成年工造成损害的，应当承担赔偿责任。

……

附录2　法规篇

附录 2.1　《城镇燃气管理条例》

中华人民共和国国务院令
第 666 号

《国务院关于修改部分行政法规的决定》已经 2016 年 1 月 13 日国务院第 119 次常务会议通过，现予公布，自公布之日起施行。

总理　李克强

2016 年 2 月 6 日

《国务院关于修改部分行政法规的决定》六十二、删去《城镇燃气管理条例》第十五条第三款。

《城镇燃气管理条例》（2016 年修订）

第一章　总　　则

第一条　为了加强城镇燃气管理，保障燃气供应，防止和减少燃气安全事故，保障公民生命、财产安全和公共安全，维护燃气经营者和燃气用户的合法权益，促进燃气事业健康发展，制定本条例。

第二条　城镇燃气发展规划与应急保障、燃气经营与服务、燃气使用、燃气设施保护、燃气安全事故预防与处理及相关管理活动，适用本条例。

天然气、液化石油气的生产和进口，城市门站以外的天然气管道输送，燃气作为工业生产原料的使用，沼气、秸秆气的生产和使用，不适用本条例。

本条例所称燃气，是指作为燃料使用并符合一定要求的气体燃料，包括天然气（含煤层气）、液化石油气和人工煤气等。

第三条　燃气工作应当坚持统筹规划、保障安全、确保供应、规范服务、节能高效的原则。

第四条　县级以上人民政府应当加强对燃气工作的领导，并将燃气工作纳入国民经济和社会发展规划。

第五条　国务院建设主管部门负责全国的燃气管理工作。

县级以上地方人民政府燃气管理部门负责本行政区域内的燃气管理工作。

县级以上人民政府其他有关部门依照本条例和其他有关法律、法规的规定，在各自职责范围内负责有关燃气管理工作。

第六条　国家鼓励、支持燃气科学技术研究，推广使用安全、节能、高效、环保的燃气新技术、新工艺和新产品。

第七条　县级以上人民政府有关部门应当建立健全燃气安全监督管理制度，宣传普及燃气法律、法规和安全知识，提高全民的燃气安全意识。

第二章　燃气发展规划与应急保障

第八条　国务院建设主管部门应当会同国务院有关部门，依据国民经济和社会发展规划、土地利用总体规划、城乡规划以及能源规划，结合全国燃气资源总量平衡情况，组织编制全国燃气发展规划并组织实施。

县级以上地方人民政府燃气管理部门应当会同有关部门，依据国民经济和社会发展规划、土地利用总体规划、城乡规划、能源规划以及上一级燃气发展规划，组织编制本行政区域的燃气发展规划，报本级人民政府批准后组织实施，并报上一级人民政府燃气管理部门备案。

第九条　燃气发展规划的内容应当包括：燃气气源、燃气种类、燃气供应方式和规模、燃气设施布局和建设时序、燃气设施建设用地、燃气设施保护范围、燃气供应保障措施和安全保障措施等。

第十条 县级以上地方人民政府应当根据燃气发展规划的要求，加大对燃气设施建设的投入，并鼓励社会资金投资建设燃气设施。

第十一条 进行新区建设、旧区改造，应当按照城乡规划和燃气发展规划配套建设燃气设施或者预留燃气设施建设用地。

对燃气发展规划范围内的燃气设施建设工程，城乡规划主管部门在依法核发选址意见书时，应当就燃气设施建设是否符合燃气发展规划征求燃气管理部门的意见；不需要核发选址意见书的，城乡规划主管部门在依法核发建设用地规划许可证或者乡村建设规划许可证时，应当就燃气设施建设是否符合燃气发展规划征求燃气管理部门的意见。

燃气设施建设工程竣工后，建设单位应当依法组织竣工验收，并自竣工验收合格之日起 15 日内，将竣工验收情况报燃气管理部门备案。

第十二条 县级以上地方人民政府应当建立健全燃气应急储备制度，组织编制燃气应急预案，采取综合措施提高燃气应急保障能力。

燃气应急预案应当明确燃气应急气源和种类、应急供应方式、应急处置程序和应急救援措施等内容。

县级以上地方人民政府燃气管理部门应当会同有关部门对燃气供求状况实施监测、预测和预警。

第十三条 燃气供应严重短缺、供应中断等突发事件发生后，县级以上地方人民政府应当及时采取动用储备、紧急调度等应急措施，燃气经营者以及其他有关单位和个人应当予以配合，承担相关应急任务。

第三章 燃气经营与服务

第十四条 政府投资建设的燃气设施，应当通过招标投标方式选择燃气经营者。

社会资金投资建设的燃气设施，投资方可以自行经营，也可以另行选择燃气经营者。

第十五条 国家对燃气经营实行许可证制度。从事燃气经营活动的企业，应当具备下列条件：

（一）符合燃气发展规划要求；

（二）有符合国家标准的燃气气源和燃气设施；

（三）企业的主要负责人、安全生产管理人员以及运行、维护和抢修人员经专业培训并考核合格；

（四）法律、法规规定的其他条件。

符合前款规定条件的，由县级以上地方人民政府燃气管理部门核发燃气经营许可证。

申请人凭燃气经营许可证到工商行政管理部门依法办理登记手续。

第十六条 禁止个人从事管道燃气经营活动。

个人从事瓶装燃气经营活动的，应当遵守省、自治区、直辖市的有关规定。

第十七条 燃气经营者应当向燃气用户持续、稳定、安全供应符合国家质量标准的燃气，指导燃气用户安全用气、节约用气，并对燃气设施定期进行安全检查。

燃气经营者应当公示业务流程、服务承诺、收费标准和服务热线等信息，并按照国家燃气服务标准提供服务。

第十八条 燃气经营者不得有下列行为：

（一）拒绝向市政燃气管网覆盖范围内符合用气条件的单位或者个人供气；

（二）倒卖、抵押、出租、出借、转让、涂改燃气经营许可证；

（三）未履行必要告知义务擅自停止供气、调整供气量，或者未经审批擅自停业或者歇业；

（四）向未取得燃气经营许可证的单位或者个人提供用于经

营的燃气；

（五）在不具备安全条件的场所储存燃气；

（六）要求燃气用户购买其指定的产品或者接受其提供的服务；

（七）擅自为非自有气瓶充装燃气；

（八）销售未经许可的充装单位充装的瓶装燃气或者销售充装单位擅自为非自有气瓶充装的瓶装燃气；

（九）冒用其他企业名称或者标识从事燃气经营、服务活动。

第十九条　管道燃气经营者对其供气范围内的市政燃气设施、建筑区划内业主专有部分以外的燃气设施，承担运行、维护、抢修和更新改造的责任。

管道燃气经营者应当按照供气、用气合同的约定，对单位燃气用户的燃气设施承担相应的管理责任。

第二十条　管道燃气经营者因施工、检修等原因需要临时调整供气量或者暂停供气的，应当将作业时间和影响区域提前 48 小时予以公告或者书面通知燃气用户，并按照有关规定及时恢复正常供气；因突发事件影响供气的，应当采取紧急措施并及时通知燃气用户。

燃气经营者停业、歇业的，应当事先对其供气范围内的燃气用户的正常用气作出妥善安排，并在 90 个工作日前向所在地燃气管理部门报告，经批准方可停业、歇业。

第二十一条　有下列情况之一的，燃气管理部门应当采取措施，保障燃气用户的正常用气：

（一）管道燃气经营者临时调整供气量或者暂停供气未及时恢复正常供气的；

（二）管道燃气经营者因突发事件影响供气未采取紧急措施的；

（三）燃气经营者擅自停业、歇业的；

（四）燃气管理部门依法撤回、撤销、注销、吊销燃气经营许可的。

第二十二条 燃气经营者应当建立健全燃气质量检测制度，确保所供应的燃气质量符合国家标准。

县级以上地方人民政府质量监督、工商行政管理、燃气管理等部门应当按照职责分工，依法加强对燃气质量的监督检查。

第二十三条 燃气销售价格，应当根据购气成本、经营成本和当地经济社会发展水平合理确定并适时调整。县级以上地方人民政府价格主管部门确定和调整管道燃气销售价格，应当征求管道燃气用户、管道燃气经营者和有关方面的意见。

第二十四条 通过道路、水路、铁路运输燃气的，应当遵守法律、行政法规有关危险货物运输安全的规定以及国务院交通运输部门、国务院铁路部门的有关规定；通过道路或者水路运输燃气的，还应当分别依照有关道路运输、水路运输的法律、行政法规的规定，取得危险货物道路运输许可或者危险货物水路运输许可。

第二十五条 燃气经营者应当对其从事瓶装燃气送气服务的人员和车辆加强管理，并承担相应的责任。

从事瓶装燃气充装活动，应当遵守法律、行政法规和国家标准有关气瓶充装的规定。

第二十六条 燃气经营者应当依法经营，诚实守信，接受社会公众的监督。

燃气行业协会应当加强行业自律管理，促进燃气经营者提高服务质量和技术水平。

第四章 燃 气 使 用

第二十七条 燃气用户应当遵守安全用气规则，使用合格的燃气燃烧器具和气瓶，及时更换国家明令淘汰或者使用年限已届满的燃气燃烧器具、连接管等，并按照约定期限支付燃气费用。

单位燃气用户还应当建立健全安全管理制度，加强对操作维护人员燃气安全知识和操作技能的培训。

第二十八条 燃气用户及相关单位和个人不得有下列行为：

（一）擅自操作公用燃气阀门；

（二）将燃气管道作为负重支架或者接地引线；

（三）安装、使用不符合气源要求的燃气燃烧器具；

（四）擅自安装、改装、拆除户内燃气设施和燃气计量装置；

（五）在不具备安全条件的场所使用、储存燃气；

（六）盗用燃气；

（七）改变燃气用途或者转供燃气。

第二十九条 燃气用户有权就燃气收费、服务等事项向燃气经营者进行查询，燃气经营者应当自收到查询申请之日起 5 个工作日内予以答复。

燃气用户有权就燃气收费、服务等事项向县级以上地方人民政府价格主管部门、燃气管理部门以及其他有关部门进行投诉，有关部门应当自收到投诉之日起 15 个工作日内予以处理。

第三十条 安装、改装、拆除户内燃气设施的，应当按照国家有关工程建设标准实施作业。

第三十一条 燃气管理部门应当向社会公布本行政区域内的燃气种类和气质成分等信息。

燃气燃烧器具生产单位应当在燃气燃烧器具上明确标识所适应的燃气种类。

第三十二条 燃气燃烧器具生产单位、销售单位应当设立或者委托设立售后服务站点，配备经考核合格的燃气燃烧器具安装、维修人员，负责售后的安装、维修服务。

燃气燃烧器具的安装、维修，应当符合国家有关标准。

第五章 燃气设施保护

第三十三条 县级以上地方人民政府燃气管理部门应当会同城乡规划等有关部门按照国家有关标准和规定划定燃气设施保护范围，并向社会公布。

在燃气设施保护范围内，禁止从事下列危及燃气设施安全的活动：

（一）建设占压地下燃气管线的建筑物、构筑物或者其他设施；

（二）进行爆破、取土等作业或者动用明火；

（三）倾倒、排放腐蚀性物质；

（四）放置易燃易爆危险物品或者种植深根植物；

（五）其他危及燃气设施安全的活动。

第三十四条 在燃气设施保护范围内，有关单位从事敷设管道、打桩、顶进、挖掘、钻探等可能影响燃气设施安全活动的，应当与燃气经营者共同制定燃气设施保护方案，并采取相应的安全保护措施。

第三十五条 燃气经营者应当按照国家有关工程建设标准和安全生产管理的规定，设置燃气设施防腐、绝缘、防雷、降压、隔离等保护装置和安全警示标志，定期进行巡查、检测、维修和维护，确保燃气设施的安全运行。

第三十六条 任何单位和个人不得侵占、毁损、擅自拆除或者移动燃气设施，不得毁损、覆盖、涂改、擅自拆除或者移动燃气设施安全警示标志。

任何单位和个人发现有可能危及燃气设施和安全警示标志的行为，有权予以劝阻、制止；经劝阻、制止无效的，应当立即告知燃气经营者或者向燃气管理部门、安全生产监督管理部门和公安机关报告。

第三十七条 新建、扩建、改建建设工程，不得影响燃气设施安全。

建设单位在开工前，应当查明建设工程施工范围内地下燃气管线的相关情况；燃气管理部门以及其他有关部门和单位应当及时提供相关资料。

建设工程施工范围内有地下燃气管线等重要燃气设施的，建设单位应当会同施工单位与管道燃气经营者共同制定燃气设施保护方案。建设单位、施工单位应当采取相应的安全保护措施，确保燃气设施运行安全；管道燃气经营者应当派专业人员进行现场指导。法律、法规另有规定的，依照有关法律、法规的规定执行。

第三十八条 燃气经营者改动市政燃气设施，应当制定改动方案，报县级以上地方人民政府燃气管理部门批准。

改动方案应当符合燃气发展规划，明确安全施工要求，有安全防护和保障正常用气的措施。

第六章 燃气安全事故预防与处理

第三十九条 燃气管理部门应当会同有关部门制定燃气安全事故应急预案，建立燃气事故统计分析制度，定期通报事故处理结果。

燃气经营者应当制定本单位燃气安全事故应急预案，配备应急人员和必要的应急装备、器材，并定期组织演练。

第四十条 任何单位和个人发现燃气安全事故或者燃气安全事故隐患等情况，应当立即告知燃气经营者，或者向燃气管理部门、公安机关消防机构等有关部门和单位报告。

第四十一条 燃气经营者应当建立健全燃气安全评估和风险管理体系，发现燃气安全事故隐患的，应当及时采取措施消除隐患。

燃气管理部门以及其他有关部门和单位应当根据各自职责，对燃气经营、燃气使用的安全状况等进行监督检查，发现燃气安全事故隐患的，应当通知燃气经营者、燃气用户及时采取措施消除隐患；不及时消除隐患可能严重威胁公共安全的，燃气管理部门以及其他有关部门和单位应当依法采取措施，及时组织消除隐患，有关单位和个人应当予以配合。

第四十二条 燃气安全事故发生后，燃气经营者应当立即启动本单位燃气安全事故应急预案，组织抢险、抢修。

燃气安全事故发生后，燃气管理部门、安全生产监督管理部门和公安机关消防机构等有关部门和单位，应当根据各自职责，立即采取措施防止事故扩大，根据有关情况启动燃气安全事故应急预案。

第四十三条 燃气安全事故经调查确定为责任事故的，应当查明原因、明确责任，并依法予以追究。

对燃气生产安全事故，依照有关生产安全事故报告和调查处理的法律、行政法规的规定报告和调查处理。

第七章 法 律 责 任

第四十四条 违反本条例规定，县级以上地方人民政府及其燃气管理部门和其他有关部门，不依法作出行政许可决定或者办理批准文件的，发现违法行为或者接到对违法行为的举报不予查处的，或者有其他未依照本条例规定履行职责的行为的，对直接负责的主管人员和其他直接责任人员，依法给予处分；直接负责的主管人员和其他直接责任人员的行为构成犯罪的，依法追究刑事责任。

第四十五条 违反本条例规定，未取得燃气经营许可证从事燃气经营活动的，由燃气管理部门责令停止违法行为，处 5 万元以上 50 万元以下罚款；有违法所得的，没收违法所得；构成犯罪的，依法追究刑事责任。

违反本条例规定，燃气经营者不按照燃气经营许可证的规定从事燃气经营活动的，由燃气管理部门责令限期改正，处 3 万元以上 20 万元以下罚款；有违法所得的，没收违法所得；情节严重的，吊销燃气经营许可证；构成犯罪的，依法追究刑事责任。

第四十六条 违反本条例规定，燃气经营者有下列行为之一的，由燃气管理部门责令限期改正，处 1 万元以上 10 万元以下罚款；有违法所得的，没收违法所得；情节严重的，吊销燃气经营许可证；造成损失的，依法承担赔偿责任；构成犯罪的，依法追究刑事责任：

（一）拒绝向市政燃气管网覆盖范围内符合用气条件的单位或者个人供气的；

（二）倒卖、抵押、出租、出借、转让、涂改燃气经营许可证的；

（三）未履行必要告知义务擅自停止供气、调整供气量，或者未经审批擅自停业或者歇业的；

（四）向未取得燃气经营许可证的单位或者个人提供用于经营的燃气的；

（五）在不具备安全条件的场所储存燃气的；

（六）要求燃气用户购买其指定的产品或者接受其提供的服务；

（七）燃气经营者未向燃气用户持续、稳定、安全供应符合国家质量标准的燃气，或者未对燃气用户的燃气设施定期进行安全检查。

第四十七条 违反本条例规定，擅自为非自有气瓶充装燃气或者销售未经许可的充装单位充装的瓶装燃气的，依照国家有关气瓶安全监察的规定进行处罚。

违反本条例规定，销售充装单位擅自为非自有气瓶充装的瓶装燃气的，由燃气管理部门责令改正，可以处 1 万元以下罚款。

违反本条例规定，冒用其他企业名称或者标识从事燃气经营、服务活动，依照有关反不正当竞争的法律规定进行处罚。

第四十八条 违反本条例规定，燃气经营者未按照国家有关工程建设标准和安全生产管理的规定，设置燃气设施防腐、绝缘、防雷、降压、隔离等保护装置和安全警示标志的，或者未定期进行巡查、检测、维修和维护的，或者未采取措施及时消除燃气安全事故隐患的，由燃气管理部门责令限期改正，处 1 万元以上 10 万元以下罚款。

第四十九条 违反本条例规定，燃气用户及相关单位和个人有下列行为之一的，由燃气管理部门责令限期改正；逾期不改正的，对单位可以处 10 万元以下罚款，对个人可以处 1000 元以下罚款；造成损失的，依法承担赔偿责任；构成犯罪的，依法追究刑事责任。

（一）擅自操作公用燃气阀门的；

（二）将燃气管道作为负重支架或者接地引线的；

（三）安装、使用不符合气源要求的燃气燃烧器具的；

（四）擅自安装、改装、拆除户内燃气设施和燃气计量装置的；

（五）在不具备安全条件的场所使用、储存燃气的；

（六）改变燃气用途或者转供燃气的；

（七）未设立售后服务站点或者未配备经考核合格的燃气燃烧器具安装、维修人员的；

（八）燃气燃烧器具的安装、维修不符合国家有关标准的。

盗用燃气的，依照有关治安管理处罚的法律规定进行处罚。

第五十条　违反本条例规定，在燃气设施保护范围内从事下列活动之一的，由燃气管理部门责令停止违法行为，限期恢复原状或者采取其他补救措施，对单位处 5 万元以上 10 万元以下罚款，对个人处 5000 元以上 5 万元以下罚款；造成损失的，依法承担赔偿责任；构成犯罪的，依法追究刑事责任：

（一）进行爆破、取土等作业或者动用明火的；

（二）倾倒、排放腐蚀性物质的；

（三）放置易燃易爆物品或者种植深根植物的；

（四）未与燃气经营者共同制定燃气设施保护方案，采取相应的安全保护措施，从事敷设管道、打桩、顶进、挖掘、钻探等可能影响燃气设施安全活动的。

违反本条例规定，在燃气设施保护范围内建设占压地下燃气管线的建筑物、构筑物或者其他设施的，依照有关城乡规划的法律、行政法规的规定进行处罚。

第五十一条　违反本条例规定，侵占、毁损、擅自拆除、移动燃气设施或者擅自改动市政燃气设施的，由燃气管理部门责令限期改正，恢复原状或者采取其他补救措施，对单位处 5 万元以上 10 万元以下罚款，对个人处 5000 元以上 5 万元以下罚款；造成损失的，依法承担赔偿责任；构成犯罪的，依法追究刑事责任。

违反本条例规定，毁损、覆盖、涂改、擅自拆除或者移动燃气设施安全警示标志的，由燃气管理部门责令限期改正，恢复原状，可以处 5000 元以下罚款。

第五十二条 违反本条例规定，建设工程施工范围内有地下燃气管线等重要燃气设施，建设单位未会同施工单位与管道燃气经营者共同制定燃气设施保护方案，或者建设单位、施工单位未采取相应的安全保护措施的，由燃气管理部门责令改正，处 1 万元以上 10 万元以下罚款；造成损失的，依法承担赔偿责任；构成犯罪的，依法追究刑事责任。

第八章 附 则

第五十三条 本条例下列用语的含义：

（一）燃气设施，是指人工煤气生产厂、燃气储配站、门站、汽化站、混气站、加气站、灌装站、供应站、调压站、市政燃气管网等的总称，包括市政燃气设施、建筑区划内业主专有部分以外的燃气设施以及户内燃气设施等。

（二）燃气燃烧器具，是指以燃气为燃料的燃烧器具，包括居民家庭和商业用户所使用的燃气灶、热水器、沸水器、采暖器、空调器等器具。

第五十四条 农村的燃气管理参照本条例的规定执行。

第五十五条 本条例自 2011 年 3 月 1 日起施行。

附录 2.2 《生产安全事故报告和调查处理条例》

中华人民共和国国务院令
第 493 号

《生产安全事故报告和调查处理条例》已经 2007 年 3 月 28

日国务院第 172 次常务会议通过，现予公布，自 2007 年 6 月 1 日起施行。

总　理　温家宝

2007 年 4 月 9 日

生产安全事故报告和调查处理条例

第一章　总　　则

第一条　为了规范生产安全事故的报告和调查处理，落实生产安全事故责任追究制度，防止和减少生产安全事故，根据《中华人民共和国安全生产法》和有关法律，制定本条例。

第二条　生产经营活动中发生的造成人身伤亡或者直接经济损失的生产安全事故的报告和调查处理，适用本条例；环境污染事故、核设施事故、国防科研生产事故的报告和调查处理不适用本条例。

第三条　根据生产安全事故（以下简称事故）造成的人员伤亡或者直接经济损失，事故一般分为以下等级：

（一）特别重大事故，是指造成 30 人以上死亡，或者 100 人以上重伤（包括急性工业中毒，下同），或者 1 亿元以上直接经济损失的事故；

（二）重大事故，是指造成 10 人以上 30 人以下死亡，或者 50 人以上 100 人以下重伤，或者 5000 万元以上 1 亿元以下直接经济损失的事故；

（三）较大事故，是指造成 3 人以上 10 人以下死亡，或者 10 人以上 50 人以下重伤，或者 1000 万元以上 5000 万元以下直接经济损失的事故；

（四）一般事故，是指造成 3 人以下死亡，或者 10 人以下重伤，或者 1000 万元以下直接经济损失的事故。

国务院安全生产监督管理部门可以会同国务院有关部门，制定事故等级划分的补充性规定。

本条第一款所称的"以上"包括本数，所称的"以下"不包括本数。

第四条 事故报告应当及时、准确、完整，任何单位和个人对事故不得迟报、漏报、谎报或者瞒报。

事故调查处理应当坚持实事求是、尊重科学的原则，及时、准确地查清事故经过、事故原因和事故损失，查明事故性质，认定事故责任，总结事故教训，提出整改措施，并对事故责任者依法追究责任。

第五条 县级以上人民政府应当依照本条例的规定，严格履行职责，及时、准确地完成事故调查处理工作。

事故发生地有关地方人民政府应当支持、配合上级人民政府或者有关部门的事故调查处理工作，并提供必要的便利条件。

参加事故调查处理的部门和单位应当互相配合，提高事故调查处理工作的效率。

第六条 工会依法参加事故调查处理，有权向有关部门提出处理意见。

第七条 任何单位和个人不得阻挠和干涉对事故的报告和依法调查处理。

第八条 对事故报告和调查处理中的违法行为，任何单位和个人有权向安全生产监督管理部门、监察机关或者其他有关部门举报，接到举报的部门应当依法及时处理。

第二章 事 故 报 告

第九条 事故发生后，事故现场有关人员应当立即向本单位负责人报告；单位负责人接到报告后，应当于1小时内向事故发生地县级以上人民政府安全生产监督管理部门和负有安全生产监督管理职责的有关部门报告。

情况紧急时，事故现场有关人员可以直接向事故发生地县级以上人民政府安全生产监督管理部门和负有安全生产监督管理职责的有关部门报告。

第十条 安全生产监督管理部门和负有安全生产监督管理职责的有关部门接到事故报告后，应当依照下列规定上报事故情况，并通知公安机关、劳动保障行政部门、工会和人民检察院：

（一）特别重大事故、重大事故逐级上报至国务院安全生产监督管理部门和负有安全生产监督管理职责的有关部门；

（二）较大事故逐级上报至省、自治区、直辖市人民政府安全生产监督管理部门和负有安全生产监督管理职责的有关部门；

（三）一般事故上报至设区的市级人民政府安全生产监督管理部门和负有安全生产监督管理职责的有关部门。

安全生产监督管理部门和负有安全生产监督管理职责的有关部门依照前款规定上报事故情况，应当同时报告本级人民政府。国务院安全生产监督管理部门和负有安全生产监督管理职责的有关部门以及省级人民政府接到发生特别重大事故、重大事故的报告后，应当立即报告国务院。

必要时，安全生产监督管理部门和负有安全生产监督管理职责的有关部门可以越级上报事故情况。

第十一条 安全生产监督管理部门和负有安全生产监督管理职责的有关部门逐级上报事故情况，每级上报的时间不得超过 2 小时。

第十二条 报告事故应当包括下列内容：

（一）事故发生单位概况；

（二）事故发生的时间、地点以及事故现场情况；

（三）事故的简要经过；

（四）事故已经造成或者可能造成的伤亡人数（包括下落不明的人数）和初步估计的直接经济损失；

（五）已经采取的措施；

（六）其他应当报告的情况。

第十三条 事故报告后出现新情况的，应当及时补报。

自事故发生之日起 30 日内，事故造成的伤亡人数发生变化的，应当及时补报。道路交通事故、火灾事故自发生之日起 7 日内，事故造成的伤亡人数发生变化的，应当及时补报。

第十四条 事故发生单位负责人接到事故报告后，应当立即启动事故相应应急预案，或者采取有效措施，组织抢救，防止事故扩大，减少人员伤亡和财产损失。

第十五条 事故发生地有关地方人民政府、安全生产监督管理部门和负有安全生产监督管理职责的有关部门接到事故报告后，其负责人应当立即赶赴事故现场，组织事故救援。

第十六条 事故发生后，有关单位和人员应当妥善保护事故现场以及相关证据，任何单位和个人不得破坏事故现场、毁灭相关证据。

因抢救人员、防止事故扩大以及疏通交通等原因，需要移动事故现场物件的，应当做出标志，绘制现场简图并做出书面记录，妥善保存现场重要痕迹、物证。

第十七条 事故发生地公安机关根据事故的情况，对涉嫌犯罪的，应当依法立案侦查，采取强制措施和侦查措施。犯罪嫌疑人逃匿的，公安机关应当迅速追捕归案。

第十八条 安全生产监督管理部门和负有安全生产监督管理职责的有关部门应当建立值班制度，并向社会公布值班电话，受理事故报告和举报。

第三章 事 故 调 查

第十九条 特别重大事故由国务院或者国务院授权有关部门组织事故调查组进行调查。

重大事故、较大事故、一般事故分别由事故发生地省级人民政府、设区的市级人民政府、县级人民政府负责调查。省级人民政府、设区的市级人民政府、县级人民政府可以直接组织事故调查组进行调查，也可以授权或者委托有关部门组织事故调查组进行调查。

未造成人员伤亡的一般事故，县级人民政府也可以委托事故发生单位组织事故调查组进行调查。

第二十条 上级人民政府认为必要时，可以调查由下级人民政府负责调查的事故。

自事故发生之日起 30 日内（道路交通事故、火灾事故自发生之日起 7 日内），因事故伤亡人数变化导致事故等级发生变化，依照本条例规定应当由上级人民政府负责调查的，上级人民政府可以另行组织事故调查组进行调查。

第二十一条 特别重大事故以下等级事故，事故发生地与事故发生单位不在同一个县级以上行政区域的，由事故发生地人民政府负责调查，事故发生单位所在地人民政府应当派人参加。

第二十二条 事故调查组的组成应当遵循精简、效能的原则。

根据事故的具体情况，事故调查组由有关人民政府、安全生产监督管理部门、负有安全生产监督管理职责的有关部门、监察机关、公安机关以及工会派人组成，并应当邀请人民检察院派人参加。

事故调查组可以聘请有关专家参与调查。

第二十三条 事故调查组成员应当具有事故调查所需要的知识和专长，并与所调查的事故没有直接利害关系。

第二十四条 事故调查组组长由负责事故调查的人民政府指定。事故调查组组长主持事故调查组的工作。

第二十五条 事故调查组履行下列职责：

（一）查明事故发生的经过、原因、人员伤亡情况及直接经济损失；

（二）认定事故的性质和事故责任；

（三）提出对事故责任者的处理建议；

（四）总结事故教训，提出防范和整改措施；

（五）提交事故调查报告。

第二十六条 事故调查组有权向有关单位和个人了解与事故

有关的情况，并要求其提供相关文件、资料，有关单位和个人不得拒绝。

事故发生单位的负责人和有关人员在事故调查期间不得擅离职守，并应当随时接受事故调查组的询问，如实提供有关情况。

事故调查中发现涉嫌犯罪的，事故调查组应当及时将有关材料或者其复印件移交司法机关处理。

第二十七条 事故调查中需要进行技术鉴定的，事故调查组应当委托具有国家规定资质的单位进行技术鉴定。必要时，事故调查组可以直接组织专家进行技术鉴定。技术鉴定所需时间不计入事故调查期限。

第二十八条 事故调查组成员在事故调查工作中应当诚信公正、恪尽职守，遵守事故调查组的纪律，保守事故调查的秘密。

未经事故调查组组长允许，事故调查组成员不得擅自发布有关事故的信息。

第二十九条 事故调查组应当自事故发生之日起 60 日内提交事故调查报告；特殊情况下，经负责事故调查的人民政府批准，提交事故调查报告的期限可以适当延长，但延长的期限最长不超过 60 日。

第三十条 事故调查报告应当包括下列内容：

（一）事故发生单位概况；

（二）事故发生经过和事故救援情况；

（三）事故造成的人员伤亡和直接经济损失；

（四）事故发生的原因和事故性质；

（五）事故责任的认定以及对事故责任者的处理建议；

（六）事故防范措施建议。

事故调查报告应当附具有关证据材料。事故调查组成员应当在事故调查报告上签名。

第三十一条 事故调查报告报送负责事故调查的人民政府后，事故调查工作即告结束。事故调查的有关资料应当归档保存。

第四章 事 故 处 理

第三十二条 重大事故、较大事故、一般事故，负责事故调查的人民政府应当自收到事故调查报告之日起 15 日内做出批复；特别重大事故，30 日内做出批复，特殊情况下，批复时间可以适当延长，但延长的时间最长不超过 30 日。

有关机关应当按照人民政府的批复，依照法律、行政法规规定的权限和程序，对事故发生单位和有关人员进行行政处罚，对负有事故责任的国家工作人员进行处分。

事故发生单位应当按照负责事故调查的人民政府的批复，对本单位负有事故责任的人员进行处理。

负有事故责任的人员涉嫌犯罪的，依法追究刑事责任。

第三十三条 事故发生单位应当认真吸取事故教训，落实防范和整改措施，防止事故再次发生。防范和整改措施的落实情况应当接受工会和职工的监督。

安全生产监督管理部门和负有安全生产监督管理职责的有关部门应当对事故发生单位落实防范和整改措施的情况进行监督检查。

第三十四条 事故处理的情况由负责事故调查的人民政府或者其授权的有关部门、机构向社会公布，依法应当保密的除外。

第五章 法 律 责 任

第三十五条 事故发生单位主要负责人有下列行为之一的，处上一年年收入 40% 至 80% 的罚款；属于国家工作人员的，并依法给予处分；构成犯罪的，依法追究刑事责任：

（一）不立即组织事故抢救的；

（二）迟报或者漏报事故的；

（三）在事故调查处理期间擅离职守的。

第三十六条 事故发生单位及其有关人员有下列行为之一的，对事故发生单位处 100 万元以上 500 万元以下的罚款；对主要负责人、直接负责的主管人员和其他直接责任人员处上一年年收入 60％至 100％的罚款；属于国家工作人员的，并依法给予处分；构成违反治安管理行为的，由公安机关依法给予治安管理处罚；构成犯罪的，依法追究刑事责任：

（一）谎报或者瞒报事故的；

（二）伪造或者故意破坏事故现场的；

（三）转移、隐匿资金、财产，或者销毁有关证据、资料的；

（四）拒绝接受调查或者拒绝提供有关情况和资料的；

（五）在事故调查中作伪证或者指使他人作伪证的；

（六）事故发生后逃匿的。

第三十七条 事故发生单位对事故发生负有责任的，依照下列规定处以罚款：

（一）发生一般事故的，处 10 万元以上 20 万元以下的罚款；

（二）发生较大事故的，处 20 万元以上 50 万元以下的罚款；

（三）发生重大事故的，处 50 万元以上 200 万元以下的罚款；

（四）发生特别重大事故的，处 200 万元以上 500 万元以下的罚款。

第三十八条 事故发生单位主要负责人未依法履行安全生产管理职责，导致事故发生的，依照下列规定处以罚款；属于国家工作人员的，并依法给予处分；构成犯罪的，依法追究刑事责任：

（一）发生一般事故的，处上一年年收入 30％的罚款；

（二）发生较大事故的，处上一年年收入 40％的罚款；

（三）发生重大事故的，处上一年年收入 60％的罚款；

（四）发生特别重大事故的，处上一年年收入 80％的罚款。

第三十九条 有关地方人民政府、安全生产监督管理部门和负有安全生产监督管理职责的有关部门有下列行为之一的，对直接负责的主管人员和其他直接责任人员依法给予处分；构成犯罪的，依法追究刑事责任：

（一）不立即组织事故抢救的；

（二）迟报、漏报、谎报或者瞒报事故的；

（三）阻碍、干涉事故调查工作的；

（四）在事故调查中作伪证或者指使他人作伪证的。

第四十条 事故发生单位对事故发生负有责任的，由有关部门依法暂扣或者吊销其有关证照；对事故发生单位负有事故责任的有关人员，依法暂停或者撤销其与安全生产有关的执业资格、岗位证书；事故发生单位主要负责人受到刑事处罚或者撤职处分的，自刑罚执行完毕或者受处分之日起，5 年内不得担任任何生产经营单位的主要负责人。

为发生事故的单位提供虚假证明的中介机构，由有关部门依法暂扣或者吊销其有关证照及其相关人员的执业资格；构成犯罪的，依法追究刑事责任。

第四十一条 参与事故调查的人员在事故调查中有下列行为之一的，依法给予处分；构成犯罪的，依法追究刑事责任：

（一）对事故调查工作不负责任，致使事故调查工作有重大疏漏的；

（二）包庇、袒护负有事故责任的人员或者借机打击报复的。

第四十二条 违反本条例规定，有关地方人民政府或者有关部门故意拖延或者拒绝落实经批复的对事故责任人的处理意见的，由监察机关对有关责任人员依法给予处分。

第四十三条 本条例规定的罚款的行政处罚，由安全生产监督管理部门决定。

法律、行政法规对行政处罚的种类、幅度和决定机关另有规定的，依照其规定。

第六章　附　　则

第四十四条 没有造成人员伤亡，但是社会影响恶劣的事故，国务院或者有关地方人民政府认为需要调查处理的，依照本条例的有关规定执行。

国家机关、事业单位、人民团体发生的事故的报告和调查处理，参照本条例的规定执行。

第四十五条 特别重大事故以下等级事故的报告和调查处理，有关法律、行政法规或者国务院另有规定的，依照其规定。

第四十六条 本条例自 2007 年 6 月 1 日起施行。国务院 1989 年 3 月 29 日公布的《特别重大事故调查程序暂行规定》和 1991 年 2 月 22 日公布的《企业职工伤亡事故报告和处理规定》同时废止。

附录 2.3 《工伤保险条例》

中华人民共和国国务院令
第 586 号

《国务院关于修改〈工伤保险条例〉的决定》已经 2010 年 12 月 8 日国务院第 136 次常务会议通过，现予公布，自 2011 年 1 月 1 日起施行。

总 理 温家宝
2010 年 12 月 20 日

工伤保险条例

（2003 年 4 月 27 日中华人民共和国国务院令第 375 号公布 根据 2010 年 12 月 20 日《国务院关于修改〈工伤保险条例〉的决定》修订）

第一章 总 则

第一条 为了保障因工作遭受事故伤害或者患职业病的职工

获得医疗救治和经济补偿，促进工伤预防和职业康复，分散用人单位的工伤风险，制定本条例。

第二条 中华人民共和国境内的企业、事业单位、社会团体、民办非企业单位、基金会、律师事务所、会计师事务所等组织和有雇工的个体工商户（以下称用人单位）应当依照本条例规定参加工伤保险，为本单位全部职工或者雇工（以下称职工）缴纳工伤保险费。

中华人民共和国境内的企业、事业单位、社会团体、民办非企业单位、基金会、律师事务所、会计师事务所等组织的职工和个体工商户的雇工，均有依照本条例的规定享受工伤保险待遇的权利。

第三条 工伤保险费的征缴按照《社会保险费征缴暂行条例》关于基本养老保险费、基本医疗保险费、失业保险费的征缴规定执行。

第四条 用人单位应当将参加工伤保险的有关情况在本单位内公示。

用人单位和职工应当遵守有关安全生产和职业病防治的法律法规，执行安全卫生规程和标准，预防工伤事故发生，避免和减少职业病危害。

职工发生工伤时，用人单位应当采取措施使工伤职工得到及时救治。

第五条 国务院社会保险行政部门负责全国的工伤保险工作。

县级以上地方各级人民政府社会保险行政部门负责本行政区域内的工伤保险工作。

社会保险行政部门按照国务院有关规定设立的社会保险经办机构（以下称经办机构）具体承办工伤保险事务。

第六条 社会保险行政部门等部门制定工伤保险的政策、标准，应当征求工会组织、用人单位代表的意见。

第二章　工伤保险基金

第七条　工伤保险基金由用人单位缴纳的工伤保险费、工伤保险基金的利息和依法纳入工伤保险基金的其他资金构成。

第八条　工伤保险费根据以支定收、收支平衡的原则，确定费率。

国家根据不同行业的工伤风险程度确定行业的差别费率，并根据工伤保险费使用、工伤发生率等情况在每个行业内确定若干费率档次。行业差别费率及行业内费率档次由国务院社会保险行政部门制定，报国务院批准后公布施行。

统筹地区经办机构根据用人单位工伤保险费使用、工伤发生率等情况，适用所属行业内相应的费率档次确定单位缴费费率。

第九条　国务院社会保险行政部门应当定期了解全国各统筹地区工伤保险基金收支情况，及时提出调整行业差别费率及行业内费率档次的方案，报国务院批准后公布施行。

第十条　用人单位应当按时缴纳工伤保险费。职工个人不缴纳工伤保险费。

用人单位缴纳工伤保险费的数额为本单位职工工资总额乘以单位缴费费率之积。

对难以按照工资总额缴纳工伤保险费的行业，其缴纳工伤保险费的具体方式，由国务院社会保险行政部门规定。

第十一条　工伤保险基金逐步实行省级统筹。

跨地区、生产流动性较大的行业，可以采取相对集中的方式异地参加统筹地区的工伤保险。具体办法由国务院社会保险行政部门会同有关行业的主管部门制定。

第十二条　工伤保险基金存入社会保障基金财政专户，用于本条例规定的工伤保险待遇，劳动能力鉴定，工伤预防的宣传、培训等费用，以及法律、法规规定的用于工伤保险的其他费用的支付。

工伤预防费用的提取比例、使用和管理的具体办法，由国务院社会保险行政部门会同国务院财政、卫生、行政、安全生产监督管理等部门规定。

任何单位或者个人不得将工伤保险基金用于投资运营、兴建或者改建办公场所、发放奖金，或者挪作其他用途。

第十三条　工伤保险基金应当留有一定比例的储备金，用于统筹地区重大事故的工伤保险待遇支付；储备金不足支付的，由统筹地区的人民政府垫付。储备金占基金总额的具体比例和储备金的使用办法，由省、自治区、直辖市人民政府规定。

第三章　工　伤　认　定

第十四条　职工有下列情形之一的，应当认定为工伤：

（一）在工作时间和工作场所内，因工作原因受到事故伤害的；

（二）工作时间前后在工作场所内，从事与工作有关的预备性或者收尾性工作受到事故伤害的；

（三）在工作时间和工作场所内，因履行工作职责受到暴力等意外伤害的；

（四）患职业病的；

（五）因工外出期间，由于工作原因受到伤害或者发生事故下落不明的；

（六）在上下班途中，受到非本人主要责任的交通事故或者城市轨道交通、客运轮渡、火车事故伤害的；

（七）法律、行政法规规定应当认定为工伤的其他情形。

第十五条　职工有下列情形之一的，视同工伤：

（一）在工作时间和工作岗位，突发疾病死亡或者在 48 小时之内经抢救无效死亡的；

（二）在抢险救灾等维护国家利益、公共利益活动中受到伤害的；

（三）职工原在军队服役，因战、因公负伤致残，已取得革命伤残军人证，到用人单位后旧伤复发的。

职工有前款第（一）项、第（二）项情形的，按照本条例的有关规定享受工伤保险待遇；职工有前款第（三）项情形的，按照本条例的有关规定享受除一次性伤残补助金以外的工伤保险待遇。

第十六条　职工符合本条例第十四条、第十五条的规定，但是有下列情形之一的，不得认定为工伤或者视同工伤：

（一）故意犯罪的；

（二）醉酒或者吸毒的；

（三）自残或者自杀的。

第十七条　职工发生事故伤害或者按照职业病防治法规定被诊断、鉴定为职业病，所在单位应当自事故伤害发生之日或者被诊断、鉴定为职业病之日起 30 日内，向统筹地区社会保险行政部门提出工伤认定申请。遇有特殊情况，经报社会保险行政部门同意，申请时限可以适当延长。

用人单位未按前款规定提出工伤认定申请的，工伤职工或者其近亲属、工会组织在事故伤害发生之日或者被诊断、鉴定为职业病之日起 1 年内，可以直接向用人单位所在地统筹地区社会保险行政部门提出工伤认定申请。

按照本条第一款规定应当由省级社会保险行政部门进行工伤认定的事项，根据属地原则由用人单位所在地的设区的市级社会保险行政部门办理。

用人单位未在本条第一款规定的时限内提交工伤认定申请，在此期间发生符合本条例规定的工伤待遇等有关费用由该用人单位负担。

第十八条　提出工伤认定申请应当提交下列材料：

（一）工伤认定申请表；

（二）与用人单位存在劳动关系（包括事实劳动关系）的证明材料；

（三）医疗诊断证明或者职业病诊断证明书（或者职业病诊断鉴定书）。

工伤认定申请表应当包括事故发生的时间、地点、原因以及职工伤害程度等基本情况。

工伤认定申请人提供材料不完整的，社会保险行政部门应当一次性书面告知工伤认定申请人需要补正的全部材料。申请人按照书面告知要求补正材料后，社会保险行政部门应当受理。

第十九条 社会保险行政部门受理工伤认定申请后，根据审核需要可以对事故伤害进行调查核实，用人单位、职工、工会组织、医疗机构以及有关部门应当予以协助。职业病诊断和诊断争议的鉴定，依照职业病防治法的有关规定执行。对依法取得职业病诊断证明书或者职业病诊断鉴定书的，社会保险行政部门不再进行调查核实。

职工或者其近亲属认为是工伤，用人单位不认为是工伤的，由用人单位承担举证责任。

第二十条 社会保险行政部门应当自受理工伤认定申请之日起 60 日内作出工伤认定的决定，并书面通知申请工伤认定的职工或者其近亲属和该职工所在单位。

社会保险行政部门对受理的事实清楚、权利义务明确的工伤认定申请，应当在 15 日内作出工伤认定的决定。

作出工伤认定决定需要以司法机关或者有关行政主管部门的结论为依据的，在司法机关或者有关行政主管部门尚未作出结论期间，作出工伤认定决定的时限中止。

社会保险行政部门工作人员与工伤认定申请人有利害关系的，应当回避。

第四章　劳动能力鉴定

第二十一条 职工发生工伤，经治疗伤情相对稳定后存在残疾、影响劳动能力的，应当进行劳动能力鉴定。

第二十二条 劳动能力鉴定是指劳动功能障碍程度和生活自理障碍程度的等级鉴定。

劳动功能障碍分为十个伤残等级，最重的为一级，最轻的为十级。

生活自理障碍分为三个等级：生活完全不能自理、生活大部分不能自理和生活部分不能自理。

劳动能力鉴定标准由国务院社会保险行政部门会同国务院卫生行政部门等部门制定。

第二十三条 劳动能力鉴定由用人单位、工伤职工或者其近亲属向设区的市级劳动能力鉴定委员会提出申请，并提供工伤认定决定和职工工伤医疗的有关资料。

第二十四条 省、自治区、直辖市劳动能力鉴定委员会和设区的市级劳动能力鉴定委员会分别由省、自治区、直辖市和设区的市级社会保险行政部门、卫生行政部门、工会组织、经办机构代表以及用人单位代表组成。

劳动能力鉴定委员会建立医疗卫生专家库。列入专家库的医疗卫生专业技术人员应当具备下列条件：

（一）具有医疗卫生高级专业技术职务任职资格；

（二）掌握劳动能力鉴定的相关知识；

（三）具有良好的职业品德。

第二十五条 设区的市级劳动能力鉴定委员会收到劳动能力鉴定申请后，应当从其建立的医疗卫生专家库中随机抽取3名或者5名相关专家组成专家组，由专家组提出鉴定意见。设区的市级劳动能力鉴定委员会根据专家组的鉴定意见作出工伤职工劳动能力鉴定结论；必要时，可以委托具备资格的医疗机构协助进行有关的诊断。

设区的市级劳动能力鉴定委员会应当自收到劳动能力鉴定申请之日起60日内作出劳动能力鉴定结论，必要时，作出劳动能力鉴定结论的期限可以延长30日。劳动能力鉴定结论应当及时送达申请鉴定的单位和个人。

第二十六条 申请鉴定的单位或者个人对设区的市级劳动能力鉴定委员会作出的鉴定结论不服的，可以在收到该鉴定结论之日起15日内向省、自治区、直辖市劳动能力鉴定委员会提出再次鉴定申请。省、自治区、直辖市劳动能力鉴定委员会作出的劳动能力鉴定结论为最终结论。

第二十七条　劳动能力鉴定工作应当客观、公正。劳动能力鉴定委员会组成人员或者参加鉴定的专家与当事人有利害关系的，应当回避。

第二十八条　自劳动能力鉴定结论作出之日起1年后，工伤职工或者其近亲属、所在单位或者经办机构认为伤残情况发生变化的，可以申请劳动能力复查鉴定。

第二十九条　劳动能力鉴定委员会依照本条例第二十六条和第二十八条的规定进行再次鉴定和复查鉴定的期限，依照本条例第二十五条第二款的规定执行。

第五章　工伤保险待遇

第三十条　职工因工作遭受事故伤害或者患职业病进行治疗，享受工伤医疗待遇。

职工治疗工伤应当在签订服务协议的医疗机构就医，情况紧急时可以先到就近的医疗机构急救。

治疗工伤所需费用符合工伤保险诊疗项目目录、工伤保险药品目录、工伤保险住院服务标准的，从工伤保险基金支付。工伤保险诊疗项目目录、工伤保险药品目录、工伤保险住院服务标准，由国务院社会保险行政部门会同国务院卫生行政部门、食品药品监督管理部门等部门规定。

职工住院治疗工伤的伙食补助费，以及经医疗机构出具证明，报经办机构同意，工伤职工到统筹地区以外就医所需的交通、食宿费用从工伤保险基金支付，基金支付的具体标准由统筹地区人民政府规定。

工伤职工治疗非工伤引发的疾病，不享受工伤医疗待遇，按照基本医疗保险办法处理。

工伤职工到签订服务协议的医疗机构进行工伤康复的费用，符合规定的，从工伤保险基金支付。

第三十一条 社会保险行政部门作出认定为工伤的决定后发生行政复议、行政诉讼的，行政复议和行政诉讼期间不停止支付工伤职工治疗工伤的医疗费用。

第三十二条 工伤职工因日常生活或者就业需要，经劳动能力鉴定委员会确认，可以安装假肢、矫形器、假眼、假牙和配置轮椅等辅助器具，所需费用按照国家规定的标准从工伤保险基金支付。

第三十三条 职工因工作遭受事故伤害或者患职业病需要暂停工作接受工伤医疗的，在停工留薪期内，原工资福利待遇不变，由所在单位按月支付。

停工留薪期一般不超过 12 个月。伤情严重或者情况特殊，经设区的市级劳动能力鉴定委员会确认，可以适当延长，但延长不得超过 12 个月。工伤职工评定伤残等级后，停发原待遇，按照本章的有关规定享受伤残待遇。工伤职工在停工留薪期满后仍需治疗的，继续享受工伤医疗待遇。

生活不能自理的工伤职工在停工留薪期需要护理的，由所在单位负责。

第三十四条 工伤职工已经评定伤残等级并经劳动能力鉴定委员会确认需要生活护理的，从工伤保险基金按月支付生活护理费。

生活护理费按照生活完全不能自理、生活大部分不能自理或者生活部分不能自理 3 个不同等级支付，其标准分别为统筹地区上年度职工月平均工资的 50%、40%或者 30%。

第三十五条 职工因工致残被鉴定为一级至四级伤残的，保留劳动关系，退出工作岗位，享受以下待遇：

（一）从工伤保险基金按伤残等级支付一次性伤残补助金，标准为：一级伤残为 27 个月的本人工资，二级伤残为 25 个月的本人工资，三级伤残为 23 个月的本人工资，四级伤残为 21 个月的本人工资；

（二）从工伤保险基金按月支付伤残津贴，标准为：一级伤残为本人工资的 90%，二级伤残为本人工资的 85%，三级伤残为本人工资的 80%，四级伤残为本人工资的 75%。伤残津贴实际金额低于当地最低工资标准的，由工伤保险基金补足差额；

（三）工伤职工达到退休年龄并办理退休手续后，停发伤残津贴，按照国家有关规定享受基本养老保险待遇。基本养老保险待遇低于伤残津贴的，由工伤保险基金补足差额。

职工因工致残被鉴定为一级至四级伤残的，由用人单位和职工个人以伤残津贴为基数，缴纳基本医疗保险费。

第三十六条 职工因工致残被鉴定为五级、六级伤残的，享受以下待遇：

（一）从工伤保险基金按伤残等级支付一次性伤残补助金，标准为：五级伤残为 18 个月的本人工资，六级伤残为 16 个月的本人工资；

（二）保留与用人单位的劳动关系，由用人单位安排适当工作。难以安排工作的，由用人单位按月发给伤残津贴，标准为：五级伤残为本人工资的 70%，六级伤残为本人工资的 60%，并由用人单位按照规定为其缴纳应缴纳的各项社会保险费。伤残津贴实际金额低于当地最低工资标准的，由用人单位补足差额。

经工伤职工本人提出，该职工可以与用人单位解除或者终止劳动关系，由工伤保险基金支付一次性工伤医疗补助金，由用人单位支付一次性伤残就业补助金。一次性工伤医疗补助金和一次性伤残就业补助金的具体标准由省、自治区、直辖市人民政府规定。

第三十七条 职工因工致残被鉴定为七级至十级伤残的，享受以下待遇：

（一）从工伤保险基金按伤残等级支付一次性伤残补助金，标准为：七级伤残为 13 个月的本人工资，八级伤残为 11 个月的本人工资，九级伤残为 9 个月的本人工资，十级伤残为 7 个月的本人工资；

（二）劳动、聘用合同期满终止，或者职工本人提出解除劳动、聘用合同的，由工伤保险基金支付一次性工伤医疗补助金，由用人单位支付一次性伤残就业补助金。一次性工伤医疗补助金和一次性伤残就业补助金的具体标准由省、自治区、直辖市人民政府规定。

第三十八条 工伤职工工伤复发，确认需要治疗的，享受本条例第三十条、第三十二条和第三十三条规定的工伤待遇。

第三十九条 职工因工死亡，其近亲属按照下列规定从工伤保险基金领取丧葬补助金、供养亲属抚恤金和一次性工亡补助金：

（一）丧葬补助金为 6 个月的统筹地区上年度职工月平均工资；

（二）供养亲属抚恤金按照职工本人工资的一定比例发给由因工死亡职工生前提供主要生活来源、无劳动能力的亲属。标准为：配偶每月 40%，其他亲属每人每月 30%，孤寡老人或者孤儿每人每月在上述标准的基础上增加 10%。核定的各供养亲属的抚恤金之和不应高于因工死亡职工生前的工资。供养亲属的具体范围由国务院社会保险行政部门规定；

（三）一次性工亡补助金标准为上一年度全国城镇居民人均可支配收入的 20 倍。

伤残职工在停工留薪期内因工伤导致死亡的，其近亲属享受本条第一款规定的待遇。

一级至四级伤残职工在停工留薪期满后死亡的，其近亲属可以享受本条第一款第（一）项、第（二）项规定的待遇。

第四十条 伤残津贴、供养亲属抚恤金、生活护理费由统筹地区社会保险行政部门根据职工平均工资和生活费用变化等情况适时调整。调整办法由省、自治区、直辖市人民政府规定。

第四十一条 职工因工外出期间发生事故或者在抢险救灾中下落不明的，从事故发生当月起 3 个月内照发工资，从第 4 个月起停发工资，由工伤保险基金向其供养亲属按月支付供养亲属抚恤金。生活有困难的，可以预支一次性工亡补助金的 50%。职工被人民法院宣告死亡的，按照本条例第三十九条职工因工死亡的规定处理。

第四十二条　工伤职工有下列情形之一的，停止享受工伤保险待遇：

（一）丧失享受待遇条件的；

（二）拒不接受劳动能力鉴定的；

（三）拒绝治疗的。

第四十三条　用人单位分立、合并、转让的，承继单位应当承担原用人单位的工伤保险责任；原用人单位已经参加工伤保险的，承继单位应当到当地经办机构办理工伤保险变更登记。

用人单位实行承包经营的，工伤保险责任由职工劳动关系所在单位承担。

职工被借调期间受到工伤事故伤害的，由原用人单位承担工伤保险责任，但原用人单位与借调单位可以约定补偿办法。

企业破产的，在破产清算时依法拨付应当由单位支付的工伤保险待遇费用。

第四十四条　职工被派遣出境工作，依据前往国家或者地区的法律应当参加当地工伤保险的，参加当地工伤保险，其国内工伤保险关系中止；不能参加当地工伤保险的，其国内工伤保险关系不中止。

第四十五条　职工再次发生工伤，根据规定应当享受伤残津贴的，按照新认定的伤残等级享受伤残津贴待遇。

第六章　监　督　管　理

第四十六条　经办机构具体承办工伤保险事务，履行下列职责：

（一）根据省、自治区、直辖市人民政府规定，征收工伤保险费；

（二）核查用人单位的工资总额和职工人数，办理工伤保险登记，并负责保存用人单位缴费和职工享受工伤保险待遇情况的记录；

（三）进行工伤保险的调查、统计；

（四）按照规定管理工伤保险基金的支出；

（五）按照规定核定工伤保险待遇；

（六）为工伤职工或者其近亲属免费提供咨询服务。

第四十七条 经办机构与医疗机构、辅助器具配置机构在平等协商的基础上签订服务协议，并公布签订服务协议的医疗机构、辅助器具配置机构的名单。具体办法由国务院社会保险行政部门分别会同国务院卫生行政部门、民政部门等部门制定。

第四十八条 经办机构按照协议和国家有关目录、标准对工伤职工医疗费用、康复费用、辅助器具费用的使用情况进行核查，并按时足额结算费用。

第四十九条 经办机构应当定期公布工伤保险基金的收支情况，及时向社会保险行政部门提出调整费率的建议。

第五十条 社会保险行政部门、经办机构应当定期听取工伤职工、医疗机构、辅助器具配置机构以及社会各界对改进工伤保险工作的意见。

第五十一条 社会保险行政部门依法对工伤保险费的征缴和工伤保险基金的支付情况进行监督检查。

财政部门和审计机关依法对工伤保险基金的收支、管理情况进行监督。

第五十二条 任何组织和个人对有关工伤保险的违法行为，有权举报。社会保险行政部门对举报应当及时调查，按照规定处理，并为举报人保密。

第五十三条 工会组织依法维护工伤职工的合法权益，对用人单位的工伤保险工作实行监督。

第五十四条 职工与用人单位发生工伤待遇方面的争议，按照处理劳动争议的有关规定处理。

第五十五条 有下列情形之一的，有关单位或者个人可以依法申请行政复议，也可以依法向人民法院提起行政诉讼：

（一）申请工伤认定的职工或者其近亲属、该职工所在单位对工伤认定申请不予受理的决定不服的；

（二）申请工伤认定的职工或者其近亲属、该职工所在单位对工伤认定结论不服的；

（三）用人单位对经办机构确定的单位缴费费率不服的；

（四）签订服务协议的医疗机构、辅助器具配置机构认为经办机构未履行有关协议或者规定的；

（五）工伤职工或者其近亲属对经办机构核定的工伤保险待遇有异议的。

第七章　法　律　责　任

第五十六条　单位或者个人违反本条例第十二条规定挪用工伤保险基金，构成犯罪的，依法追究刑事责任；尚不构成犯罪的，依法给予处分或者纪律处分。被挪用的基金由社会保险行政部门追回，并入工伤保险基金；没收的违法所得依法上缴国库。

第五十七条　社会保险行政部门工作人员有下列情形之一的，依法给予处分；情节严重，构成犯罪的，依法追究刑事责任：

（一）无正当理由不受理工伤认定申请，或者弄虚作假将不符合工伤条件的人员认定为工伤职工的；

（二）未妥善保管申请工伤认定的证据材料，致使有关证据灭失的；

（三）收受当事人财物的。

第五十八条　经办机构有下列行为之一的，由社会保险行政部门责令改正，对直接负责的主管人员和其他责任人员依法给予纪律处分；情节严重，构成犯罪的，依法追究刑事责任；造成当事人经济损失的，由经办机构依法承担赔偿责任：

（一）未按规定保存用人单位缴费和职工享受工伤保险待遇情况记录的；

（二）不按规定核定工伤保险待遇的；

（三）收受当事人财物的。

第五十九条 医疗机构、辅助器具配置机构不按服务协议提供服务的，经办机构可以解除服务协议。

经办机构不按时足额结算费用的，由社会保险行政部门责令改正；医疗机构、辅助器具配置机构可以解除服务协议。

第六十条 用人单位、工伤职工或者其近亲属骗取工伤保险待遇，医疗机构、辅助器具配置机构骗取工伤保险基金支出的，由社会保险行政部门责令退还，处骗取金额 2 倍以上 5 倍以下的罚款；情节严重，构成犯罪的，依法追究刑事责任。

第六十一条 从事劳动能力鉴定的组织或者个人有下列情形之一的，由社会保险行政部门责令改正，处 2000 元以上 1 万元以下的罚款；情节严重，构成犯罪的，依法追究刑事责任：

（一）提供虚假鉴定意见的；

（二）提供虚假诊断证明的；

（三）收受当事人财物的。

第六十二条 用人单位依照本条例规定应当参加工伤保险而未参加的，由社会保险行政部门责令限期参加，补缴应当缴纳的工伤保险费，并自欠缴之日起，按日加收万分之五的滞纳金；逾期仍不缴纳的，处欠缴数额 1 倍以上 3 倍以下的罚款。

依照本条例规定应当参加工伤保险而未参加工伤保险的用人单位职工发生工伤的，由该用人单位按照本条例规定的工伤保险待遇项目和标准支付费用。

用人单位参加工伤保险并补缴应当缴纳的工伤保险费、滞纳金后，由工伤保险基金和用人单位依照本条例的规定支付新发生的费用。

第六十三条 用人单位违反本条例第十九条的规定，拒不协助社会保险行政部门对事故进行调查核实的，由社会保险行政部门责令改正，处 2000 元以上 2 万元以下的罚款。

第八章　附　则

第六十四条　本条例所称工资总额，是指用人单位直接支付给本单位全部职工的劳动报酬总额。

本条例所称本人工资，是指工伤职工因工作遭受事故伤害或者患职业病前 12 个月平均月缴费工资。本人工资高于统筹地区职工平均工资 300％的，按照统筹地区职工平均工资的 300％计算；本人工资低于统筹地区职工平均工资 60％的，按照统筹地区职工平均工资的 60％计算。

第六十五条　公务员和参照公务员法管理的事业单位、社会团体的工作人员因工作遭受事故伤害或者患职业病的，由所在单位支付费用。具体办法由国务院社会保险行政部门会同国务院财政部门规定。

第六十六条　无营业执照或者未经依法登记、备案的单位以及被依法吊销营业执照或者撤销登记、备案的单位的职工受到事故伤害或者患职业病的，由该单位向伤残职工或者死亡职工的近亲属给予一次性赔偿，赔偿标准不得低于本条例规定的工伤保险待遇；用人单位不得使用童工，用人单位使用童工造成童工伤残、死亡的，由该单位向童工或者童工的近亲属给予一次性赔偿，赔偿标准不得低于本条例规定的工伤保险待遇。具体办法由国务院社会保险行政部门规定。

前款规定的伤残职工或者死亡职工的近亲属就赔偿数额与单位发生争议的，以及前款规定的童工或者童工的近亲属就赔偿数额与单位发生争议的，按照处理劳动争议的有关规定处理。

第六十七条　本条例自 2004 年 1 月 1 日起施行。本条例施行前已受到事故伤害或者患职业病的职工尚未完成工伤认定的，按照本条例的规定执行。

附录2.4 《国务院关于特大安全事故行政责任追究的规定》

中华人民共和国国务院令

第 302 号

现公布《国务院关于特大安全事故行政责任追究的规定》，自公布之日起施行。

总　理　朱镕基

2001 年 4 月 21 日

国务院关于特大安全事故行政责任追究的规定

第一条　为了有效地防范特大安全事故的发生，严肃追究特大安全事故的行政责任，保障人民群众生命、财产安全，制定本规定。

第二条　地方人民政府主要领导人和政府有关部门正职负责人对下列特大安全事故的防范、发生，依照法律、行政法规和本规定的规定有失职、渎职情形或者负有领导责任的，依照本规定给予行政处分；构成玩忽职守罪或者其他罪的，依法追究刑事责任：

（一）特大火灾事故；

（二）特大交通安全事故；

（三）特大建筑质量安全事故；

（四）民用爆炸物品和化学危险品特大安全事故；

（五）煤矿和其他矿山特大安全事故；

（六）锅炉、压力容器、压力管道和特种设备特大安全事故；

（七）其他特大安全事故。

地方人民政府和政府有关部门对特大安全事故的防范、发生直接负责的主管人员和其他直接责任人员，比照本规定给予行政处分；构成玩忽职守罪或者其他罪的，依法追究刑事责任。

特大安全事故肇事单位和个人的刑事处罚、行政处罚和民事责任，依照有关法律、法规和规章的规定执行。

第三条 特大安全事故的具体标准，按照国家有关规定执行。

第四条 地方各级人民政府及政府有关部门应当依照有关法律、法规和规章的规定，采取行政措施，对本地区实施安全监督管理，保障本地区人民群众生命、财产安全，对本地区或者职责范围内防范特大安全事故的发生、特大安全事故发生后的迅速和妥善处理负责。

第五条 地方各级人民政府应当每个季度至少召开一次防范特大安全事故工作会议，由政府主要领导人或者政府主要领导人委托政府分管领导人召集有关部门正职负责人参加，分析、布置、督促、检查本地区防范特大安全事故的工作。会议应当作出决定并形成纪要，会议确定的各项防范措施必须严格实施。

第六条 市（地、州）、县（市、区）人民政府应当组织有关部门按照职责分工对本地区容易发生特大安全事故的单位、设施和场所安全事故的防范明确责任、采取措施，并组织有关部门对上述单位、设施和场所进行严格检查。

第七条 市（地、州）、县（市、区）人民政府必须制定本地区特大安全事故应急处理预案。本地区特大安全事故应急处理预案经政府主要领导人签署后，报上一级人民政府备案。

第八条 市（地、州）、县（市、区）人民政府应当组织有关部门对本规定第二条所列各类特大安全事故的隐患进行查处；发现特大安全事故隐患的，责令立即排除；特大安全事故隐患排除前或者排除过程中，无法保证安全的，责令暂时停产、停业或者停止使用。法律、行政法规对查处机关另有规定的，依照其规定。

第九条 市（地、州）、县（市、区）人民政府及其有关部门对本地区存在的特大安全事故隐患，超出其管辖或者职责范围的，应当立即向有管辖权或者负有职责的上级人民政府或者政府有关部门报告；情况紧急的，可以立即采取包括责令暂时停产、停业在内的紧急措施，同时报告；有关上级人民政府或者政府有关部门接到报告后，应当立即组织查处。

第十条 中小学校对学生进行劳动技能教育以及组织学生参加公益劳动等社会实践活动，必须确保学生安全。严禁以任何形式、名义组织学生从事接触易燃、易爆、有毒、有害等危险品的劳动或者其他危险性劳动。严禁将学校场地出租作为从事易燃、易爆、有毒、有害等危险品的生产、经营场所。

中小学校违反前款规定的，按照学校隶属关系，对县（市、区）、乡（镇）人民政府主要领导人和县（市、区）人民政府教育行政部门正职负责人，根据情节轻重，给予记过、降级直至撤职的行政处分；构成玩忽职守罪或者其他罪的，依法追究刑事责任。

中小学校违反本条第一款规定的，对校长给予撤职的行政处分，对直接组织者给予开除公职的行政处分；构成非法制造爆炸物罪或者其他罪的，依法追究刑事责任。

第十一条 依法对涉及安全生产事项负责行政审批（包括批准、核准、许可、注册、认证、颁发证照、竣工验收等，下同）的政府部门或者机构，必须严格依照法律、法规和规章规定的安全条件和程序进行审查；不符合法律、法规和规章规定的安全条件的，不得批准；不符合法律、法规和规章规定的安全条件，弄虚作假，骗取批准或者勾结串通行政审批工作人员取得批准的，负责行政审批的政府部门或者机构除必须立即撤销原批准外，应当对弄虚作假骗取批准或者勾结串通行政审批工作人员的当事人依法给予行政处罚；构成行贿罪或者其他罪的，依法追究刑事责任。

负责行政审批的政府部门或者机构违反前款规定，对不符合法律、法规和规章规定的安全条件予以批准的，对部门或者机构的正职负责人，根据情节轻重，给予降级、撤职直至开除公职的行政处分；与当事人勾结串通的，应当开除公职；构成受贿罪、玩忽职守罪或者其他罪的，依法追究刑事责任。

第十二条 对依照本规定第十一条第一款的规定取得批准的单位和个人，负责行政审批的政府部门或者机构必须对其实施严格监督检查；发现其不再具备安全条件的，必须立即撤销原批准。

负责行政审批的政府部门或者机构违反前款规定，不对取得批准的单位和个人实施严格监督检查，或者发现其不再具备安全条件而不立即撤销原批准的，对部门或者机构的正职负责人，根据情节轻重，给予降级或者撤职的行政处分；构成受贿罪、玩忽职守罪或者其他罪的，依法追究刑事责任。

第十三条 对未依法取得批准，擅自从事有关活动的，负责行政审批的政府部门或者机构发现或者接到举报后，应当立即予以查封、取缔，并依法给予行政处罚；属于经营单位的，由工商行政管理部门依法相应吊销营业执照。

负责行政审批的政府部门或者机构违反前款规定，对发现或者举报的未依法取得批准而擅自从事有关活动的，不予查封、取缔、不依法给予行政处罚，工商行政管理部门不予吊销营业执照的，对部门或者机构的正职负责人，根据情节轻重，给予降级或者撤职的行政处分；构成受贿罪、玩忽职守罪或者其他罪的，依法追究刑事责任。

第十四条 市（地、州）、县（市、区）人民政府依照本规定应当履行职责而未履行，或者未按照规定的职责和程序履行，本地区发生特大安全事故的，对政府主要领导人，根据情节轻重，给予降级或者撤职的行政处分；构成玩忽职守罪的，依法追究刑事责任。

负责行政审批的政府部门或者机构、负责安全监督管理的政府有关部门，未依照本规定履行职责，发生特大安全事故的，对部门或者机构的正职负责人，根据情节轻重，给予撤职或者开除公职的行政处分；构成玩忽职守罪或者其他罪的，依法追究刑事责任。

第十五条 发生特大安全事故，社会影响特别恶劣或者性质特别严重的，由国务院对负有领导责任的省长、自治区主席、直辖市市长和国务院有关部门正职负责人给予行政处分。

第十六条 特大安全事故发生后，有关县（市、区）、市（地、州）和省、自治区、直辖市人民政府及政府有关部门应当按照国家规定的程序和时限立即上报，不得隐瞒不报、谎报或者拖延报告，并应当配合、协助事故调查，不得以任何方式阻碍、干涉事故调查。

特大安全事故发生后，有关地方人民政府及政府有关部门违反前款规定的，对政府主要领导人和政府部门正职负责人给予降级的行政处分。

第十七条 特大安全事故发生后，有关地方人民政府应当迅速组织救助，有关部门应当服从指挥、调度，参加或者配合救助，将事故损失降到最低限度。

第十八条 特大安全事故发生后，省、自治区、直辖市人民政府应当按照国家有关规定迅速、如实发布事故消息。

第十九条 特大安全事故发生后，按照国家有关规定组织调查组对事故进行调查。事故调查工作应当自事故发生之日起 60 日内完成，并由调查组提出调查报告；遇有特殊情况的，经调查组提出并报国家安全生产监督管理机构批准后，可以适当延长时间。调查报告应当包括依照本规定对有关责任人员追究行政责任或者其他法律责任的意见。

省、自治区、直辖市人民政府应当自调查报告提交之日起 30 日内，对有关责任人员作出处理决定；必要时，国务院可以对特大安全事故的有关责任人员作出处理决定。

第二十条 地方人民政府或者政府部门阻挠、干涉对特大安全事故有关责任人员追究行政责任的，对该地方人民政府主要领导人或者政府部门正职负责人，根据情节轻重，给予降级或者撤职的行政处分。

第二十一条　任何单位和个人均有权向有关地方人民政府或者政府部门报告特大安全事故隐患，有权向上级人民政府或者政府部门举报地方人民政府或者政府部门不履行安全监督管理职责或者不按照规定履行职责的情况。接到报告或者举报的有关人民政府或者政府部门，应当立即组织对事故隐患进行查处，或者对举报的不履行、不按照规定履行安全监督管理职责的情况进行调查处理。

第二十二条　监察机关依照行政监察法的规定，对地方各级人民政府和政府部门及其工作人员履行安全监督管理职责实施监察。

第二十三条　对特大安全事故以外的其他安全事故的防范、发生追究行政责任的办法，由省、自治区、直辖市人民政府参照本规定制定。

第二十四条　本规定自公布之日起施行。

附录3　规章篇

附录3.1　《火灾事故调查规定》

中华人民共和国公安部令
第 121 号

《公安部关于修改〈火灾事故调查规定〉的决定》已经 2012 年 7 月 6 日公安部部长办公会议通过，现予发布，自 2012 年 11 月 1 日起施行。

公安部部长　孟建柱
2012 年 7 月 17 日

火灾事故调查规定

第一章　总　　则

第一条　为了规范火灾事故调查，保障公安机关消防机构依法履行职责，保护火灾当事人的合法权益，根据《中华人民共和国消防法》，制定本规定。

第二条　公安机关消防机构调查火灾事故，适用本规定。

第三条　火灾事故调查的任务是调查火灾原因，统计火灾损失，依法对火灾事故作出处理，总结火灾教训。

第四条　火灾事故调查应当坚持及时、客观、公正、合法的原则。

任何单位和个人不得妨碍和非法干预火灾事故调查。

第二章　管　　辖

第五条　火灾事故调查由县级以上人民政府公安机关主管，并由本级公安机关消防机构实施；尚未设立公安机关消防机构的，由县级人民政府公安机关实施。

公安派出所应当协助公安机关火灾事故调查部门维护火灾现场秩序，保护现场，控制火灾肇事嫌疑人。

铁路、港航、民航公安机关和国有林区的森林公安机关消防机构负责调查其消防监督范围内发生的火灾。

第六条　火灾事故调查由火灾发生地公安机关消防机构按照下列分工进行：

（一）一次火灾死亡十人以上的，重伤二十人以上或者死亡、重伤二十人以上的，受灾五十户以上的，由省、自治区人民政府公安机关消防机构负责组织调查；

（二）一次火灾死亡一人以上的，重伤十人以上的，受灾三十户以上的，由设区的市或者相当于同级的人民政府公安机关消防机构负责组织调查；

（三）一次火灾重伤十人以下或者受灾三十户以下的，由县级人民政府公安机关消防机构负责调查。

直辖市人民政府公安机关消防机构负责组织调查一次火灾死亡三人以上的，重伤二十人以上或者死亡、重伤二十人以上的，受灾五十户以上的火灾事故，直辖市的区、县级人民政府公安机关消防机构负责调查其他火灾事故。

仅有财产损失的火灾事故调查，由省级人民政府公安机关结合本地实际作出管辖规定，报公安部备案。

第七条　跨行政区域的火灾，由最先起火地的公安机关消防机构按照本规定第六条的分工负责调查，相关行政区域的公安机关消防机构予以协助。

对管辖权发生争议的，报请共同的上一级公安机关消防机构指定管辖。县级人民政府公安机关负责实施的火灾事故调查管辖权发生争议的，由共同的上一级主管公安机关指定。

第八条　上级公安机关消防机构应当对下级公安机关消防机构火灾事故调查工作进行监督和指导。

上级公安机关消防机构认为必要时，可以调查下级公安机关消防机构管辖的火灾。

第九条　公安机关消防机构接到火灾报警，应当及时派员赶赴现场，并指派火灾事故调查人员开展火灾事故调查工作。

第十条　具有下列情形之一的，公安机关消防机构应当立即报告主管公安机关通知具有管辖权的公安机关刑侦部门，公安机关刑侦部门接到通知后应当立即派员赶赴现场参加调查；涉嫌放火罪的，公安机关刑侦部门应当依法立案侦查，公安机关消防机构予以协助：

（一）有人员死亡的火灾；

（二）国家机关、广播电台、电视台、学校、医院、养老院、托儿所、幼儿园、文物保护单位、邮政和通信、交通枢纽等部门和单位发生的社会影响大的火灾；

（三）具有放火嫌疑的火灾。

第十一条 军事设施发生火灾需要公安机关消防机构协助调查的，由省级人民政府公安机关消防机构或者公安部消防局调派火灾事故调查专家协助。

第三章 简 易 程 序

第十二条 同时具有下列情形的火灾，可以适用简易调查程序：

（一）没有人员伤亡的；

（二）直接财产损失轻微的；

（三）当事人对火灾事故事实没有异议的；

（四）没有放火嫌疑的。

前款第二项的具体标准由省级人民政府公安机关确定，报公安部备案。

第十三条 适用简易调查程序的，可以由一名火灾事故调查人员调查，并按照下列程序实施：

（一）表明执法身份，说明调查依据；

（二）调查走访当事人、证人，了解火灾发生过程、火灾烧损的主要物品及建筑物受损等与火灾有关的情况；

（三）查看火灾现场并进行照相或者录像；

（四）告知当事人调查的火灾事故事实，听取当事人的意见，当事人提出的事实、理由或者证据成立的，应当采纳；

（五）当场制作火灾事故简易调查认定书，由火灾事故调查人员、当事人签字或者捺指印后交付当事人。

火灾事故调查人员应当在二日内将火灾事故简易调查认定书报所属公安机关消防机构备案。

第四章 一 般 程 序

第一节 一 般 规 定

第十四条 除依照本规定适用简易调查程序的外，公安机关消防机构对火灾进行调查时，火灾事故调查人员不得少于两人。必要时，可以聘请专家或者专业人员协助调查。

第十五条　公安部和省级人民政府公安机关应当成立火灾事故调查专家组，协助调查复杂、疑难的火灾。专家组的专家协助调查火灾的，应当出具专家意见。

第十六条　火灾发生地的县级公安机关消防机构应当根据火灾现场情况，排除现场险情，保障现场调查人员的安全，并初步划定现场封闭范围，设置警戒标志，禁止无关人员进入现场，控制火灾肇事嫌疑人。

公安机关消防机构应当根据火灾事故调查需要，及时调整现场封闭范围，并在现场勘验结束后及时解除现场封闭。

第十七条　封闭火灾现场的，公安机关消防机构应当在火灾现场对封闭的范围、时间和要求等予以公告。

第十八条　公安机关消防机构应当自接到火灾报警之日起三十日内作出火灾事故认定；情况复杂、疑难的，经上一级公安机关消防机构批准，可以延长三十日。

火灾事故调查中需要进行检验、鉴定的，检验、鉴定时间不计入调查期限。

第二节　现场调查

第十九条　火灾事故调查人员应当根据调查需要，对发现、扑救火灾人员，熟悉起火场所、部位和生产工艺人员，火灾肇事嫌疑人和被侵害人等知情人员进行询问。对火灾肇事嫌疑人可以依法传唤。必要时，可以要求被询问人到火灾现场进行指认。

询问应当制作笔录，由火灾事故调查人员和被询问人签名或者捺指印。被询问人拒绝签名和捺指印的，应当在笔录中注明。

第二十条　勘验火灾现场应当遵循火灾现场勘验规则，采取现场照相或者录像、录音，制作现场勘验笔录和绘制现场图等方法记录现场情况。

对有人员死亡的火灾现场进行勘验的，火灾事故调查人员应当对尸体表面进行观察并记录，对尸体在火灾现场的位置进行调查。

现场勘验笔录应当由火灾事故调查人员、证人或者当事人签名。证人、当事人拒绝签名或者无法签名的，应当在现场勘验笔录上注明。现场图应当由制图人、审核人签字。

第二十一条 现场提取痕迹、物品，应当按照下列程序实施：

（一）量取痕迹、物品的位置、尺寸，并进行照相或者录像；

（二）填写火灾痕迹、物品提取清单，由提取人、证人或者当事人签名；证人、当事人拒绝签名或无法签名的，应当在清单上注明；

（三）封装痕迹、物品，粘贴标签，标明火灾名称和封装痕迹、物品的名称、编号及其提取时间，由封装人、证人或者当事人签名；证人、当事人拒绝签名或者无法签名的，应当在标签上注明。

提取的痕迹、物品，应当妥善保管。

第二十二条 根据调查需要，经负责火灾事故调查的公安机关消防机构负责人批准，可以进行现场实验。现场实验应当照相或者录像，制作现场实验报告，并由实验人员签字。现场实验报告应当载明下列事项：

（一）实验的目的；

（二）实验时间、环境和地点；

（三）实验使用的仪器或者物品；

（四）实验过程；

（五）实验结果；

（六）其他与现场实验有关的事项。

第三节 检验、鉴定

第二十三条 现场提取的痕迹、物品需要进行专门性技术鉴定的，公安机关消防机构应当委托依法设立的鉴定机构进行，并与鉴定机构约定鉴定期限和鉴定检材的保管期限。

公安机关消防机构可以根据需要委托依法设立的价格鉴证机构对火灾直接财产损失进行鉴定。

第二十四条 有人员死亡的火灾，为了确定死因，公安机关消防机构应当立即通知本级公安机关刑事科学技术部门进行尸体检验。公安机关刑事科学技术部门应当出具尸体检验鉴定文书，确定死亡原因。

第二十五条 卫生行政主管部门许可的医疗机构具有执业资格的医生出具的诊断证明，可以作为公安机关消防机构认定人身伤害程度的依据。但是，具有下列情形之一的，应当由法医进行伤情鉴定：

（一）受伤程度较重，可能构成重伤的；

（二）火灾受伤人员要求作鉴定的；

（三）当事人对伤害程度有争议的；

（四）其他应当进行鉴定的情形。

第二十六条 对受损单位和个人提供的由价格鉴证机构出具的鉴定意见，公安机关消防机构应当审查下列事项：

（一）鉴证机构、鉴证人是否具有资质、资格；

（二）鉴证机构、鉴证人是否盖章签名；

（三）鉴定意见依据是否充分；

（四）鉴定是否存在其他影响鉴定意见正确性的情形。

对符合规定的，可以作为证据使用；对不符合规定的，不予采信。

第四节 火 灾 损 失 统 计

第二十七条 受损单位和个人应当于火灾扑灭之日起七日内向火灾发生地的县级公安机关消防机构如实申报火灾直接财产损失，并附有效证明材料。

第二十八条 公安机关消防机构应当根据受损单位和个人的申报、依法设立的价格鉴证机构出具的火灾直接财产损失鉴定意见以及调查核实情况，按照有关规定，对火灾直接经济损失和人员伤亡进行如实统计。

第五节　火灾事故认定

第二十九条　公安机关消防机构应当根据现场勘验、调查询问和有关检验、鉴定意见等调查情况，及时作出起火原因的认定。

第三十条　对起火原因已经查清的，应当认定起火时间、起火部位、起火点和起火原因；对起火原因无法查清的，应当认定起火时间、起火点或者起火部位以及有证据能够排除和不能排除的起火原因。

第三十一条　公安机关消防机构在作出火灾事故认定前，应当召集当事人到场，说明拟认定的起火原因，听取当事人意见；当事人不到场的，应当记录在案。

第三十二条　公安机关消防机构应当制作火灾事故认定书，自作出之日起七日内送达当事人，并告知当事人申请复核的权利。无法送达的，可以在作出火灾事故认定之日起七日内公告送达。公告期为二十日，公告期满即视为送达。

第三十三条　对较大以上的火灾事故或者特殊的火灾事故，公安机关消防机构应当开展消防技术调查，形成消防技术调查报告，逐级上报至省级人民政府公安机关消防机构，重大以上的火灾事故调查报告报公安部消防局备案。调查报告应当包括下列内容：

（一）起火场所概况；

（二）起火经过和火灾扑救情况；

（三）火灾造成的人员伤亡、直接经济损失统计情况；

（四）起火原因和灾害成因分析；

（五）防范措施。

火灾事故等级的确定标准按照公安部的有关规定执行。

第三十四条　公安机关消防机构作出火灾事故认定后，当事人可以申请查阅、复制、摘录火灾事故认定书、现场勘验笔录和检验、鉴定意见，公安机关消防机构应当自接到申请之日起七日内提供，但涉及国家秘密、商业秘密、个人隐私或者移交公安机关其他部门处理的依法不予提供，并说明理由。

第六节 复 核

第三十五条 当事人对火灾事故认定有异议的，可以自火灾事故认定书送达之日起十五日内，向上一级公安机关消防机构提出书面复核申请；对省级人民政府公安机关消防机构作出的火灾事故认定有异议的，向省级人民政府公安机关提出书面复核申请。

复核申请应当载明申请人的基本情况，被申请人的名称，复核请求，申请复核的主要事实、理由和证据，申请人的签名或者盖章，申请复核的日期。

第三十六条 复核机构应当自收到复核申请之日起七日内作出是否受理的决定并书面通知申请人。有下列情形之一的，不予受理：

（一）非火灾当事人提出复核申请的；

（二）超过复核申请期限的；

（三）复核机构维持原火灾事故认定或者直接作出火灾事故复核认定的；

（四）适用简易调查程序作出火灾事故认定的。

公安机关消防机构受理复核申请的，应当书面通知其他当事人，同时通知原认定机构。

第三十七条 原认定机构应当自接到通知之日起十日内，向复核机构作出书面说明，并提交火灾事故调查案卷。

第三十八条 复核机构应当对复核申请和原火灾事故认定进行书面审查，必要时，可以向有关人员进行调查；火灾现场尚存且未被破坏的，可以进行复核勘验。

复核审查期间，复核申请人撤回复核申请的，公安机关消防机构应当终止复核。

第三十九条 复核机构应当自受理复核申请之日起三十日

内，作出复核决定，并按照本规定第三十二条规定的时限送达申请人、其他当事人和原认定机构。对需要向有关人员进行调查或者火灾现场复核勘验的，经复核机构负责人批准，复核期限可以延长三十日。

原火灾事故认定主要事实清楚、证据确实充分、程序合法、起火原因认定正确的，复核机构应当维持原火灾事故认定。

原火灾事故认定具有下列情形之一的，复核机构应当直接作出火灾事故复核认定或者责令原认定机构重新作出火灾事故认定，并撤销原认定机构作出的火灾事故认定：

（一）主要事实不清，或者证据不确实充分的；

（二）违反法定程序，影响结果公正的；

（三）认定行为存在明显不当，或者起火原因认定错误的；

（四）超越或者滥用职权的。

第四十条 原认定机构接到重新作出火灾事故认定的复核决定后，应当重新调查，在十五日内重新作出火灾事故认定。

复核机构直接作出火灾事故认定和原认定机构重新作出火灾事故认定前，应当向申请人、其他当事人说明重新认定情况；原认定机构重新作出的火灾事故认定书，应当按照本规定第三十二条规定的时限送达当事人，并报复核机构备案。

复核以一次为限。当事人对原认定机构重新作出的火灾事故认定，可以按照本规定第三十五条的规定申请复核。

第五章　火灾事故调查的处理

第四十一条 公安机关消防机构在火灾事故调查过程中，应当根据下列情况分别作出处理：

（一）涉嫌失火罪、消防责任事故罪的，按照《公安机关办理刑事案件程序规定》立案侦查；涉嫌其他犯罪的，及时移送有关主管部门办理；

（二）涉嫌消防安全违法行为的，按照《公安机关办理行政案件程序规定》调查处理；涉嫌其他违法行为的，及时移送有关主管部门调查处理；

（三）依照有关规定应当给予处分的，移交有关主管部门处理。

对经过调查不属于火灾事故的，公安机关消防机构应当告知当事人处理途径并记录在案。

第四十二条 公安机关消防机构向有关主管部门移送案件的，应当在本级公安机关消防机构负责人批准后的 24 小时内移送，并根据案件需要附下列材料：

（一）案件移送通知书；

（二）案件调查情况；

（三）涉案物品清单；

（四）询问笔录，现场勘验笔录，检验、鉴定意见以及照相、录像、录音等资料；

（五）其他相关材料。

构成放火罪需要移送公安机关刑侦部门处理的，火灾现场应当一并移交。

第四十三条 公安机关其他部门应当自接受公安机关消防机构移送的涉嫌犯罪案件之日起十日内，进行审查并作出决定。依法决定立案的，应当书面通知移送案件的公安机关消防机构；依法不予立案的，应当说明理由，并书面通知移送案件的公安机关消防机构，退回案卷材料。

第四十四条 公安机关消防机构及其工作人员有下列行为之一的，依照有关规定给予责任人员处分；构成犯罪的，依法追究刑事责任：

（一）指使他人错误认定或者故意错误认定起火原因的；

（二）瞒报火灾、火灾直接经济损失、人员伤亡情况的；

（三）利用职务上的便利，索取或者非法收受他人财物的；

（四）其他滥用职权、玩忽职守、徇私舞弊的行为。

第六章 附 则

第四十五条 本规定中下列用语的含义：

（一）"当事人"，是指与火灾发生、蔓延和损失有直接利害关系的单位和个人。

（二）"户"，用于统计居民、村民住宅火灾，按照公安机关登记的家庭户统计。

（三）本规定中十五日以内（含本数）期限的规定是指工作日，不含法定节假日。

（四）本规定所称的"以上"含本数、本级，"以下"不含本数。

第四十六条　火灾事故调查中有关回避、证据、调查取证、鉴定等要求，本规定没有规定的，按照《公安机关办理行政案件程序规定》执行。

第四十七条　执行本规定所需要的法律文书式样，由公安部制定。

第四十八条　本规定自 2009 年 5 月 1 日起施行。1999 年 3 月 15 日发布施行的《火灾事故调查规定》（公安部令第 37 号）和 2008 年 3 月 18 日发布施行的《火灾事故调查规定修正案》（公安部令第 100 号）同时废止。

附录 3.2　《安全生产事故隐患排查治理暂行规定》

国家安全生产监督管理总局令

第 16 号

《安全生产事故隐患排查治理暂行规定》已经 2007 年 12 月 22 日国家安全生产监督管理总局局长办公会议审议通过，现予公布，自 2008 年 2 月 1 日起施行。

局　长　李毅中

2007 年 12 月 28 日

安全生产事故隐患排查治理暂行规定

第一章 总 则

第一条 为了建立安全生产事故隐患排查治理长效机制，强化安全生产主体责任，加强事故隐患监督管理，防止和减少事故，保障人民群众生命财产安全，根据安全生产法等法律、行政法规，制定本规定。

第二条 生产经营单位安全生产事故隐患排查治理和安全生产监督管理部门、煤矿安全监察机构（以下统称安全监管监察部门）实施监管监察，适用本规定。

有关法律、行政法规对安全生产事故隐患排查治理另有规定的，依照其规定。

第三条 本规定所称安全生产事故隐患（以下简称事故隐患），是指生产经营单位违反安全生产法律、法规、规章、标准、规程和安全生产管理制度的规定，或者因其他因素在生产经营活动中存在可能导致事故发生的物的危险状态、人的不安全行为和管理上的缺陷。

事故隐患分为一般事故隐患和重大事故隐患。一般事故隐患，是指危害和整改难度较小，发现后能够立即整改排除的隐患。重大事故隐患，是指危害和整改难度较大，应当全部或者局部停产停业，并经过一定时间整改治理方能排除的隐患，或者因外部因素影响致使生产经营单位自身难以排除的隐患。

第四条 生产经营单位应当建立健全事故隐患排查治理制度。

生产经营单位主要负责人对本单位事故隐患排查治理工作全面负责。

第五条 各级安全监管监察部门按照职责对所辖区域内生产经营单位排查治理事故隐患工作依法实施综合监督管理；各级人

民政府有关部门在各自职责范围内对生产经营单位排查治理事故隐患工作依法实施监督管理。

第六条 任何单位和个人发现事故隐患，均有权向安全监管监察部门和有关部门报告。

安全监管监察部门接到事故隐患报告后，应当按照职责分工立即组织核实并予以查处；发现所报告事故隐患应当由其他有关部门处理的，应当立即移送有关部门并记录备查。

第二章　生产经营单位的职责

第七条 生产经营单位应当依照法律、法规、规章、标准和规程的要求从事生产经营活动。严禁非法从事生产经营活动。

第八条 生产经营单位是事故隐患排查、治理和防控的责任主体。

生产经营单位应当建立健全事故隐患排查治理和建档监控等制度，逐级建立并落实从主要负责人到每个从业人员的隐患排查治理和监控责任制。

第九条 生产经营单位应当保证事故隐患排查治理所需的资金，建立资金使用专项制度。

第十条 生产经营单位应当定期组织安全生产管理人员、工程技术人员和其他相关人员排查本单位的事故隐患。对排查出的事故隐患，应当按照事故隐患的等级进行登记，建立事故隐患信息档案，并按照职责分工实施监控治理。

第十一条 生产经营单位应当建立事故隐患报告和举报奖励制度，鼓励、发动职工发现和排除事故隐患，鼓励社会公众举报。对发现、排除和举报事故隐患的有功人员，应当给予物质奖励和表彰。

第十二条 生产经营单位将生产经营项目、场所、设备发包、出租的，应当与承包、承租单位签订安全生产管理协议，并在协议中明确各方对事故隐患排查、治理和防控的管理职责。生产经营单位对承包、承租单位的事故隐患排查治理负有统一协调和监督管理的职责。

第十三条 安全监管监察部门和有关部门的监督检查人员依法履行事故隐患监督检查职责时，生产经营单位应当积极配合，不得拒绝和阻挠。

第十四条 生产经营单位应当每季、每年对本单位事故隐患排查治理情况进行统计分析，并分别于下一季度 15 日前和下一年 1 月 31 日前向安全监管监察部门和有关部门报送书面统计分析表。统计分析表应当由生产经营单位主要负责人签字。

对于重大事故隐患，生产经营单位除依照前款规定报送外，应当及时向安全监管监察部门和有关部门报告。重大事故隐患报告内容应当包括：

（一）隐患的现状及其产生原因；

（二）隐患的危害程度和整改难易程度分析；

（三）隐患的治理方案。

第十五条 对于一般事故隐患，由生产经营单位（车间、分厂、区队等）负责人或者有关人员立即组织整改。

对于重大事故隐患，由生产经营单位主要负责人组织制定并实施事故隐患治理方案。重大事故隐患治理方案应当包括以下内容：

（一）治理的目标和任务；

（二）采取的方法和措施；

（三）经费和物资的落实；

（四）负责治理的机构和人员；

（五）治理的时限和要求；

（六）安全措施和应急预案。

第十六条 生产经营单位在事故隐患治理过程中，应当采取相应的安全防范措施，防止事故发生。事故隐患排除前或者排除过程中无法保证安全的，应当从危险区域内撤出作业人员，并疏散可能危及的其他人员，设置警戒标志，暂时停产停业或者停止使用；对暂时难以停产或者停止使用的相关生产储存装置、设施、设备，应当加强维护和保养，防止事故发生。

第十七条　生产经营单位应当加强对自然灾害的预防。对于因自然灾害可能导致事故灾难的隐患，应当按照有关法律、法规、标准和本规定的要求排查治理，采取可靠的预防措施，制定应急预案。在接到有关自然灾害预报时，应当及时向下属单位发出预警通知；发生自然灾害可能危及生产经营单位和人员安全的情况时，应当采取撤离人员、停止作业、加强监测等安全措施，并及时向当地人民政府及其有关部门报告。

第十八条　地方人民政府或者安全监管监察部门及有关部门挂牌督办并责令全部或者局部停产停业治理的重大事故隐患，治理工作结束后，有条件的生产经营单位应当组织本单位的技术人员和专家对重大事故隐患的治理情况进行评估；其他生产经营单位应当委托具备相应资质的安全评价机构对重大事故隐患的治理情况进行评估。

经治理后符合安全生产条件的，生产经营单位应当向安全监管监察部门和有关部门提出恢复生产的书面申请，经安全监管监察部门和有关部门审查同意后，方可恢复生产经营。申请报告应当包括治理方案的内容、项目和安全评价机构出具的评价报告等。

第三章　监　督　管　理

第十九条　安全监管监察部门应当指导、监督生产经营单位按照有关法律、法规、规章、标准和规程的要求，建立健全事故隐患排查治理等各项制度。

第二十条　安全监管监察部门应当建立事故隐患排查治理监督检查制度，定期组织对生产经营单位事故隐患排查治理情况开展监督检查；应当加强对重点单位的事故隐患排查治理情况的监督检查。对检查过程中发现的重大事故隐患，应当下达整改指令书，并建立信息管理台账。必要时，报告同级人民政府并对重大事故隐患实行挂牌督办。

安全监管监察部门应当配合有关部门做好对生产经营单位事故隐患排查治理情况开展的监督检查，依法查处事故隐患排查治理的非法和违法行为及其责任者。

安全监管监察部门发现属于其他有关部门职责范围内的重大事故隐患的，应该及时将有关资料移送有管辖权的有关部门，并记录备查。

第二十一条 已经取得安全生产许可证的生产经营单位，在其被挂牌督办的重大事故隐患治理结束前，安全监管监察部门应当加强监督检查。必要时，可以提请原许可证颁发机关依法暂扣其安全生产许可证。

第二十二条 安全监管监察部门应当会同有关部门把重大事故隐患整改纳入重点行业领域的安全专项整治中加以治理，落实相应责任。

第二十三条 对挂牌督办并采取全部或者局部停产停业治理的重大事故隐患，安全监管监察部门收到生产经营单位恢复生产的申请报告后，应当在10日内进行现场审查。审查合格的，对事故隐患进行核销，同意恢复生产经营；审查不合格的，依法责令改正或者下达停产整改指令。对整改无望或者生产经营单位拒不执行整改指令的，依法实施行政处罚；不具备安全生产条件的，依法提请县级以上人民政府按照国务院规定的权限予以关闭。

第二十四条 安全监管监察部门应当每季将本行政区域重大事故隐患的排查治理情况和统计分析表逐级报至省级安全监管监察部门备案。

省级安全监管监察部门应当每半年将本行政区域重大事故隐患的排查治理情况和统计分析表报国家安全生产监督管理总局备案。

第四章 罚 则

第二十五条 生产经营单位及其主要负责人未履行事故隐患排查治理职责，导致发生生产安全事故的，依法给予行政处罚。

第二十六条 生产经营单位违反本规定，有下列行为之一的，由安全监管监察部门给予警告，并处三万元以下的罚款：

（一）未建立安全生产事故隐患排查治理等各项制度的；

（二）未按规定上报事故隐患排查治理统计分析表的；

（三）未制定事故隐患治理方案的；

（四）重大事故隐患不报或者未及时报告的；

（五）未对事故隐患进行排查治理擅自生产经营的；

（六）整改不合格或者未经安全监管监察部门审查同意擅自恢复生产经营的。

第二十七条 承担检测检验、安全评价的中介机构，出具虚假评价证明，尚不够刑事处罚的，没收违法所得，违法所得在五千元以上的，并处违法所得二倍以上五倍以下的罚款，没有违法所得或者违法所得不足五千元的，单处或者并处五千元以上二万元以下的罚款，同时可对其直接负责的主管人员和其他直接责任人员处五千元以上五万元以下的罚款；给他人造成损害的，与生产经营单位承担连带赔偿责任。

对有前款违法行为的机构，撤销其相应的资质。

第二十八条 生产经营单位事故隐患排查治理过程中违反有关安全生产法律、法规、规章、标准和规程规定的，依法给予行政处罚。

第二十九条 安全监管监察部门的工作人员未依法履行职责的，按照有关规定处理。

第五章　附　　则

第三十条 省级安全监管监察部门可以根据本规定，制定事故隐患排查治理和监督管理实施细则。

第三十一条 事业单位、人民团体以及其他经济组织的事故隐患排查治理，参照本规定执行。

第三十二条 本规定自 2008 年 2 月 1 日起施行。

附录3.3 《生产安全事故罚款处罚规定（试行）》

国家安全生产监督管理总局令
第13号

生产安全事故罚款处罚规定（试行）

（2007年7月12日国家安全监管总局令第13号公布，根据2011年9月1日国家安全监管总局令第42号第一次修正，根据2015年4月2日国家安全监管总局令第77号第二次修正）

第一条 为防止和减少生产安全事故，严格追究生产安全事故发生单位及其有关责任人员的法律责任，正确适用事故罚款的行政处罚，依照《安全生产法》、《生产安全事故报告和调查处理条例》（以下简称《条例》）的规定，制定本规定。

第二条 安全生产监督管理部门和煤矿安全监察机构对生产安全事故发生单位（以下简称事故发生单位）及其主要负责人、直接负责的主管人员和其他责任人员等有关责任人员依照《安全生产法》和《条例》实施罚款的行政处罚，适用本规定。

第三条 本规定所称事故发生单位是指对事故发生负有责任的生产经营单位。

本规定所称主要负责人是指有限责任公司、股份有限公司的董事长或者总经理或者个人经营的投资人，其他生产经营单位的厂长、经理、局长、矿长（含实际控制人）等人员。

第四条 本规定所称事故发生单位主要负责人、直接负责的主管人员和其他直接责任人员的上一年年收入，属于国有生产经营单位的，是指该单位上级主管部门所确定的上一年年收入总额；属于非国有生产经营单位的，是指经财务、税务部门核定的上一年年收入总额。

生产经营单位提供虚假资料或者由于财务、税务部门无法核定等原因致使有关人员的上一年年收入难以确定的，按照下列办法确定：

（一）主要负责人的上一年年收入，按照本省、自治区、直辖市上一年度职工平均工资的5倍以上10倍以下计算；

（二）直接负责的主管人员和其他直接责任人员的上一年年收入，按照本省、自治区、直辖市上一年度职工平均工资的1倍以上5倍以下计算。

第五条　《条例》所称的迟报、漏报、谎报和瞒报，依照下列情形认定：

（一）报告事故的时间超过规定时限的，属于迟报；

（二）因过失对应当上报的事故或者事故发生的时间、地点、类别、伤亡人数、直接经济损失等内容遗漏未报的，属于漏报；

（三）故意不如实报告事故发生的时间、地点、初步原因、性质、伤亡人数和涉险人数、直接经济损失等有关内容的，属于谎报；

（四）隐瞒已经发生的事故，超过规定时限未向安全监管监察部门和有关部门报告，经查证属实的，属于瞒报。

第六条　对事故发生单位及其有关责任人员处以罚款的行政处罚，依照下列规定决定：

（一）对发生特别重大事故的单位及其有关责任人员罚款的行政处罚，由国家安全生产监督管理总局决定；

（二）对发生重大事故的单位及其有关责任人员罚款的行政处罚，由省级人民政府安全生产监督管理部门决定；

（三）对发生较大事故的单位及其有关责任人员罚款的行政处罚，由设区的市级人民政府安全生产监督管理部门决定；

（四）对发生一般事故的单位及其有关责任人员罚款的行政处罚，由县级人民政府安全生产监督管理部门决定。

上级安全生产监督管理部门可以指定下一级安全生产监督管理部门对事故发生单位及其有关责任人员实施行政处罚。

第七条　对煤矿事故发生单位及其有关责任人员处以罚款的

行政处罚，依照下列规定执行：

（一）对发生特别重大事故的煤矿及其有关责任人员罚款的行政处罚，由国家煤矿安全监察局决定；

（二）对发生重大事故和较大事故的煤矿及其有关责任人员罚款的行政处罚，由省级煤矿安全监察机构决定；

（三）对发生一般事故的煤矿及其有关责任人员罚款的行政处罚，由省级煤矿安全监察机构所属分局决定。

上级煤矿安全监察机构可以指定下一级煤矿安全监察机构对事故发生单位及其有关责任人员实施行政处罚。

第八条　特别重大事故以下等级事故，事故发生地与事故发生单位所在地不在同一个县级以上行政区域的，由事故发生地的安全生产监督管理部门或者煤矿安全监察机构依照本规定第六条或者第七条规定的权限实施行政处罚。

第九条　安全生产监督管理部门和煤矿安全监察机构对事故发生单位及其有关责任人员实施罚款的行政处罚，依照《安全生产违法行为行政处罚办法》规定的程序执行。

第十条　事故发生单位及其有关责任人员对安全生产监督管理部门和煤矿安全监察机构给予的行政处罚，享有陈述、申辩的权利；对行政处罚不服的，有权依法申请行政复议或者提起行政诉讼。

第十一条　事故发生单位主要负责人有《安全生产法》第一百零六条、《条例》第三十五条规定的下列行为之一的，依照下列规定处以罚款：

（一）事故发生单位主要负责人在事故发生后不立即组织事故抢救的，处上一年年收入100%的罚款；

（二）事故发生单位主要负责人迟报事故的，处上一年年收入60%至80%的罚款；漏报事故的，处上一年年收入40%至60%的罚款；

（三）事故发生单位主要负责人在事故调查处理期间擅离职守的，处上一年年收入80%至100%的罚款。

第十二条 事故发生单位有《条例》第三十六条规定行为之一的，依照《国家安全监管总局关于印发〈安全生产行政处罚自由裁量标准〉的通知》（安监总政法〔2010〕137号）等规定给予罚款。

第十三条 事故发生单位的主要负责人、直接负责的主管人员和其他直接责任人员有《安全生产法》第一百零六条、《条例》第三十六条规定的下列行为之一的，依照下列规定处以罚款：

（一）伪造、故意破坏事故现场，或者转移、隐匿资金、财产、销毁有关证据、资料，或者拒绝接受调查，或者拒绝提供有关情况和资料，或者在事故调查中作伪证，或者指使他人作伪证的，处上一年年收入80%至90%的罚款；

（二）谎报、瞒报事故或者事故发生后逃匿的，处上一年年收入100%的罚款。

第十四条 事故发生单位对造成3人以下死亡，或者3人以上10人以下重伤（包括急性工业中毒，下同），或者300万元以上1000万元以下直接经济损失的一般事故负有责任的，处20万元以上50万元以下的罚款。

事故发生单位有本条第一款规定的行为且有谎报或者瞒报事故情节的，处50万元的罚款。

第十五条 事故发生单位对较大事故发生负有责任的，依照下列规定处以罚款：

（一）造成3人以上6人以下死亡，或者10人以上30人以下重伤，或者1000万元以上3000万元以下直接经济损失的，处50万元以上70万元以下的罚款；

（二）造成6人以上10人以下死亡，或者30人以上50人以下重伤，或者3000万元以上5000万元以下直接经济损失的，处70万元以上100万元以下的罚款。

事故发生单位对较大事故发生负有责任且有谎报或者瞒报情节的，处100万元的罚款。

第十六条 事故发生单位对重大事故发生负有责任的，依照下列规定处以罚款：

（一）造成 10 人以上 15 人以下死亡，或者 50 人以上 70 人以下重伤，或者 5000 万元以上 7000 万元以下直接经济损失的，处 100 万元以上 300 万元以下的罚款；

（二）造成 15 人以上 30 人以下死亡，或者 70 人以上 100 人以下重伤，或者 7000 万元以上 1 亿元以下直接经济损失的，处 300 万元以上 500 万元以下的罚款。

事故发生单位对重大事故发生负有责任且有谎报或者瞒报情节的，处 500 万元的罚款。

第十七条 事故发生单位对特别重大事故发生负有责任的，依照下列规定处以罚款：

（一）造成 30 人以上 40 人以下死亡，或者 100 人以上 120 人以下重伤，或者 1 亿元以上 1.2 亿元以下直接经济损失的，处 500 万元以上 1000 万元以下的罚款；

（二）造成 40 人以上 50 人以下死亡，或者 120 人以上 150 人以下重伤，或者 1.2 亿元以上 1.5 亿元以下直接经济损失的，处 1000 万元以上 1500 万元以下的罚款；

（三）造成 50 人以上死亡，或者 150 人以上重伤，或者 1.5 亿元以上直接经济损失的，处 1500 万元以上 2000 万元以下的罚款。

事故发生单位对特别重大事故发生负有责任且有下列情形之一的，处 2000 万元的罚款：

（一）谎报特别重大事故的；

（二）瞒报特别重大事故的；

（三）未依法取得有关行政审批或者证照擅自从事生产经营活动的；

（四）拒绝、阻碍行政执法的；

（五）拒不执行有关停产停业、停止施工、停止使用相关设备或者设施的行政执法指令的；

（六）明知存在事故隐患，仍然进行生产经营活动的；

（七）一年内已经发生 2 起以上较大事故，或者 1 起重大以上事故，再次发生特别重大事故的；

（八）地下矿山负责人未按照规定带班下井的。

第十八条 事故发生单位主要负责人未依法履行安全生产管理职责，导致事故发生的，依照下列规定处以罚款：

（一）发生一般事故的，处上一年年收入 30％的罚款；

（二）发生较大事故的，处上一年年收入 40％的罚款；

（三）发生重大事故的，处上一年年收入 60％的罚款；

（四）发生特别重大事故的，处上一年年收入 80％的罚款。

第十九条 个人经营的投资人未依照《安全生产法》的规定保证安全生产所必需的资金投入，致使生产经营单位不具备安全生产条件，导致发生生产安全事故的，依照下列规定对个人经营的投资人处以罚款：

（一）发生一般事故的，处 2 万元以上 5 万元以下的罚款；

（二）发生较大事故的，处 5 万元以上 10 万元以下的罚款；

（三）发生重大事故的，处 10 万元以上 15 万元以下的罚款；

（四）发生特别重大事故的，处 15 万元以上 20 万元以下的罚款。

第二十条 违反《条例》和本规定，事故发生单位及其有关责任人员有两种以上应当处以罚款的行为的，安全生产

监督管理部门或者煤矿安全监察机构应当分别裁量，合并作出处罚决定。

第二十一条 对事故发生负有责任的其他单位及其有关责任人员处以罚款的行政处罚，依照相关法律、法规和规章的规定实施。

第二十二条 本规定自公布之日起施行。

附录3.4 《安全生产违法行为行政处罚办法》

国家安全生产监督管理总局令
第 15 号

新修订的《安全生产违法行为行政处罚办法》已经 2007 年

11 月 9 日国家安全生产监督管理总局局长办公会议审议通过，现予公布，自 2008 年 1 月 1 日起施行。原国家安全生产监督管理局（国家煤矿安全监察局）2003 年 5 月 19 日公布的《安全生产违法行为行政处罚办法》、2001 年 4 月 27 日公布的《煤矿安全监察程序暂行规定》同时废止。

2007 年 11 月 30 日

安全生产违法行为行政处罚办法

（2007 年 11 月 30 日国家安全监管总局令第 15 号公布，根据 2015 年 4 月 2 日国家安全监管总局令第 77 号修正）

第一章 总 则

第一条 为了制裁安全生产违法行为，规范安全生产行政处罚工作，依照行政处罚法、安全生产法及其他有关法律、行政法规的规定，制定本办法。

第二条 县级以上人民政府安全生产监督管理部门对生产经营单位及其有关人员在生产经营活动中违反有关安全生产的法律、行政法规、部门规章、国家标准、行业标准和规程的违法行为（以下统称安全生产违法行为）实施行政处罚，适用本办法。

煤矿安全监察机构依照本办法和煤矿安全监察行政处罚办法，对煤矿、煤矿安全生产中介机构等生产经营单位及其有关人员的安全生产违法行为实施行政处罚。

有关法律、行政法规对安全生产违法行为行政处罚的种类、幅度或者决定机关另有规定的，依照其规定。

第三条 对安全生产违法行为实施行政处罚，应当遵循公平、公正、公开的原则。

安全生产监督管理部门或者煤矿安全监察机构（以下统称安全监管监察部门）及其行政执法人员实施行政处罚，必须以事实为依据。行政处罚应当与安全生产违法行为的事实、性质、情节以及社会危害程度相当。

第四条 生产经营单位及其有关人员对安全监管监察部门给予的行政处罚，依法享有陈述权、申辩权和听证权；对行政处罚不服的，有权依法申请行政复议或者提起行政诉讼；因违法给予行政处罚受到损害的，有权依法申请国家赔偿。

第二章 行政处罚的种类、管辖

第五条 安全生产违法行为行政处罚的种类：

（一）警告；

（二）罚款；

（三）没收违法所得、没收非法开采的煤炭产品、采掘设备；

（四）责令停产停业整顿、责令停产停业、责令停止建设、责令停止施工；

（五）暂扣或者吊销有关许可证，暂停或者撤销有关执业资格、岗位证书；

（六）关闭；

（七）拘留；

（八）安全生产法律、行政法规规定的其他行政处罚。

第六条 县级以上安全监管监察部门应当按照本章的规定，在各自的职责范围内对安全生产违法行为行政处罚行使管辖权。

安全生产违法行为的行政处罚，由安全生产违法行为发生地的县级以上安全监管监察部门管辖。中央企业及其所属企业、有关人员的安全生产违法行为的行政处罚，由安全生产违法行为发生地的设区的市级以上安全监管监察部门管辖。

暂扣、吊销有关许可证和暂停、撤销有关执业资格、岗位证书的行政处罚，由发证机关决定。其中，暂扣有关许可证和暂停有关执业资格、岗位证书的期限一般不得超过 6 个月；法律、行政法规另有规定的，依照其规定。

给予关闭的行政处罚，由县级以上安全监管监察部门报请县级以上人民政府按照国务院规定的权限决定。

给予拘留的行政处罚，由县级以上安全监管监察部门建议公安机关依照治安管理处罚法的规定决定。

第七条 两个以上安全监管监察部门因行政处罚管辖权发生争议的，由其共同的上一级安全监管监察部门指定管辖。

第八条 对报告或者举报的安全生产违法行为，安全监管监察部门应当受理；发现不属于自己管辖的，应当及时移送有管辖权的部门。

受移送的安全监管监察部门对管辖权有异议的，应当报请共同的上一级安全监管监察部门指定管辖。

第九条 安全生产违法行为涉嫌犯罪的，安全监管监察部门应当将案件移送司法机关，依法追究刑事责任；尚不够刑事处罚但依法应当给予行政处罚的，由安全监管监察部门管辖。

第十条 上级安全监管监察部门可以直接查处下级安全监管监察部门管辖的案件，也可以将自己管辖的案件交由下级安全监管监察部门管辖。

下级安全监管监察部门可以将重大、疑难案件报请上级安全监管监察部门管辖。

第十一条 上级安全监管监察部门有权对下级安全监管监察部门违法或者不适当的行政处罚予以纠正或者撤销。

第十二条 安全监管监察部门根据需要，可以在其法定职权范围内委托符合《行政处罚法》第十九条规定条件的组织或者乡、镇人民政府以及街道办事处、开发区管理机构等地方人民政府的派出机构实施行政处罚。受委托的单位在委托范围内，以委托的安全监管监察部门名义实施行政处罚。

委托的安全监管监察部门应当监督检查受委托的单位实施行政处罚，并对其实施行政处罚的后果承担法律责任。

第三章 行政处罚的程序

第十三条 安全生产行政执法人员在执行公务时，必须出示省级以上安全生产监督管理部门或者县级以上地方人民政府统一制作的有效行政执法证件。其中对煤矿进行安全监察，必须出示国家安全生产监督管理总局统一制作的煤矿安全监察员证。

第十四条 安全监管监察部门及其行政执法人员在监督检查时发现生产经营单位存在事故隐患的，应当按照下列规定采取现场处理措施：

（一）能够立即排除的，应当责令立即排除；

（二）重大事故隐患排除前或者排除过程中无法保证安全的，应当责令从危险区域撤出作业人员，并责令暂时停产停业、停止建设、停止施工或者停止使用相关设施、设备，限期排除隐患。

隐患排除后，经安全监管监察部门审查同意，方可恢复生产经营和使用。

本条第一款第（二）项规定的责令暂时停产停业、停止建设、停止施工或者停止使用相关设施、设备的期限一般不超过 6 个月；法律、行政法规另有规定的，依照其规定。

第十五条 对有根据认为不符合安全生产的国家标准或者行业标准的在用设施、设备、器材，违法生产、储存、使用、经营、运输的危险物品，以及违法生产、储存、使用、经营危险物品的作业场所，安全监管监察部门应当依照《行政强制法》的规定予以查封或者扣押。查封或者扣押的期限不得超过 30 日，情况复杂的，经安全监管监察部门负责人批准，最多可以延长 30 日，并在查封或者扣押期限内作出处理决定：

（一）对违法事实清楚、依法应当没收的非法财物予以没收；

（二）法律、行政法规规定应当销毁的，依法销毁；

（三）法律、行政法规规定应当解除查封、扣押的，作出解除查封、扣押的决定。

实施查封、扣押，应当制作并当场交付查封、扣押决定书和清单。

第十六条 安全监管监察部门依法对存在重大事故隐患的生产经营单位作出停产停业、停止施工、停止使用相关设施、设备的决定，生产经营单位应当依法执行，及时消除事故隐患。生产经营单位拒不执行，有发生生产安全事故的现实危险的，在保证安全的前提下，经本部门主要负责人批准，安全监管监察部门可以采取通知有关单位停止供电、停止供应民用爆炸物品等措施，强制生产经营单位履行决定。通知应当采用书面形式，有关单位应当予以配合。

安全监管监察部门依照前款规定采取停止供电措施，除有危及生产安全的紧急情形外，应当提前 24 小时通知生产经营单位。生产经营单位依法履行行政决定、采取相应措施消除事故隐患的，安全监管监察部门应当及时解除前款规定的措施。

第十七条 生产经营单位被责令限期改正或者限期进行隐患排除治理的，应当在规定限期内完成。因不可抗力无法在规定限期内完成的，应当在进行整改或者治理的同时，于限期届满前 10 日内提出书面延期申请，安全监管监察部门应当在收到申请之日起 5 日内书面答复是否准予延期。

生产经营单位提出复查申请或者整改、治理限期届满的，安全监管监察部门应当自申请或者限期届满之日起 10 日内进行复查，填写复查意见书，由被复查单位和安全监管监察部门复查人员签名后存档。逾期未整改、未治理或者整改、治理不合格的，安全监管监察部门应当依法给予行政处罚。

第十八条 安全监管监察部门在作出行政处罚决定前，应当填写行政处罚告知书，告知当事人作出行政处罚决定的事实、理由、依据，以及当事人依法享有的权利，并送达当事人。当事人应当在收到行政处罚告知书之日起 3 日内进行陈述、申辩，或者依法提出听证要求，逾期视为放弃上述权利。

第十九条 安全监管监察部门应当充分听取当事人的陈述和申辩，对当事人提出的事实、理由和证据，应当进行复核；当事人提出的事实、理由和证据成立的，安全监管监察部门应当采纳。

安全监管监察部门不得因当事人陈述或者申辩而加重处罚。

第二十条　安全监管监察部门对安全生产违法行为实施行政处罚，应当符合法定程序，制作行政执法文书。

第一节　简易程序

第二十一条　违法事实确凿并有法定依据，对个人处以 50元以下罚款、对生产经营单位处以 1000 元以下罚款或者警告的行政处罚的，安全生产行政执法人员可以当场作出行政处罚决定。

第二十二条　安全生产行政执法人员当场作出行政处罚决定，应当填写预定格式、编有号码的行政处罚决定书并当场交付当事人。

安全生产行政执法人员当场作出行政处罚决定后应当及时报告，并在 5 日内报所属安全监管监察部门备案。

第二节　一般程序

第二十三条　除依照简易程序当场作出的行政处罚外，安全监管监察部门发现生产经营单位及其有关人员有应当给予行政处罚的行为的，应当予以立案，填写立案审批表，并全面、客观、公正地进行调查，收集有关证据。对确需立即查处的安全生产违法行为，可以先行调查取证，并在 5 日内补办立案手续。

第二十四条　对已经立案的案件，由立案审批人指定两名或者两名以上安全生产行政执法人员进行调查。

有下列情形之一的，承办案件的安全生产行政执法人员应当回避：

（一）本人是本案的当事人或者当事人的近亲属的；

（二）本人或者其近亲属与本案有利害关系的；

（三）与本人有其他利害关系，可能影响案件的公正处理的。

安全生产行政执法人员的回避，由派出其进行调查的安全监管监察部门的负责人决定。进行调查的安全监管监察部门负责人的回避，由该部门负责人集体讨论决定。回避决定作出之前，承办案件的安全生产行政执法人员不得擅自停止对案件的调查。

第二十五条　进行案件调查时，安全生产行政执法人员不得少于两名。当事人或者有关人员应当如实回答安全生产行政执法人员的询问，并协助调查或者检查，不得拒绝、阻挠或者提供虚假情况。

询问或者检查应当制作笔录。笔录应当记载时间、地点、询问和检查情况，并由被询问人、被检查单位和安全生产行政执法人员签名或者盖章；被询问人、被检查单位要求补正的，应当允许。被询问人或者被检查单位拒绝签名或者盖章的，安全生产行政执法人员应当在笔录上注明原因并签名。

第二十六条　安全生产行政执法人员应当收集、调取与案件有关的原始凭证作为证据。调取原始凭证确有困难的，可以复制，复制件应当注明"经核对与原件无异"的字样和原始凭证存放的单位及其处所，并由出具证据的人员签名或者单位盖章。

第二十七条　安全生产行政执法人员在收集证据时，可以采取抽样取证的方法；在证据可能灭失或者以后难以取得的情况下，经本单位负责人批准，可以先行登记保存，并应当在7日内作出处理决定：

（一）违法事实成立依法应当没收的，作出行政处罚决定，予以没收；依法应当扣留或者封存的，予以扣留或者封存；

（二）违法事实不成立，或者依法不应当予以没收、扣留、封存的，解除登记保存。

第二十八条　安全生产行政执法人员对与案件有关的物品、场所进行勘验检查时，应当通知当事人到场，制作勘验笔录，并由当事人核对无误后签名或者盖章。当事人拒绝到场的，可以邀请在场的其他人员作证，并在勘验笔录中注明原因并签名；也可以采用录音、录像等方式记录有关物品、场所的情况后，再进行勘验检查。

第二十九条　案件调查终结后，负责承办案件的安全生产行政执法人员应当填写案件处理呈批表，连同有关证据材料一并报本部门负责人审批。

安全监管监察部门负责人应当及时对案件调查结果进行审查，根据不同情况，分别作出以下决定：

（一）确有应受行政处罚的违法行为的，根据情节轻重及具体情况，作出行政处罚决定；

（二）违法行为轻微，依法可以不予行政处罚的，不予行政处罚；

（三）违法事实不能成立，不得给予行政处罚；

（四）违法行为涉嫌犯罪的，移送司法机关处理。

对严重安全生产违法行为给予责令停产停业整顿、责令停产停业、责令停止建设、责令停止施工、吊销有关许可证、撤销有关执业资格或者岗位证书、5万元以上罚款、没收违法所得、没收非法开采的煤炭产品或者采掘设备价值5万元以上的行政处罚的，应当由安全监管监察部门的负责人集体讨论决定。

第三十条 安全监管监察部门依照本办法第二十九条的规定给予行政处罚，应当制作行政处罚决定书。行政处罚决定书应当载明下列事项：

（一）当事人的姓名或者名称、地址或者住址；

（二）违法事实和证据；

（三）行政处罚的种类和依据；

（四）行政处罚的履行方式和期限；

（五）不服行政处罚决定，申请行政复议或者提起行政诉讼的途径和期限；

（六）作出行政处罚决定的安全监管监察部门的名称和作出决定的日期。

行政处罚决定书必须盖有作出行政处罚决定的安全监管监察部门的印章。

第三十一条 行政处罚决定书应当在宣告后当场交付当事人；当事人不在场的，安全监管监察部门应当在7日内依照民事诉讼法的有关规定，将行政处罚决定书送达当事人或者其他的法定受送达人：

（一）送达必须有送达回执，由受送达人在送达回执上注明收到日期，签名或者盖章；

（二）送达应当直接送交受送达人。受送达人是个人的，本人不在，交他的同住成年家属签收，并在行政处罚决定书送达回执的备注栏内注明与受送达人的关系；

（三）受送达人是法人或者其他组织的，应当由法人的法定代表人、其他组织的主要负责人或者该法人、组织负责收件的人签收；

（四）受送达人指定代收人的，交代收人签收并注明受当事人委托的情况；

（五）直接送达确有困难的，可以挂号邮寄送达，也可以委托当地安全监管监察部门代为送达，代为送达的安全监管监察部门收到文书后，必须立即交受送达人签收；

（六）当事人或者他的同住成年家属拒绝接收的，送达人应当邀请有关基层组织或者所在单位的代表到场，说明情况，在行政处罚决定书送达回执上记明拒收的事由和日期，由送达人、见证人签名或者盖章，将行政处罚决定书留在当事人的住所；也可以把行政处罚决定书留在受送达人的住所，并采用拍照、录像等方式记录送达过程，即视为送达；

（七）受送达人下落不明，或者用以上方式无法送达的，可以公告送达，自公告发布之日起经过 60 日，即视为送达。公告送达，应当在案卷中注明原因和经过。

安全监管监察部门送达其他行政处罚执法文书，按照前款规定办理。

第三十二条 行政处罚案件应当自立案之日起 30 日内作出行政处罚决定；由于客观原因不能完成的，经安全监管监察部门负责人同意，可以延长，但不得超过 90 日；特殊情况需进一步延长的，应当经上一级安全监管监察部门批准，可延长至 180 日。

第三节　听 证 程 序

第三十三条　安全监管监察部门作出责令停产停业整顿、责令停产停业、吊销有关许可证、撤销有关执业资格、岗位证书或者较大数额罚款的行政处罚决定之前，应当告知当事人有要求举行听证的权利；当事人要求听证的，安全监管监察部门应当组织听证，不得向当事人收取听证费用。

前款所称较大数额罚款，为省、自治区、直辖市人大常委会或者人民政府规定的数额；没有规定数额的，其数额对个人罚款为 2 万元以上，对生产经营单位罚款为 5 万元以上。

第三十四条　当事人要求听证的，应当在安全监管监察部门依照本办法第十八条规定告知后 3 日内以书面方式提出。

第三十五条　当事人提出听证要求后，安全监管监察部门应当在收到书面申请之日起 15 日内举行听证会，并在举行听证会的 7 日前，通知当事人举行听证的时间、地点。

当事人应当按期参加听证。当事人有正当理由要求延期的，经组织听证的安全监管监察部门负责人批准可以延期 1 次；当事人未按期参加听证，并且未事先说明理由的，视为放弃听证权利。

第三十六条　听证参加人由听证主持人、听证员、案件调查人员、当事人及其委托代理人、书记员组成。

听证主持人、听证员、书记员应当由组织听证的安全监管监察部门负责人指定的非本案调查人员担任。

当事人可以委托 1 至 2 名代理人参加听证，并提交委托书。

第三十七条　除涉及国家秘密、商业秘密或者个人隐私外，听证应当公开举行。

第三十八条　当事人在听证中的权利和义务：

（一）有权对案件涉及的事实、适用法律及有关情况进行陈述和申辩；

（二）有权对案件调查人员提出的证据质证并提出新的证据；

（三）如实回答主持人的提问；

（四）遵守听证会场纪律，服从听证主持人指挥。

第三十九条　听证按照下列程序进行：

（一）书记员宣布听证会场纪律、当事人的权利和义务。听证主持人宣布案由，核实听证参加人名单，宣布听证开始；

（二）案件调查人员提出当事人的违法事实、出示证据，说明拟作出的行政处罚的内容及法律依据；

（三）当事人或者其委托代理人对案件的事实、证据、适用的法律等进行陈述和申辩，提交新的证据材料；

（四）听证主持人就案件的有关问题向当事人、案件调查人员、证人询问；

（五）案件调查人员、当事人或者其委托代理人相互辩论；

（六）当事人或者其委托代理人作最后陈述；

（七）听证主持人宣布听证结束。

听证笔录应当当场交当事人核对无误后签名或者盖章。

第四十条　有下列情形之一的，应当中止听证：

（一）需要重新调查取证的；

（二）需要通知新证人到场作证的；

（三）因不可抗力无法继续进行听证的。

第四十一条　有下列情形之一的，应当终止听证：

（一）当事人撤回听证要求的；

（二）当事人无正当理由不按时参加听证的；

（三）拟作出的行政处罚决定已经变更，不适用听证程序的。

第四十二条　听证结束后，听证主持人应当依据听证情况，填写听证会报告书，提出处理意见并附听证笔录报安全监管监察部门负责人审查。安全监管监察部门依照本办法第二十九条的规定作出决定。

第四章　行政处罚的适用

第四十三条　生产经营单位的决策机构、主要负责人、个人经营的投资人（包括实际控制人，下同）未依法保证下列安全生产所必需的资金投入之一，致使生产经营单位不具备安全生产条件的，责令限期改正，提供必需的资金，可以对生产经营单位处1万元以上3万元以下罚款，对生产经营单位的主要负责人、个人经营的投资人处5000元以上1万元以下罚款；逾期未改正的，责令生产经营单位停产停业整顿：

（一）提取或者使用安全生产费用；

（二）用于配备劳动防护用品的经费；

（三）用于安全生产教育和培训的经费；

（四）国家规定的其他安全生产所必须的资金投入。

生产经营单位主要负责人、个人经营的投资人有前款违法行为，导致发生生产安全事故的，依照《生产安全事故罚款处罚规定（试行）》的规定给予处罚。

第四十四条 生产经营单位的主要负责人未依法履行安全生产管理职责，导致生产安全事故发生的，依照《生产安全事故罚款处罚规定（试行）》的规定给予处罚。

第四十五条 生产经营单位及其主要负责人或者其他人员有下列行为之一的，给予警告，并可以对生产经营单位处1万元以上3万元以下罚款，对其主要负责人、其他有关人员处1000元以上1万元以下的罚款：

（一）违反操作规程或者安全管理规定作业的；

（二）违章指挥从业人员或者强令从业人员违章、冒险作业的；

（三）发现从业人员违章作业不加制止的；

（四）超过核定的生产能力、强度或者定员进行生产的；

（五）对被查封或者扣押的设施、设备、器材、危险物品和作业场所，擅自启封或者使用的；

（六）故意提供虚假情况或者隐瞒存在的事故隐患以及其他安全问题的；

（七）拒不执行安全监管监察部门依法下达的安全监管监察

指令的。

第四十六条 危险物品的生产、经营、储存单位以及矿山、金属冶炼单位有下列行为之一的，责令改正，并可以处 1 万元以上 3 万元以下的罚款：

（一）未建立应急救援组织或者生产经营规模较小、未指定兼职应急救援人员的；

（二）未配备必要的应急救援器材、设备和物资，并进行经常性维护、保养，保证正常运转的。

第四十七条 生产经营单位与从业人员订立协议，免除或者减轻其对从业人员因生产安全事故伤亡依法应承担的责任的，该协议无效；对生产经营单位的主要负责人、个人经营的投资人按照下列规定处以罚款：

（一）在协议中减轻因生产安全事故伤亡对从业人员依法应承担的责任的，处 2 万元以上 5 万元以下的罚款；

（二）在协议中免除因生产安全事故伤亡对从业人员依法应承担的责任的，处 5 万元以上 10 万元以下的罚款。

第四十八条 生产经营单位不具备法律、行政法规和国家标准、行业标准规定的安全生产条件，经责令停产停业整顿仍不具备安全生产条件的，安全监管监察部门应当提请有管辖权的人民政府予以关闭；人民政府决定关闭的，安全监管监察部门应当依法吊销其有关许可证。

第四十九条 生产经营单位转让安全生产许可证的，没收违法所得，吊销安全生产许可证，并按照下列规定处以罚款：

（一）接受转让的单位和个人未发生生产安全事故的，处 10 万元以上 30 万元以下的罚款；

（二）接受转让的单位和个人发生生产安全事故但没有造成人员死亡的，处 30 万元以上 40 万元以下的罚款；

（三）接受转让的单位和个人发生人员死亡生产安全事故的，处 40 万元以上 50 万元以下的罚款。

第五十条 知道或者应当知道生产经营单位未取得安全生产

许可证或者其他批准文件擅自从事生产经营活动，仍为其提供生产经营场所、运输、保管、仓储等条件的，责令立即停止违法行为，有违法所得的，没收违法所得，并处违法所得 1 倍以上 3 倍以下的罚款，但是最高不得超过 3 万元；没有违法所得的，并处5000 元以上 1 万元以下的罚款。

第五十一条　生产经营单位及其有关人员弄虚作假，骗取或者勾结、串通行政审批工作人员取得安全生产许可证书及其他批准文件的，撤销许可及批准文件，并按照下列规定处以罚款：

（一）生产经营单位有违法所得的，没收违法所得，并处违法所得 1 倍以上 3 倍以下的罚款，但是最高不得超过 3 万元；没有违法所得的，并处 5000 元以上 1 万元以下的罚款；

（二）对有关人员处 1000 元以上 1 万元以下的罚款。

有前款规定违法行为的生产经营单位及其有关人员在 3 年内不得再次申请该行政许可。

生产经营单位及其有关人员未依法办理安全生产许可证书变更手续的，责令限期改正，并对生产经营单位处 1 万元以上 3 万元以下的罚款，对有关人员处 1000 元以上 5000 元以下的罚款。

第五十二条　未取得相应资格、资质证书的机构及其有关人员从事安全评价、认证、检测、检验工作，责令停止违法行为，并按照下列规定处以罚款：

（一）机构有违法所得的，没收违法所得，并处违法所得 1 倍以上 3 倍以下的罚款，但是最高不得超过 3 万元；没有违法所得的，并处 5000 元以上 1 万元以下的罚款；

（二）有关人员处 5000 元以上 1 万元以下的罚款。

第五十三条　生产经营单位及其有关人员触犯不同的法律规定，有两个以上应当给予行政处罚的安全生产违法行为的，安全监管监察部门应当适用不同的法律规定，分别裁量，合并处罚。

第五十四条　对同一生产经营单位及其有关人员的同一安全生产违法行为，不得给予两次以上罚款的行政处罚。

第五十五条　生产经营单位及其有关人员有下列情形之一

的，应当从重处罚：

（一）危及公共安全或者其他生产经营单位安全的，经责令限期改正，逾期未改正的；

（二）一年内因同一违法行为受到两次以上行政处罚的；

（三）拒不整改或者整改不力，其违法行为呈持续状态的；

（四）拒绝、阻碍或者以暴力威胁行政执法人员的。

第五十六条 生产经营单位及其有关人员有下列情形之一的，应当依法从轻或者减轻行政处罚：

（一）已满14周岁不满18周岁的公民实施安全生产违法行为的；

（二）主动消除或者减轻安全生产违法行为危害后果的；

（三）受他人胁迫实施安全生产违法行为的；

（四）配合安全监管监察部门查处安全生产违法行为，有立功表现的；

（五）主动投案，向安全监管监察部门如实交代自己的违法行为的；

（六）具有法律、行政法规规定的其他从轻或者减轻处罚情形的。

有从轻处罚情节的，应当在法定处罚幅度的中档以下确定行政处罚标准，但不得低于法定处罚幅度的下限。

本条第一款第（四）项所称的立功表现，是指当事人有揭发他人安全生产违法行为，并经查证属实；或者提供查处其他安全生产违法行为的重要线索，并经查证属实；或者阻止他人实施安全生产违法行为；或者协助司法机关抓捕其他违法犯罪嫌疑人的行为。

安全生产违法行为轻微并及时纠正，没有造成危害后果的，不予行政处罚。

第五章　行政处罚的执行和备案

第五十七条 安全监管监察部门实施行政处罚时，应当同时责令生产经营单位及其有关人员停止、改正或者限期改正违法行为。

第五十八条 本办法所称的违法所得，按照下列规定计算：

（一）生产、加工产品的，以生产、加工产品的销售收入作为违法所得；

（二）销售商品的，以销售收入作为违法所得；

（三）提供安全生产中介、租赁等服务的，以服务收入或者报酬作为违法所得；

（四）销售收入无法计算的，按当地同类同等规模的生产经营单位的平均销售收入计算；

（五）服务收入、报酬无法计算的，按照当地同行业同种服务的平均收入或者报酬计算。

第五十九条 行政处罚决定依法作出后，当事人应当在行政处罚决定的期限内，予以履行；当事人逾期不履的，作出行政处罚决定的安全监管监察部门可以采取下列措施：

（一）到期不缴纳罚款的，每日按罚款数额的3％加处罚款，但不得超过罚款数额；

（二）根据法律规定，将查封、扣押的设施、设备、器材和危险物品拍卖所得价款抵缴罚款；

（三）申请人民法院强制执行。

当事人对行政处罚决定不服申请行政复议或者提起行政诉讼的，行政处罚不停止执行，法律另有规定的除外。

第六十条 安全生产行政执法人员当场收缴罚款的，应当出具省、自治区、直辖市财政部门统一制发的罚款收据；当场收缴的罚款，应当自收缴罚款之日起2日内，交至所属安全监管监察部门；安全监管监察部门应当在2日内将罚款缴付指定的银行。

第六十一条 除依法应当予以销毁的物品外，需要将查封、扣押的设施、设备、器材和危险物品拍卖抵缴罚款的，依照法律或者国家有关规定处理。销毁物品，依照国家有关规定处理；没有规定的，经县级以上安全监管监察部门负责人批准，由两名以上安全生产行政执法人员监督销毁，并制作销毁记录。处理物品，应当制作清单。

第六十二条 罚款、没收违法所得的款项和没收非法开采的煤炭产品、采掘设备，必须按照有关规定上缴，任何单位和个人不得截留、私分或者变相私分。

第六十三条 县级安全生产监督管理部门处以 5 万元以上罚款、没收违法所得、没收非法生产的煤炭产品或者采掘设备价值 5 万元以上、责令停产停业、停止建设、停止施工、停产停业整顿、吊销有关资格、岗位证书或者许可证的行政处罚的，应当自作出行政处罚决定之日起 10 日内报设区的市级安全生产监督管理部门备案。

第六十四条 设区的市级安全生产监管监察部门处以 10 万元以上罚款、没收违法所得、没收非法生产的煤炭产品或者采掘设备价值 10 万元以上、责令停产停业、停止建设、停止施工、停产停业整顿、吊销有关资格、岗位证书或者许可证的行政处罚的，应当自作出行政处罚决定之日起 10 日内报省级安全监管监察部门备案。

第六十五条 省级安全监管监察部门处以 50 万元以上罚款、没收违法所得、没收非法生产的煤炭产品或者采掘设备价值 50 万元以上、责令停产停业、停止建设、停止施工、停产停业整顿、吊销有关资格、岗位证书或者许可证的行政处罚的，应当自作出行政处罚决定之日起 10 日内报国家安全生产监督管理总局或者国家煤矿安全监察局备案。

对上级安全监管监察部门交办案件给予行政处罚的，由决定行政处罚的安全监管监察部门自作出行政处罚决定之日起 10 日内报上级安全监管监察部门备案。

第六十六条 行政处罚执行完毕后，案件材料应当按照有关规定立卷归档。

案卷立案归档后，任何单位和个人不得擅自增加、抽取、涂改和销毁案卷材料。未经安全监管监察部门负责人批准，任何单位和个人不得借阅案卷。

第六章　附　　则

第六十七条　安全生产监督管理部门所用的行政处罚文书式样，由国家安全生产监督管理总局统一制定。

煤矿安全监察机构所用的行政处罚文书式样，由国家煤矿安全监察局统一制定。

第六十八条　本办法所称的生产经营单位，是指合法和非法从事生产或者经营活动的基本单元，包括企业法人、不具备企业法人资格的合伙组织、个体工商户和自然人等生产经营主体。

第六十九条　本办法自 2008 年 1 月 1 日起施行。原国家安全生产监督管理局（国家煤矿安全监察局）2003 年 5 月 19 日公布的《安全生产违法行为行政处罚办法》、2001 年 4 月 27 日公布的《煤矿安全监察程序暂行规定》同时废止。

附录3.5　《安全生产行政复议规定》

国家安全生产监督管理总局令
第 14 号

《安全生产行政复议规定》已经 2007 年 9 月 25 日国家安全生产监督管理总局局长办公会议审议通过，现予公布，自 2007 年 11 月 1 日起施行，原国家经济贸易委员会 2003 年 2 月 18 日公布的《安全生产行政复议暂行办法》和原国家安全生产监督管理局（国家煤矿安全监察局）2003 年 6 月 20 日公布的《煤矿安全监察行政复议规定》同时废止。

局　长　李毅中

2007 年 10 月 8 日

安全生产行政复议规定

第一章 总 则

第一条 为了规范安全生产行政复议工作，解决行政争议，根据《中华人民共和国行政复议法》和《中华人民共和国行政复议法实施条例》，制定本规定。

第二条 公民、法人或者其他组织认为安全生产监督管理部门、煤矿安全监察机构（以下统称安全监管监察部门）的具体行政行为侵犯其合法权益，向安全生产行政复议机关申请行政复议，安全生产行政复议机关受理行政复议申请，作出行政复议决定，适用本规定。

第三条 依法履行行政复议职责的安全监管监察部门是安全生产行政复议机关。安全生产行政复议机关负责法制工作的机构是本机关的行政复议机构（以下简称安全生产行政复议机构）。

安全生产行政复议机关应当领导、支持本机关行政复议机构依法办理行政复议事项，并依照有关规定充实、配备专职行政复议人员，保证行政复议机构的办案能力与工作任务相适应。

第四条 国家安全生产监督管理总局办理行政复议案件按照下列程序，统一受理，分工负责：

（一）政策法规司按照本规定规定的期限，对行政复议申请进行初步审查，做出受理或者不予受理的决定。对决定受理的，将案卷材料转送相关业务司局分口承办。

（二）相关业务司局收到案卷材料后，应当在 30 日内了解核实有关情况，提出处理意见。

（三）政策法规司根据处理意见，在 20 日内拟定行政复议决定书，提交本局负责人集体讨论或者主管负责人审定。

（四）本局负责人集体讨论通过或者主管负责人同意后，政策法规司制作行政复议决定书，并送达申请人、被申请人和第

463

三人。

国家煤矿安全监察局和省级及省级以下安全监管监察部门办理行政复议案件参照上述程序执行。

第二章　行政复议范围与管辖

第五条　公民、法人或者其他组织对安全监管监察部门作出的下列具体行政行为不服，可以申请行政复议：

（一）行政处罚决定；

（二）行政强制措施；

（三）行政许可的变更、中止、撤销、撤回等决定；

（四）认为符合法定条件，申请安全监管监察部门办理许可证、资格证等行政许可手续，安全监管监察部门没有依法办理的；

（五）认为安全监管监察部门违法收费或者违法要求履行义务的；

（六）认为安全监管监察部门其他具体行政行为侵犯其合法权益的。

第六条　公民、法人或者其他组织认为安全监管监察部门的具体行政行为所依据的规定不合法，在对具体行政行为申请行政复议时，可以依据行政复议法第七条的规定一并提出审查申请。

第七条　安全监管监察部门作出的下列行政行为，不属于安全生产行政复议范围：

（一）生产安全事故调查报告；

（二）不具有强制力的行政指导行为和信访答复行为；

（三）生产安全事故隐患认定；

（四）公告信息发布；

（五）法律、行政法规规定的非具体行政行为。

第八条　对县级以上地方人民政府安全生产监督管理部门作出的具体行政行为不服的，可以向上一级安全生产监督管理部门申请行政复议，也可以向同级人民政府申请行政复议。已向同级人民政府提出行政复议申请，且同级人民政府已经受理的，上一级安全生产监督管理部门不再受理。

对国家安全生产监督管理总局作出的具体行政行为不服的，向国家安全生产监督管理总局申请行政复议。

第九条 对煤矿安全监察分局作出的具体行政行为不服的，向该分局所隶属的省级煤矿安全监察局申请行政复议。

对省级煤矿安全监察机构作出的具体行政行为不服的，向国家安全生产监督管理总局申请行政复议。

对国家煤矿安全监察局作出的具体行政行为不服的，向国家煤矿安全监察局申请行政复议。

第十条 安全监管监察部门设立的派出机构、内设机构或者其他组织，未经法律、行政法规授权，对外以自己名义作出具体行政行为的，该安全监管监察部门为被申请人。

第十一条 对安全监管监察部门依法委托的机构，以委托的安全监管监察部门名义作出的具体行政行为不服的，依照本规定第八条和第九条的规定申请行政复议。

第十二条 对安全监管监察部门与有关部门共同作出的具体行政行为不服的，可以向其共同的上一级行政机关申请行政复议。共同作出具体行政行为的安全监管监察部门与有关部门为共同被申请人。

对国家安全生产监督管理总局与国务院其他部门共同作出的具体行政行为不服的，可以向国家安全生产监督管理总局或者共同作出具体行政行为的其他任何一个部门提起行政复议申请，由作出具体行政行为的部门共同作出行政复议决定。

第十三条 下级安全监管监察部门依照法律、行政法规、规章规定，经上级安全监管监察部门批准作出具体行政行为的，批准机关为被申请人。

第三章　行政复议的申请与受理

第十四条 安全监管监察部门作出具体行政行为，依法应当向有关公民、法人或者其他组织送达法律文书而未送达的，视为该公民、法人或者其他组织不知道该具体行政行为。

安全监管监察部门作出的具体行政行为对公民、法人或者其他组织的权利、义务可能产生不利影响的，应当告知其申请行政复议的权利、行政复议机关和行政复议申请期限。

第十五条 行政复议可以书面申请，也可以当场口头申请。书面申请可以采取当面递交、邮寄或者传真等方式提出，并在行政复议申请书中载明《行政复议法实施条例》第十九条规定的事项。

当场口头申请的，安全生产行政复议机构应当按照第一款规定的事项，当场制作行政复议申请笔录交申请人核对或者向申请人宣读，并由申请人签字确认。

第十六条 安全生产行政复议机构应当自收到行政复议申请之日起 3 日内对复议申请是否符合下列条件进行初步审查：

（一）有明确的申请人和被申请人；

（二）申请人与具体行政行为有利害关系；

（三）有具体的行政复议请求和事实依据；

（四）在法定申请期限内提出；

（五）属于本规定第五条规定的行政复议范围；

（六）属于收到行政复议申请的行政复议机关的职责范围；

（七）其他行政复议机关尚未受理同一行政复议申请，人民法院尚未受理同一主体就同一事实提起的行政诉讼。

第十七条 行政复议申请错列被申请人的，安全生产行政复议机构应当告知申请人变更被申请人。

第十八条 行政复议申请材料不齐全或者表述不清楚的，安全生产行政复议机构可以自收到该行政复议申请之日起 5 日内书面通知申请人补正。补正通知应当载明需要补正的事项和合理的补正期限。无正当理由逾期不补正的，视为申请人放弃行政复议申请。补正申请材料所用时间不计入行政复议审理期限。

第十九条 经初步审查后，安全生产行政复议机构应当自收到行政复议申请之日起 5 日内按下列规定作出处理：

（一）符合本规定第十六条规定的，予以受理，并制发行政复议受理决定书；

（二）不符合本规定第十六条规定的，决定不予受理，并制发行政复议申请不予受理决定书；

（三）不属于本机关职责范围的，应当告知申请人向有权受理的行政复议机关提出。

第二十条　行政复议期间，安全生产行政复议机构认为申请人以外的公民、法人或者其他组织与被审查的具体行政行为有利害关系的，可以通知其作为第三人参加行政复议。

行政复议期间，申请人以外的公民、法人或者其他组织与被审查的具体行政行为有利害关系的，可以向安全生产行政复议机构申请作为第三人参加行政复议。

第四章　行政复议的审理和决定

第二十一条　安全生产行政复议机构审理行政复议案件，应当由 2 名以上行政复议人员参加。

第二十二条　安全生产行政复议机构应当自行政复议申请受理之日起 7 日内，将行政复议申请书副本或者行政复议申请笔录复印件发送被申请人。

被申请人应当自收到申请书副本或者行政复议申请笔录复印件之日起 10 日内，按照复议机构要求的份数提出书面答复，并提交当初作出具体行政行为的证据、依据和其他有关材料。

被申请人书面答复应当载明下列事项，并加盖单位公章：

（一）作出具体行政行为的基本过程和情况；

（二）作出具体行政行为的事实依据和有关证据材料；

（三）作出具体行政行为所依据的法律、行政法规、规章和规范性文件的文号、具体条款和内容；

（四）对申请人复议请求的意见和理由；

（五）答复的年月日。

第二十三条 有下列情形之一的，被申请人经安全生产行政复议机构允许可以补充相关证据：

（一）在作出具体行政行为时已经收集证据，但因不可抗力等正当理由不能提供的；

（二）申请人或者第三人在行政复议过程中，提出了其在安全监管监察部门实施具体行政行为过程中没有提出的申辩理由或者证据的。

第二十四条 有下列情形之一的，申请人应当提供证明材料：

（一）认为被申请人不履行法定职责的，提供曾经要求被申请人履行法定职责而被申请人未履行的证明材料，但被申请人依法应当主动履行的除外；

（二）申请行政复议时一并提出行政赔偿请求的，提供受具体行政行为侵害而造成损害的证明材料；

（三）申请人自己主张的事实；

（四）法律、行政法规规定由申请人提供证据材料的其他情形。

第二十五条 申请人、被申请人、第三人应当对其提交的证据材料分类编号，对证据材料的来源、证明对象和内容作简要说明，并在证据材料上签字或者盖章，注明提交日期。

证据材料是复印件的，应当经复议机构核对无误，并注明原件存放的单位和处所。

第二十六条 行政复议原则上采取书面审理的方式，但对重大、复杂的案件，申请人提出要求或者安全生产行政复议机构认为必要时，可以采取听证的方式审理。

听证应当保障当事人平等的陈述、质证和辩论的权利。

第二十七条 安全生产行政复议机构采取听证的方式审理复议案件，应当制作听证笔录并载明下列事项：

（一）案由，听证的时间、地点；

（二）申请人、被申请人、第三人及其代理人的基本情况；

（三）听证主持人、听证员、书记员的姓名、职务等；

（四）申请人、被申请人、第三人争议的焦点问题，有关事实、证据和依据；

（五）其他应当记载的事项。

申请人、被申请人、第三人应当核对听证笔录并签字或者盖章。

第二十八条 安全生产行政复议机构认为必要时，可以实地调查核实证据。调查核实时，行政复议人员不得少于2人，并应当向当事人或者有关人员出示证件。

需要现场勘验的，现场勘验所用时间不计入行政复议审理期限。

第二十九条 安全生产行政复议期间涉及专门事项需要鉴定的，当事人可以自行委托鉴定机构进行鉴定，也可以申请行政复议机构委托鉴定机构进行鉴定。鉴定费用由当事人承担。鉴定所用时间不计入行政复议审理期限。

第三十条 申请人在行政复议决定作出前自愿撤回行政复议申请的，经行政复议机构同意，可以撤回。

申请人撤回行政复议申请的，不得以同一事实和理由再次提出行政复议申请。但是，申请人能够证明撤回行政复议申请违背其真实意思表示的除外。

第三十一条 行政复议申请由2个以上申请人共同提出，在行政复议决定作出前，部分申请人撤回行政复议申请的，安全生产行政复议机关应当就其他申请人未撤回的行政复议申请作出行政复议决定。

第三十二条 被申请人在复议期间改变原具体行政行为的，应当书面告知复议机构。

被申请人改变原具体行政行为，申请人撤回复议申请的，行政复议终止；申请人不撤回复议申请的，安全生产行政复议机关经审查认为原具体行政行为违法的，应当作出确认其违法的复议决定；认为原具体行政行为合法的，应当作出维持的复议决定。

第三十三条 公民、法人或者其他组织对安全监管监察部门行使法律、行政法规规定的自由裁量权作出的具体行政行为不服申请行政复议，申请人与被申请人在行政复议决定作出前自愿达成和解的，应当向安全生产行政复议机构提交书面和解协议；和解内容不损害社会公共利益和他人合法权益的，安全生产行政复议机构应当准许。

第三十四条 有下列情形之一的，安全生产行政复议机构可以按照自愿、合法的原则进行调解：

（一）公民、法人或者其他组织对安全监管监察部门行使法律、行政法规规定的自由裁量权作出的具体行政行为不服申请行政复议的；

（二）当事人之间的行政赔偿或者行政补偿的纠纷。

当事人经调解达成协议的，安全生产行政复议机关应当制作行政复议调解书。调解书应当载明行政复议请求、事实、理由和调解结果，并加盖安全生产行政复议机关印章。行政复议调解书经双方当事人签字，即具有法律效力。

调解未达成协议或者调解书生效前一方反悔的，安全生产行政复议机关应当及时作出行政复议决定。

第三十五条 安全生产行政复议机构应当对被申请人作出的具体行政行为进行审查，提出意见，经安全生产行政复议机关集体讨论通过或者负责人同意后，依法作出行政复议决定。

第三十六条 被申请人被责令重新作出具体行政行为的，应当在法律、行政法规、规章规定的期限内重新作出具体行政行为；法律、行政法规、规章未规定期限的，重新作出具体行政行为的期限为 60 日。

被申请人不得以同一事实和理由作出与原具体行政行为相同或者基本相同的具体行政行为。但因违反法定程序被责令重新作出具体行政行为的除外。

第三十七条 申请人在申请行政复议时一并提出行政赔偿请求，安全生产行政复议机关对符合国家赔偿法有关规定应当给予赔偿的，在决定撤销、变更具体行政行为或者确认具体行政行为违法时，应当同时决定被申请人依法给予赔偿。

申请人在申请行政复议时没有提出行政赔偿请求的，安全生产行政复议机关在依法决定撤销或者变更原具体行政行为确定的罚款以及对设备、设施、器材的扣押、查封等强制措施时，应当同时责令被申请人返还罚款，解除对设备、设施、器材的扣押、查封等强制措施。

第三十八条　安全生产行政复议机关在申请人的行政复议请求范围内，不得作出对申请人更为不利的行政复议决定。

第五章　附　　则

第三十九条　安全生产行政复议机关及其工作人员和被申请人在安全生产行政复议工作中违反本规定的，依照行政复议法及其实施条例的规定，追究法律责任。

第四十条　行政复议期间的计算和行政复议文书的送达，依照民事诉讼法关于期间、送达的规定执行。

本规定关于行政复议期间有关"3日"、"5日"、"7日"的规定是指工作日，不含节假日。

第四十一条　安全生产行政复议案件审理完毕，案件承办人应当将案件材料在10日内立卷、归档。

下一级安全生产行政复议机关应当在作出行政复议决定之日起15日内将行政复议决定书报上一级安全生产行政复议机构备案。

第四十二条　安全监管行政复议机关办理行政复议案件，使用国家安全生产监督管理总局统一制定的文书式样。

煤矿安全监察行政复议机关办理行政复议案件，使用国家煤矿安全监察局统一制定的文书式样。

第四十三条　本规定自2007年11月1日起施行。原国家经济贸易委员会2003年2月18日公布的《安全生产行政复议暂行办法》和原国家安全生产监督管理局（国家煤矿安全监察局）

2003 年 6 月 20 日公布的《煤矿安全监察行政复议规定》同时废止。

附录 4　相关地方法规及标准

附录 4.1　《广州市燃气事故调查处理规定》

广州市燃气事故调查处理规定（2014 年 2 月 12 日）

第一条　为规范本市燃气事故的调查和处理工作，保障社会公共安全和当事人的合法权益，根据《生产安全事故报告和调查处理条例》、《城镇燃气管理条例》、《广东省燃气管理条例》、《火灾事故调查规定》、《广东省实施〈中华人民共和国消防法〉办法》、《广州市生产安全事故报告和调查处理规定》等有关规定，结合本市实际，制定本规定。

第二条　本规定所称的燃气事故是指在燃气储存、充装、经营和使用过程中，发生泄漏、爆炸、火灾、中毒等造成人员伤亡、财产损失的事故。

不可抗力中的自然灾害、刑事犯罪、自杀、道路交通事故、电器火灾等原因引发的次生燃气事故除外。

第三条　本市行政区域内燃气事故调查处理工作适用本规定。

第四条　市燃气行政主管部门根据职责负责本市行政区域内发生的燃气事故的调查处理，并组织实施本规定。

区、县级市燃气行政主管部门根据职责负责本辖区内发生的燃气事故的调查处理。

第五条　事故调查处理应当坚持实事求是、尊重科学、公平、公正的原则，及时、准确地查清事故经过、事故原因，查明事故性质，认定事故责任，总结事故教训，提出整改措施，并对事故责任者依法追究责任。

第六条　事故发生单位和供气单位应积极配合政府及有关部门开展事故应急救援和调查处理工作，如实提供调查处理所需证据材料，不得伪造和毁灭证据，不得阻扰和干预对事故的报告和调查处理。

第七条　燃气事故发生后，各有关单位应当按照《广州市燃气突发事件应急预案》的规定报告事故信息并进行应急处置。

第八条　燃气事故调查处理按下列规定执行：

（一）造成 6 人以上死亡，或者 30 人以上重伤（包括中毒，下同），或者 3000 万元以上直接经济损失的事故，按国家、省、市有关规定进行调查处理。

（二）造成 3 人以上 6 人以下死亡，或者 10 人以上 30 人以下重伤；受灾户 30 户以上 50 户以下，或者 1000 万元以上 3000 万元以下直接经济损失的事故，由市燃气行政主管部门组织事故调查组进行调查处理。

（三）造成 3 人以下死亡，或者 10 人以下重伤；受灾户 30 户以下，或者 100 万元以上 1000 万元以下直接经济损失的事故，由辖区燃气行政主管部门组织事故调查组进行调查处理。

（四）仅造成轻伤、轻微伤，或者 100 万元以下直接经济损失的事故，由事故发生单位或者供气燃气企业组织调查处理。

第九条　事故发生单位或者供气燃气企业组织调查处理的事故，事故现场勘查工作应当有两名以上调查人员参加。

第十条　市、区燃气行政主管部门组织调查处理的事故，调查组织部门应当在事故发生之日起 3 个工作日内成立事故调查组。事故调查组由有关人民政府燃气行政主管部门、安全生产监督管理部门、公安机关、质量技术监督部门派人组成，必要时应当聘请有关专家参与。

由事故发生单位或者供气单位组织的事故调查组，由本单位的主要负责人、安全生产管理机构和其他有关机构的负责人、安全生产管理人员组成。

事故调查组的成员应当与所调查的燃气事故没有直接利害关系。

第十一条 事故调查组设组长 1 名，由组织调查的部门或者单位的负责人担任。

第十二条 事故调查组履行下列职责：

（一）查明事故发生的经过、原因、人员伤亡情况及直接经济损失；

（二）认定事故的性质和责任；

（三）提出对事故责任者的处理建议；

（四）总结事故教训，提出防范和整改措施；

（五）提交事故调查报告。

第十三条 燃气事故调查取证可采取下列方式：

（一）向当事人及有关人员调查了解与事故有关的情况；

（二）调阅与事故有关的档案和技术资料；

（三）委托有资质的机构进行技术鉴定；

（四）组织相关部门和专家对燃气事故进行调查分析。

第十四条 在事故调查过程中，经事故调查组认定属于自然灾害、治安刑事案件或者生产安全事故等不属于燃气行政主管部门调查处理的事故，由事故调查组报请燃气行政主管部门移送有关部门另行组织调查。

第十五条 事故调查组应当自事故发生之日起 60 日内提交事故调查报告；特殊情况下，经负责事故调查的单位主要负责人批准，提交事故调查报告的期限可以延长，但不得超过 60 日。

技术鉴定所需时间不计入事故调查期限。

第十六条 事故调查报告应当包括下列内容：

（一）事故发生单位概况；

（二）事故发生经过和事故救援情况；

（三）事故造成的人员伤亡和直接经济损失；

（四）事故发生的原因和事故性质；

（五）事故责任的认定以及对事故责任者的处理建议；

（六）事故防范措施建议；

（七）有关证据材料。

第十七条 事故调查报告应当由事故调查组全体人员讨论通过。事故调查组成员对事故原因、事故性质、责任认定、责任者处理建议等不能取得一致意见的，调查组组长应当根据多数成员单位的意见做出结论，并在事故调查报告中如实表述各方的不同意见。

第十八条 有关当事人对燃气事故原因和责任认定有争议的，可以向有关部门提出申诉。

第十九条 燃气事故调查结束后 10 日内，由事故调查组织部门结案，或者代章报同级人民政府审批结案。

事故发生单位或者供气燃气企业组织调查的事故，事故调查报告由本单位按照规定时限代章报辖区燃气行政主管部门或者同级人民政府审批结案。

第二十条 事故调查工作结束后 15 日内，区、县级市燃气行政主管部门应当将事故调查报告报送市燃气行政主管部门。市燃气行政主管部门督促事故责任方和相关部门总结经验教训，加强安全管理，防止事故的再次发生。

第二十一条 对于由公安、消防、安全生产监管等部门移送做进一步调查的燃气事故，或者由司法机关委托做专题调查的燃气事故，燃气行政主管部门组织调查取证后，做出相应事故原因结论。

经调查取证无法弄清事实的燃气事故，应当书面告知原移送或委托机构。

对于不属于燃气行政主管部门调查处理的事故，应当及时移送相关部门处理。

第二十二条 燃气行政主管部门和有关机关应当依据法律、法规及事故调查报告，对责任单位和人员进行处罚；构成犯罪的，及时移送公安机关，依法追究刑事责任。

第二十三条 本规定所称的"以下"不包括本数，"以上"

包括本数；所称的"日"为自然日，明确规定为工作日的除外。

第二十四条　本规定自2014年2月28日施行，有效期5年。

附录4.2　《上海市燃气事故调查暂行规定》

上海市燃气事故调查暂行规定

沪市政法（2006）696号

第一条　（目的和依据）

为规范本市燃气事故的调查，正确及时处理燃气事故，保障社会公共安全和当事人的合法权益，根据《上海市燃气管理条例》、《城市燃气管理办法》、《城市燃气安全管理规定》等法规、规章和技术规程，结合本市的实际情况，制定本暂行规定。

第二条　（含义）

本暂行规定所称燃气事故是指人工煤气、天然气、液化石油气在供应、使用以及燃气器具安装维修过程中发生泄漏、爆炸、火灾、中毒等造成人员伤亡、财产损失的事故。

本暂行规定所称燃气事故的调查是指燃气行政管理部门根据职责对燃气事故进行现场勘查、调查取证、确定事故原因和责任等工作。

第三条　（适用范围）

本暂行规定适用于本市行政区域内燃气事故的调查。

不可抗力的自然灾害、刑事犯罪、自杀及生产等燃气事故的调查不适用本暂行规定。

但有关法律、法规已有规定的除外。

第四条　（管理部门和分工）

上海市市政工程管理局是本市燃气行政主管部门，其所属的上海市燃气管理处（以下简称市燃气管理处）按照职责对本市发生的燃气事故进行调查。

浦东新区、闵行区、宝山区、嘉定区、金山区、松江区、青浦区、南汇区、奉贤区和崇明县（以下简称区（县））燃气行政管理部门按照职责对本行政区域内发生的燃气事故进行调查。

第五条 （调查原则）

本市的燃气事故调查遵循实事求是、尊重科学、公平、公正的原则。

第六条 （社会义务）

任何单位和个人发现燃气事故后，必须立即切断电源，采取通风等防火措施，在能力范围内进行自救互救，并及时向燃气行政管理部门等有关部门或者燃气企业报告。

第七条 （燃气企业责任）

燃气企业接到燃气事故报警后，应立即派人到现场，迅速切断电源，隔离和警戒事故现场，并进行指挥、抢险抢修等处置工作，同时按照有关规定向燃气行政管理部门报送事故信息。

燃气企业应先确定事故发生的地点、部位、原因或影响范围，落实抢修和控制事态发展的安全措施，在不影响救护的情况下保护事故现场，维护现场秩序，控制事故发展。

燃气企业进行抢险抢修时应当杜绝违章指挥、违章作业，避免人员伤亡和事态扩大，并做好事故现场周边防火等安全防范措施，以防次生、衍生事故的发生。

燃气企业应当配合燃气行政管理部门和有关部门进行事故调查，协助有关部门保护事故现场，提供相关资料。

第八条 （管理部门接报处理）

燃气行政管理部门接到燃气事故报警后，应做好记录，并及时向相关企业通报。燃气行政管理部门应按规定派员到事故现场。

经初步认定应由燃气行政管理部门进行调查的，燃气行政管理部门调查人员应当开展现场勘查工作。事故现场勘查工作应当有两名以上调查人员参加。

第九条 （调查人员）

参与燃气事故调查工作人员应当符合以下条件：

（一）具有燃气事故调查所需要的专业知识；

（二）与所发生事故没有直接利害关系。

第十条 （现场勘查）

参加现场勘查的燃气行政管理人员应当做好下列工作：

（一）督促燃气企业采取有效措施防止事态扩大，尽快恢复燃气的正常供应；

（二）保持现场的原始状态。因抢救伤员必须移动现场物体时，必须做好标志、拍照或者绘制简图；

（三）做好事故现场的勘查记录，对相关物证采取保护和保存措施，并做好书面记录；

（四）经现场勘查，填写《上海市燃气事故现场勘查表》。

第十一条 （调查取证）

燃气行政管理部门可采取下列方式调查取证：

（一）向当事人及有关人员调查了解与事故有关的情况进行取证；

（二）调阅与事故有关的档案和技术资料；

（三）委托有资质的机构进行技术鉴定；

（四）组织相关部门和专家对燃气事故进行调查分析。

第十二条 （调查的参与）

下列情况的燃气事故调查，燃气行政管理部门应当参加：

（一）经现场勘查不能结案需进一步调查的；

（二）由事故发生地人民政府组织成立燃气事故调查小组的；

（三）燃气行政管理部门未能参加现场勘查的燃气事故，事后有关部门提供有关资料及证据，要求配合做进一步调查的；

（四）司法机关委托的燃气事故专项调查。

第十三条 （事故的认定）

对于事故事实清楚、案情简单、因果关系明确的轻微和一般事故，调查人员可当场出具调查报告。

对于重大、特大、案情复杂或者社会影响重大的燃气事故，应由事故发生地人民政府组织调查小组进行调查，按其调查结论，认定燃气事故的原因和责任。

有关当事人对燃气事故原因和责任认定有争议的，可以提请事故鉴定委员会鉴定。

第十四条 （案件的移送）

对于由公安、消防、安全生产监管等部门移送做进一步调查的燃气事故，或者由司法机关委托做专题调查的燃气事故，燃气行政管理部门组织调查取证后，做出相应事故原因结论。

经调查取证无法弄清事实的燃气事故，应当书面告知原移送或委托机构以便有关部门做出相应处理。

对于不属于燃气行政管理部门调查处理的事故，应当及时移送至相关部门处理。

第十五条 （结案处理）

燃气事故调查结束后，燃气行政管理部门应出具事故调查结论报告，建立燃气事故的调查处理档案，并督促事故责任方和有关方面总结经验教训，加强安全管理，防止事故的再次发生。

第十六条 （事故信息报送）

燃气企业应当根据燃气事故应急处置工作的管理要求，建立相应的信息数据库，并与市市政局应急指挥中心联网。

燃气企业应当定期向市燃气管理处报送燃气事故信息。

市燃气管理处汇总燃气企业上报的信息后，根据有关规定，定期向相关部门报送。

第十七条 （实施日期）

本暂行规定自 2007 年 4 月 1 日实施。

附录 4.3 《青岛市居民用户燃气事故调查处理办法》

青岛市市政公用局
青市政公用〔2013〕124 号

青岛市居民用户燃气事故调查处理办法

第一条 为规范本市居民用户燃气事故的调查处理工作，维护燃气用户和燃气经营单位的合法权益，保障社会公共安全，根据《中华人民共和国突发事件应对法》、《城镇燃气管理条例》、《山东省消防条例》等有关法律、法规的规定，制定本办法。

第二条 本办法适用于本市行政区域内发生的居民用户燃气事故的报告、抢险救援、调查处理工作。

居民用户燃气事故（以下简称燃气事故）是指居民用户户内的燃气设施、燃气器具等发生的燃气泄漏以及由燃气泄漏引发的爆炸、爆燃、火灾、中毒等事故。

第三条 燃气事故调查处理实行政府分级负责、主管部门调查认定相结合的工作机制。

第四条 根据燃气事故造成的人员伤亡或者直接经济损失，事故一般分为以下等级：

（一）特别重大燃气事故，是指造成 30 人以上死亡，或者 100 人以上重伤，或者 1 亿元以上直接经济损失的事故；

（二）重大燃气事故，是指造成 10 人以上 30 人以下死亡，或者 50 人以上 100 人以下重伤，或者 5000 万元以上 1 亿元以下直接经济损失的事故；

（三）较大燃气事故，是指造成 3 人以上 10 人以下死亡，或者 10 人以上 50 人以下重伤，或者 1000 万元以上 5000 万元以下直接经济损失的事故；

（四）一般燃气事故，是指造成 3 人以下死亡，或者 10 人以下重伤，或者 1000 万元以下直接经济损失的事故。

第五条 燃气事故发生地人民政府负责一般燃气事故的调查处理工作，市人民政府负责较大燃气事故的调查处理工作，重大以上燃气事故分别报省政府、国务院调查处理。

燃气事故发生后，事故发生地人民政府负责事故受伤人员救治、死亡人员善后处置、受损建筑修复、受灾群众安抚与安置，负责认定事故损失、伤残人员的医疗鉴定、协调经济理赔、社会救助等工作。

市燃气行政主管部门负责全市燃气事故调查认定的指导和管

理工作，并具体负责市南区、市北区、李沧区的一般和较大燃气事故及崂山区、城阳区、黄岛区、青岛经济技术开发区、即墨市、胶州市、平度市、莱西市（以下称有关区市）的较大燃气事故调查认定工作；有关区市燃气行政主管部门负责辖区内一般燃气事故的调查认定工作。

第六条 各有关部门按照各自职责做好燃气事故调查处理工作。

公安机关负责维护事故现场秩序，保护事故现场，认定事故性质是否属于刑事案件或者治安管理案件，控制事故责任嫌疑人，按照职责做好居民燃气事故的调查处理工作。

公安机关消防机构负责扑救火灾、消除火灾隐患，及时通知本级燃气行政主管部门进行调查，并将在火灾扑救过程中收集到的相关证据移交给本级燃气行政主管部门。

质量技术监督部门做好燃气事故涉及的特种设备的调查处理工作。

第七条 燃气经营单位接到事故报告后，应当立即安排抢修人员赶赴事故现场，采取切断燃气供应等措施，防止事故扩大，并立即以快报的形式向事故发生地燃气行政主管部门报告。

第八条 事故发生地燃气行政主管部门接到事故报告后，应当于2小时内向市燃气行政主管部门报告，同时报告当地人民政府。

市燃气行政主管部门接到较大以上燃气事故报告的，应当于2小时内将事故情况报告市人民政府和省燃气行政主管部门。

发生较大以上燃气事故的，事故发生地燃气行政主管部门还应当于30分钟内以快报的形式向市燃气行政主管部门报告事故情况，市燃气行政主管部门在接到事故报告后应当于30分钟内以快报的形式向市人民政府和省燃气行政主管部门报告事故情况。

第九条 燃气事故报告应当包括下列内容：

（一）事故发生的时间、地点以及事故现场情况；

（二）事故的简要经过；

（三）事故已经造成或者可能造成的伤亡人数（包括下落不明的人数）和财产损失情况；

（四）已经采取的措施；

（五）其他应当报告的情况。

燃气事故快报的内容可以适当简化，具体情况暂时不清楚的，可以先报燃气事故总体情况。

第十条 在公安机关排除燃气事故属于刑事案件和治安管理案件后，公安机关消防机构应当立即将燃气事故现场及有关情况说明、照片、摄像资料、物证等相关证据移交燃气行政主管部门调查处理，移交的证据应当包括进入现场时的燃气设施、燃气器具及阀门所处的状态及处置情况。

燃气行政主管部门在接到公安机关消防机构移交通知后，应当立即进行现场调查。

第十一条 同时具有下列情形的燃气事故，燃气行政主管部门在调查时可以采取简易调查认定程序：

（一）没有人员伤亡或有人员轻微受伤的；

（二）直接财产损失轻微的；

（三）当事人对事故事实没有异议的。

第十二条 适用简易调查认定程序的燃气事故，按照下列程序进行调查：

（一）执法人员不得少于2人，并出示执法证件；

（二）调查走访当事人、证人，了解事故发生过程、事故损失情况；

（三）查看事故现场并进行照相或者录像；

（四）告知当事人调查的事故事实，听取当事人的意见；

（五）当场制作事故简易调查认定书，由事故调查人员、当事人签字或者捺指印后交付当事人。

第十三条 除依照本办法适用简易调查程序的燃气事故外，燃气行政主管部门在进行事故调查时应当成立事故调查组。事故调查组成员由燃气行政主管部门组织专业人员组成，组长由燃气行政主管部门指定。根据事故性质、等级，可以请事故发生地人民政府以及安全监管、公安机关、质量技术监督、公安机关消防机构、监察等部门派人参加事故调查组，有关部门应当配合。

第十四条　燃气事故调查按照以下程序进行：

（一）现场勘查。现场勘查由燃气事故调查组负责组织，对勘查过程进行照相或者录像，提取证物时应当当事人或者其他有关人员见证并签字，当事人或者其他有关人员拒绝签字时，应当备注说明情况。

（二）调查问询。事故调查组有权向有关单位和个人了解与事故有关的情况，并要求其提供相关文件、资料，有关单位和个人应当如实提供有关情况，不得拒绝。事故调查组应当作出书面记录，可以进行录音或者录像。

（三）技术鉴定。事故调查中需要对燃气质量、燃气设施、燃气器具等进行技术鉴定的，事故调查组应当委托具有国家规定资质的单位进行技术鉴定。

（四）专家论证。事故原因比较复杂，调查组难以判定事故发生原因的，可以组织专家对事故原因进行论证，并出具专家论证意见。

（五）出具燃气事故调查认定书。燃气事故调查认定书应当明确事故经过、事故原因、事故性质，认定事故责任，提出事故防范措施建议。

第十五条　事故调查过程中，发现燃气事故涉嫌刑事或者治安管理案件的，应当将相关证据材料移交公安机关。

第十六条　燃气事故调查组成员在调查工作中应当遵守事故调查组的纪律。未经燃气事故调查组组长同意，调查组成员不得擅自发布有关事故的信息。

第十七条　燃气事故调查组应当自事故发生之日起60日内向燃气行政主管部门提交燃气事故调查认定书；特殊情况下，经燃气行政主管部门批准，提交燃气事故认定书的期限可以适当延长，但延长的期限最长不超过 60 日。

技术鉴定所需时间不计入事故调查期限。

第十八条 市燃气行政主管部门应当在收到燃气事故调查认定书之日起 7 日内，将一般燃气事故调查认定书移交事故发生地人民政府；将较大燃气事故调查认定书报市政府，同时抄送事故发生地人民政府。

有关区市燃气行政主管部门应当在收到一般燃气事故调查认定书之日起 7 日内将燃气事故调查认定书报事故发生地人民政府和市燃气行政主管部门。

第十九条 市政府根据事故调查认定书对较大燃气事故作出处理决定，事故发生地人民政府根据事故调查认定书对一般燃气事故作出处理决定。

第二十条 各级财政应当保障燃气事故调查经费需求。

第二十一条 国家、省对燃气事故调查处理另有规定的，从其规定。

第二十二条 本办法自 2013 年 10 月 1 日起施行，有效期至 2018 年 9 月 30 日。

附录4.4 《株洲市燃气事故保险规定》

株洲市人民政府办公室关于印发
《株洲市燃气事故保险规定》的通知
株政办发〔2010〕36 号

各区人民政府，云龙示范区管委会、市政府有关局委办和各直属机构：

《株洲市燃气事故保险规定》已经市人民政府同意，现印发给你们，请认真执行。原《株洲市燃气事故保险暂行规定》（株政办发〔2009〕23 号）自本规定发布之日起废止。

2010 年 11 月 8 日

株洲市燃气事故保险规定

第一章　总　　则

第一条　为维护社会稳定，构建和谐社会，保护燃气事故中受害人的合法权益，根据国家建设部《城市燃气管理办法》，结合株洲市实际，制订本规定

第二条　在株洲市城区（以下简称本市区）燃气用户（含瓶装燃气经营性、非经营性用户；管道燃气居民用户、非居民用户（不含工业和车用用户），以下类同）实施燃气事故保险以及燃气事故保险专项资金（以下简称保险专项资金）的使用和管理，适用本规定。

第三条　本规定所称燃气事故保险是指保险专项资金依照本规定对本市区燃气用户因燃气事故遭受人身伤害和财产损失进行保险的活动。

第四条　燃气事故保险应当遵循政府引导、企业与用户参与、有效防范、共同保障、和谐共建以及公开、及时、便民的原则。

第五条　市政府推动燃气事故保险制度的建立和完善，支持、监督保险专项资金的正常运转。

市燃气事故保险专项资金管理监督委员会负责对保险专项资金的管理和使用情况进行监督。

市燃气管理部门负责对本市区燃气用户和燃气企业按照规定标准缴纳保险资金情况进行监督检查。

市区管道和瓶装燃气特许经营企业负责每年为本市区燃气用户提供年度总额不低于 400 万元的燃气事故企业责任保险，并承担保险费用；负责代收本市区燃气用户燃气事故保险费，提供其承保数据及相关信息；受本市区燃气用户集中委托，负责与保险公司签订燃气用户燃气事故的保险整体合同。

第六条　市燃气主管部门要积极推动建立燃气事故救助机制，市区燃气特许经营企业应当予以配合支持，充分履行企业社会责任。

第二章　保险管理监督机构

第七条　设立株洲市燃气事故保险专项资金管理监督委员会（以下简称委员会），委员会设主任一名，主任由市建设局分管燃气安全工作的负责人担任，其他委员由市法制、物价、安监、燃气管理等部门相关人员担任，委员会办公室设在市燃气办。委员会定期召开会议，履行以下职责：

（一）监督保险专项资金的管理使用；

（二）协调、研究保险专项资金运作的有关工作；

（三）审核保险合同内容、条款，并监督实施；

（四）审定其办事机构提交的其他重要议题和有关事项；

（五）定期向市政府报告、向社会公布保险专项资金的收支管理情况；

（六）本规定所列的其他职责。

第八条　市建设局是本市区燃气用户燃气事故保险的主管部门，市燃气办作为委员会的办事机构，履行以下职责：

（一）负责保险专项资金的日常管理工作；

（二）负责保险专项资金的收缴、拨付；

（三）负责督促市区燃气特许经营企业受理燃气居民用户赔付申请；

（四）定期向委员会报告保险专项资金收支情况；

（五）制定与本规定配套的有关管理制度与操作规程

（六）完成委员会交办的其他工作。

第三章　保险专项资金的管理

第九条　保险专项资金的来源包括：

（一）本市区管道燃气用户以购买或实际消费气量为准，按

0.05 元/m³ 标准，在气价外交纳保险费；

（二）本市区瓶装燃气用户购买液化石油气交纳保险费，具体标准为：YSP-50 型 4 元/瓶，YSP-15 型、YSP-10 型、YSP-5型均为 1 元/瓶；

（三）本市区管道燃气和瓶装燃气特许经营企业按保险总额不低于 400 万元标准缴纳燃气事故企业责任保险费；

（四）政府投入；

（五）保险专项资金孳息。

第十条　保险专项资金由市燃气管理部门设立专户管理，专款专用。

保险专项资金出现抗风险能力严重不足时，委员会根据实际情况提出调整意见，经市建设行政主管部门审核后，报市政府按程序审批。

第四章　保险的实施

第十一条　本市区燃气用户燃气事故保险按其使用燃气类别，分别由本市区管道和瓶装燃气特许经营企业代理。

第十二条　本市区管道和瓶装燃气特许经营企业受本市区燃气用户集中委托，与保险公司签订燃气用户燃气事故的保险整体合同，受理保险理赔申请相关事宜（具体赔付标准见保险合同条款）。

第十三条　本市区管道燃气和瓶装燃气特许经营企业将代收的保险费，分别按季度、按月统一交付到市燃气事故保险资金专户。

第十四条　本市区管道和瓶装燃气特许经营企业于每个保险年度第一个月底前分别将各自全年承担的燃气事故企业责任保险费通过银行转账方式，一次性拨付到市燃气事故保险专项资金专户。

第十五条　本市区已参加燃气事故保险的燃气用户，发生燃气事故保险合同规定情形的，受害人或者被保险人可以依照本规定，通过本市区燃气特许经营企业，向保险公司提出赔偿要求。

经政府有关部门或事故调查组认定为主观恶意破坏燃气设施或者自杀引发燃气事故所造成的当事人人身伤害和财产损失，不在赔付之列，并将依法追究事故当事人的经济和刑事责任。

第五章 保险专项资金的监督管理

第十六条 本市区燃气特许经营企业和市燃气管理部门根据各自职责依法分别保管保险专项资金的会计档案和收支业务的有关材料，市燃气管理部门定期将保险专项资金的使用情况向委员会报告。

第十七条 市燃气管理部门应当于每年一月底将上一年度企业燃气事故责任保险费和燃气用户燃气事故保险费缴纳情况向委员会报告。

第十八条 燃气事故保险承保公司，应当于每半年向委员会提交事故理赔情况的专项报告。

第十九条 委员会应当在每年一季度将上年保险专项资金的收取、支付以及结存情况向市政府报告，并向社会公布，自觉接受社会和相关部门监督。

第六章 法 律 责 任

第二十条 本市区燃气特许经营企业未按照本规定按时为燃气用户足额缴纳企业燃气事故责任保险费的，市建设行政主管部门有权依据城市燃气特许经营协议追究其违约责任。

第二十一条 委员会及其办事机构、燃气特许经营企业工作人员有下列行为之一的，由监察机关责令改正，对部门给予通报批评；对负有直接责任的主管人员和其他直接责任人员依法给予处分；情节严重，涉嫌犯罪的，依法移送司法机关处理：

（一）未按照本规定的保险专项资金使用范围使用资金的；

（二）未按照本规定受理燃气事故居民用户理赔申请的；

（三）提供虚假报告、报表、文件和资料的。

第二十二条 国家机关工作人员滥用职权、徇私舞弊、玩忽职守、索贿受贿的，依法依规处理。

第七章 附 则

第二十三条 本规定自 2010 年 11 月 15 日起施行。

附录5 规范性文件

附录5.1 国家安全监管总局印发《关于生产安全事故调查处理中有关问题的规定》的通知

国家安全监管总局印发《关于生产安全
事故调查处理中有关问题的规定》的通知
安监总政法〔2013〕115 号

各省、自治区、直辖市及新疆生产建设兵团安全生产监督管理局，各省级煤矿安全监察局：

为进一步规范生产安全事故的调查处理，认真查处每一起事故，吸取事故教训，有效遏制重特大事故发生，国家安全监管总局制定了《关于生产安全事故调查处理中有关问题的规定》，现印发给你们，请遵照执行。

国家安全监管总局
2013 年 11 月 20 日

关于生产安全事故调查处理中有关问题的规定

第一条 为进一步规范安全生产监督管理部门组织的生产安全事故的调查处理，认真查处每一起事故并严厉及时追责，吸取事故教训，有效遏制重特大事故发生，根据《生产安全事故报告和调查处理条例》（国务院令第 493 号，以下简称《条例》）等法律、行政法规，制定本规定。

第二条　《条例》第二条所称生产经营活动，是指在工作时间和工作场所，为实现某种生产、建设或者经营目的而进行的活动，包括与工作有关的预备性或者收尾性活动。

第三条　根据《条例》第三条的规定，按照死亡人数、重伤人数（含急性工业中毒，下同）、直接经济损失三者中最高级别确定事故等级。

因事故造成的失踪人员，自事故发生之日起 30 日后（交通事故、火灾事故自事故发生之日起 7 日后），按照死亡人员进行统计，并重新确定事故等级。

事故造成的直接经济损失，由事故发生单位依照《企业职工伤亡事故经济损失统计标准》GB 6721 提出意见，经事故发生单位上级主管部门同意后，报组织事故调查的安全生产监督管理部门确定；事故发生单位无上级主管部门的，直接报组织事故调查的安全生产监督管理部门确定。

第四条　事故调查工作应当按照"四不放过"和依法依规、实事求是、科学严谨、注重实效的原则认真开展。

第五条　事故调查组应当在查明事故原因，认定事故性质的基础上，分清事故责任，依法依规依纪对相关责任单位和责任人员提出严肃的处理意见，杜绝失之于软、失之于宽、失之于慢的现象。

第六条　对挂牌督办、跟踪督办的事故，组织事故调查的安全生产监督管理部门应当及时向督办机关请示汇报。负责督办的部门应当加强督促检查，并对事故查处进行具体指导，严格审核把关。

第七条　对于中央企业发生的事故，事故发生地的上级安全生产监督管理部门认为必要时，可以提请本级人民政府决定提级调查。

事故发生地与事故发生单位不在同一个县级以上行政区域，事故发生地安全生产监督管理部门认为开展事故调查确有困难的，可以报告本级人民政府提请上一级人民政府决定提级调查。

第八条　事故调查组组长一般由安全生产监督管理部门的人员担任。事故调查组成员应当按照《条例》规定，在事故调查组组长统一领导下开展调查工作。

第九条　事故调查组应当制定事故调查方案，经事故调查组组长批准后执行。事故调查方案应当包括调查工作的原则、目标、任务和事故调查组专门小组的分工、应当查明的问题和线索，调查步骤、方法，完成相关调查的期限、措施、要求等内容。

第十条　事故调查组应当按照下列期限，向负责事故调查的人民政府提交事故调查报告：

（一）特别重大事故依照《条例》的有关规定执行；

（二）重大事故自事故发生之日起一般不得超过 60 日；

（三）较大事故、一般事故自事故发生之日起一般不得超过 30 日。

特殊情况下，经负责事故调查的人民政府批准，可以延长提交事故调查报告的期限，但最长不得超过 30 日。

下列时间不计入事故调查期限，但应当在报送事故调查报告时向负责事故调查的人民政府说明：

（一）瞒报、谎报、迟报事故的调查核实所需的时间；

（二）因事故救援无法进行现场勘察的时间；

（三）挂牌督办、跟踪督办的事故的审核备案时间；

（四）特殊疑难问题技术鉴定所需的时间。

第十一条　事故调查报告应当由事故调查组成员签名。事故调查组成员对事故的原因、性质和事故责任者的处理建议不能取得一致意见时，事故调查组组长有权提出结论性意见；仍有不同意见的，应当进一步协调；经协调仍不能统一意见的，应当报请本级人民政府裁决。

事故调查报告应当对落实事故防范措施建议、责任追究等工作提出明确要求。

第十二条　负责事故调查的人民政府应当按照《条例》第三十二条规定的期限对事故调查报告作出批复，并抄送事故调查组成员所在单位和其他有关单位。

第十三条　经过批复的事故调查报告的正文部分由组织事故调查的安全生产监督管理部门按照国家有关规定及时在政府网站或者通过其他方式全文公开，但依法需要保密的内容除外。

第十四条　有关部门和事故发生单位应当自接到事故调查报告及其批复的 3 个月内，将有关责任人员和单位的处理情况、事故防范措施建议的落实情况书面报（抄）送组织事故调查的安全生产监督管理部门及其他有关部门。

第十五条　本规定自印发之日起施行。煤矿、海上石油事故的调查处理，依照本规定执行；国家安全生产监督管理总局另有规定的，从其规定。

附录 5.2　《最高人民法院关于进一步加强危害生产安全刑事案件审判工作的意见》

最高人民法院印发《最高人民法院关于进一步加强危害生产安全刑事案件审判工作的意见》的通知

法发〔2011〕20 号

各省、自治区、直辖市高级人民法院，解放军军事法院，新疆维吾尔自治区高级人民法院生产建设兵团分院：

现将《最高人民法院关于进一步加强危害生产安全刑事案件审判工作的意见》印发给你们，请认真贯彻执行。本意见贯彻执行中遇到的问题，请及时报告最高人民法院。

2011 年 12 月 30 日

最高人民法院关于进一步加强危害生产安全刑事案件审判工作的意见

为依法惩治危害生产安全犯罪，促进全国安全生产形势持续稳定好转，保护人民群众生命财产安全，现就进一步加强危害生产安全刑事案件审判工作，制定如下意见。

一、高度重视危害生产安全刑事案件审判工作

（1）充分发挥刑事审判职能作用，依法惩治危害生产安全犯罪，是人民法院为大局服务、为人民司法的必然要求。安全生产关系到人民群众生命财产安全，事关改革、发展和稳定的大局。当前，全国安全生产状况呈现总体稳定、持续好转的发展态势，但形势依然严峻，企业安全生产基础依然薄弱；非法、违法生产，忽视生产安全的现象仍然十分突出；重特大生产安全责任事故时有发生，个别地方和行业重特大责任事故上升。一些重特大生产安全责任事故举国关注，相关案件处理不好，不仅起不到应有的警示作用，不利于生产安全责任事故的防范，也损害党和国家形象，影响社会和谐稳定。各级人民法院要从政治和全局的高度，充分认识审理好危害生产安全刑事案件的重要意义，切实增强工作责任感，严格依法、积极稳妥地审理相关案件，进一步发挥刑事审判工作在创造良好安全生产环境、促进经济平稳较快发展方面的积极作用。

（2）采取有力措施解决存在的问题，切实加强危害生产安全刑事案件审判工作。近年来，各级人民法院依法审理危害生产安全刑事案件，一批严重危害生产安全的犯罪分子及相关职务犯罪分子受到法律制裁，对全国安全生产形势持续稳定好转发挥了积极促进作用。2010年，监察部、国家安全生产监督管理总局会同最高人民法院等部门对部分省市重特大生产安全事故责任追究落实情况开展了专项检查。从检查的情况来看，审判工作总体情况是好的，但仍有个别案件在法律适用或者宽严相济刑事政策具

体把握上存在问题，需要切实加强指导。各级人民法院要高度重视，确保相关案件审判工作取得良好的法律效果和社会效果。

二、危害生产安全刑事案件审判工作的原则

（3）严格依法，从严惩处。对严重危害生产安全犯罪，尤其是相关职务犯罪，必须始终坚持严格依法、从严惩处。对于人民群众广泛关注、社会反映强烈的案件要及时审结，回应人民群众关切，维护社会和谐稳定。

（4）区分责任，均衡量刑。危害生产安全犯罪，往往涉案人员较多，犯罪主体复杂，既包括直接从事生产、作业的人员，也包括对生产、作业负有组织、指挥或者管理职责的负责人、管理人员、实际控制人、投资人等，有的还涉及国家机关工作人员渎职犯罪。对相关责任人的处理，要根据事故原因、危害后果、主体职责、过错大小等因素，综合考虑全案，正确划分责任，做到罪责刑相适应。

（5）主体平等，确保公正。审理危害生产安全刑事案件，对于所有责任主体，都必须严格落实法律面前人人平等的刑法原则，确保刑罚适用公正，确保裁判效果良好。

三、正确确定责任

（6）审理危害生产安全刑事案件，政府或相关职能部门依法对事故原因、损失大小、责任划分作出的调查认定，经庭审质证后，结合其他证据，可作为责任认定的依据。

（7）认定相关人员是否违反有关安全管理规定，应当根据相关法律、行政法规，参照地方性法规、规章及国家标准、行业标准，必要时可参考公认的惯例和生产经营单位制定的安全生产规章制度、操作规程。

（8）多个原因行为导致生产安全事故发生的，在区分直接原因与间接原因的同时，应当根据原因行为在引发事故中所具作用的大小，分清主要原因与次要原因，确认主要责任和次要责任，合理确定罪责。

一般情况下，对生产、作业负有组织、指挥或者管理职责的负责人、管理人员、实际控制人、投资人，违反有关安全生产管理规定，对重大生产安全事故的发生起决定性、关键性作用的，应当承担主要责任。

对于直接从事生产、作业的人员违反安全管理规定，发生重大生产安全事故的，要综合考虑行为人的从业资格、从业时间、接受安全生产教育培训情况、现场条件、是否受到他人强令作业、生产经营单位执行安全生产规章制度的情况等因素认定责任，不能将直接责任简单等同于主要责任。

对于负有安全生产管理、监督职责的工作人员，应根据其岗位职责、履职依据、履职时间等，综合考察工作职责、监管条件、履职能力、履职情况等，合理确定罪责。

四、准确适用法律

（9）严格把握危害生产安全犯罪与以其他危险方法危害公共安全罪的界限，不应将生产经营中违章违规的故意不加区别地视为对危害后果发生的故意。

（10）以行贿方式逃避安全生产监督管理，或者非法、违法生产、作业，导致发生重大生产安全事故，构成数罪的，依照数罪并罚的规定处罚。

违反安全生产管理规定，非法采矿、破坏性采矿或排放、倾倒、处置有害物质严重污染环境，造成重大伤亡事故或者其他严重后果，同时构成危害生产安全犯罪和破坏环境资源保护犯罪的，依照数罪并罚的规定处罚。

（11）安全事故发生后，负有报告职责的国家工作人员不报或者谎报事故情况，贻误事故抢救，情节严重，构成不报、谎报安全事故罪，同时构成职务犯罪或其他危害生产安全犯罪的，依照数罪并罚的规定处罚。

（12）非矿山生产安全事故中，认定"直接负责的主管人员和其他直接责任人员"、"负有报告职责的人员"的主体资格，认定构成"重大伤亡事故或者其他严重后果"、"情节特别恶劣"，不报、谎报事故情况，贻误事故抢救，"情节严重"、"情节特别严重"等，可参照最高人民法院、最高人民检察院《关于办理危害矿山生产安全刑事案件具体应用法律若干问题的解释》的相关规定。

五、准确把握宽严相济刑事政策

（13）审理危害生产安全刑事案件，应综合考虑生产安全事故所造成的伤亡人数、经济损失、环境污染、社会影响、事故原因与被告人职责的关联程度、被告人主观过错大小、事故发生后被告人的施救表现、履行赔偿责任情况等，正确适用刑罚，确保裁判法律效果和社会效果相统一。

（14）造成《关于办理危害矿山生产安全刑事案件具体应用法律若干问题的解释》第四条规定的"重大伤亡事故或者其他严重后果"，同时具有下列情形之一的，也可以认定为刑法第一百三十四条、第一百三十五条规定的"情节特别恶劣"：

1）非法、违法生产的；

2）无基本劳动安全设施或未向生产、作业人员提供必要的劳动防护用品，生产、作业人员劳动安全无保障的；

3）曾因安全生产设施或者安全生产条件不符合国家规定，被监督管理部门处罚或责令改正，一年内再次违规生产致使发生重大生产安全事故的；

4）关闭、故意破坏必要安全警示设备的；

5）已发现事故隐患，未采取有效措施，导致发生重大事故的；

6）事故发生后不积极抢救人员，或者毁灭、伪造、隐藏影响事故调查的证据，或者转移财产逃避责任的；

7）其他特别恶劣的情节。

（15）相关犯罪中，具有以下情形之一的，依法从重处罚：

1）国家工作人员违反规定投资入股生产经营企业，构成危害生产安全犯罪的；

2）贪污贿赂行为与事故发生存在关联性的；

3）国家工作人员的职务犯罪与事故存在直接因果关系的；

4）以行贿方式逃避安全生产监督管理，或者非法、违法生产、作业的；

5）生产安全事故发生后，负有报告职责的国家工作人员不报或者谎报事故情况，贻误事故抢救，尚未构成不报、谎报安全事故罪的；

6）事故发生后，采取转移、藏匿、毁灭遇难人员尸体，或者毁灭、伪造、隐藏影响事故调查的证据，或者转移财产，逃避责任的；

7）曾因安全生产设施或者安全生产条件不符合国家规定，被监督管理部门处罚或责令改正，一年内再次违规生产致使发生重大生产安全事故的。

（16）对于事故发生后，积极施救，努力挽回事故损失，有效避免损失扩大；积极配合调查，赔偿受害人损失的，可依法从宽处罚。

六、依法正确适用缓刑和减刑、假释

（17）对于危害后果较轻，在责任事故中不负主要责任，符合法律有关缓刑适用条件的，可以依法适用缓刑，但应注意根据案件具体情况，区别对待，严格控制，避免适用不当造成的负面影响。

（18）对于具有下列情形的被告人，原则上不适用缓刑：

1）具有本意见第 14 条、第 15 条所规定的情形的；

2）数罪并罚的。

（19）宣告缓刑，可以根据犯罪情况，同时禁止犯罪分子在缓刑考验期限内从事与安全生产有关的特定活动。

（20）办理与危害生产安全犯罪相关的减刑、假释案件，要严格执行刑法、刑事诉讼法和有关司法解释规定。是否决定减刑、假释，既要看罪犯服刑期间的悔改表现，还要充分考虑原判认定的犯罪事实、性质、情节、社会危害程度等情况。

七、加强组织领导，注意协调配合

（21）对于重大、敏感案件，合议庭成员要充分做好庭审前期准备工作，全面、客观掌握案情，确保案件开庭审理稳妥顺利、依法公正。

（22）审理危害生产安全刑事案件，涉及专业技术问题的，应有相关权威部门出具的咨询意见或者司法鉴定意见；可以依法邀请具有相关专业知识的人民陪审员参加合议庭。

（23）对于审判工作中发现的安全生产事故背后的渎职、贪污贿赂等违法犯罪线索，应当依法移送有关部门处理。对于情节轻微，免予刑事处罚的被告人，人民法院可建议有关部门依法给予行政处罚或纪律处分。

（24）被告人具有国家工作人员身份的，案件审结后，人民法院应当及时将生效的裁判文书送达行政监察机关和其他相关部门。

（25）对于造成重大伤亡后果的案件，要充分运用财产保全等法定措施，切实维护被害人依法获得赔偿的权利。对于被告人没有赔偿能力的案件，应当依靠地方党委和政府做好善后安抚工作。

（26）积极参与安全生产综合治理工作。对于审判中发现的安全生产管理方面的突出问题，应当发出司法建议，促使有关部门强化安全生产意识和制度建设，完善事故预防机制，杜绝同类事故发生。

（27）重视做好宣传工作。对于社会关注的典型案件，要重视做好审判情况的宣传报道，规范裁判信息发布，及时回应社会的关切，充分发挥重大、典型案件的教育警示作用。

（28）各级人民法院要在依法履行审判职责的同时，及时总结审判经验，深入开展调查研究，推动审判工作水平不断提高。上级法院要以辖区内发生的重大生产安全责任事故案件为重点，加强对下级法院危害生产安全刑事案件审判工作的监督和指导，适时检查此类案件的审判情况，提出有针对性的指导意见。

附录5.3　最高人民法院、最高人民检察院关于办理危害生产安全刑事案件适用法律若干问题的解释

中华人民共和国最高人民法院
中华人民共和国最高人民检察院
公告

最高人民法院、最高人民检察院关于办理危害生产安全刑事案件适用法律若干问题的解释

《最高人民法院、最高人民检察院关于办理危害生产安全刑事案件适用法律若干问题的解释》已于 2015 年 11 月 9 日由最高人民法院审判委员会第 1665 次会议、2015 年 12 月 9 日由最高人民检察院第十二届检察委员会第 44 次会议通过，现予公布，自 2015 年 12 月 16 日起施行。

最高人民法院　最高人民检察院
2015 年 12 月 14 日

最高人民法院、最高人民检察院关于办理危害生产安全刑事案件适用法律若干问题的解释

（2015 年 11 月 9 日最高人民法院审判委员会第 1665 次会议、2015 年 12 月 9 日最高人民检察院第十二届检察委员会第 44 次会议通过）

法释〔2015〕22 号

为依法惩治危害生产安全犯罪，根据刑法有关规定，现就办理此类刑事案件适用法律的若干问题解释如下：

第一条　《刑法》第一百三十四条第一款规定的犯罪主体，

包括对生产、作业负有组织、指挥或者管理职责的负责人、管理人员、实际控制人、投资人等人员，以及直接从事生产、作业的人员。

第二条 《刑法》第一百三十四条第二款规定的犯罪主体，包括对生产、作业负有组织、指挥或者管理职责的负责人、管理人员、实际控制人、投资人等人员。

第三条 《刑法》第一百三十五条规定的"直接负责的主管人员和其他直接责任人员"，是指对安全生产设施或者安全生产条件不符合国家规定负有直接责任的生产经营单位负责人、管理人员、实际控制人、投资人，以及其他对安全生产设施或者安全生产条件负有管理、维护职责的人员。

第四条 《刑法》第一百三十九条之一规定的"负有报告职责的人员"，是指负有组织、指挥或者管理职责的负责人、管理人员、实际控制人、投资人，以及其他负有报告职责的人员。

第五条 明知存在事故隐患、继续作业存在危险，仍然违反有关安全管理的规定，实施下列行为之一的，应当认定为刑法第一百三十四条第二款规定的"强令他人违章冒险作业"：

（一）利用组织、指挥、管理职权，强制他人违章作业的；

（二）采取威逼、胁迫、恐吓等手段，强制他人违章作业的；

（三）故意掩盖事故隐患，组织他人违章作业的；

（四）其他强令他人违章作业的行为。

第六条 实施刑法第一百三十二条、第一百三十四条第一款、第一百三十五条、第一百三十五条之一、第一百三十六条、第一百三十九条规定的行为，因而发生安全事故，具有下列情形之一的，应当认定为"造成严重后果"或者"发生重大伤亡事故或者造成其他严重后果"，对相关责任人员，处三年以下有期徒刑或者拘役：

（一）造成死亡一人以上，或者重伤三人以上的；

（二）造成直接经济损失一百万元以上的；

（三）其他造成严重后果或者重大安全事故的情形。

实施刑法第一百三十四条第二款规定的行为，因而发生安全事故，具有本条第一款规定情形的，应当认定为"发生重大伤亡事故或者造成其他严重后果"，对相关责任人员，处五年以下有期徒刑或者拘役。

实施刑法第一百三十七条规定的行为，因而发生安全事故，具有本条第一款规定情形的，应当认定为"造成重大安全事故"，对直接责任人员，处五年以下有期徒刑或者拘役，并处罚金。

实施刑法第一百三十八条规定的行为，因而发生安全事故，具有本条第一款第一项规定情形的，应当认定为"发生重大伤亡事故"，对直接责任人员，处三年以下有期徒刑或者拘役。

第七条 实施刑法第一百三十二条、第一百三十四条第一款、第一百三十五条、第一百三十五条之一、第一百三十六条、第一百三十九条规定的行为，因而发生安全事故，具有下列情形之一的，对相关责任人员，处三年以上七年以下有期徒刑：

（一）造成死亡三人以上或者重伤十人以上，负事故主要责任的；

（二）造成直接经济损失五百万元以上，负事故主要责任的；

（三）其他造成特别严重后果、情节特别恶劣或者后果特别严重的情形。

实施刑法第一百三十四条第二款规定的行为，因而发生安全事故，具有本条第一款规定情形的，对相关责任人员，处五年以上有期徒刑。

实施刑法第一百三十七条规定的行为，因而发生安全事故，具有本条第一款规定情形的，对直接责任人员，处五年以上十年以下有期徒刑，并处罚金。

实施刑法第一百三十八条规定的行为，因而发生安全事故，具有下列情形之一的，对直接责任人员，处三年以上七年以下有期徒刑：

（一）造成死亡三人以上或者重伤十人以上，负事故主要责任的；

（二）具有本解释第六条第一款第一项规定情形，同时造成直接经济损失五百万元以上并负事故主要责任的，或者同时造成恶劣社会影响的。

第八条 在安全事故发生后，负有报告职责的人员不报或者谎报事故情况，贻误事故抢救，具有下列情形之一的，应当认定为刑法第一百三十九条之一规定的"情节严重"：

（一）导致事故后果扩大，增加死亡一人以上，或者增加重伤三人以上，或者增加直接经济损失一百万元以上的；

（二）实施下列行为之一，致使不能及时有效开展事故抢救的：

（1）决定不报、迟报、谎报事故情况或者指使、串通有关人员不报、迟报、谎报事故情况的；

（2）在事故抢救期间擅离职守或者逃匿的；

（3）伪造、破坏事故现场，或者转移、藏匿、毁灭遇难人员尸体，或者转移、藏匿受伤人员的；

（4）毁灭、伪造、隐匿与事故有关的图纸、记录、计算机数据等资料以及其他证据的；

（三）其他情节严重的情形。

具有下列情形之一的，应当认定为刑法第一百三十九条之一规定的"情节特别严重"：

（一）导致事故后果扩大，增加死亡三人以上，或者增加重伤十人以上，或者增加直接经济损失五百万元以上的；

（二）采用暴力、胁迫、命令等方式阻止他人报告事故情况，导致事故后果扩大的；

（三）其他情节特别严重的情形。

第九条 在安全事故发生后，与负有报告职责的人员串通，不报或者谎报事故情况，贻误事故抢救，情节严重的，依照刑法第一百三十九条之一的规定，以共犯论处。

第十条 在安全事故发生后，直接负责的主管人员和其他直接责任人员故意阻挠开展抢救，导致人员死亡或者重伤，或者为了逃避法律追究，对被害人进行隐藏、遗弃，致使被害人因无法得到救助而死亡或者重度残疾的，分别依照刑法第二百三十二条、第二百三十四条的规定，以故意杀人罪或者故意伤害罪定罪处罚。

第十一条 生产不符合保障人身、财产安全的国家标准、行业标准的安全设备，或者明知安全设备不符合保障人身、财产安全的国家标准、行业标准而进行销售，致使发生安全事故，造成严重后果的，依照刑法第一百四十六条的规定，以生产、销售不符合安全标准的产品罪定罪处罚。

第十二条 实施刑法第一百三十二条、第一百三十四条至第一百三十九条之一规定的犯罪行为，具有下列情形之一的，从重处罚：

（一）未依法取得安全许可证件或者安全许可证件过期、被暂扣、吊销、注销后从事生产经营活动的；

（二）关闭、破坏必要的安全监控和报警设备的；

（三）已经发现事故隐患，经有关部门或者个人提出后，仍不采取措施的；

（四）一年内曾因危害生产安全违法犯罪活动受过行政处罚或者刑事处罚的；

（五）采取弄虚作假、行贿等手段，故意逃避、阻挠负有安全监督管理职责的部门实施监督检查的；

（六）安全事故发生后转移财产意图逃避承担责任的；

（七）其他从重处罚的情形。

实施前款第五项规定的行为，同时构成刑法第三百八十九条规定的犯罪的，依照数罪并罚的规定处罚。

第十三条 实施刑法第一百三十二条、第一百三十四条至第一百三十九条之一规定的犯罪行为，在安全事故发生后积极组织、参与事故抢救，或者积极配合调查、主动赔偿损失的，可以酌情从轻处罚。

第十四条 国家工作人员违反规定投资入股生产经营，构成本解释规定的有关犯罪的，或者国家工作人员的贪污、受贿犯罪行为与安全事故发生存在关联性的，从重处罚；同时构成贪污、受贿犯罪和危害生产安全犯罪的，依照数罪并罚的规定处罚。

第十五条 国家机关工作人员在履行安全监督管理职责时滥用职权、玩忽职守，致使公共财产、国家和人民利益遭受重大损失的，或者徇私舞弊，对发现的刑事案件依法应当移交司法机关追究刑事责任而不移交，情节严重的，分别依照刑法第三百九十七条、第四百零二条的规定，以滥用职权罪、玩忽职守罪或者徇私舞弊不移交刑事案件罪定罪处罚。

公司、企业、事业单位的工作人员在依法或者受委托行使安全监督管理职责时滥用职权或者玩忽职守，构成犯罪的，应当依照《全国人民代表大会常务委员会关于〈中华人民共和国刑法〉第九章渎职罪主体适用问题的解释》的规定，适用渎职罪的规定追究刑事责任。

第十六条 对于实施危害生产安全犯罪适用缓刑的犯罪分子，可以根据犯罪情况，禁止其在缓刑考验期限内从事与安全生产相关联的特定活动；对于被判处刑罚的犯罪分子，可以根据犯罪情况和预防再犯罪的需要，禁止其自刑罚执行完毕之日或者假释之日起三年至五年内从事与安全生产相关的职业。

第十七条 本解释自 2015 年 12 月 16 日起施行。本解释施行后，《最高人民法院、最高人民检察院关于办理危害矿山生产安全刑事案件具体应用法律若干问题的解释》（法释〔2007〕5 号）同时废止。最高人民法院、最高人民检察院此前发布的司法解释和规范性文件与本解释不一致的，以本解释为准。

附录5.4 国务院安委会关于深入开展餐饮场所燃气安全专项治理的通知

国务院安委会关于深入开展
餐饮场所燃气安全专项治理的通知
安委〔2013〕1号

各省、自治区、直辖市人民政府，新疆生产建设兵团，国务院安委会有关成员单位：

为认真贯彻落实党的十八大及国务院安委会全体会议精神，深刻吸取近年来餐饮场所燃气泄漏爆炸事故教训，切实加强餐饮企业安全生产基础建设，进一步加强餐饮场所燃气安全监管工作，有效遏制重特大事故发生，定于2013年2月至7月在全国深入开展餐饮场所燃气安全专项治理（以下简称专项治理）。现将有关事项通知如下：

一、专项治理的必要性

近年来，餐饮场所燃气泄漏爆炸事故时有发生，教训十分深刻。2012年11月23日，山西省晋中市寿阳县喜羊羊火锅店发生液化石油气泄漏爆炸事故，并引发大火，造成14人死亡、47人受伤（其中17人重伤）。2012年3月6日，辽宁省盘锦市一烧烤店因钢瓶非法倒气严重超装，导致瓶体爆破引发爆炸，造成4人死亡、22人受伤（其中9人重伤）。2011年11月14日，陕西省西安市高新技术开发区内一肉夹馍店因阀门操作不当，导致钢瓶液化石油气泄漏引发爆炸，造成11人死亡、31人受伤。造成这些事故的主要原因，一是部分餐饮企业安全生产主体责任不落实，安全管理规章制度不健全，现场安全管理混乱；二是安全投入不到位，营业场所现场防火、防爆、防泄漏等安全设备设施不完善，隐患排查治理不及时；三是安全教育培训工作不力，从业人员缺乏燃气使用安全知识和安全操作技能，违章指挥、违章作业；四是部分餐饮企业对液化石油气进货渠道把控不严，从无燃气经营资质的气贩手中购置液化石油气，使得超期、超装液化石油气钢瓶混入餐饮场所；五是部分地区对餐饮场所燃气使用安全工作重视不够，对餐饮企业的安全监管主体不明确，打击和取缔非法违法生产经营行为措施不力等。

全国餐饮场所量多面广，绝大多数规模小，安全生产条件差，容易发生燃气泄漏爆炸事故；且多位于人员密集场所，一旦发生事故，将造成严重的人员伤亡和财产损失，社会影响巨大。因此，有必要对餐饮场所集中组织开展燃气安全专项治理，全面排查治理隐患，坚决依法取缔淘汰一批非法违法生产经营和不具备基本安全生产条件的餐饮场所，强化源头治理，建立长效机制，防范和遏制餐饮场所燃气事故的发生。

二、目标任务

本次专项治理的范围是使用天然气（含煤层气）、液化石油气和人工煤气等燃气的餐饮场所，主要目标任务是：依据安全生产、公安消防以及燃气、餐饮行业等有关法律法规、标准规范的规定，对存在燃气使用安全隐患的餐饮场所，责令整改；一时难以整改的，采取停产停业整顿措施，消除安全隐患。

（一）凡存在以下情形的餐饮场所，一律依法取缔：

1. 在地下、半地下空间违规使用燃气的；

2. 相关证照不全的。

（二）凡达不到以下要求的餐饮场所，立即停业整改，整改合格后方可营业：

1. 使用瓶装压缩天然气的，应当建立独立的瓶组汽化站，站点防火间距应当不小于 18 米。

2. 使用液化石油气的，应当符合下列规定：

（1）存瓶总重量超过 100 千克（折合 2 瓶 50 千克或 7 瓶以上 15 千克气瓶）时，应当设置专用气瓶间。存瓶总重量小于420 千克时，气瓶间可以设置在与用气建筑相邻的单层专用房间内。存瓶总重量大于 420 千克时，气瓶间应当为与其他民用建筑间距不小于 10 米的独立建筑。

（2）气瓶间高度应当不低于 2.2 米，内部须加装可燃气体浓度报警装置，且不得有暖气沟、地漏及其他地下构筑物；外部应当设置明显的安全警示标志；应当使用防爆型照明等电气设备，电器开关设置在室外。

（3）气相瓶和气液两相瓶必须专瓶专用，使用和备用钢瓶应当分开放置或者用防火墙隔开。

（4）放置钢瓶、燃具和用户设备的房间内不得堆放易燃易爆物品和使用明火；同一房间内不得同时使用液化石油气和其他明火。

（5）液化石油气钢瓶减压器正常使用期限为 5 年，密封圈正常使用期限为 3 年，到期应当立即更换并记录。

（6）钢瓶供应多台液化石油气灶具的，应当采用硬管连接，并将用气设备固定。钢瓶与单台液化石油气灶具连接使用耐油橡胶软管的，应当用卡箍紧固，软管的长度控制在 1.2 米到 2.0 米之间，且没有接口；橡胶软管应当每 2 年更换一次；若软管出现老化、腐蚀等问题，应当立即更换；软管不得穿越墙壁、窗户和门。

3. 瓶组汽化站、燃气管道、用气设备、燃气监控设施及防雷防静电等应当符合《城镇燃气设计规范》GB 50028—2006。

4. 用气场所应当按照有关规定安装可燃气体浓度报警装置，配备干粉灭火器等消防器材。

5. 应当使用取得燃气经营许可证的供应企业提供的合格的燃气钢瓶，不得使用无警示标签、无充装标识、过期或者报废的钢瓶。

6. 严禁在液化石油气气瓶中掺混二甲醚。

7. 应当建立健全并严格落实燃气作业安全生产管理制度、操作规程。

8. 从业人员经安全培训合格后，方可上岗；企业负责人、从业人员要定期参加安全教育培训，掌握燃气的危害性及防爆措施。

9. 应当定期进行燃气安全检查，并制定有针对性的应急预案或应急处置方案，保证从业和施救人员掌握相关应急内容。

10. 应当与液化石油气供应单位签订安全供气合同，每次购气后留存购气凭证，购气凭证应当准确记载钢瓶注册登记代码。

三、组织机构和职责分工

各地区要成立由建设和市政管理等燃气管理、公安消防、质监、商务、安全监管、工商、食品药品监管等部门为成员单位的专项治理工作领导小组，相关部门的职责分工如下：

（一）建设和市政管理等燃气管理部门：负责会同有关部门提出餐饮场所使用燃气的基本安全要求；督促燃气供应企业与餐饮企业签订供用气合同；督促燃气供应企业按照法律法规、标准规范和合同的约定承担用户燃气设施巡检、燃气使用安全技术指导和宣传责任；向社会公示合法燃气供应企业名录；对存在违法违规供气行为的燃气供应企业依法追究责任。

（二）公安消防部门：负责对餐饮场所的消防安全实施专项监管；依法查处餐饮场所违反消防法律法规的行为。

（三）质监部门：对餐饮场所使用的判废、超期未检和标记不符合规定的钢瓶出具查验证明，将存在上述问题的钢瓶移送专业检验机构依法处理，并依法追究充装企业责任。

（四）商务部门：负责组织餐饮场所开展燃气使用安全自查工作，主动消除隐患；对未与供气企业签订供用气合同的餐饮场所，督促其与合法供气企业签订安全供用气合同。

（五）安全监管部门：负责对经有关部门确定，在燃气使用方面存在重大隐患的餐饮场所，依法责令其停产停业或者立即停止使用供用气设施、设备。

（六）工商部门：负责对未办理工商营业执照的餐饮场所依法进行查处。

（七）食品药品监督管理部门：负责对未取得卫生许可的餐饮场所依法进行查处。

四、时间安排

（一）调查摸底和制定方案阶段（2月）。

各地区要对辖区内的餐饮场所进行一次全面调查摸底，摸清基本情况，建立基础台账，并制定本地区专项治理实施方案。请各省级安委会于2月底前将专项治理实施方案报送国务院安委会办公室。

（二）自查自改和督促整改阶段（3月至5月）。

1. 餐饮场所要按照相关规定、标准的要求，认真进行自查自改，对查出的隐患，要逐一登记、建档，强化整改，切实做到整改措施、责任、资金、时限和预案"五落实"，并于3月底前将执行燃气防爆有关规定的情况、存在问题及整改计划报当地燃气管理部门和其他有关部门。各地区要组织专家深入现场，大力宣传燃气防爆安全知识和有关安全管理要求，做好指导和服务工作。

2. 各地区专项治理工作领导小组要组织建设和市政管理等燃气管理、公安消防、质监、商务、安全监管、工商、食药监管等部门，对餐饮场所自查自改情况进行全面督导和检查，督促整改、跟踪问效。对逾期未整改的，要依据有关规定予以处罚。对情节严重的，要通过新闻媒体予以曝光，报请当地政府依法关闭取缔。

（三）上级抽查和全面总结阶段（6月至7月）。

地方各级人民政府要通过抽查、互查等多种形式，加强对有关部门及下级人民政府开展专项治理情况的监督检查。请各省级安委会于7月底前，将本地区专项治理工作总结报送国务院安委会办公室。国务院安委会办公室将组织对各地区进行重点检查，并将检查结果予以通报。

五、保障措施

（一）加强组织领导。地方各级人民政府和有关部门要高度重视，切实加强对专项治理的组织领导，采取有效措施，督促落实企业安全生产主体责任、部门监管责任和属地管理责任。要针对专项治理涉及面广、餐饮场所数量多的情况，组织开展联合执法，并充分发挥县（市、区）、乡镇人民政府及街道办事处、居民委员会和村民委员会的作用，及时发现和依法取缔各类非法违法餐饮场所。

（二）加强宣传培训。地方各级人民政府和有关部门在开展专项治理的同时，要结合实际，抓紧建立健全具有针对性的燃气防爆相关规定和标准，并采取制作专题节目、印发宣传资料、举办讲座论坛和培训班、以案说法等多种形式，宣传燃气防爆安全知识。要加强对餐饮场所从业人员的安全培训教育，精心组织编写安全培训教材，充实师资力量，改进培训形式，确保培训工作的质量和覆盖面。

（三）坚持统筹兼顾。各地区要把餐饮场所非法经营和违规违章行为作为"打非治违"工作的重点内容，与企业安全生产标准化和安全隐患排查治理体系建设相结合，与加强安全生产基层基础建设，严格日常安全监管执法，建立安全监管长效机制相结合。要以落实餐饮场所安全生产主体责任为主线，针对餐饮场所的特点，从开展岗位达标入手，提高从业人员的安全意识和操作技能，规范作业行为，减少和杜绝"三违"现象，全面提升餐饮场所现场安全管理水平。

（四）严格责任追究。各地区要注重抓好正反两方面的典型，及时总结推广好的经验和做法，强化典型案例教育警示。对未认真开展专项治理导致事故发生的，要严格按照"四不放过"和"科学严谨、依法依规、实事求是、注重实效"的原则，查明原因，分清责任，依法依规严肃处理，并及时向社会公布调查处理结果。

国务院安全生产委员会

2013 年 1 月 30 日

主要参考文献

[1] 冯庆善，戴联双．油气管道事故启示录．北京：中国建材工业出版社，2016.

[2] 彭知军．燃气行业有限空间安全管理实务．北京：石油工业出版社，2017.

[3] 城镇燃气安全现状对策措施和监管体系研究．北京：中国城市燃气协会，2014.

[4] 赵守日，城镇燃气企业管理．北京：知识产权出版社，2016.

[5] 吕淑然，王建国，安全生产事故调查与案例分析．化学工业出版社，2017.

[6] 张世翔．城市能源安全事故的应急响应与处置机制研究．北京：中国电力出版社，2014

致　　谢

　　感谢江苏科信燃气设备有限公司为本书的编写提供了大量的案例和相关资料。

　　江苏科信燃气设备有限公司成立于 1999 年 3 月，建厂伊始，公司名称为"常州市科信燃气设备有限公司"，为适应公司持续发展的需求，于 2014 年正式更名为"江苏科信燃气设备有限公司"。

　　江苏科信燃气设备有限公司成立以来，一如既往专注于城市燃气管网的配套建设和发展，并提供调压设备及研究开发相关产品，关注城市燃气安全管理。结合国内城市燃气实践情况，从研发、设计、制造等环节不断提高标准和要求，为城市燃气行业提供安全可靠的调压产品。同时，还积极和城市燃气公司合作，提供技术支持服务，共同提高城市燃气安全运行管理水平。和欧美燃气行业专家合作，共同努力设计开发适应本国环境的相关安全产品。

　　"产品追求高科技、服务追求高品质"是每个科信人的愿望，先进的检测设备、科学的管理体系保证了产品的质量，专业的技术培训、经验丰富的售后人员和终身的售后服务赢得了良好的客户口碑。"科技铸精品，信誉满天下"，科信将为新老客户提供更优质的产品和更优良的服务，为打造百年科信不断努力。